J. Garcia

Autogenes Training und Biokybernetik

D1920327

J. H. Schultz und *D. Langen*
gewidmet.

Wenige Ärzte haben mit ihrem Werk zur Linderung des menschlichen Alltagsleidens mehr getan als *J. H. Schultz*.

D. Langen war mein Lehrer.

J. Garcia

Autogenes Training und Biokybernetik

Eine naturwissenschaftliche Fundierung des Psychischen

Hippokrates Verlag Stuttgart

CIP-Kurztitelaufnahme der Deutschen Bibliothek

Garcia, Joseph:

Autogenes Training und Biokybernetik: Beitr. zu e. naturwiss. Fundierung d. psych. Lebens / J. Garcia. – Stuttgart: Hippokrates-Verlag, 1983. – ISBN 3-7773-0594-4

Anschrift des Verfassers:

Dr. med. Joseph Garcia
Lookenstr. 12a
4450 Lingen/Ems 1

Legende zum Titelblatt: Das dreidimensionale Koordinatensystem, dessen Ursprung O mit der Psyche (Ψ) zusammenfällt, weist auf die Relativität unserer Erkenntniswelt, Grundgedanke dieses Buches.

Abb. auf S. 120 mit freundlicher Genehmigung von Verlag und Autor aus John C. Eccles »The Human Psyche«, Springer International 1980

ISBN 3-7773-0594-4

© Hippokrates Verlag GmbH, Stuttgart 1983
Jeder Nachdruck, jede Wiedergabe, Vervielfältigung und Verbreitung, auch von Teilen des Werkes oder von Abbildungen, jede Abschrift, auch auf fotomechanischem Wege oder im Magnettonverfahren, in Vortrag, Funk, Fernsehsendung, Telefonübertragung sowie Speicherung in Datenverarbeitungsanlagen bedarf der ausdrücklichen Genehmigung des Verlages.
Printed in Germany 1983
Satz und Druck: Buch- und Offsetdruckerei Sommer, Feuchtwangen

Inhaltsverzeichnis

Vorwort

Bei Psychotherapeuten besteht im allgemeinen eine zwiespältige Haltung den Neurowissenschaften gegenüber. Viele Analytiker halten es für müßig, eine biologische Erklärung für das zu suchen, was sie in den Tiefen der Psyche mühevoll in einem langwierigen Prozeß aufspüren. Andere Therapeuten versuchen ihre Erfolge mit den exakt messenden Verfahren von Neuroanatomie und Neurophysiologie zu untermauern. Sie sind dabei auf Analogieschlüsse angewiesen, stellen aber bisweilen die imponierenden Erkenntnisse von Transmittern, Neuromodulatoren und Biokybernetik in den Dienst ihres Bemühens; dabei ist die Gefahr des ungerechtfertigten Gebrauches nicht ganz einfacher Begriffe aus der Regeltechnik und Neuroendokrinologie groß.

In diesen Zwiespalt vermittelnd einzugreifen und einerseits das Interesse für biokybernetische Grundlagen psychischer Prozesse anzuregen und andererseits Übertreibungen zurecht zu rücken, wäre wünschenswert. Dieses Ziel schwebte Dr. *Garcia* offenbar vor, wenn er seine Überlegungen ausführlich darstellt. Er hat gute Vorbedingungen für das schwierige Unternehmen und beschränkt sich wohlweislich auf ein einzelnes psychotherapeutisches Verfahren, nämlich das Autogene Training – vom Ansatz abgesehen, von dem der Autor in seinen Konzepten für eine naturwissenschaftliche Begründung der Psychotherapie und des seelischen Lebens überhaupt ausgeht. Diese Begrenzung ist klug, weil es kaum ein anderes psychotherapeutisches Verfahren gibt, das nun schon lange gebraucht wird, empirisch gut begründet ist, für dessen Indikationen und Erfolge bei vielen Autoren Übereinstimmung besteht und dessen Wirkungen auch mit biologischen, messenden Verfahren bestätigt werden konnten. Hier einen Schritt weiter zu gehen und die Befunde mit Erfahrungen in einem biokybernetischen System zusammen zu fassen und miteinander zu verbinden, dafür sind Zeit und Ergebnisse reif. In Abwandlung einer trefflichen Bemerkung von *Garcia* kann man behaupten, daß jede Erweiterung des Wissens dem Psychotherapeuten nützt, wenn er nicht wie ein Maulwurf im psychischen Leben seines Patienten wühlen möchte.

Die günstigen Voraussetzungen von *Garcia* bestehen darin, daß er jahrelang mit Prof. *D. Langen* in Mainz gearbeitet hat und von ihm angeregt wurde, naturwissenschaftlich denkend mit dem Autogenen Training Psychotherapie zu praktizieren. Er ist kein schöngeistiger Philosoph, der sich in Spekulationen oder Theorien erschöpft, sondern kennt die Schwierigkeiten der Patienten im Alltagsleben und kam durch die praktische Tätigkeit zu einer »zweigleisigen Psychotherapie«. Er setzt im Streben um die wissenschaftliche Begründung des Autogenen Trainings, dessen solide Indikation in der Praxis der Psychotherapie und dessen Einbeziehen in Lehre und Forschung das Werk von *Langen* fort. Was ihn dabei auszeichnet, ist die Konsequenz seines Bemühens.

Es liegt in der Natur der Sache, daß die Synthese von *Garcia* nicht von allen Lesern ohne Widerspruch aufgenommen werden wird und daß daraus manche Kontroversen entstehen müssen. Aber auch solch ein Dialog, für den sich *Garcia* als aufnahmebereit erwies, wird Früchte bringen; eine von ihnen kann sein, daß das Autogene Training von meditativen und anderen Verfahren besser abgegrenzt wird, mit denen es manche Gemeinsamkeiten zu haben scheint, woraus sich trügerische Analogien ergaben. Wenn darüber hinaus Lehrbarkeit und Lernbarkeit des Autogenen Trainings gefördert werden, weil man in die Zusammenhänge des Trainings mit biologischen Prozessen besser eindringt, dann wird der praktische Nutzen des Autogenen Trainings vergrößert und dem Gebrauch von zweifelhaften Verfahren oder Theosophien mit geringeren Erfolgsaussichten und größerem Risiko entgegengewirkt. Allein aus diesen Gründen ist zu hoffen, daß *Garcias* Versuch einer Synthese auf neuen Wegen viele Interessenten nicht nur unter den Psychotherapeuten, sondern auch unter anderen, das Autogene Training benützenden und übenden Ärzten finden möge.

Gauting, Oktober 1982

J. Kugler

Geleitwort

Die Einleitung eines naturwissenschaftlichen Buches gibt die objektive, nachweisbare, vom Autor unabhängige Sachlage wieder, die das Erscheinen vor einem Leserpublikum, das Veröffentlichen, begründet. Das Geleitwort dagegen enthüllt hier die subjektive Seite eines Unternehmens, das drei Jahre in Anspruch genommen hat und nur durch eine nicht voraussehbare zukünftige Entwicklung bestätigt oder abgelehnt werden kann.

Wer das »Ding« Autogenes Training (AT) in seiner Entstehung und Entwicklung studiert hat, wird von dem Faktum der Konstanz der Methode immer beeindruckt sein, und dies trotz ihrer unzähligen Variationen. Diese Konstanz beweist, daß das AT »lebt« . . ., auch ohne *J. H. Schultz*. Es ist entdeckt, es ist der Menschheit gegeben worden: Es wird immer leben. Aus diesem Grunde ist es vielleicht kein Nachteil, daß der Verfasser, der *J. H. Schultz* persönlich nicht kannte, als Schüler von *D. Langen* die Methode erneut studiert hat: Eine affektive Bindung zur Person des Begründers, die unter Umständen eine Urteilshemmung hätte hervorrufen können, kann bei ihm kaum vorliegen.

Worauf beruht jene Konstanz? Ist der Altmeister auf eine Tiefenader des psychischen Lebens gestoßen? Der Verfasser ist überzeugt davon und hat im vorliegenden Buch versucht, die naturwissenschaftliche Grundlage dieser Ader zu ergründen. Eine Arbeit, deren Gestaltung sich über längere Zeit erstreckt, ist zwangsläufig einer Dynamik unterworfen, die durch die entdeckten Fakten und Zusammenhänge mitgeprägt wird. Die Gestaltung dieses Buches zeigt eine solche Dynamik, die sich in der Tatsache widerspiegelt, daß die verschiedenen Kapitel weitgehend unabhängig voneinander geschrieben wurden und dem Verlag zwischen September 1981 und Juni 1982 zugingen.

Seit Jahrzehnten fordert man für die Wissenschaften, die sich mit der Psyche befassen (Psychiatrie, Psychologie, Psychoanalyse, Psychopathologie . . .), eine naturwissenschaftliche Grundlage. Wer sollte sie erforschen? Niemand kann von den Psychiatern, Psychoanalytikern, Psychopathologen . . . erwarten, daß sie Grundlagenforschung treiben, d. h. in ein Gebiet eindringen, das wir Mikropsychik nennen wollen (Leben der Psyche auf Zellular- bzw. Strukturalebene). Umgekehrt gilt das gleiche für die Spezialisten der Grundlagenforschung: Es ist sehr unwahrscheinlich, daß sie die Psyche erforschen. So galt es, nach dem Motto zu handeln: »Weil der Berg (die Naturwissenschaft) nicht zu mir kommt, gehe ich zum Berg.« Der Berg war in diesem Fall die in den letzten Dekaden im Bereich der Mikroneurophysiologie erreichten Erkenntnisse. Eine der treibenden Ideen des Verfassers war es also, einen Überblick über die morphologischen und neurophysiologischen Errungenschaften der Hirnforschung zu gewinnen und diese in seinem klinischen Forschungsfeld, der AT-Arbeit, anzuwenden. Im Laufe dieser Untersuchungen kam der Autor langsam zu der Einsicht, daß die für die AT-Arbeit gefundenen Erklärungen als Ansatz zur naturwissenschaftlichen Fundierung der Psychotherapie, ja des psychischen Lebens bzw. des Psychischen überhaupt, dienen können.

Das Verfahren ist legitim. Es wird immer Aufgabe jener Wissenschaftler sein, die sich mit der Psyche befassen, eine sachbezogene Erklärung für die beobachteten Phänomene zu versuchen. Psychische Befunde (z. B. aus einer psychopathologischen Untersuchung oder biographischen Anamnese sich ergebende) *sind Befunde*, auch wenn sie apparativ nicht mehr erfaßbar sind.

Auf jeden Fall handelt es sich hier um einen Syntheseversuch zwischen beobachteten Fakten des psychischen Lebens auf interaktionaler Ebene (Makropsychik) und anderen beschriebenen Fakten des Lebens auf Zellular- und Strukturalebene (Mikropsychik). Wie ein Leitmotiv läßt sich in dem Buch die Konzeption des Menschen als eines biokybernetischen Systems vernehmen. Und dies in der Überzeugung, daß nur sie zu einem neuen Verständnis des Menschen führen kann.

Lingen/Ems, im Juni 1982 J. Garcia

I
Einleitung und objektive Rechtfertigung des neuen Buches

Ein neues Buch über das Autogene Training (AT), eine Methode, die unter einem schulmedizinischen Gesichtspunkt beschrieben wurde und dementsprechend auf seine naturwissenschaftliche Fundierung weist, bedarf einiger Vorbemerkungen. Diese sind um so notwendiger, als sich der Begründer dieser Behandlungsmethode selbst als »unheilbarer Physiologe« bezeichnete (68) und ihre experimentelle Grundlage schon am Anfang ihrer Entwicklung nachwies (64). Intensive Forschung von Mitverfechtern der Methode hat ihre wissenschaftliche Grundlage weiter ausgebaut. Man konnte aber nicht – weil es zu früh war – die Methode unter einem Gesichtspunkt darstellen, der m. E. besser als jeder andere ihre Wirkungsweise erklären kann: aus kybernetischer Sicht.

Die drei Perioden der naturwissenschaftlichen Entwicklung der Medizin

Um diese Behauptung begründen zu können, betrachte man die Entwicklung der Medizin ab etwa Mitte des letzten Jahrhunderts (16). So könnte man drei Perioden unterscheiden: Da ist zunächst eine anatomisch-histologische Periode, d. h. eine morphologische Periode *Virchow*scher Prägung, in der die Ärzte hauptsächlich auf anatomisch-klinisch faßbare Phänomene ausgebildet waren. Mit dieser Periode fällt etwa die Entstehung der sogenannten Organmedizin zusammen, in der die Chirurgie die führende Rolle hatte. Es war die Zeit der großen anatomischen und histologischen Entdeckungen. Sie war bis etwa Anfang dieses Jahrhunderts dominierend und ist die Periode, die auch Forscher wie *Freud* geprägt hat. Doch setzte sich langsam in Wechselwirkung mit der ersten Konzeption in der zweiten Periode eine physiologische Konzeption durch, die mit den Erfolgen der Biochemie in den fünfziger und sechziger Jahren dieses Jahrhunderts ihren Höhepunkt erreichte. Selbstverständlich verdrängte die physiologisch-biochemische Betrachtungsweise keineswegs die morphologische: Sie müssen sich zwangsläufig gegenseitig ergänzen. Dieser Gedanke findet sich schon bei einem der großen Kliniker der nicht allzu fern liegenden deutschen klassischen Inneren Medizin, als er in der klinischen Pathologie die Notwendigkeit der gleichwertigen Betrachtung der verschiedenen Gesichtspunkte hervorhob: Zellularpathologie, Molekularpathologie, Organpathologie, Physiopathologie und die Pathologie der »den ganzen Organismus durchdringende(n) Organisation . . ., welche die Tätigkeit aller Einzelorgane, aller Zellen des Körpers reguliert . . .«, d. h. der »Steuerungseinrichtungen« (20). Ferner laufen manchmal die beiden Trends parallel, auch wenn einer überwiegt; in der ersten Periode z. B. die morphologische Denkweise. So gehörten aber in die erste Periode auch Physiologen wie *Claude Bernard* und später in die zweite bis zum Übergang in die dritte Periode *Sherrington* in England, dessen Einfluß als Physiologe bis zum heutigen Tag Generationen von angelsächsischen Ärzten geprägt hat, u. a. *E. Jacobson*. Wahrscheinlich ist auf *Sherrington* zurückzuführen, daß sich die psychoanalytische Denkweise in England in der Medizin nicht durchsetzen konnte.

Das Zurechnen eines Forschers zu der einen oder anderen Periode kann allerdings nicht allein chronologisch geschehen. So gehörte der russische Physiologe *Pawlow*, der viel früher als *Sherrington* starb, chronologisch der ersten und zweiten Periode an; sein Werk kann aber als direkter Vorläufer dieser dritten Periode betrachtet werden. Manche der hier dargelegten Ansichten knüpfen unmittelbar an die *Pawlow*sche Lehre an in einem Versuch, eine Brücke zwischen den Gegensätzen organisch/nicht-organisch zu schlagen (17) und den alten somatisch-psychischen Dualismus platonischer Prägung – *Pawlow* würde sagen den Animismus – zu überwinden.

Die dritte Periode beginnt in unserer Zeit und ist für Ärzte, die, wie *R. Jung* schreibt (28), hauptsächlich an bildmäßig darstellbaren Ereignissen ausgebildet worden sind, schwer zu erkennen. Die zelluläre Pathologie von *Virchow* hat nicht ausgedient, ist aber nicht ausreichend. Heutzutage ist es notwendig, in der Pathologie die Morphologie, die Physiologie und die Steuerung der Organe, d. h. ihre Kybernetik, zu berücksichtigen. Morphologisch kann ein Organ absolut einwandfrei, seine Funktion aber dennoch gestört sein. Es können auch die Morphologie und die Funktion des Organs absolut unauffällig sein, und dennoch kann eine Dysfunktion mit Krankheitswert auftreten, weil ihre Steuerung, die Kybernetik, gestört ist. In dieser dritten Periode, die wahrscheinlich die letzte der naturwissenschaftlichen Entwicklung der Medizin, als Ganzes betrachtet, ist, werden diese Störungen der Funktionen, die kybernetischen Störungen, näher ins Blickfeld der wissenschaftlichen und praktischen Medizin geraten.

Es spricht vieles dafür, daß wir uns in einer solchen dritten Periode befinden: die Entdeckung des Regelkreisprinzips in manchen physiologischen

Makro- und Mikrofunktionen; die Krise der Psychiatrie mit dem Versuch der Anti-Psychiatrie, eine »Anenzephale Psychiatrie« (42) zu gründen; die Frage der Stellung der Psychotherapie in der Medizin, auch die wissenschaftliche Wiederentdeckung (unter den allerersten Pionieren *J. H. Schultz*) der Fähigkeit des Menschen, eigene autonome, physiologische und psychische Vorgänge zu beeinflussen, usw.

Diese dritte Phase ist für die Psychotherapie bzw. Psychosomatik und für die physikalische Therapie – ein weiteres Stiefkind der Schulmedizin – von besonderer Wichtigkeit, weil diese Fächer in dieser Periode ihre wissenschaftliche Begründung in der Medizin finden werden, gleichberechtigt mit den morpho-histologisch oder physiologisch basierten Disziplinen. Diese wissenschaftliche Begründung sehen wir in einer biokybernetischen Konzeption des Menschen (15b), die gleichfalls die Grundlage der hiesigen Darstellung des AT ist.

Das Phänomen der Schulenentstehung

Vor kurzem (1979) bemerkten *D. Langen* und der Verfasser (40), daß auffallenderweise erst nach dem Tod von *J. H. Schultz* die ersten Monographien über AT erschienen sind. Wir verglichen diese Erscheinung mit der Fülle von Publikationen, ja Abweichungen, die aus der Lehre von *Freud* schon zu seinen Lebzeiten aufgetreten waren: *A. Adler, C. G. Jung, W. Stekel* u. a. Ein Grund schien uns darin zu liegen, daß das psychoanalytische Lehrgebäude, weil es rationalistischer erscheint, für Hypothesenbildung mehr Spielraum bietet als das AT, das einfachere Gedankengänge zeigt und der Wirklichkeit näher liegt, so daß es bei den Psychoanalytikern sehr leicht zu Meinungsverschiedenheiten kommen kann. Eine weitere Erklärung des Phänomens könnte darin liegen, daß beim AT zwischen Lehrern und Schülern die affektive Bindung größer ist als bei der Psychoanalyse.

Monographien und Nachfrage

Aber die motivierende Hauptursache des Erscheinens solcher Monographien könnte ebenfalls in der Tatsache gesehen werden, daß in den Industriestaaten eine große Nachfrage für eine wissenschaftliche Methode besteht, die dem Interessierten zur Selbständigkeit verhilft, indem sie ihn in die Lage versetzt, mit kurzen Selbstversenkungspausen sich zu erholen.

Hierbei wird eine Umschaltung von der Aktivitätsphase des Alltags zu kurzen Erholungsphasen angestrebt, die der AT-Übende selbständig hervorrufen und zurücknehmen kann.

Da es aber nicht jedermanns Sache ist, das Standardwerk von *J. H. Schultz* (69, 70) oder das Monumentalwerk von *J. H. Schultz / W. Luthe* (72, 43) und *W. Luthe* (44) in englischer Sprache zu lesen, finden die vielen Monographien auf dem Markt vielleicht eine weitere Rechtfertigung darin, daß sie dem breiten Publikum eine zugänglichere Darstellung des AT als prophylaktische oder therapeutische Methode anbieten. Manchen Autoren ist es gelungen, das AT von seinem Beigeschmack einer »sakrosankten esoterischen« Lehre zu befreien. Man bedenke, daß der Erfolg der *Jacobson*schen Entspannungsmethode in den angelsächsischen Ländern nicht zuletzt auf die ausführliche und leicht zugängliche Darstellung der Methode zurückzuführen ist, auch wenn diese m. E. unvollkommener als das AT ist, wie wir noch sehen werden. Als gutes Beispiel gilt die für das breite Publikum gedachte Darstellung der Methode (25) Anfang der fünfziger Jahre, obwohl die deutsche Übersetzung »Immer mit der Ruhe« dem englischen Titel »You must relax« bei weitem nicht gerecht wird. Erst seit 1975 tritt die »Progressive Entspannung« unter einem leicht veränderten Namen im deutschen Sprachraum wieder in Erscheinung, wenngleich diese Methode schon früher von Psychologen oft angewandt wurde (4).

Ein Buch kann aber einen erfahrenen Leiter nicht ersetzen. Das Erlernen des AT gelingt immer besser unter der Leitung einer Person, die selbst das AT über längere Zeit geübt und die Methode »introjiziert« oder – mit anderen Worten – sich »seelisch einverleibt« hat, d. h. wie *J. H. Schultz* schreibt, bei der das AT zur zweiten Natur geworden ist (71). In diesem Sinne ist auch *E. Jacobson* zu verstehen, wenn er sagt, daß seine Methode am besten durch Beobachtung dessen, was gemacht wird, erlernt werden kann als durch eine schriftliche Darstellung (23).

An dem Grundsatz, daß bei Menschen mit sogenannten funktionellen Störungen die Einführung in das AT von einem speziell dafür ausgebildeten Arzt vorgenommen werden muß, ist unbedingt festzuhalten. Denn wie könnte jemand ohne pathophysiologische Ausbildung einen Menschen, bei dem eine Dysfunktion vorliegt, in die Selbsthypnose, in die organismische Umschaltung, in die Organübung einleiten, ohne ihn gleichzeitig zu gefährden? Ein Laie ist sicherlich nicht dazu in der Lage.

Da die Nachfrage nach einer naturwissenschaftlichen Entspannungsmethode aber sehr groß ist, wird es nicht immer möglich sein, daß genügend im AT ausgebildete Ärzte zur Verfügung stehen, um eine AT-Gruppe zu leiten, die darauf abzielt, gesunden Menschen das AT als prophylaktische Methode zu vermitteln. Die Methode ist zu universell und die Nachfrage zu groß, um auch in solchen Fällen die Forderung nach ärztlicher Ausbildung des Leiters zu stellen. Vielmehr sollte man auf Eignung und Ausbildung des AT-Leiters in dieser Methode bestehen, die, wie *J. H. Schultz* schreiben würde, einfach aussieht, aber tiefgreifend ist. Behält der Nicht-Arzt-Leiter immer im Auge, daß auftretende Störungen, auch leichte, einem kundigen Arzt zu referieren sind, so läßt sich jede ernste Gefahr bei Gesunden vermeiden (32, 40 u. a.).

Dieses Buch ersetzt also auf keinen Fall den erfahrenen Leiter, der die Vermittlung der Methode so sehr erleichtern kann. Es hat andere Ziele.

Zielsetzung des Buches

Die prophylaktischen und psychotherapeutischen Aspekte des AT sind schon zur Genüge behandelt worden (69, 70, 72, 43, 79, 5, 37, 33, 77, 11, 62, 41, 14 u. a.). Der Vollständigkeit halber werden diese Themen zwar berührt, aber das Buch hat zwei besondere Ziele, die in der Literatur nur im Ansatz Aufmerksamkeit gefunden haben.

Das AT als natürlichstes Mittel zur Beeinflussung des neurovegetativen Systems

Erstes Ziel ist die Darstellung des AT als das natürlichste Mittel zur Mitsteuerung des neurovegetativen Systems, das praktisch alle Organe beeinflußt. Auch wird aufgezeigt, daß das AT vielleicht sogar die einzige derartige naturwissenschaftliche Methode ist. Auf diesen Punkt kommen wir später zurück.

Unter diesem Gesichtspunkt wären besonders die allerersten Mitteilungen von *J. H. Schultz* über Organübungen (64, 65, 66) zu betrachten, obwohl diese Beobachtungen später nicht mehr im Vordergrund standen. *J. H. Schultz* selbst legte den Schwerpunkt seiner Methode auf die »konzentrative Selbstentspannung« und auf die Selbsthypnose.

Gewiß knüpft das AT an die Beobachtung von *Oskar Vogt*, Ende des XIX. Jahrhunderts, an, daß »kritische und gebildete Versuchspersonen, die längere Erfahrung in der Hypnotisierung haben, es lernen können, sich selbst durch eine gewisse innere Umschaltung in diesen Zustand zu versetzen . . .« (66). *J. H. Schultz* hat wiederholt seine Methode als Selbsthypnose bezeichnet. Und der Untertitel seines Standardwerkes lautet: Konzentrative Selbstentspannung (70). Aber man darf nicht vergessen, daß die ersten Entdeckungen und Veröffentlichungen über das AT organbezogen waren. Für *J. H. Schultz* stand am Anfang nicht die konzentrative Entspannung im Vordergrund, sondern die Möglichkeit der Organtrainierung. Diese Auffassung, die typisch medizinisch ist, trat im Westen in den Hintergrund, und das AT galt hauptsächlich als konzentrative Entspannung. Werke wie »Der Mensch in der Entspannung« (77) von *B. Stokvis* und *E. Wiesenhütter* stehen auch unter dem Zeichen der Entspannung. Die dynamische Dimension des AT, die Organübung, wird wohl unter »Autosuggestive Übungstherapie« behandelt, findet aber m. E. nicht die gebührende Würdigung. Die physiologischen Befunde beim AT sind, besonders von der Schule von *W. Luthe*, zur Genüge objektiviert worden (64, 72, 44, 55, 56, 57, 58 u. a., vgl. auch Kap. V). Die logische Folgerung, die Organübung, ist aber in West-Europa nicht konsequent durchgeführt worden, zumindest nicht so konsequent wie in Ost-Europa – mit Ausnahme vielleicht von *Luthe*, der in seinem gemeinsamen Werk zusammen mit *Schultz* (72) auf die psychophysiologische Potentialität der organspezifischen Formeln hinweist, aber gleichzeitig die Notwendigkeit intensiver Forschung unterstreicht (72). In Ost-Europa, wo sich das AT gegen die psychoanalytische Theorie nicht zu behaupten hatte, ist der Organübung mehr Aufmerksamkeit gewidmet worden (vgl. 30, 31, 50, 51 u. a.). Nicht unwichtig ist, daß sich der Schwerpunkt der Palette bei der AT-Arbeit, je nach Disziplin des Therapeuten, in Richtung Tiefenpsychologie oder Organbehandlung verlegt. Besonders bei *Kleinsorge* ist dieser Trend zu beobachten, der das autogene Organtraining zum Bestandteil der internistischen Psychotherapie weiterentwickelt hat (52).

Wenn man das AT allein unter dem Gesichtspunkt der Selbsthypnose und der konzentrativen Selbstentspannung berücksichtigt, so nimmt man ihm vieles von dem, das es berechtigt, einen Platz in der medizinischen Therapie einzunehmen.

Man hat *Schultz* den Vorwurf gemacht, er habe in seiner Methode ein »Allheilmittel« gesehen (83). Der Vorwurf ist nicht berechtigt. Heute ist hinreichend experimentell belegt worden (vgl. 16 u. a.), daß es dem Menschen möglich ist, die autonome Steuerung beinahe eines jeden Organs bis zu einem gewissen Grad selbst zu beeinflussen, obwohl, wie *Luthe* schreibt (72), hier noch mehr klinische Forschung nötig ist. Aus dieser Tatsache folgt zwangsläufig, daß es sich beim AT wirklich um ein Allheilmittel handeln könnte – ein Eindruck, den *J. H. Schultz* vielleicht vermieden haben wollte und der deswegen den Schwerpunkt auf Entspannung und Selbsthypnose gelegt hat. In der Tat, wenn man bedenkt, daß *W. Luthe* u. *J. H. Schultz* (43) zwei Bände sämtlichen Störungen gewidmet haben, die mit AT beeinflußt werden können, oder zählt man alle Störungen auf, die von *Schultz* oder jedem, der mit seiner Methode gearbeitet hat (s. Kap. V dieses Buches), mit AT günstig behandelt werden können, so muß man zu dem Schluß kommen, daß das AT innerhalb physiologischer Grenzen hauptsächlich qualitativ eine universelle Wirkung hat. Diese unverkennbare Wirkung des AT – auch wenn sie manchmal begrenzt bleibt und innerhalb physiologischer Grenzen lediglich eine Beeinflussungsmöglichkeit darstellt (15 a, 31, u. a.) – könnte *J. H. Schultz* dazu veranlaßt haben, seiner Methode eine universelle psychohygienische Bedeutung zuzusprechen (69).

Es handelt sich beim AT also nicht um ein »Allheilmittel«, sondern um ein »Allhilfsmittel«. Dies ist m. E. auf die biokybernetische Natur des Menschen und seine Fähigkeit zur Autokybernetik zurückzuführen. Trägt man diesem Faktum nicht Rechnung, so wird ein universelles Mittel zunächst ein gewisses Mißtrauen erwecken, es sei denn, man kann für diese enorme Wirkungsmöglichkeit einen Grund nennen. Dieser liegt darin, daß sich der Mensch autogen, d. h. durch eine Methode, die er erlernen kann, ja erlernen muß, in die Lage versetzen kann, autokybernetisch, d. h. selbststeuernd, in die eigenen autonomen Selbstregulationsanlagen einzugreifen. Der Grund des sehr weiten Wirkungsspektrums des AT ist also die Fähigkeit des Menschen zur Autokybernetik.

Das Prinzip Autogen

Diese Fähigkeit des Menschen, in die eigenen psychischen und vegetativen Vorgänge bis zu einem gewissen Grad selbständig, d. h. autogen, einzugreifen, ließe sich »Prinzip Autogen« nennen. Man könnte es folgendermaßen formulieren:

> »Das Prinzip Autogen ist jene angeborene Fähigkeit des Menschen, die ihn in die Lage versetzt, die eigenen psychischen und neurovegetativen Vorgänge über den eigenen psychischen Apparat zu beeinflussen.«

Noch kürzer gesagt, drückt das Prinzip Autogen die Fähigkeit des Menschen zur Selbstkonditionierung aus. Es handelt sich zwar um eine angeborene Fähigkeit; die Methode aber, diese Fähigkeit zu entfalten, wie bei anderen angeborenen Fähigkeiten, z. B. dem Sprechen, dem Laufen usw., muß gelernt werden. Sie kann durch Versuch und Irrtum individuell entwickelt werden . . . Es ist aber nicht jedermanns Sache, und im Laufe der Phylogenese sind die verschiedensten Methoden pragmatisch entwickelt worden, um diese Fähigkeit zu schulen. Deshalb ist es viel besser, wenn sie systematisch geschult wird. (Ohne a. d. O. in Einzelheiten eingehen zu können, stellt nach Meinung des Verfassers das Prinzip Autogen die physiologische Grundlage der menschlichen Freiheit überhaupt dar.)

W. Luthe (45) weist in Richtung Prinzip Autogen, wenn er schreibt, daß »auf Grund von klinischen Erkenntnissen und experimentellen Daten festzuhalten ist, daß das AT über ein differenziertes Feld von körperlichen Selbstregulationen wirkt und daß es mit Hilfe von autogenen Prinzipien möglich ist, das eigene Hirn zu benutzen, um gewisse körperliche und psychische Funktionen effektiv zu beeinflussen« (45; Übersetzung d. Verf.). Festzuhalten ist aber, daß »die autogenen Prinzipien« von *Luthe* und »das Prinzip Autogen« zwei verschiedene Sachverhalte darstellen, wie wir in Kap. IV sehen werden. In Kap. III, dem theoretischen Teil des Buches, wird versucht, dem AT eine neue neurophysiologische Basis zu geben.

Die vegetative Dystonie

Der Begriff der vegetativen Dystonie ist aus der Alltagspraxis entstanden. Man hat versucht, einen Sachverhalt wiederzugeben, den man festgestellt hatte, aber nicht klar umrissen auffassen konnte. Solche Krankheitsbilder, die, wie *Kijanski* schreibt (29), nicht unterschätzt werden sollten, sind aus jedem Fachgebiet der Medizin geläufig und, wie man weiß, oft schwierig zu beeinflussen, zumal sie eine Neigung zur Chronifizierung zeigen. In einer Untersuchung über Pathogenese und Kybernetik zeigt *Emmrich* (12), daß viele Funktionen des menschlichen Organismus »Stufenfunktionen« sind, die wegen der kybernetisch hierarchischen Organisation lange Zeit kompensiert, also krankhaft chronisch gestört bleiben. Dies gilt besonders für die Funktionen des neurovegetativen Systems. Es handelt sich bei solchen Bildern um eine Störung der Steuerungsanlage (17, 39), d.h. der Anlagen, die für die Selbststeuerung, sprich Kybernetik, der Organfunktion zuständig sind. *Stochdorph* erhebt den Einwand, daß die Unterstellung einer vegetativen Dystonie »pathologisch-anatomisch allenfalls vertretbar (sei), wenn eine Zuordnung von Lokalsymptomen zu lokalisierten Schädigungen von Strukturen des VNS (Vegetatives Neurensystem) oder von Strukturen des Spinalgangliensystems möglich ist« (75). Am Ende seines Berichtes schreibt er: »Es gibt zweifellos Zustandsbilder, bei denen die Zuwendung zu vegetativen Funktionen, wie sie das AT nach *J. H. Schultz* anstrebt, in einer so verzerrten Weise stattfindet, daß sie Krankheitswert bekommt; selbst das ist aber nur denkbar, wenn das vegetative Neurensystem als anatomische Struktur intakt ist«. Abgesehen von der Eigenwilligkeit der Bezeichnung »Neurensystem«, deren Logizität auch in der deutschen Sprache zu prüfen wäre, ist festzuhalten, daß die Analyse von *Stochdorph* unzureichend ist. Bei einer sogenannten vegetativen Dystonie kann das pathologisch-anatomische Substrat intakt sein. Auch die Funktion kann intakt sein. Und dennoch besteht eine Dystonie, die unter Umständen Krankheitswert haben kann. So ein Bild, das die pathologische Anatomie nie zu Gesicht bekommen kann, ist in der Nervenheilkunde geläufig.

Die obigen Ausführungen und die in diesem Buch vertretene Auffassung finden ihren Ansatz im Kulturstrom der klassischen deutschen Klinik, dem Ärzte wie *F. Hoff* und *J. H. Schultz* u.a. zuzurechnen sind. Der Leser kann in Kapitel XI »Steuerungseinrichtungen« von *F. Hoff* manchen Gedanken über Funktionskreis, – sprich Regelkreis –, vegetative Dystonie usw. ... (20) wiederfinden, die heute wie vor 50 Jahren an Aktualität nicht eingebüßt haben und in 100 Jahren noch genauso aktuell sein werden.

Die Rolle einer vegetativen Funktion in der Gesamthomöostase ist nicht allein durch die pathomorphologische Intaktheit des Substrats und seiner Funktion bestimmt, sondern auch durch die Steuerung dieser Funktion innerhalb der Homöostase, die über die Repräsentationen im Kortex (80) zu beeinflussen ist. Auf diesem Gebiet hat sich die Schule von *Pawlow*, besonders *Bykow*, verdient gemacht. Gemäß *Hoff* hat *Bykow* »den Einfluß des Großhirns auf die vegetative Innervation grundsätzlich aller Organe nachgewiesen« (20). Die Zuwendung des AT zu vegetativen Störungen geschieht keineswegs in einer verzerrten Weise (75), vielmehr ist die wissenschaftliche Betrachtungsweise von Menschen, die hauptsächlich an morphologisch darstellbaren Ereignissen geschult sind, zu einseitig.

Der Begriff »vegetative Dystonie«, der aus der klinischen und praktischen Notwendigkeit entstanden ist, wird aber eine Umwandlung erfahren müssen. Er ist zu undifferenziert, weil zu umfassend. Ob sich die von *L. Delius* (9) vorgeschlagene Bezeichnung: Psychovegetatives Syndrom statt vegetativer Dystonie durchsetzen wird, bleibt offen, obwohl sie einen Fortschritt darstellt. Ein Begriff, der m.E. die betrachteten klinischen Störungen besser erfaßt, ist schon vorgeschlagen worden: Kybernose (48, 60). Er wirkt zunächst abstoßend, ist aber im Grunde genommen in manchen Fällen besser geeignet als der Begriff »Neurose«, der so viele Umwandlungen erlitten hat. Hier würde sich allerdings eine begriffliche Abgrenzung zwischen »Kybernose« und »Neurose« als dringlich erweisen.

AT und Kybernetik

Wenn man bedenkt, daß hinter dem Begriff »psycho-neurovegetatives Syndrom« ein ganzes System von autonomen Regelkreisen, autonomen Regulationen und Selbststeuerungsmöglichkeiten liegt, dann drängt sich das zweite Hauptziel des Buches auf: das AT unter dem Gesichtspunkt der Biokybernetik darzustellen – ein Aspekt, der zur Zeit des Wirkens von *Schultz* in der klinischen Medizin noch nicht Eingang gefunden hatte. Die verstrichene Zeit aber seit der Erarbeitung der Kybernetik und der Informationstheorie rechtfertigen so manche Anstöße, um die Terminologie und Denkweise dieser Naturwissenschaft (der Kybernetik) in der Medizin zu beheimaten, zumal manche Begriffe der Kybernetik dank der Massenmedien in der allgemeinen Sprache Zugang gefunden haben. In der Psychologie hat die biokybernetische Betrachtungsweise eine natürliche Aufnahmebereitschaft gefunden. Die Kybernetik ist keine esoterische Wissenschaft, und wenn sich in der Medizin die kybernetische Betrachtungsweise eingebürgert hat, wird sie höchstwahrscheinlich die Brücke darstellen, die manchen praktischen Ärzten fehlt, um ihnen das Wesen des AT und die psychosomatische Betrachtungsweise näherzubringen, ohne dabei die organische Konzeption aufgeben zu müssen.

Instinktiv zieht der Mediziner eine praxisbezogene Methode, die gut funktioniert, hochgeschraubten Hypothesen vor, die praktisch wenig bringen oder in zu vielen Fällen versagen. Das beste Beispiel des Gesagten bietet die Aufnahme des AT in der Medizin. Man hat das AT den pragmatischen Methoden der Psychotherapie zugerechnet, wahrscheinlich weil es sich nur durch seine experimentelle Basis und seine therapeutischen Erfolge ausweisen kann. In der Tat, die von *Schultz* durchgeführten Experimente (64) können wiederholt werden, mit neuen Geräten verfeinert werden ..., wie bereits geschehen. Die Aussagekraft bleibt aber unverändert: Die von *Schultz* aufgedeckten Veränderungen in den Parametern: Wärme, Schwere, Atmung usw. gehorchen den wissenschaftlichen Prinzipien der Wiederholbarkeit und zeigen einen kausalen Nexus, wie wir sehen werden, der ihnen naturwissenschaftlichen Charakter verleiht. Diese Aussage gilt ebenfalls für die Methode von *E. Jacobson*, die Progressive Relaxation. Die experimentelle Akribie, mit der *Jacobson* die Progressive Relaxation fundiert hat, stellt ein lebendiges Beispiel von angelsächsischer naturwissenschaftlicher Gründlichkeit in der Medizin dar. Da die Schwereübung des AT und die progressive Entspannung physiologisch betrachtet ähnlich sind, gelten die experimentellen Ergebnisse von *E. Jacobson* auch für das AT. Das besagt aber nicht, daß die beiden Methoden ein geschlossenes wissenschaftliches System bieten. Es fehlt die Synthese.

Die Notwendigkeit der Synthese

Wie man weiß, müssen auch Befunde oder Experimente ausgelegt werden, wobei manchmal eine neue Sprache geschaffen werden muß (18). Hypothesen, d.h. Gedankengänge sind nötig, um diese Experimente, diese Befunde, aufzufangen und sie begrifflich darzustellen.

Nachdem die Analyse durchgeführt worden ist, sind wissenschaftliche Gebäude – die Synthese – notwendig, die die Zusammenhänge zwischen den beobachteten Fakten rational gestalten. Dieser Passus fehlt beim AT. *Schultz* hat wohl ein Kapitel seines Standardwerks der Theorie gewidmet. Die Darstellung schlägt aber nicht durch. Die theoretische Grundlage des AT fehlt noch. In diesem Sinne hat *K. R. Rosa* versucht, durch strukturanalytischeBetrachtungen dem AT eine Grundlage zu geben (63). Da die von ihm gegebene Rechtfertigung seines Unternehmens sehr einleuchtend ist und für die hier unternommenen Bestrebungen auch gilt, geben wir sie wörtlich wieder:

»Die bloße Propagierung leistet für die Integration der Methode in die Medizin zu wenig, wenn sie sich allein auf die Bekanntmachung schon erwiesener Tatsachen und empirischer Funde stützt. Mit *Luthe*, *Wallnöfer* und vielen anderen teile ich (*Rosa*) die Meinung, daß das AT selbst Gegenstand fortgesetzter Untersuchung sein muß. Wenn lange Zeit methodenkritische Untersuchungen und solche, die sich um eine Verifizierung empirisch gefundener Tatsachen bemühen, neben den kasuistischen Berichten auffielen, so darf darüber *ein* Aspekt nicht vergessen werden. Der Aufbau des Autogenen Trainings ist, das muß bei gerechter Abwägung aller immensen Verdienste des Begründers beachtet werden, immer fleißig beschrieben und unermüdlich belegt, nicht eigentlich aber begründet worden. Zur Theorie des AT als einer von der Hypnose herkommende, gleichwohl selbständige Behandlungsmethode stehen uns zwar die von *Luthe* und seiner

Schule eingebrachten physiologischen Erkenntnisse, nicht aber autochthon aus der Methode selbst entwickelte Vorstellungen zur Verfügung.« (63).

Die Notwendigkeit des Aufbaus des AT, wie *Rosa* folgerichtig fordert, entspricht einer wissenschaftlichen Notwendigkeit, die tief in der Kultur des Abendlandes verwurzelt ist, zumindest im cartesianischen Abendland: Der Analyse folgt natürlicherweise die Synthese. Eindrucksvoll berichtet *E. Jones* (27) über den »Entwurf«, den *Freud* konzipiert hatte, um seiner Theorie des Seelenlebens am Ende des 19. Jahrhunderts ein greifbares intellektuelles Substrat zu geben.

Diesem Trend entsprechend liegt das Hauptanliegen dieses Buches also darin, eine Verbindung zwischen der Methode von *J. H. Schultz* und der Biokybernetik in Form eines Systems herzustellen. Die hier dargestellten klinischen Überlegungen sind autochthon aus der Arbeit mit dem AT im Laufe von Jahren entstanden. Im Grunde genommen handelt es sich hier lediglich um eine zeitgemäße Erweiterung der biologischen Grundlage der naturwissenschaftlichen Medizin – der *J. H. Schultz* das AT zugerechnet wissen wollte –, da die Biokybernetik als Forschungsfeld der Biologie ein Zweig der Naturwissenschaften ist. In Kap. III wird die reine Theorie des Buches behandelt. Hier sollen lediglich kurze Erläuterungen über einige schon angewandte Begriffe wie: biokybernetische Betrachtungsweise, biokybernetisches System usw. aufgeführt werden, weil diese als Leitmotiv für alle Kapitel zu verstehen sind, d.h. als Konstanten bei der Beschreibung aller Übungen und Betrachtungen über das AT im Auge behalten werden müssen.

Der Mensch als biokybernetisches System

Wenn wir den Menschen als biokybernetisches System auffassen, erübrigt sich, andere Gesichtspunkte zu eruieren, z.B. die Entwicklungslehre, die jetzt Allgemeingut des Wissens unserer Zeit sind. Auch wenn man dem Menschen eine Sonderstellung einräumen muß, kann er objektiv nicht außerhalb der anderen »mitbiokybernetischen« Systeme betrachtet werden.

Unter »biokybernetischem System« verstehen wir »jedes beliebige System, das in der Lage ist, Information selbständig zu erhalten und weiterzugeben« (15b). Bei »selbständig« handelt es sich um eine notwendige und ausreichende Bedingung (conditio necessaria et sufficiens), die m.E. alle denkbaren kybernetischen Systeme, die der Mensch bis jetzt gebaut hat, vom biokybernetischen System unterscheidet. Dieser Unterschied ist schon im Titel des Buches von *N. Wiener* (81) enthalten. Die niedrigste Bakterie ist solchen kybernetischen Systemen, sprich Maschinen, überlegen, weil jene in der Lage ist, die erhaltene Information, die zu ihrem Bau geführt hat und ihr hilft, das Problem des Kampfes um das Dasein zu lösen, selbständig weiterzugeben.

Betrachtet man die biokybernetischen Systeme in Begriffen des Raum-Zeit-Kontinuums der Physik, so ist die Aussage zulässig, daß diese biokybernetischen Systeme die einzigen Wesen sind, die eine selbständige Entwicklung in Zeit und Raum zeigen, d.h. es gibt einen Übergang vom unreifen zum reifen Wesen, d.h. wir haben es mit tetradimensionalen kybernetischen Systemen zu tun.

Dieser Gedankenrichtung folgend läßt sich der Mensch definieren als: »jenes biokybernetische System, das in der Lage ist, Information unbegrenzt zu erhalten und weiterzugeben« (15b). Wiederum stellt hier »unbegrenzt« die notwendige und ausreichende Bedingung dar, um den Menschen von den übrigen biokybernetischen Systemen zu unterscheiden. Man könnte sagen, daß bei ihm lediglich ein Umschwung der Quantität in die Qualität stattfindet.

Man bedenke, daß diese biokybernetischen Systeme wiederum aus unzähligen Systemen bestehen, die meistens autonom, aber nicht selbständig arbeiten, weil sie auf die Hilfe des ganzen Organismus angewiesen sind, z.B. Atemsystem, Kreislaufsystem, Verdauungssystem und v.m. Solche Systeme bestehen ihrerseits aus Subsystemen: z.B. der Kreislauf umfaßt das »Blutdrucksystem«, das »Pulssystem« usw., die ebenfalls kybernetisch gesteuert werden. In Wirklichkeit besteht der Mensch aus unzähligen kybernetischen Systemen. Die Betrachtung mancher Funktionen des Menschen als solche, wie *Masturzo* schreibt (47), stellt einen Fortschritt dar. Die Medizin der Zukunft wird ohne solche Betrachtungsweise nicht auskommen können. Die Anwendung der Kybernetik in manchen Gebieten der Medizin führt zu neuen Erkenntnissen und hilft, Probleme zu lösen, die sonst nicht zu lösen wären. Die Erleichterung des Zugriffs zur eingespeisten Information aus den klinischen Karteien (47) oder aus der wissenschaftlichen Literatur sei als Beispiel erwähnt. Ebenfalls leistet der Bau von kybernetischen Modellen eine große Hilfe bei der Ausbildung von Studenten der Medizin, besonders in den angelsächsischen Ländern (47). Aber unter biokybernetischen Systemen verstehen wir hier etwas anderes, wie schon oben dargelegt.

Natürliche Vorgänger des AT

Es ist oben die Rede davon gewesen, das AT als das natürlichste Mittel zur Steuerung des neurovegetativen Systems darzustellen. Wenn die *Schultz*sche Methode so natürlich ist, dann ist die Frage berechtigt, ob diese Methode nicht schon früher unter anderen Namen in den verschiedensten Kulturen zu finden ist. Man kann davon ausgehen, daß sich die anlagebedingte Struktur des menschlichen Hirns in den letzten 40.000 Jahren nicht geändert hat. Bedenkt man aber, daß sich der menschliche psychische Apparat immer in einem mehr oder weniger labilen Gleichgewicht befindet, liegt die Vermutung nahe, daß der Mensch durch Versuch und Irrtum (trial and error) pragmatische Methoden gefunden haben muß, um das psychische Gleichgewicht zu erhalten oder zurückzugewinnen. Solche Methoden lassen sich bis zum Jungpaläolithikum leicht verfolgen (34). Man könnte mit *Langen* sagen, »daß in jeder Entwicklungsstufe der Menschheit Methoden zur Selbsterzeugung eines tranceartigen Zustandes ihren Platz haben, die sich dann entsprechend der Kulturstufe wandeln bzw. dieser anpassen«. »Rund um den Erdball lassen sich in allen Kulturen autohypnoide Techniken nachweisen. Die Kenntnis von Methoden zur Selbsterzeugung von psychischen Ausnahmezuständen kann somit als ein Urwissen der Menschheit angesehen werden.« (34). Solche Techniken begleiten den Menschen immer, weil sie eine physiologische »raison d'être«, eine physiologische Begründung, haben. Zu ihnen zählt das AT, aber mit einigen Charakteristika, die es von den anderen Methoden trennen, wie wir sehen werden.

Aus den obigen Betrachtungen folgt, daß man es mit zwei Fakten zu tun hat, die immer wieder in der einen oder anderen Form auftreten:

a) Das Immerwiederauftauchen von Beschreibungen, die unter den verschiedensten Namen physiologische Zustände der menschlichen Psyche schildern. Angenommen, daß Wachzustand und Schlafzustand Pole der Aktivität der Psyche sind, so befinden sich die erwähnten Zustände zwischen diesen beiden Polen.

b) Die uralte Tradition des Entstehens von neuen Formen der Selbstentspannung, d.h. die von *D. Langen* oben erwähnten »autohypnoiden Techniken«.

Zu a: Die BZMAI (Bewußtzustände der Minimalafferenzinformation)

In einer von *J. H. Schultz* rezensierten Dissertation (2) widmete sich *J. S. Benoit* dem Studium der »Hypnagogischen Zustände«, d.h. jenen Zuständen der Entspannung mit leicht herabgesetzter Bewußtseinshelle, die, wie

Schultz wußte (2), in naher Beziehung zu den hypnagogischen Zuständen, sprich Zuständen vor dem Einschlafen, stehen.

Später greift *Benoit* dasselbe und immer wiederkehrende Thema, Zeuge des Faktischen bei den hypnoiden Zuständen, auf und zeigt dessen Wiederauftauchen in der Literatur. Schon vor der Mitte des 19. Jahrhunderts waren diese Zustände in der französischen Literatur als »psychischer Zustand zwischen Wachzustand und Schlafzustand« (*Baillarger*) beschrieben worden (3). Solche Zustände sind ebenfalls in der angelsächsischen Literatur seit langem unter der Bezeichnung a.s.c. (altered states of consciousness) Gegenstand der Forschung (78). Der angelsächsischen Literatur ist auch die immense »Synthesearbeit« (3), die auf dem Gebiet des AT von *Luthe* geleistet worden ist, zuzuschreiben. *W. Luthe* spricht von »autogenic states« (44 u.a.). In der deutschen Literatur ist die Bezeichnung »hypnoide Zustände« (*Langen*) geläufig. *J. H. Schultz* spricht von »suggestiven Zuständen« (70); »autogene Zustände« wird auch gebraucht (59).

In Spanien, Portugal und in den latein-amerikanischen Ländern, teilweise auch in Frankreich, breitet sich eine medizinische Schule aus, die den in der Industriegesellschaft vorhandenen Bedarf an Methoden zur Erzeugung von kurzen selbstinduzierten und selbstgesteuerten Erholungszuständen des psychischen Apparates zu decken versucht: die Sophrologie. Da sie im deutschen Sprachraum m.W. wenig bekannt ist, wird auf sie später noch näher eingegangen. Wissenschaftlich betrachtet, stellt sie lediglich einen geglückten Synkretismus zwischen AT, Progressiver Relaxation und ostasiatischen Methoden dar. Sie hat jedoch einige interessante Begriffe wie »sophronische Zustände« und »Sophronisation« geprägt. Diese Zustände entsprechen den autohypnoiden Zuständen, autogenen Zuständen usw., wovon oben die Rede war.

Alle obigen Bezeichnungen: hypnagogische Zustände, altered states of consciousness, autogenische Zustände, autohypnoide Zustände, sophronische Zustände usw. sind, von der Sache her betrachtet, gleichwertige Bezeichnungen für denselben Zustand.

Da alle solche Zustände aber mit Drogen – ob Hasch, Alkohol bzw. gewisse Medikamente – produziert oder von einer Person induziert werden können, neigen einige Autoren dazu, sie unter dem gemeinsamen Namen von »altered states of consciousness« zu erfassen (78). Man sollte aber zwei Fakten berücksichtigen, um diese verschiedenen Zustände zu unterscheiden: den Induktionsmodus und die Reversibilität des erreichten Zustandes.

Schon in den zwanziger Jahren (67, 70) hatte *J. H. Schultz*, sich auf *H. Binswanger* stützend, »die Erscheinungen der spezifischen Selbstumschaltung« als »konzentrativ« bezeichnet, um diese Erscheinungen »schon dem Namen nach von den allgemein suggestiven« zu unterscheiden. Damit stellte *Schultz* das Kriterium der autogenen Induktion solcher Zustände in den Vordergrund. Diesem Kriterium tragen die Bezeichnungen: autohypnoide Zustände, autogene Zustände oder konzentrative Entspannung oder sophronische Zustände am besten Rechnung.

Langen hat versucht (35), für die Gefühle der Ausgeglichenheit und Gelassenheit sowie das Empfinden, über den Dingen zu stehen, das Wort Sophrosyne in Zusammenhang zu bringen. Die Sophrologen sehen mit Recht, daß die griechische Sophrosyne mit den Zuständen, die wir hypnoide Zustände genannt haben, nichts zu tun hat (7a). Sie sprechen lieber von sophronischen Zuständen (8). Was die Sophrosyne für die Griechen bedeutet hat, läßt sich nicht leicht ermitteln: Im *Charmides* wird sie als Besonnenheit gedeutet (54a) und als die Kunst der Dämpfung der Affekte und Triebe in *Prologomena* zum *Charmides* (54b). Dennoch ist der Versuch, den Begriff Hypnose durch Sophrosyne oder durch Sophrologie zu ersetzen, sinnvoll.

Die Reversibilität des Zustandes ist bei den Hetero-Hypnosetechniken gegeben, auch wenn die Wirkung des Induktors notwendig ist. Die durch Drogen induzierten hypnotischen Zustände weisen eine Pathogenität auf, indem eine Irreversibilität, d.h. ein Dauerschaden des psychischen Apparates, verursacht werden kann. Deswegen dürfen die durch Drogen erzeugten hypnoiden Zustände nicht auf eine gleiche Ebene mit denjenigen gestellt werden, die durch ärztliche Hypnose oder durch AT erzeugt werden.

Zu b: Das Faktische bei den hypnoiden Verfahren

Die Hartnäckigkeit, mit der sich die hypnoiden Verfahren in der Medizin als Studienobjekt anbieten, auch wenn sie in der Vergangenheit so oft für nichtig deklariert und als einer naturwissenschaftlichen Medizin unwürdig verbannt wurden, spricht dafür, daß hinter den hypnoiden Verfahren Fakten vorhanden sein müssen, die konzeptuell nur zum Teil erfaßt worden sind.

Parallel zur Entwicklung der naturwissenschaftlichen Medizin wurden Berichte veröffentlicht, die immer wieder auf eine nicht-faßbare Wirklichkeit im Menschen hindeuten. Der erste, der sich als suchender Naturforscher mit dem Phänomen der hypnotischen Zustände auseinandersetzte, war wahrscheinlich *Mesmer*. Er selbst konnte die von ihm beobachteten Fakten nicht richtig deuten. Die von der französischen Académie des Sciences eingesetzte Kommission, die die These von *Mesmer* prüfen sollte, konnte diese selbstverständlich nicht bestätigen: Sie konnte keinen »thierischen Magnetismus« (49), Lebensmagnetismus oder Fluidum (35) oder Magnetismus animalis (36) feststellen. Die Akademie vertrat die Meinung, daß alle ihr zur Beurteilung dargelegten Erscheinungen auf die Einbildungskraft der Betroffenen zurückzuführen seien, ohne selbstverständlich auf die Tatsache eingehen zu können, daß »Einbildungskraft« für Prozesse steht, die genauso natürlich sind wie der der Atmung oder der Verdauung oder irgendein anderer Prozeß der menschlichen Physiologie. Heute scheut man sich nicht, von der Macht des menschlichen Vorstellungsvermögens zu sprechen (74). Die Zeitgenossen von *Mesmer* aber setzten Einbildungskraft mit Simulation, ja sogar mit Täuschung gleich, so daß *Mesmer* in einer Epoche der aufsteigenden positiven Wissenschaften in Verruf geriet (77). Diese Episode führte in der Forschung der Hypnose zu einer Stagnation von über einem halben Jahrhundert trotz Bemühungen, wie die des Abbé *de Farias*, der vieles von der etwa 60 Jahre später inaugurierten Suggestionstheorie vorwegnahm (36). Erst mit *James Braid* (6) 1843 wurden Vorgänge geschildert, die mittlerweile Allgemeingut der wissenschaftlichen Medizin sind. Es dauerte aber bis in unsere Tage, daß der Hypnose bzw. den hypnoiden Verfahren eine medizinische Validität zuerkannt wurde. Nur berühmte Namen wie *Charcot* konnten dem ominösen Nymbus der Hypnose, d.h. dem Unseriösen, ungeschoren davonkommen. Forschungen von *Oskar Vogt*, *J. H. Schultz*, *B. Stokvis*, *E. Kretschmer*, *D. Langen* u.a. haben sozusagen zu einer Rehabilitierung der wahrscheinlich ältesten Behandlungsmethode der menschlichen Medizin geführt.

Es würde den Rahmen dieses Buches allerdings überschreiten, sich mit den hypnoiden oder autohypnoiden Verfahren als Methode zu befassen. Der Leser möge sich z.B. an die Ausführung von *Stokvis* (76) oder *Langen* (35) bezüglich der Hypnose und an das Werk von *Stokvis* und *Wiesenhütter* (77) für die autosuggestiven Verfahren wenden. Die beiden letzten Autoren unterscheiden:

a) passive autosuggestive und entspannende Übungen
b) aktive autosuggestive und entspannende Übungen.

Die Aufzählung und die Beschreibung sind in ihrem umfangreichen Werk sehr ausführlich. Dem interessierten Leser sei es zur Lektüre empfohlen.

Gewiß trifft zu, daß der Unterschied passiv/aktiv bei den hypnoiden Verfahren äußerst wichtig ist. Er darf aber nicht absolut aufgefaßt werden. Auch die passiven autosuggestiven und entspannenden Übungen können, wenn sie gelernt worden sind, zu aktiv-suggestiven und entspannenden

Übungen werden, wie es der Fall ist bei den aus dem religiösen Leben abgeleiteten Verfahren. In seinen experimentellen Untersuchungen der Hypnose war *Oskar Vogt* zu ähnlichen Schlüssen gekommen und gab damit *J. H. Schultz* den Anstoß zur Entwicklung seiner Methode.

Unter den aktiven autosuggestiven und entspannenden Übungen nach *Stokvis* und *Wiesenhütter* betrachten wir im folgenden näher: Das AT von *J. H. Schultz* und die Progressive Relaxation von *E. Jacobson*. Obwohl beide Forscher, *J. H. Schultz* und *E. Jacobson*, verschiedene Wege beschritten haben, um beide Methoden zu entwickeln, sind diese von der Sache her in einigen Punkten, d.h. z.B. in der Übung der Schwere bzw. der Entspannung, ähnlich. Ferner kann die Relaxationsmethode manchmal, wenn in einigen Fällen Schwierigkeiten beim Erlernen der Schwere auftreten, die Übung des AT ergänzen.

Als weitere Methode wird die Sophrologie besprochen, weil sie sich das AT und die Progressive Relaxation sozusagen »einverleibt« hat und weil sie in Spanien, Frankreich und den lateinamerikanischen Ländern eine weite Verbreitung gefunden hat.

Die Progressive Relaxation von Jacobson

J. H. Schultz weist in seinem Buch darauf hin, daß seines Wissens »*Jacobson* der einzige Autor ist, der – bei voller gegenseitiger Unabhängigkeit – zu prinzipiellen und faktischen Feststellungen gelangte, die sich in vielen Punkten« mit den seinigen decken (69).

E. Jacobson hat sich seit 1908 mit dem Problem der muskulären Zuckungen und des Muskeltonus befaßt. In seinem Hauptwerk (24) schildert er, wie er durch persönliches Interesse »am schreckhaften Zucken« zu seiner Fragestellung kam, wie durch progressive Muskelentspannung Ruhe herbeizuführen und die Aktivität der Psyche zu vermindern sei. Das Buch erschien 1928, die Darlegung der Technik der Progressiven Relaxation aber erfolgte schon in den frühen zwanziger Jahren (22).

Von Anfang an betonte *Jacobson* als Ziel der Übung, den Patienten zu trainieren durch »seine eigene Initiative« (24), d.h. er setzte das »Prinzip Autogen« ein. Die Progressive Relaxation könnte m.E. viel treffender »Autogenic Relaxation«, autogene Entspannung, genannt werden.

Eine Beschreibung der Methode ist viel schwieriger als das Erlernen durch Beobachtung und eigenes Erleben. Wie beim AT verlangt die Vermittlung der Methode eine spezielle Ausbildung.

Methode:

Allgemeine Ausgangsbedingungen: Der Patient oder die Versuchsperson liegt in der Rückenlage auf einem Bett oder auf einem bequemen Sofa. Der Raum, in dem die Übung stattfindet, ist ruhig, mindestens am Anfang der Übung. Die Übungsperioden dauern etwa eine halbe bis eine Stunde. Mehrere Versuchspersonen können gleichzeitig trainieren, aber in verschiedenen Räumen.

Grundzüge der Methode (22): Man bringt der Versuchsperson zunächst die Fähigkeit bei, das Vorhandensein von Muskelkontraktionen zu erkennen, so leicht sie auch sein mögen.

Als Kriterium, um die Entspannung zu erkennen, wird der Patient pragmatisch darüber unterrichtet, daß Entspannung das Gegenteil von Verkrampfung ist, und aus diesem inneren Erlebnis wird die Methode abgeleitet. Nachdem der Patient beobachtet hat, daß er in der Lage ist, Kontraktionen in Muskelgruppen zu erkennen, lernt er, wie er diese Muskelgruppen total entspannen kann. Dieses Verfahren wird angewandt für alle geläufigen Muskelgruppen des ganzen Körpers. In seinem Buch »Immer mit der Ruhe«, das wir schon zitiert haben (25), schreibt *Jacobson*: »Wir bezeichnen die Entspannung als ›progressiv‹ in dreifacher Hinsicht:

1. Die Versuchsperson entspannt eine Muskelgruppe, z.B. die Muskeln, die den rechten Arm beugen, von Minute zu Minute immer mehr.
2. Der Patient lernt, die hauptsächlichen Muskelgruppen des Körpers, eine Gruppe nach der anderen, zu entspannen. Zusammen mit jeder neuen Gruppe entspannt er gleichzeitig jene Teile des Körpers, die vorher darin geübt worden sind.
3. Während die Entspannung täglich geübt wird, entwickelt sich, wie meine Erfahrung zeigt, eine Gewohnheit der Ruhe und Rast und ergibt sich eine Tendenz zu einem Zustand, in welchem die Ruhe automatisch aufrechterhalten wird. Im Gegensatz dazu lehrt die Erfahrung, daß das Individuum, welches sich der uneingeschränkten Erregung hingibt, weiteren Steigerungen der nervösen Erregung ausgesetzt ist.«

Der Patient übt täglich ein oder zwei Stunden allein. Es handelt sich, schreibt *Jacobson* (25), um einen »Lehrgang, zu dessen Absolvierung viele Menschen Wochen oder Monate, ja vielleicht Jahre, brauchen« (25).

In diesem für das breite Publikum geschriebenen Buch (25) gibt *Jacobson* ein Programm für die allgemeine Entspannung, das er in Lektionen unterteilt und eher pragmatischen Charakter hat.

Entspannung der Arme: Zuerst werden Übungen von einer Stunde oder länger, täglich während einer Periode von etwa sechs Tagen, mit dem rechten Arm durchgeführt.

Linker Arm: Man setzt die Übungen mit dem rechten Arm fort und übt gleichzeitig mit dem linken Arm täglich eine Stunde oder länger während einer Periode von etwa sechs Tagen.

Entspannungsübungen mit den Beinen: Man setzt die Übungen mit beiden Armen fort und macht gleichzeitig neun Tage lang Übungen mit dem rechten Bein.

Linkes Bein: Alle Übungen der erwähnten Körperteile werden fortgesetzt und gleichzeitig neun Tage lang Übungen mit dem linken Bein gemacht.

Man setzt die Übungen in den Extremitäten fort und führt zusätzliche Übungen durch: drei Tage lang für den Rumpf, zwei Tage lang für den Nakken, einen Tag für die Stirn.

Augenbrauen und Augenlider werden gleichzeitig mit den anderen Körperübungen einen Tag lang speziell entspannt. Die Augen nehmen eine Woche täglicher Übung in Anspruch. Es werden auch anderen Körperteilen: Wangen, Kiefern, Lippen, Zunge, Sprechmuskeln zwei bis drei Tage gewidmet.

Jacobson hatte gesehen, daß Übung, Wiederholung, der Schlüsselpunkt der ganzen Methode der Progressiven Relaxation ist. Wie beim AT sah er auch, daß die Prinzipien, die zugrunde liegen, sehr einfach sind. Das ist eben das Problem: »Die sind zu einfach« (22), so daß wie beim AT ein Nicht-Eingeübter diese Prinzipien von allein nur schwer finden kann.

Bemerkenswert ist die Sorge, die *Jacobson* immer hatte, man könne die Wirkung seiner Methode auf Suggestion zurückführen. Wiederholt betont er, daß die Einleitung im Wort so karg sein müsse wie möglich. Er beendet eine seiner frühesten Arbeiten mit folgender Bemerkung, die wahrscheinlich wegen der Tabuisierung der Suggestion zu erklären ist, daß im allgemeinen Personen, die sehr suggestiv sind, diese Methode langsamer lernen als jemand, der selbständig und kritisch ist (23).

Man hat in der Progressiven Relaxation hypnoide Momente sehen wollen. Die Tatsache aber, daß es durchaus möglich ist, bestimmte Teile des Körpers zu entspannen und andere in Aktivität zu behalten, d.h. eine »Differentialentspannung«, eine Teilentspannung des Körpers zu erreichen, spricht gegen die Auffassung, daß die Methode von *Jacobson* immer zu einem hypnoiden Zustand führen muß. Sie kann es, aber nicht immer. Auf diese Frage kommen wir zurück.

Ein gewisser Nachteil der Progressiven Relaxation ist »das Zeitraubende« (77). Der Kompliziertheit der Methode läßt sich jedoch abhelfen, wie *Stokvis* und *Wiesenhütter* schreiben, »indem man nur einige Muskelgruppen bearbeitet oder sofort bilaterale Übungen durchführen läßt« (77). Allerdings scheuen sich die Autoren nicht vor »der Mitwirkung (auto-)suggestiver Mittel« (77), wie auch andere Autoren, die die *Jacobson*sche Methode mit dem AT kombinieren (77).

Die Methode von *Jacobson* hatte im deutschen Sprachbereich wegen des AT keine große Verbreitung finden können. Erst 1975, wie oben erwähnt, findet sie im deutschen Sprachraum neuen Zugang. Das Buch »Entspannungstraining. Handbuch der progressiven Muskelentspannung« von *D. A. Bernstein/T. D. Borkovec* (4) bringt die alte Methode von *Jacobson* mit Ansätzen der klassischen Methode von *Wolpe* »Psychotherapy by Reciprocal Inhibition« (82) an. Obwohl die Autoren die Forschungsarbeit auf dem Gebiet des AT nicht würdigen, ist sein Einfluß unverkennbar. Bemerkenswert ist auch, daß die Autoren das Wirken von *Jacobson* in die dreißiger Jahre verlegen, obwohl die erste Auflage der Progressiven Relaxation 1928 stattgefunden hatte und einzelne Arbeiten bereits 1924 und noch früher erschienen waren (22).

Das AT als Konzeption aber bleibt der Progressiven Relaxation überlegen, wenn man in der Methode von *Schultz* die drei folgenden Aspekte betrachtet: das AT als Selbstentspannungsmethode, das AT als Selbsthypnose und das AT als psychisches Werkzeug, wie wir später sehen werden.

Die Sophrologie[1]

Die Sophrologie erhebt den Anspruch, ein neuer Zweig der Medizin zu sein. Ihr Schöpfer ist *Alfons Caycedo*, ein 1932 in Columbien geborener und in Spanien wirkender Neuropsychiater, der seine Ausbildung in Madrid im Kreis von *Lopez Ibor* erhielt. Er ist zu der Überzeugung gekommen (1), daß die psychischen Krankheiten im wesentlichen Störungen des Bewußtseins sind. Er gründete eine Schule, deren Objekt das Studium des menschlichen Bewußtseins im Zustand der Harmonie ist mit dem Ziel, seine Struktur zu stärken und damit das Auftreten von psychopathologischen Krankheitsbildern zu vermeiden (1).

[1] Zitate aus dem Spanischen vom Verfasser übersetzt.

Er schuf den geglückten Begriff Sophrologie, den er etymologisch aus den griechischen Wurzeln: sos = Harmonie; phren = Geist; logos = Studium abgeleitet wissen will (7a). *Caycedo* definiert die Sophrologie wie folgt:

»Die Sophrologie ist eine neue Wissenschaft bzw. wissenschaftliche Schule, die anhand von neuen Konzeptionen das menschliche Bewußtsein studiert, seine Strukturen und Möglichkeiten erforscht und ebenfalls die durch chemische, physische und psychische Methoden erreichten Modifikationen des Bewußtseins untersucht zwecks Anwendung in der Medizin.« (7a).

Die verschiedenen Ziele der Sophrologie sind:

a) das Studium des Bewußtseinsniveaus, das von einem deskriptiven Standpunkt betrachtet wird (Psychopathologie, Phänomenologie ...);

b) die Techniken der Erholung:

1. aktive Technik durch »Terpnos Logos« (d.h. durch »persuasive Gespräche«, die die Autoren von Suggestion unterschieden haben wollen).
2. entspannende Techniken: das AT von *Schultz*, die Progressive Relaxation von *Jacobson* und zahlreiche andere Techniken, die aus diesen beiden abgeleitet sind.
3. Yoga-Übungen, seien es muskuläre, Atemübungen oder Lagerungen.
4. Kombination der obigen Techniken, je nach der Versuchsperson und den Umständen.

c) therapeutische Anwendungsmöglichkeiten (8).

Bei seiner Erforschung des Bewußtseins schlägt *Caycedo* ein Schema vor, das angibt, wo die Wirkung der sophrologischen Methode stattfindet. Er bezeichnet die Zustände zwischen Wachheit und Schlaf, wie wir oben bereits erwähnt haben, als »sophronische Zustände« (7a).

Die Methode übernimmt unbefangen die Ausgangsstellungen von *Schultz*, wie bei *J. J. Martinez Quesada* (46) zu ersehen ist. Das AT ist ja nicht urheberrechtlich geschützt.

Man unterscheidet drei Typen von sophrologischem Training, die von *Caycedo* in den letzten Jahren in Barcelona geschaffen worden sind (1).

1. Das individuelle sophrologische Training. Unter diesem Namen werden die Techniken erfaßt, die die Ärzte bei der sophrologischen Behandlung einzelner Patienten anwenden.
2. Das sophrologische Training in Gruppen, dessen fundamentale Technik die dynamische Entspannung von *Caycedo* ist. Diese Technik wird von ärztlichen Sophrologen in spezialisierten Zentren und kleinen Gruppen angewandt, die aus kranken und einigen gesunden Menschen bestehen.

3. Das kollektive sophrologische Training, dessen Grundmethode die kollektive Entspannung von *Caycedo* ist. Diese letzte Methode wird bei großen Gruppen, die aus gesunden Menschen besteht, angewandt. Sie hat vorbeugenden Charakter durch das Ziel, die individuellen psychischen Strukturen zu stärken. (Übers. d. Verf.).

Der Begriff Sophrologie ist sehr gut gewählt. Er ist zutreffender als z. B. Hypnose, um die hervorgerufenen Zustände zwischen Wachheit und Schlaf zu bezeichnen. Es scheint fast unmöglich, den Begriff Hypnose, der im Laufe der Geschichte so sehr strapaziert wurde, von seinem Beigeschmack des Ominösen zu befreien. Sophrologie ist nicht nur ein neues Wort für Hypnose, wie *Langen* meint (35, 38), sondern enthält auch weltanschauliche Elemente, in die wir hier nicht eingehen können.

Schon kurz nach seiner Schöpfung zeigt der Begriff Sophrologie eine große Ausdehnbarkeit, die dazu geführt hat, daß einige Autoren von soziologischer (1) und andere von sozialer (8) Sophrologie sprechen. Hier hat man das Wort Sophrologie aus sophros = Weisheit und logos = Wort abgeleitet haben wollen (8), wobei Sophrologie eine semantische Elastizität aufweist, die mit wissenschaftlicher Denkweise schwer zu vereinbaren ist.

Ziel und Inhalt der soziologischen Sophrologie lassen sich gut aus der Definition von *Anadon* (1) entnehmen: »Soziologische Sophrologie ist der Zweig der Sophrologie, der sich das Studium jener Kräfte zum Ziel setzt, die für die Integration der Gesellschaft verantwortlich sind; ferner versucht die soziologische Sophrologie diese Kräfte durch Verfahren zu potenzieren, die in der Lage sind, die menschliche Persönlichkeit zu stärken und zu integrieren. Die soziologische Sophrologie verbreitet die Methode der kollektiven Entspannung von *Dr. Caycedo*, die sich an den gesunden Menschen wendet, dessen Wirken sich in den verschiedenen sozialen Schichten abspielt, mit dem Zweck, das enorme Potential in den verschiedenen biologischen Strukturen dieser sozialen Schichten zu aktivieren«. (Übers. d. Verf.).

Wie aus der Definition zu ersehen ist, hat die Sophrologie das Wirkungsfeld der Medizin, auch der Sozialmedizin, schon längst verlassen.

Die Sophrologie umfaßt nicht nur das AT, die Progressive Relaxation und Techniken der ostasiatischen Meditationen, sondern auch therapeutische Maßnahmen der Naturmedizin, die in Deutschland aus der Reformhausdiätetik und Reformhausbewegung bekannt sind. Manche Inhalte sind zu sehr weltanschaulich gefärbt, so daß man sie schwerlich als naturwissenschaftlich bezeichnen kann.

Über die Wissenschaftlichkeit der Grundlage der Sophrologie besteht allerdings kein Zweifel, da die Grundlagen des AT und der Progressiven Relaxation – beide wesentliche Anteile der Sophrologie – experimentell längst belegt worden sind. Aus der Definition geht hervor, daß das Forschungsfeld der Sophrologie sehr breit ist, ja im Grunde genommen so breit wie die Psychiatrie selbst, nur daß sich die Sophrologie an den Menschen in Harmonie wendet, wo auch immer dieser zu finden sein mag.

Seit ihrer Entstehung im Jahre 1960 hat die Sophrologie einen weiten Weg zurückgelegt. Im Oktober 1970 fand in Barcelona der I. Kongreß der Sophrologie statt, auf dem einer der Ehrenpräsidenten *J. H. Schultz* gewesen wäre (7b). Er starb einige Wochen vor dem Kongreß. Einer der Vizepräsidenten war *D. Langen* (7b). 1975 tagte der II. internationale Kongreß, ebenfalls in Barcelona. Es hat mehrere internationale Veranstaltungen im Zeichen der Sophrologie gegeben, besonders in Südamerika.

Dank eines bewundernswerten Organisationstalents hat die Sophrologie unterdessen das Ausmaß einer Bewegung erreicht: zigtausend Ärzte (1), die zum Teil in genehmigten Institutionen ausgebildet sind, tragen dazu bei, daß sich diese Methode weiter ausbreitet.

Noch anzumerken sei, daß die Methode der kollektiven Entspannung von *Caycedo* durch das Urheberrecht geschützt ist (1). UNIDESCH (Internationale Vereinigung für die Entwicklung der Wissenschaften des Menschen, Übers. d. Verf.) (1) hat von *Caycedo* alle Rechte erhalten, um die Überwachung der Anwendung der Methode zu gewährleisten (1). Die »Primärtherapie« (primal therapy) von *Janov* ist also nicht die einzige Methode (19), die juristisch »abgesichert« und als Markenzeichen geschützt ist (19). Auch die Sophrologen haben es für ihre Methoden getan. Man kann solchem Verhalten kritisch gegenüberstehen; wenn man aber bedenkt, was unter AT alles angeboten wird und sich für die Patienten schädlich auswirken kann ..., wäre eine gewisse autorisierte Abgrenzung nicht fehl am Platze.

Ein interessanter Gesichtspunkt ist, daß die Sophrologen ihre Methode als »die erste Methode der Entspannung auf kybernetischer Grundlage« bezeichnen (1). Es ist bedauerlich, daß die kybernetische Betrachtungsweise bezüglich der Sophrologie nicht näher beschrieben wird. Die Kybernetik hat in Spanien und den südamerikanischen Ländern eine sehr lange Tradition. Man denke an die Rolle, die der mexikanische Physiologe *Arturo Rosenblueth* in der Entstehung der Kybernetik (73) gespielt hat und an die merkwürdige Tatsache, daß spanische Wissenschaftler immer noch *Torres Quevedo* als Entdecker der Kybernetik betrachten.

Die in diesem Buch angestellten biokybernetischen Ausführungen haben mit der obigen Betrachtungsweise nichts zu tun und sind in ihrer Ideogenese wesentlich älter als die Sophrologie.

Warum das AT hervorgehoben werden muß

Hier ist mit AT die Grundstufe des AT gemeint, die eine faßbare physiologische Grundlage hat. Wir werden später gewisse Züge der Arbeit in der Oberstufe des AT auch ausarbeiten; diese haben aber bis jetzt keine belegbare physiologische Grundlage.

Vergleicht man die Grundstufe des AT mit anderen hypnoiden Methoden, so läßt sich ersehen, daß auch bei anderen Methoden die gleichen Wirkungen zu beobachten und zu messen sind, die man beim AT feststellen kann, wie: Beeinflussung der Temperatur, der Atmung, des Tonus der Muskulatur usw. Diese Tatsache ist seit langem bekannt und den Forschern auf dem Gebiet der »hypnoiden Zustände« bewußt. Was *J. H. Schultz* und *Jacobson* suchten und fanden, war ein experimenteller Ansatz, d.h. eine naturwissenschaftliche Basis für die bekannten Phänomene. Beide suchten ferner einen therapeutischen Ansatz über den Tonus der Muskulatur, d.h. über die Schwere oder die Entspannung. Aber *Schultz* blieb nicht dabei. Das AT ist nicht nur eine konzentrative Entspannung, sondern auch eine Selbsthypnose, d.h. eine Methode, um durch Kurzversenkungspausen eine Erholung des ganzen Organismus zu erreichen. Ferner hatte *Schultz* die Möglichkeit der positiven Rückkoppelung mittels des Prinzips Autogen erkannt – obwohl er die kybernetische Theorie nicht kennen konnte – und sie durch Erfahrung und Beobachtung am Anfang seines Wirkens unter dem Namen »Autogene Organübung« beschrieben.

Jacobson hatte mehrere Male betont, er wolle die eigene Initiative der Versuchsperson anregen (24), d.h. ihr autogenes Tun. Mehrmals hat er das Wort Training, das in der englischen Sprache eine umfassendere Bedeutung hat als in der deutschen, in bezug auf seine Methode benutzt. Er hatte wohl den Schwerpunkt auf »autogene Übung« gelegt, indem er die Suggestion mied, wie es auch *Schultz* getan hat, aber er vermochte die Möglichkeit der Entwicklung seiner Methode nicht zu überschauen. Zum einen ist die Selbstversenkung, wenn falsch verstanden, mit dem amerikanischen Dynamismus schwer in Einklang zu bringen; zum anderen war ihm der Gesichtspunkt der Tatsächlichkeit einer »autogenen Organbeeinflussung« fremd. Mit Recht verstand er seine Methode als »neuromuskuläre Methode« (24) und hatte aus seinen Beobachtungen die breite Palette der therapeutischen Anwendungsmöglichkeiten der Progressiven Relaxation richtig eingeschätzt. Aber es lauerte etwas, das er selbst »bête noire des Fortschrittes in der Nervenheilkunde« (24) nannte: die Suggestion. Er mußte viel Energie verbrauchen, um seine bewundernswerten Untersuchungen vor dem Vorwurf der Suggestion zu schützen. Er war sich voll bewußt, daß er es hier mit einem schillernden Begriff zu tun hatte, konnte sich aber von dem ominösen Charakter des Wortes nicht befreien.

Gewiß gibt es in der *Jacobson*schen Methode Züge, die bei der Einleitung der hypnoiden Zustände geläufig sind. So sind z.B. die Stellung in der Rückenlage, das Augenschließen, die Dunkelheit des Raumes ... alles Momente, die an Hypnose denken lassen. Es sind aber keine hypnoiden Elemente, sondern Momente der Einleitung eines hypnoiden Zustandes. Das Ziel der Entspannungsmethode von *Jacobson* ist keineswegs der Versenkungszustand, sondern lediglich die Entspannung, die von der Versenkung, d.h. von der Selbsthypnose und von der Organübung getrennt betrachtet werden muß. *Jacobson* hatte beobachtet und experimentell belegt, daß man über die Entspannung eine Verminderung der cerebralen Tätigkeit erreichen kann, was s.E. für jede psychologische Schule gewiß von Wichtigkeit ist (23). Er war im Grunde genommen auf der Schwelle des Übergangs zur Selbsthypnose stehengeblieben, da bei langem Üben in manchen Fällen die Technik der Progressiven Relaxation auch zum autohypnoiden Zustand führt. Aber solche Bewußtseinsveränderungen waren für *Jacobson*, wie *Schultz* schreibt (69), Nebenbefunde.

Aus dem Gesagten läßt sich ersehen, daß das AT gegenüber der Progressiven Relaxation den Vorteil hat, eine Selbsthypnose, d.h. eine Selbstversenkungsmethode zu sein, um in sehr kurzer Zeit sich erholen zu können, und darüber hinaus eine zielgerichtete Methode ist, um Organe zu trainieren. Man könnte sagen, daß die Grundstufe des AT die Progressive Relaxation einschließt. Diese ist auch ein AT unter einem anderen Namen – im Grunde genommen Autogene Relaxation –, beachtet aber nicht die zwei anderen Gesichtspunkte, die wir erwähnt haben: Selbsthypnose und Organübung. Wegen dieser zwei Gesichtspunkte muß nach Ansicht des Verfassers das AT gegenüber der Methode von *Jacobson* hervorgehoben werden, zumal diese Methode manchmal eine viel längere Zeit beansprucht, um das erwünschte Ziel zu erreichen.

Insgesamt ist also das AT als Methode gegenüber der Progressiven Relaxation die umfassendere. Beide werden aber von einem gemeinsamen Charakteristikum bestimmt, das diese zwei Methoden von den anderen abhebt: dem Bestehen einer formalen Ursache-Wirkung-Beziehung bei der Betrachtung der Methoden und der durch sie erreichten Ergebnisse. Trotz der Schwierigkeit, im Seelenleben den Kausalnexus nachzuweisen (vgl. 26), scheint mir, daß die Elemente der Methode des AT bzw. der Progressiven Relaxation klar genug und abgegrenzt sind, um von solch einer formalen kausalen Beziehung sprechen zu können. Methodisch betrachtet, gibt es beim AT und bei der Progressiven Relaxation eine unmittelbare und dem Übenden bewußte kausale Beziehung zwischen Methode und Versenkungszustand bzw. Entspannungsmethode bzw. Organübungen. Über die Übungen der Schwere bzw. Entspannung und der Wärme entsteht automatisch der Versenkungszustand, der von der organismischen Umschaltung begleitet wird. Ich habe die Grundstufe des AT und die Progressive Relaxation deshalb gleichzeitig behandelt, weil die beiden Methoden sozusagen Zwillingsschwestern sind und weitgehend identische experimentelle Grundlagen haben.

Wegen der oben erwähnten bewußten Ursache-Wirkung-Beziehung ist die Bezeichnung naturwissenschaftliche Versenkungsmethode für das AT gerechtfertigt. Methoden, die diese unmittelbare und bewußte Ursache-Wirkung-Beziehung, die intentionale Gerichtetheit, nicht aufweisen, können nicht als naturwissenschaftliche Versenkungsmethoden aufgefaßt werden (vgl. Kap. IV).

Gewiß sind, wie oben gesagt, zahlreiche andere Versenkungsmethoden bekannt, die ähnliche Ergebnisse wie das AT zeigen und die sich auch experimentell belegen lassen, z. B. Yoga, Za-Zen u. a. Da aber diese Techniken die erwähnte formale Ursache-Wirkung-Beziehung nicht zeigen, läßt sich die Grundstufe des AT gegenüber solchen Techniken leicht abgrenzen, was es als medizinische Methode durchaus qualifiziert.

Die einzige ostasiatische Meditationsmethode, die eine Sonderstellung einnimmt, ist das japanische buddhistische Za-Zen der Soto Schule, das von *Enomiya-Lasalle* als »Meditation ohne Gegenstand oder Thema« (13) bezeichnet wird (vgl. auch *Deshimaru*, 10).

Ikemi (21), *Onda* (53) und andere Autoren sehen mit Recht Ähnlichkeit zwischen den psychischen Zuständen bei Sophrologie, Hypnose, AT und Za-Zen. Ihre Analyse scheint aber nicht ausreichend, um die Unterschiede zu zeigen: Ärztliche Hypnose und AT haben eine naturwissenschaftliche Grundlage, d. h. ihre Ergebnisse sind experimentell belegt und der formale Ursache-Wirkung-Nexus ist bei ihnen unmittelbar zu beobachten. Das Za-Zen hat bis jetzt nur eine traditionsgebundene pragmatische Basis, die allerdings tragfähig genug ist, um die psychologische und neurophysiologische Grundlage für die japanische Morita Psychotherapie zu geben (61).

II
Was ist autogenes Training?
Was ist das Autogene Training von J. H. Schultz?
Die Technik der Methode und die Informationskanäle

Was ist autogenes Training? Die Urformen der Religion

In diesem Kapitel kommen wir auf einige Ansätze zurück, die im ersten lediglich berührt wurden. Anhand des dort Dargelegten läßt sich ersehen, daß im Grunde genommen sämtliche aktiven hypnoiden Methoden, ja sämtliche übenden Verfahren – sowohl die modernen als auch die alten – aufgrund des »Prinzips Autogen« für den Übenden unbewußt autogenes Training im weiteren Sinne darstellen, wobei die Betonung auf »unbewußt« liegt. Gemeint sind nicht nur diejenigen Methoden, die nach der Entwicklung des AT entstanden und alle mehr oder weniger Abwandlungen dieser Methode sind, sondern auch die früheren.

Pragmatisch betrachtet hat der Homo sapiens seine Fähigkeit, die psychischen Vorgänge autogen zu beeinflussen, längst entdeckt und geschult. Die Techniken, die sich im Laufe der Generationen bewährt haben, gingen vom Meister auf den Schüler über und haben sich bis in unsere Tage, auch in Mitteleuropa, als sehr zählebig erwiesen. Nüchtern, ohne irgendeine weltanschauliche Betrachtung, weisen *Stokvis* und *Wiesenhütter* auf die Parallelen zwischen Gebetstechnik und manchen technischen Hilfsmitteln hin, die man bei der autosuggestiven und entspannenden Psychotherapie antrifft (67). Die Wirkung der alten Techniken war deshalb möglich, weil die Fähigkeit der Selbstbeeinflussung der eigenen psychischen und autonomen Vorgänge eine Beziehung zum Weltbild des Betroffenen hat. Darum liegt nicht nur das Prinzip Autogen dem Erfolg der Übung zugrunde, sondern auch die Tatsache, daß das Kausalitätsurteil eine subjektive Dimension besitzt (12), die die Möglichkeit der Selbstbeeinflussung gewährt, auch dann, wenn ein inadäquates Kausalitätsverständnis seitens des Übenden vorliegt. In dieser Gegebenheit der menschlichen Psyche sieht der Verfasser die faktische Heilwirkung aller religiösen oder nichtreligiösen Glaubensarten. (Eine neurophysiologische Erklärung wird hierzu in Kapitel III versucht.) Analysiert man die Urform der jüdischen, der christlichen, der islamischen Religionen und besonders der ostasiatischen Meditationsformen, so zeigt sich, daß durch diese Weltbilder therapeutische Erfolge zu verzeichnen waren und sind, die manchmal echten kurativen Wert haben und m. E. durch das Prinzip Autogen und die Relativität des Kausalitätsurteils zu erklären sind. Diese hypnoiden kurativen Elemente in allen Religionen sind durch die mächtige Entwicklung der Naturwissenschaft im Abendland zum Teil verlorengegangen. Eine objektive Erklärung, allerdings nur Teilerklärung, für die Zuflucht Hunderttausender von jungen Menschen bei den sogenannten Jugendreligionen von heute dürfte in dieser Tatsache zu suchen sein. Mehr oder weniger spröde Theologien können kein Ersatz sein für die erfrischende und erholende Wirkung autohypnoider Versenkungsmethoden.

Wenn man bedenkt, daß der Mensch im Laufe seiner Phylogenese weitergegeben hat, was sich für ihn bewährt hat, und zwar unabhängig von den Theorien, sprich Ideologien, die dem Überlieferten zugrunde lagen, so liegt der Schluß nahe, daß der Aufschwung des AT und anderer Entspannungsmethoden auf der psycho-physiologischen Grundlage liegt, daß solche Methoden für viele Menschen, d. h. für ihr psychisches Gleichgewicht, absolut notwendig sind.

Was ist das Autogene Training (AT) von Schultz?
Grundstufe und Oberstufe

Was die Methode von *Schultz*, das AT im engeren Sinne, von den anderen Methoden unterscheidet, ist zum einen die experimentelle Beleg- und Meßbarkeit zahlreicher Parameter und zweitens der formale Kausalnexus, wie schon in Kap. I gezeigt. Dieser Kausalnexus ist für den von der naturwissenschaftlichen Denkweise geprägten modernen Menschen einleuchtend und akzeptabel.

Die Figur von *J. H. Schultz* gewinnt um so mehr an Größe, wenn man sich vorstellt, daß er einerseits eine allmächtige Organmedizin überzeugen und sich andererseits gegen eine Psychoanalyse behaupten mußte, die in ihrer Behandlungsmethode das Monopol des Kausalitätsprinzips ungerechtfertigterweise für sich allein beanspruchte.

Aus dem Strom der Arbeit mit dem AT von *Schultz* haben sich zwei Hauptserien von Übungen entwickelt: die Standardübungen oder Grundstufe und die sogenannte Oberstufe (60). Die Bezeichnung Unterstufe und Oberstufe des AT führt zu Mißverständnissen, da manche glauben, die Oberstufe sei die normale Fortsetzung der Standardübungen. Bei Übungen in der Volkshochschule zeigen sich manchmal Erwartungshaltungen bei

Trainingübenden, weil sie nach Absolvierung der Standardübungen auch die Übungen der Oberstufe des AT erlernen möchten. Ich umgehe dieses Problem, indem die therapeutische Natur der Oberstufentechnik hervorgehoben wird. Ferner widme ich die letzten Sitzungen eines AT-Grundstufenkurses der Erläuterung des Zusammenbaus von formelhaften Vorsätzen, wie manche Autoren es tun (61, 22, 40 u. a.). Das Einsetzen der formelhaften Vorsatzbildungen am Ende der Grundstufenübung berechtigt m. E. nicht dazu, von Oberstufenübungen zu sprechen, wenn man die organspezifischen Übungen zur Seite schiebt, da sie sowieso für Gesunde nicht indiziert sind. Die Arbeit mit organspezifischen formelhaften Vorsätzen ist therapeutische Arbeit und gehört selbstverständlich in die Hände eines dafür ausgebildeten Arztes.

Es wird leicht übersehen, daß die Unterstufe ohne Oberstufe durchaus lebensfähig ist und, allein betrachtet, eine sehr hohe therapeutische Wirkung hat. Die Oberstufe ist aber ohne die Unterstufe nicht denkbar, da diese, technisch betrachtet, immer als Ausgangspunkt für die Oberstufe dienen muß. Grundübungen sind auch beim Yoga und bei allen Formen der Meditation zu finden. Diese Gegebenheit hat dazu geführt, daß einige Autoren wegen einer unzureichenden Analyse der Fakten meinen, von meditativen Übungen oder Meditation beim AT sprechen zu können (63, 25, 64 u. a.). Auf diese Frage kommen wir in Kap. IV zurück. Die Oberstufe bedarf wegen ihres verhaltenstherapeutischen und analytischen Ansatzes, auch wenn die verschiedenen Methoden nicht beschrieben werden, einer differenzierteren Betrachtung.

Auf eine mögliche Entwicklung sei hingewiesen: Da das AT schlechthin, d. h. die Grundstufe des AT, von *Schultz* absolut ausgearbeitet und nicht ergänzungsbedürftig ist, besteht die Gefahr, daß sie in den Hintergrund gedrängt wird, wie es in etwa den ostasiatischen Methoden (Yoga, Za-Zen . . .) ergangen ist. Da sich das Interesse jetzt hauptsächlich auf den Aufbau der Oberstufe konzentriert, könnte es sein, daß das primär Organmedizin-bezogene, die autogene Organbeeinflussung, nebenbei behandelt, ja sogar vergessen wird. Zumindest ist diese Gefahr im Westen gegeben. Auch die folgende Bemerkung von *Luthe* läßt sich in dieser Richtung deuten: »In der Vergangenheit galt das therapeutische Einsetzen des AT häufiger für die Behandlung von medizinisch begründbaren Störungen als zur Behandlung von psychodynamischen Störungen (z. B. schwere neurotische Störungen, . . .). In neuerer Zeit werden jedoch auf dem Gebiet der psychodynamischen Störungen jeweils dem Fall angepaßte Kombinationen mit AT angewandt.« (Übersetzung des Verf.) (42).

Einer der Gründe dieser Entwicklung der Arbeit mit dem AT im Westen könnte in der Faszination gesehen werden, die der Reichtum an psychischen Befunden, die während der Übungen zutage gefördert werden, ausgeübt hat. Das Interesse für die Oberstufe des AT ist zweifelsohne durchaus gerechtfertigt. Die Ergebnisse, die die psychotherapeutische Anwendung der Oberstufe oder anderer ähnlicher Methoden aufweisen: katathymes Bilderleben (38, 39), autogene Neutralisation und autogene Abreaktion von *Luthe* (42, 41), autogene Imagogik (70), die Oberstufen-Technik von *Rosa* (49), psychotherapeutisch gelenkte Phantasien von *Müller-Hegemann* (44) u. a. belegen den Anspruch dieser Methoden auf einen Platz in der tiefenpsychologisch fundierten bzw. analytischen Psychotherapie. Diese Methoden in den Händen von Spezialisten sind die analytischen Methoden der Zukunft.

Es spricht aber nichts dagegen und wäre sicherlich im Sinne des Begründers, daß man das AT als Gesamtgebilde beibehält und als psychotherapeutische Methode betrachtet, auch dann, wenn man der Tatsache Rechnung trägt, daß die experimentelle Grundlage der beiden Stufen des AT sehr verschieden ist. Dennoch ist ins Auge zu fassen, daß sich bei allem enormen Wert des AT als »ganzheitlich orientierte ärztliche Psychotherapie« (1) seine immense Bedeutung als psychohygienische Methode von selbst aufdrängt. Wegen des schon erfolgten experimentellen Nachweises der Grundübungsparameter und des Kausalnexus zwischen Grundübung und Wirkung (Schwere, Wärme usw.) wird anhand einer biokybernetischen Betrachtungsweise des Menschen angestrebt, daß diese Methode als medizinische und nicht nur als psychotherapeutisch/psychiatrische Methode in sämtlichen Fächern der Medizin Eingang findet.

Die Schultzsche Konzeption des AT

Es kann keine Rede davon sein, die Konzeption des Trainings von *J. H. Schultz* in ein paar Zeilen wiedergeben zu wollen, vielmehr wird eine von ihm gegebene Definition aufgegriffen und im Laufe der Abhandlung entwickelt. Als *Schultz* sich anschickte, den Versuch einer Theoriebildung zu unternehmen (Kap. VIII, 59), faßte er die kennzeichnenden Punkte des AT folgendermaßen zusammen:

> »Physiologisch betrachtet ist das Training zu kennzeichnen als übende Erlernung einer autohypnotischen Umschaltung, die sich durch bewußte Zuwendung auf das Endosensorische bei Außen-

reizverarmung (Augenschluß), Immobilisation und Entspannung systematisch entwickelt. Der im Verlaufe der Übung immer schneller, sicherer und intensiver auftretende Umschaltungsvorgang enthält mithin ›physiologisch‹ die Momente,
a) der Körperhaltung,
b) der Hemmung der Außenaktivität und
c) der bewußten, willkürlichen Zuwendung auf bestimmte überwiegend ›sensorische Funktionen‹, wobei zweifellos der letzte Punkt der entscheidende ist . . .« (59).

In dieser Definition sind drei Elemente zu erkennen: Erstens Autohypnotischer Vorgang; zweitens Umschaltungsvorgang; drittens Technik bzw. übendes Verfahren. Unter hypnotischem Vorgang sind die verschiedenen Schritte zur Einleitung der Selbstversenkung zu verstehen, die wir aus der Grundstufe kennenlernen werden: Körperhaltung, Hemmung der Außenaktivität, Zuwendung auf bestimmte überwiegend sensorische Funktionen . . . Die Selbstversenkung wird durch ein übendes Verfahren erreicht. Ist sie erreicht, tritt automatisch die vegetative Umschaltung ein. Die erworbene Fähigkeit, diese Versenkung autogen, d. h. von selbst, zu erreichen, ist eine Technik, die *Langen* und der Verfasser als psychisches Werkzeug bezeichneten. Man könnte sich fragen, warum *Schultz* in der Definition das Ergebnis seiner früheren Arbeiten, die »übende Organbeeinflussung« (51, 52, 53), nicht erwähnt hat. Der Grund könnte darin gesehen werden, daß die obige Definition nur der Grundstufe gilt und die Organbeeinflussung sozusagen in die Oberstufe des AT verlegt wird. Auf diese Aspekte des AT werden wir im folgenden näher eingehen und nach der morpho-physiologischen Erklärung der Vorgänge beim AT anhand der Informationstheorie in Kap. III eine Definition versuchen.

Das historische Entstehen des AT: die kopernikanische Umkehrung von J. H. Schultz

Schultz, der seine erste Hypnose 1905 durchführte, berichtete selbst, wie das AT aus der Arbeit mit der Hypnose entstand. In den Protokollen der inneren Erlebnisse bei der Hypnotisierung zahlreicher gesunder Versuchspersonen fand *Schultz* immerwiederkehrende Angaben über eine eigenartige »Wärme« und eine eigenartige charakteristische »Schwere«, besonders der Glieder, oft auch des ganzen Leibes (55).

Wichtig waren für ihn aber auch die von der *Kraepelin*schen Schule »eingehend psychologisch und physiologisch analysierten Warmbadewirkungen mit ihrer spezifisch entspannenden und umschaltenden Wirkung« (58).

Die physiologische Deutung dieser Empfindungen ist nicht schwierig: Schwere entspricht einer Entspannung der Muskeln; Wärme entsteht durch vermehrte Blutzufuhr wegen der Erweiterung der Blutgefäße, die nicht unbedingt mit einer Entspannung zusammenfallen muß. Die Kapillare, die sich erweitern, haben ja keine Muskulatur. Schwere und Wärme können zwar zusammen auftreten, tun es aber meistens getrennt am Anfang der AT-Übungen.

Die beobachteten Fakten sind, wie *Schultz* längst gezeigt hat, rein psychologisch nicht zu erklären. Diese Empfindungen von »Schwere und Wärme« deuten darauf hin, daß eine organismische, psycho-physische, totale Umschaltung stattgefunden hat. Darauf erhob *Schultz* die Frage, »ob es möglich sei, ein System entspannungsbringender konzentrativer Übungen zusammenzustellen, die es den Versuchspersonen erlauben würden, die Vorteile ärztlicher Hypnotisierung ohne falsche menschliche Abhängigkeit, durch eigenes Üben zu gewinnen« (55). Im Laufe der Arbeit, die er schon 1920 im *Lahmanns* Sanatorium im Kurort »Weißer Hirsch« zu Dresden durchgeführt hatte, gelang es ihm, seine These zu fundieren und zu objektivieren (62).

Er vollführte, was man eine kopernikanische Umkehrung in den hypnoiden Verfahren nennen könnte, indem er eine Methode entwickelte, bei der die übenden Personen nach der Einleitungsperiode vom Arzt oder Einleiter unabhängig gemacht werden.

Die von den Probanden in der Hypnose angegebenen Wärme- und Schwereerlebnisse traten ein, nachdem die Hypnose eingeleitet worden war. Man kann sagen, daß hier der Vorgang zentrifugal war, d. h. er verlief von der hypnotischen Ruhigstellung des zentralen Nervensystems zur Peripherie hin. Die hypnotisierte Versuchsperson geriet, als sie in die Versenkung eintrat, z. B. über die Fixationsmethode, zuerst in einen hypnoiden Zustand, und dann traten die Schwere und die Wärme auf bis hin zur Peripherie. *Schultz* kam auf die geniale Idee, über das Erleben der Schwere und der Wärme in den Armen und Beinen, d. h. in der Peripherie, eine Versenkung, d. h. einen autohypnoiden Zustand, hervorzurufen, aber diesmal zentripetal: Die Schwere und die Wärme wurden zuerst in der Peripherie erlebt, und dann stellte sich die Versenkung ein, welche die Versuchsperson diesmal in der Lage war, selbst zurückzunehmen. Diese kopernikanische Umkehrung ist äußerst wichtig in der Nervenheilkunde und in der Psychohygiene, weil sie den Menschen unabhängiger macht, indem er eine Möglichkeit erhält, sich selbständig – ohne Hypnotiseur, ohne Psychotherapeut – in einen Versenkungszustand zu versetzen. Dies läßt aber die Frage unberührt, daß der erste Schritt, das Erlernen des AT, mit einem Lehrer geschieht, der dem Trainingübenden den »Weg des AT«, wie *Langen* schreiben würde, ebnet.

Die drei Aspekte des AT: Selbstentspannungsmethode; Selbstversenkungsmethode, d. h. Selbsthypnose; psychisches Werkzeug

In Kap. III wird versucht, die morpho-physiologischen Vorgänge des AT in Begriffen der Biokybernetik, d. h. der Informationstheorie, zu erklären. Aber bevor wir mit dem Studium des AT fortsetzen, werden drei Aspekte dieser Methode, die wir oben erwähnt haben, ausführlich beleuchtet. Diese drei Aspekte: Entspannung, Selbsthypnose und psychisches Werkzeug sind seit Anfang der Entwicklung der Methode bekannt. Wie *Durand de Bousingen* aus der französischen Schule des AT schreibt (8), sind in den Techniken der Entspannung »verschiedene technische Dimensionen« zu beobachten, wie: muskuläre Entspannung, hypnoide Zustände, vegetative »Umerziehung« (rééducation) . . . Diese Dimensionen oder Aspekte sind der Methode eigen; dennoch zentriert sich der Schwerpunkt der therapeutischen Aufmerksamkeit oft nur auf einen der Aspekte. Als Beispiel ist schon die beachtliche Aufmerksamkeit und Entwicklung der medizinischen Therapie auf der Basis des AT und der Organübung in den Ostländern (15, 20, 21, 69 u. a.) erwähnt worden (vgl. Kap. I). Da diese drei Aspekte aber in der therapeutischen Palette gleichwertig sind, wollen wir sie näher betrachten.

Schultz schreibt: »Das Prinzip der Methode ist darin gegeben, durch bestimmte physiologisch-rationale Übungen eine allgemeine Umschaltung der Versuchspersonen herbeizuführen, die in Analogie zu den älteren fremdhypnotischen Feststellungen alle Leistungen erlaubt, die den echten suggestiven Zuständen eigentümlich sind« (59). Aus dieser Definition und aus der oben angegebenen läßt sich ersehen, daß das AT:

1. eine konzentrative Selbstentspannung ist
2. eine Autohypnose ist
3. als psychisches Instrument, d. h. Werkzeug, betrachtet werden kann.

Das AT ist eine konzentrative Selbstentspannungsmethode

Diese Bezeichnung ist der von *Schultz* gewählte Untertitel seines Standardbuches. Die Wahl des Begriffs »konzentrativ« durch *Schultz* war bedingt durch die Furcht, die er – wie manche seiner Zeitgenossen, so *E. Jacobson* – vor der Beschuldigung hatte, seine Methode sei auf Suggestion zurückzuführen. In seinem Standardbuch führt *Schultz* die Einführung des Begriffs »konzentrative Selbstumschaltung« auf *H. Binswanger*, einen seiner Mitarbeiter, zurück. Damit »sollen die Erscheinungen der spezifischen Selbstumschaltung als ›konzentrative‹ schon dem Namen nach von den allgemein suggestiven geschieden werden« (59).

Die Vorsicht von *J. H. Schultz* war durchaus zu verstehen, da die Hypnosenlehre der Zweiten Schule von Nancy trotz ihrer Richtigkeit für die Einführung der Hypnose in die naturwissenschaftliche Medizin einen Rückschlag bedeutete. Anfang der zwanziger Jahre hatte *Baudouin*, Hauptvertreter der Zweiten Schule von Nancy, richtig erkannt, daß jede Heterosuggestion über eine Autosuggestion angenommen wird (29). Man hat wahrscheinlich so gefolgert: Wenn die Hypnosenwirkung bzw. die Wirkung des AT auf Autosuggestion zurückzuführen ist, betritt man ein zwielichtiges Gebiet. *J. H. Schultz, E. Jacobson* u. a. mußten gegen eine ähnliche Einstellung kämpfen, die seinerzeit zur Diskreditierung von *Mesmer* geführt hatte. Was jene aber rettete, waren die experimentellen Befunde und klinischen Fakten, die die Wirksamkeit ihrer Methoden belegten. Ihre Gegner übersahen, daß die enge Beziehung der Hypnose bzw. der hypnoiden Methoden zur Suggestion keinen Schluß auf ihre Wirksamkeit erlaubt. AT und Hypnose können auf Suggestion zurückzuführen sein, die Frage nach dem Grund ihrer Wirksamkeit bleibt jedoch unbeantwortet.

Bevor der Frage nachgegangen wird, ob die Wirkung des AT und ganz allgemein der autohypnoiden Verfahren und der Hypnose auf eine Suggestion zurückzuführen ist, muß noch eine andere Frage untersucht werden.

Das AT: Passive Konzentration/aktive Konzentration

Wir haben gesehen, daß *J. H. Schultz* bis zum Ende seines Lebens den Begriff der konzentrativen Entspannung für den Untertitel seines Buches beibehielt. Die Entstehung des Begriffs wurde auch aufgezeigt. In seinem Versuch, den von *J. H. Schultz* und dessen Verfechtern ausgearbeiteten Begriffsschatz auf dem Gebiet des AT kritisch zu prüfen, kam *Luthe* (41) zu der Überzeugung, daß man beim AT unbedingt zwischen »passiver Konzentration« und »aktiver Konzentration«, die z. B. unsere alltäglichen Aktivitäten begleitet, unterscheiden müsse. Dabei betrachtet er die ›passive Konzentration‹ auf die AT-Formeln »als einen komplexen psychischen Vorgang, der hauptsächlich besteht aus a) der Wiederholung von AT-Formeln in Gedanken, b) der Herstellung und Aufrechterhaltung einer Verbindung in Gedanken mit Körperteilen, die mit den Formeln angesprochen werden (oder Assoziierungen, die formel-bezogen sind), c) Zeiterleben, d) Wechseln der Formeln, e) Übergang der Aufmerksamkeit von einer Formel auf die andere (oder zu Assoziierungen, die mit den Formeln zusammenhängen)« (Übersetzung d. Verf., 41).

In der Intention ist *Luthe* zuzustimmen; in der Wahl des Begriffs »passive Konzentration« jedoch nicht. *Luthe* will mit Recht die Konzentration beim AT von der Konzentration im Alltag und auch von derjenigen der Methode von *Coué* trennen, bei welcher der ganze Mensch mit geballter Energie auf einen Erfolg aus ist, einen Erfolg anstrebt. Mit dieser Konzentration hat das AT wenig zu tun, weil es eine Selbsthypnose ist, eine konzentrative Entspannung, die, wie *Luthe* ausgearbeitet hat, von der aktiven Konzentration zu trennen ist. Dennoch ist das AT keine passive Konzentration. Das Beibehalten dieser Bezeichnung führt unvermeidlich zu einem Widerspruch, da auf der Ich-Ebene, da, wo die letzte Entscheidung liegt, ein Wollen, ein volitives Prinzip, vorhanden ist, d. h. eine letzte Instanz, die über die Fortsetzung oder Zurücknahme der Übung entscheidet, was für das AT als Autohypnose, als aktive Methode, charakteristisch ist. Die Möglichkeit, dieses volitive Prinzip in Gang zu setzen, so minimal der Energieverbrauch auch sein mag, unterscheidet das AT von der Hypnose. Dieses volitive Prinzip kann vom Hypnotisierten während der Hypnose nicht autogen eingesetzt werden. Deswegen kann man beim AT nicht von einer passiven Konzentration sprechen. Diese Argumentation berührt keineswegs die Tatsache, daß, wie *Schultz* schreibt, »jedes spannende Wollen geistig denkerischer oder motorischer Art . . . das Training in sich selbst aufhebt« (58). Der Unterschied zur Konzentration bei der Methode von Coué ist, daß beim AT die Konzentration auf die Schwere- und Wärmeübung automatisch von einer Umschaltung begleitet wird, die sich automatisch, ja reflektorisch, einstellt – wie wir später sehen werden – und den Eindruck erweckt, daß sie »passiv« ist. Ferner spielen sich die von den wandspruchartigen Vorsätzen induzierten psychischen Vorgänge zunächst ab, nachdem das Sensorium und der Bewegungsapparat ausgeschaltet worden sind, was auch den Eindruck von Passivität erweckt. Dieses geschieht nicht bei der

Methode von *Coué*. Sie spricht den ganzen Menschen an; das aktive Prinzip tritt dort massiv auf. Die konzentrative Entspannung schließt also eine aktive Konzentration ein, die sich allerdings quantitativ und qualitativ von der Alltagskonzentration unterscheidet, und zwar quantitativ, weil sie von einer physiologischen Umschaltung mit ihren Konsequenzen begleitet wird, und qualitativ, weil sie sich auf der Kortikalebene abspielt und dadurch ihr aktiver Charakter verborgen bleibt. Hier würde die Bezeichnung »autogene Konzentration« den Sachverhalt der aktiv/passiven Konzentration richtiger wiedergeben. Wahrscheinlich ist das der Grund, daß *Rosa* das Hypnoid als »plastischen Vorgang im Grenzbereich zwischen Aktivität und völlig inaktiver, meditativer Schau« bezeichnet (50). Eine solche Aktivität ist beim AT autogen, autosuggestiv, eine Betrachtung, die uns zu der oben erwähnten Frage zurückbringt, ob die Wirkung des AT auf Suggestion zurückzuführen ist.

Die Suggestion

Langen schreibt: »Der Suggestionsbegriff wurde in jeder Epoche und für jede Theorie neu interpretiert; er ist somit gleichzeitig eine Deutung der Zeitströmung, in der er entstand« (29). In der Tat zeigt sich das Gesetz des Bedeutungswandels eines Wortes selten besser als bei dem Wort »Suggestion«. *Wygotski* schreibt: »Die Bedeutung eines Wortes verändert sich in der Entwicklung des Kindes. Sie wandelt sich auch bei den verschiedenen Funktionsarten des Denkens und stellt eher ein dynamisches als ein statisches Gebilde dar« (72). Wörter wie Suggestion, Hysterie, Schizophrenie, Seele und viele mehr sind, weil sie die Wirklichkeit, die sie erfassen sollen, nicht genau wiedergeben, einem Bedeutungswandel unterworfen.

Es kann hier nicht Aufgabe sein, die Entwicklung eines so wichtigen Begriffs wie der der Suggestion (Hetero- oder Autosuggestion) darzulegen. Der interessierte Leser sei auf die ausführliche Arbeit von *Stokvis* verwiesen (65). Bedenkt man aber, wie sehr man im Alltag der Suggestion ausgesetzt ist – bei Werbung im politischen und wirtschaftlichen Bereich – was keinen anderen Sinn hat, als Heterosuggestionen von den Betroffenen aufnehmen zu lassen und sie fest in ihrem Unbewußten, da, wo die psychischen Automatismen (19) beheimatet sind, einzubauen –, so können wir »die Bedeutung der (Auto-) Suggestion nicht hoch genug einschätzen und müssen sie therapeutisch einberechnen«, wie *B. Stokvis* und *E. Wiesenhütter* schreiben (67).

Es gibt entsprechend viele Definitionen von Suggestion; meistens sind es mehr oder weniger deskriptive. *Baudouin* (2) schreibt: »Die Suggestion kann, kurz gesagt, bestimmt werden als die unbewußte Verwirklichung eines Gedankens«. Zu dieser Definition wären zwei Einwände zu machen: Die Suggestion wird manchmal über die Autosuggestion bewußt aufgenommen. Ferner sind auch Nichtgedanken, z. B. eine Affektlage, durchaus suggestionsfähig, wobei darüber Einigkeit herrschen sollte, was man unter »Denken« versteht. Denn *Baudouin* unterscheidet ebenfalls Suggestionen im Bereich des Gemütslebens, Suggestionen im Bereich des Verhaltens, suggerierte physiologische Änderungen, bedingte Suggestionen usw. Er schildert die Autosuggestion als Prototyp einer jeden Suggestion.

Diese Unterscheidung geht am Kern der Frage vorbei. Man unterscheidet Heterosuggestionen und Autosuggestionen; es ist aber im Grunde genommen eine Pseudodifferenzierung, da eine Heterosuggestion nur über eine Autosuggestion wirken kann. Das gilt sowohl für die Hypnose, die, wie *Langen* und *Stokvis* schreiben (66), über eine Autohypnose wirkt, – und zwar wegen der Ich-Instanz – als auch für die schönsten Hypothesen, die entweder als Deutung oder als Fakten dem Psychoanalysanden vom Psychoanalytiker angeboten werden. Diese Hypothesen müssen immer über eine Selbstanalyse angenommen werden (36).

Basierend auf der Konzeption des Menschen als biokybernetisches System definieren wir Suggestion wie folgt:

Suggestion ist der Einbau eines zunächst fremden Verhaltensprogramms unter Umgehung oder Abschwächung des Abwehrsystems des Ichs in die für die psychologischen Automatismen zuständigen Regionen unseres Nervensystems, oder anders ausgedrückt, in das Verhaltensrepertoire eines Menschen.

Der Begriff »Verhaltensprogramm« schließt Handlungsprogramm oder Erlebnisweise bezüglich des eigenen Verhaltens gegenüber der Außen- und Innenwelt ein.

Indem man also mit dem AT durch die Form der Übung langsam die Verhaltensprogramme in das Unbewußte »einpflanzt« – *E. Kretschmer* würde hier wahrscheinlich von »hypobulische(r) Einpflanzung« sprechen – kann man sagen, daß das AT ein autosuggestives Verfahren ist; impliziert doch das Prinzip Autogen die Möglichkeit, psychische und autonome Vorgänge autogen zu beeinflussen. Hier erkennt man sehr klar den Fehler der französischen Akademie, als sie die Beobachtungen von *Mesmer* beurteilte: Sie stellte, wie schon erwähnt, mit Recht fest, daß ein »Lebensfluidum« nicht vorhanden sei, war aber nicht in der Lage, die positive Heilungskraft des

Prinzips Autogen festzustellen, das durch die Suggestion in Gang gesetzt wird. Aber die Tatsache, daß die Schwere und die Wärme durch autosuggestive Vorgänge hervorgerufen werden, ändert nichts an deren Objektivität: die Temperaturerhöhung, die Entspannung, die Änderung des Herzschlags und vieles mehr können durch Messung objektiviert werden. Wir haben schon gesehen, daß *Schultz* am Anfang seiner Forschung manche dieser physiologischen Vorgänge belegt hatte. Auch *E. Jacobson* hat das sehr gründlich für seine Methode getan, und früher noch haben, nach Angaben von *Baudouin* (2), *Bernheim* und die Schule von Nancy die physiologische Wirkung der Suggestion schon experimentell festgehalten, obwohl man die damals zur Verfügung stehende Apparatur mit der heutigen selbstverständlich nicht vergleichen kann.

Das Hauptverdienst von *J. H. Schultz* und *Jacobson* besteht darin, durch rationales Vorgehen ein Verfahren konzipiert zu haben, das eine Beeinflussung des neurovegetativen Systems ermöglicht, sowie entsprechende Methoden mit weitreichenden therapeutischen Konsequenzen entwickelt zu haben. *Schultz* und die Mitverfechter der Grundstufe des AT haben der Medizin eine Methode gegeben, die der Menschheit in puncto Inhalt seit Jahrtausenden bekannt war, aber sie haben diese Fakten unter naturwissenschaftlichen Kriterien erklärt, die dem modernen Menschen plausibel sind. Es wird immer das Verdienst von *Schultz* bleiben, den therapeutischen Inhalt der ältesten systematisch aufgebauten autogenen Methoden wiederentdeckt und auf eine objektive und wissenschaftliche Basis gestellt zu haben. Die experimentelle Belegung der Ergebnisse und die vorhandene formale kausale Ursache-Wirkung-Beziehung sind dem AT und der Progressiven Relaxationsmethode eigen (13).

Das AT ist eine Selbstversenkung, d. h. eine Selbsthypnose

Wäre das AT lediglich eine konzentrative Selbstentspannung, wäre es nicht viel mehr als die Progressive Relaxation von *E. Jacobson*. Weil das AT aus der Hypnosenforschung entstanden ist, hat *Schultz* seine Methode immer als Selbsthypnose verstanden wissen wollen. Aber der oben dargelegte Aspekt: eine autosuggestive Entspannungsmethode oder, wie *Schultz* sie genannt hat, eine konzentrative Selbstentspannung, läßt sich der Struktur nach von dem Aspekt des AT als Selbsthypnose her getrennt betrachten.

Aber was ist Hypnose? Eine Theorie der Hypnose würde sicherlich den Rahmen dieses Buches sprengen. Wir wollen uns auf zwei Definitionen beschränken.

Oskar Vogt hatte die Hypnose folgendermaßen definiert:

»Hypnose ist partieller Schlaf oder partielles Wachsein« (30). Diese prägnante Definition gibt die Zustände wieder, die wir in Kap. I beschrieben haben und die unter den verschiedensten Namen in der Literatur erschienen sind (3).

Mehr deskriptiv definiert *Stokvis*: »Hypnose ist ein durch affektive Faktoren hervorgerufener Zustand einer (oftmals geringen) Senkung des zuvor eingeengten Bewußtseins, indem eine Regression der Grundfunktion der Persönlichkeit (Denken, Fühlen, Wollen) sowie der körperlichen Funktionen eintritt. Die Einsicht in die reale Situation geht dagegen höchst selten verloren. Die Reaktionsweise bleibt dem Hypnotisierten in der Hypnose fast immer bewußt« (66).

In dieser Definition wird zusätzlich zu den oben erwähnten Zuständen, die für die menschliche Psyche einen sehr hohen Wert haben – weil sie dem psychischen Apparat die Möglichkeit geben, durch Erholungspausen sein Gleichgewicht zu erhalten und seine Affekte zu steuern – ein neuer Gesichtspunkt sichtbar:

Immer tritt »eine Regression der Grundfunktionen der Persönlichkeit (Denken, Fühlen, Wollen) sowie der körperlichen Funktionen« auf. Es ist also festzuhalten, daß bei der Versenkung in den schon beschriebenen hypnoiden Zustand eine organismische Umschaltung automatisch folgt. Wir könnten sagen, daß auch auf der Ebene der hypnoiden Zustände – man möge die Zustände auch anders nennen – ein unbedingter Reflex bzw. eine unbedingte Reaktion vonstatten geht: Tritt der hypnoide Zustand ein, so folgt automatisch, d. h. unbedingt-reflektiv, die organismische Umschaltung.

Die sowjetische Psychophysiologie hat sich auf diesem Gebiet als Nachfolgerin der *Pawlow*schen Lehre verdient gemacht. *G. Razran* unterscheidet verschiedene Typen von bedingten Reflexen, je nachdem, wo sich der Reiz (Stimulus) befindet: intero-interorezeptiv, extero-interorezeptiv usw. (46). Wir meinen, daß es sich bei der oben beschriebenen Reaktion um mehr als um einen intero-interorezeptiven Reflex handelt. Es handelt sich um eine Reaktion auf der Ebene der »organismischen Umschaltung« bzw. auf der Ebene, wo sich die hypnoiden Zustände abspielen. Gelingt es dem Übenden, die Schwere und die Wärme in der Peripherie zu erzeugen, so tritt automatisch, d. h. unbedingt reflektorisch, der Versenkungszustand ein, d. h. der hypnoide Zustand, der beim AT aufgehoben werden kann, weil eine Bahnung durch bedingte Konditionierung entstanden ist. In Kap. III wird versucht, eine neuromorphologische und physiologische Grundlage für diesen Vorgang zu geben.

In seiner Eigenschaft als Selbsthypnose hat das AT noch einen weiteren Vorteil. Die kurzen Erholungspausen, die über die Selbsthypnose und die konzentrative Selbstentspannung erreicht werden können, würden gegenüber der Progressiven Relaxation von *E. Jacobson* keinen großen Vorteil darstellen, weil sich über die Relaxation nach langem Üben bekanntlich auch ein hypnoider Zustand einstellen kann, obwohl Entspannung und Selbsthypnose zwei verschiedene Phänomene sind. Gegenüber der Methode von *E. Jacobson* besitzt das AT aber folgenden Vorteil: Durch die erzielte Versenkung bringt sich der Mensch in einen Zustand, in dem eine Abschwächung der Ich-Barriere entsteht, so daß die Möglichkeit des Einbaus von Programmen in das eigene Verhaltensrepertoire erleichtert wird. Dies führt uns fugenlos zum dritten Aspekt des AT: das AT als psychisches Werkzeug.

Das AT: ein psychisches Werkzeug

Die Methode ist denkbar einfach. Sie verlangt aber, einen langen Weg zu gehen, den *J. H. Schultz* und *D. Langen*, vielleicht in Anlehnung an die ostasiatischen Versenkungsmethoden, als Weg bezeichnet haben (31). Aber »es kann nicht oft genug betont werden, daß wirkliches AT eine völlig individuelle Angelegenheit ist und jeder Mensch hier den wirklich ihm eigenen naturhaft bestimmten Weg gehen muß« (60). Dieser Weg ist lang, weil eine Reihe von Bahnungen hergestellt werden muß (vgl. Kap. III), wenn die Versenkung erlernt werden soll. Ferner dauert es lange, bis der Trainingübende in der Lage ist, die Schwere und die Wärme hervorzurufen, und sich das Erleben des eigenen Körperschemas sowie die Beziehung zum eigenen Körper durch die Versenkung geändert haben. Dann besteht die Möglichkeit des Einbaus von »formelhaften Vorsatzbildungen« (59) bzw. »wandspruchartig formulierten Parolen« (24) bzw. »organspezifischen Formeln« (63) bzw. »Verhaltensprogrammen«, wie ich sie nenne, die im Grunde genommen auch neue Verhaltens- oder Erlebensweisen sein können, die der Betroffene selbst in der Lage ist, in sein Verhaltensinventar aufzunehmen. Daraus folgt die Möglichkeit und die Zweckmäßigkeit, das AT als Werkzeug aufzufassen.

Das übliche Verständnis eines Werkzeugs als Hilfsmittel, um auf die äußere Welt einzuwirken, sollte m. E. ausgedehnt werden. Man kann beim AT von einer Technik sprechen, die in den Händen des Betroffenen auf ein psychisches Werkzeug hinausläuft, um auf die innere Welt, auf die Psyche, einzuwirken, so daß man in gewissem Sinne von einem psychischen Werkzeug für die Innenwelt sprechen könnte.

Der Trainierende erzeugt den eigenen Versenkungszustand; die organismische Umschaltung folgt automatisch. In diesem Zustand ist die Konditionierungsfähigkeit erheblich gesteigert, und durch Einbau eines Programms kann der Mensch sich eine Stütze verschaffen, um sich in diese oder jene Richtung selbst zu beeinflussen. In der gleichen Weise wie es die Ostasiaten für die ostasiatischen Meditationen und die Sophrologen für die Sophrologie gesehen haben (6), bin ich der Meinung, daß mittels des AT eine erhebliche Stärkung der Persönlichkeit bzw. des psychischen Apparates, ja eine prophylaktische Stützung desselben eintreten muß. Auf den prophylaktischen Wert der autogenen Übung haben schon *Schultz, Luthe* u. a. hingewiesen (58, 42). Die Schonung des psychischen Apparates, auch die Ruhepausen und die Stärkung des psychischen Apparates durch den Einbau von Gefügen, sprich Formen, ist allerdings nicht nur durch AT möglich. Wie wir in Kap. IV sehen werden, ist die Form (Methode) konstant, der Inhalt dagegen unendlich variabel. Dies beweisen die unzähligen archaischen und noch existenten Selbstversenkungsmethoden. Das AT aber ist wahrscheinlich die einzige naturwissenschaftliche Versenkungsmethode. Mit ihrer Hilfe wird der Selbsteinbau von psychischen Strukturen erheblich erleichtert, was therapeutisch nicht ohne Bedeutung ist. Es geht in der Psychotherapie wie in der Pädagogik wie bei allen Vorgängen, die die Entwicklung des menschlichen Geistes betreffen, um Anbau, Abbau, Umbau von psychischen Strukturen. Die Psyche, bzw. die Seele, ist das Ergebnis der Interaktion des Erkenntnisapparates des Menschen mit seiner Umwelt und sich selbst in Raum und Zeit. Das AT als Werkzeug, in seiner Grundstufe wie auch bei der Arbeit in der Oberstufe, dient der Erstellung von psychischen Strukturen. Ist durch analytisches Vorgehen die Natur der »dynamischen Stereotypen« (45), die aus dem Psycheleben aufgedeckt werden, geklärt worden, dann dient das AT dazu, pathologische dynamische Stereotypen, die im Erleben oder in der Verhaltensweise sich störend auswirken, verhaltenstherapeutisch auszumerzen. Aus diesen Betrachtungen folgt die Wichtigkeit des AT als Gegenstand der psychiatrischen therapeutischen Palette.

Den Grund, warum sich das AT als Übung besonders für die Benutzung von formelhaften Vorsätzen eignet, die auf den Anbau von dynamischen

Stereotypen hinzielen, haben wir gesehen. Wenn der Mensch in der Versenkung ist, sind die Regionen der Automatismen durch Ausschaltung oder Schwächung der Ich/Nicht-Ich-Barriere zugänglicher, da der Reizfluß (63) herabgesetzt ist und somit die Aufnahme von Programmen erleichtert wird. So könnte m. E. die erhöhte Suggestibilität, sprich Zugänglichkeit zu Suggestionen bei Hypnotisierten, verstanden werden. Eine neurophysiologische Erklärung für diesen Sachverhalt wird anhand der Informationstheorie in Kap. III unternommen.

Wie macht man AT? Das Prinzip der persönlichen Einweihung

Zunächst sei noch einmal betont, daß das AT, wenn es um die Einleitung der Methode bei therapeutischen Gruppen geht, unter Führung eines dafür ausgebildeten Arztes erteilt werden muß; d. h. hier gilt das Prinzip der persönlichen Einweihung (25). Unter diesem Prinzip, das man bei allen Versenkungsmethoden wiederfindet, versteht man die Notwendigkeit, daß die Einleitung in die Übung unter Aufsicht eines erfahrenen Übungsleiters geschieht. Dieses Prinzip ist kein absolutes, da einige Menschen im Laufe der Geschichte von selbst den Weg der Versenkung fanden. Seine Anwendung erspart aber manche Umwege, Verirrungen und Gefahren; denn es können Schwierigkeiten auftreten wie: vegetative Dysregulationen, Widerstände, paradoxe Reaktionen usw., die zum Abbrechen der Übungen führen können, ja zu einer Hemmung den Übungen gegenüber, bevor man überhaupt eine Wirkung gespürt hat. Das AT stellt einen rationalen Eingriff in die Regelkreise des neurovegetativen Systems dar, der unter Umständen zu Entgleisungen führt, auch bei Gesunden, was medizinisch betrachtet nicht unbedenklich ist. Es können Schäden auftreten, die für längere Zeit ihre Spuren hinterlassen. Auf die möglichen schädlichen Nebenwirkungen von Bühnenhypnosen bei Versuchspersonen sei hingewiesen. Eine AT-Übung ist nicht dazu gedacht, von nichtausgebildeten Personen Experimente durchführen zu lassen, sondern um eine sichere Methode zu erlernen, das neurovegetative System günstig beeinflussen zu können. Wer erlebt hat, wie Ärzte den Patienten das Übungsheft von *Schultz* in die Hand drücken und das Erlernen des AT empfehlen, weiß, daß die obige Warnung nicht überflüssig ist.

Die Notwendigkeit, die Arbeit mit der Methode dem jeweiligen Personenkreis anzupassen, ergibt sich von selbst. Von Anfang an sind die therapeutische und prophylaktische Dimension des AT von *Schultz* auseinandergehalten worden. Gruppen von 70 Teilnehmern, wie er sie geleitet hat (58), können nicht so geleitet werden wie therapeutische Gruppen von 8–12 Patienten. Die Bemerkung von *Schultz*, daß das AT als »Sieb« benutzt werden kann (54), um solche Personen zu erkennen, die einer psychotherapeutischen Behandlung zugeleitet werden sollten, weil sie an Widerständen, Hemmungen oder anderen psychischen Störungen leiden, die ihnen eine volle Steuerung ihres psychischen Systems unmöglich machen, kann von jedem, der mit dem AT arbeitet, bestätigt werden. Dieses ist m. E. ein Grund mehr, daß die AT-Gruppen von Sachkundigen geleitet werden, die die Vielfältigkeit der beim AT entstehenden Phänomene beurteilen können. Ein weiterer Grund ist, daß bei einem Übungsleiter die Beachtung gewisser Rahmenrichtlinien für das AT vorausgesetzt werden muß, wenn man Schäden vermeiden will, die nicht unbedenklich sind. Man sollte den Hinweis von *Schultz* im Auge behalten, wobei der Arzt, der die Methode anwenden will, »(sich) nach Möglichkeit auf dem Wege der Selbsttrainierung durch einen ausgebildeten Kollegen Eigenart und Reichweite der Methode an sich selbst erfahren und sie sich zur Beherrschung angeeignet haben (sollte). Außer den psychohygienischen Vorteilen, die ihm dadurch erwachsen, ist er nur so in der Lage, sich wirklich völlig in das Arbeiten seiner Versuchspersonen einzufühlen und ihnen jederzeit und in jeder Schwierigkeit zu Rate sein zu können« (58). Es ist leider so, daß ein Arzt ohne Spezialausbildung in AT aufgrund der allgemeinen ärztlichen Ausbildung allein nicht in der Lage ist, eine Gruppe von Trainierenden einzuleiten. Auf diesem Gebiet ist noch viel Arbeit zu leisten, wenn man der Menschheit eine Methode gewähren will, die naturwissenschaftlich begründet ist und sie vor Überforderung und Versagen, die auf mangelnde Ausbildung des Arztes zurückzuführen sein könnten, schützen will.

Dennoch sollte man sich nicht durch die kleinen Abweichungen, die im Vergleich mit *Schultz* bei manchen Autoren auftreten, verleiten lassen und meinen, es gäbe ein anderes AT als das von *Schultz*. Sehr geistreich hat *Rosa* das Element Subjektivität, das es beim Vermitteln des AT oder im Üben des AT gibt, erfaßt. Wenn seine Schüler das »Schultzen« gelernt haben dann sollten sie ergänzend »Müllern« gehen (48); d. h. es bleibt jedem überlassen, nach seiner Persönlichkeit das AT zu erleben, solange er die Grundprinzipien der Übungen beachtet (48). Das AT wird immer eine »private Angelegenheit« des Übenden bleiben. Eine gewisse Flexibilität in der Form ist zu akzeptieren. Wie *Rosa* schreibt, können die Standardformeln »gewisse sprachliche Modifikationen vertragen« (48), ohne daß die Methode darunter leidet. *Schultz* hat aber mit der Unterstufe eine geschliffene, einfache, material- und formal-naturwissenschaftliche Methode geschaffen, die bei richtiger Anwendung auf direkteste und kürzeste Weise zur Versenkung und zur organismischen Umschaltung führt. Eine Vereinfachung der Methode ist m. E. nicht möglich (vgl. Kap. III). Sie stellt »in ihrem übersichtlichen und klaren Aufbau ein geschlossenes System dar« (48), und was manchmal als Modifikation vorgestellt wird, rührt nicht am Wesen des AT, wie wir in Kap. VI sehen werden.

Das autogen Seiende

Das AT auf das Üben von engen Formeln, ja auf ein Ritual reduzieren zu wollen, hieße, der Methode von *Schultz* sicherlich Unrecht tun. Es ist nie im Sinne von *Schultz* gewesen, durch das trockene Brot der sehr knappen Formeln, die wir z. B. im Übungsheft finden, das Erlebnis des AT zu ermöglichen. Hinter dem AT steht viel mehr. Es ist eine Einleitung zur Selbständigkeit, zu voller Selbstverfügung. Das AT ist das perfekte Werkzeug, an der eigenen Persönlichkeit zu arbeiten, und zwar als autogen Seiende. In diesem Sinne schreibt *Schultz*:

> »Betrachten wir die Versuchsperson im Erstversuche psychologisch etwas näher, so handelt es sich nicht darum, daß sie lediglich, unserer Instruktion entsprechend, irgendwie psychologisch im leeren Raume vollzieht: ›Ich bin ganz ruhig, der Arm ist ganz schwer‹, mag ihr selbst auch zunächst im Vollzuge und nachfolgender Selbstschilderung nichts anderes bewußt deutlich sein, sondern der Vorgang sieht in Wahrheit so aus, daß die Versuchspersonen unter der ›Aufforderung‹, gestaltpsychologisch gesprochen, der Formel einen Vollzug ansetzen, der eingehender geschildert etwa heißen dürfte: ›Ich erlebe mich selbst oder richte mich, mindestens auf mich selbst als einen Ruhigseienden, den Arm schwer Empfindenden (Fühlenden).‹ Es ist also in ausgesprochenem Maße ein ›selbstgegebenes Ichverhalten‹ im Kern der ganzen Arbeit. Als selbst- und fremdgegebene Ichverhalten können aber nach meinem Vorschlage (. . .) die Abläufe und Einstellungen bezeichnet werden, die man gemeiniglich ›Haltungen‹ nennt. Die Formel als Vergegenwärtigungsaufgabe fordert also eine Haltung; wenn auch im Beginne nur keimhaft. Reden wir, abgekürzt, von ›einer Schwere im Arm‹, die ›dargestellt‹ wird, so ist das ein schematisches, stark abstraktives Verständigen.« (58). Weiter schreibt er:

> »Sie (die Versuchsperson) ›fließt in das Erlebnis‹, das sich zunehmend entwickelt, gestaltet, funktionell wandelt, intensiviert« (58).

Diese innerliche Haltung, dieses Fließen in das Erleben, dieses »selbstgegebene(s) Ich-Verhalten«, das darin besteht, durch die Übung »loslassen« zu lernen, sich in das Erlebte hingeben, ist aus den alten Meditationstechniken bekannt und psychohygienisch betrachtet höchst wichtig. Es impliziert doch eben ein Vertrauen in die Fähigkeit des psychischen Apparates, ja des Organismus, von selbst den Weg zum Gleichgewicht, zur Homöostase, sehr oft zu finden. Diese Fähigkeit, das ganze Erleben autogen zu prägen, dieses Erleben durch eine ganz neue »Färbung«, eine autogene Färbung, die Gelassenheit und noch mehr darstellt, zu verändern, ist dem in das AT Eingeübten nachvollziehbar. Dieses ist ein Grund mehr, warum ich mit anderen Autoren (32, 48, u. a.) der Ansicht bin, daß es nicht immer notwendig ist, nachdem die Versenkung mit der organismischen Umschaltung erreicht worden ist, d. h. die Ruhe, Schwere und Wärme erlebt werden, auch alle Organübungen einzuüben. In therapeutischen Gruppen können die gezielten Organübungen begründet sein. Bei prophylaktischen Gruppen sollte man davon absehen, denn Ruhe, Schwere und Wärme »bilden den Grundstock des AT« (48). Das Erreichen der organismischen Umschaltung und der Ruhe sind als prophylaktische Ziele durchaus ausreichend. Hinzu kämen orientierende Richtlinien für die Anwendung von generellen formelhaften Vorsätzen, nicht aber für organspezifische Übungen.

Behält man im Auge, daß die Einleitung durch einen speziell ausgebildeten Lehrer durchgeführt wird, so lassen sich dem Trainingübenden geeignete Bücher, die auf dem Markt angeboten werden (61, 10, 20, 22, 40, 48, 70 u. a.) empfehlen. Die Benutzung eines Buches bei einer Einleitung kann sich als sehr vorteilhaft erweisen. Bei jedem dieser Bücher muß man sich aber darüber im klaren sein, daß sie auch eigene Erfahrungen des Kursleiters bringen. Selbst wenn dieser die Methode unmittelbar von *Schultz* übernommen hat, gibt er zwangsläufig Motive der eigenen Erfahrung wieder. Dieses Faktum ist nicht negativ zu beurteilen, wenn der Grundkern der *Schultz*schen Lehre beachtet worden ist. Es spricht vielmehr für die Selbständigkeit und vitale Flexibilität der Methode.

Theoretische Vorkenntnisse der Übung sind allerdings nicht erforderlich, um an einem Kurs für AT teilzunehmen, da diese Kenntnisse ohnehin vom Kursleiter vermittelt werden sollten.

In der ersten Übung ist es ebenfalls sinnvoll, einen allgemeinen Überblick über das AT zu geben und Angaben über seine wissenschaftliche

Grundlage, seine Herkunft und Zielsetzung zu machen, so daß der Trainierende von magischen Vorstellungen und Erwartungen befreit wird und sich zuversichtlich auf den Weg des AT begeben kann. Bei der Erläuterung der wissenschaftlichen Grundlage pflege ich, allgemeine Begriffe der Kybernetik, z. B. über Regelkreise, Information usw. einzufädeln, die schon wegen ihrer großen Verbreitung zugänglich und relativ leicht zu assimilieren sind.

Es gibt aber allgemeine Richtlinien, die von *Schultz* unter dem Titel »Versuchsanordnung und ihre Verwendung« (58) beschrieben worden sind und die befolgt werden müssen, wenn man die Wirkung erzielen will, die bei Befolgung im »durchschnittlichen Verlauf« (58) fast automatisch erreicht wird. Auf solche allgemeinen Richtlinien werden wir gleich eingehen. Wir fassen sie zusammen unter der Bezeichnung »Setting«.

Die Übertragung in der Grundstufe des AT. Die Frage um das »Autogene«

Bevor wir uns mit der Frage des »Setting«, d. h. der Sitzungsanordnung oder, wie *Schultz* schrieb, Versuchsanordnung, auseinandersetzen, wollen wir einige Punkte beleuchten, die sich aus der geschaffenen Situation zwangsläufig ergeben. Durch das AT entsteht – wie bei jeder psychotherapeutischen Methode, ja ärztlichen Methode – eine Beziehung zwischen Übungsleiter und Trainierendem, die alle Qualitäten einer Übertragung hat. Wird diese Übertragung nicht sachgerecht gehandhabt, so können sich negative Wirkungen zeigen, die dem Begründer des AT bekannt waren und vor denen er gewarnt hat. Wichtig ist, daß trotz der unvermeidlichen Beziehung die sich einstellende Übertragung auf ein Minimum reduziert wird, so daß die Selbständigkeit der Trainierenden gewährleistet wird.

Die Beziehung Leiter/Trainierende ist bis heute Objekt der wissenschaftlichen Auseinandersetzung in der Theorie und Praxis des AT. Diese Frage wird in der Diskussion um das »Autogene« berührt (37). Hinter ihr verbirgt sich eines der wichtigsten Prinzipien der Psychotherapie überhaupt: nämlich jenes Prinzip, wonach jede psychotherapeutische Bemühung bestrebt ist, die Entwicklung des Patienten in Harmonie mit seiner Umgebung zur Selbständigkeit zu fördern.

Auf die Gewährleistung dieser Selbständigkeit zielt die Dauerbetonung vieler Autoren hin, an erster Stelle die von *Schultz*, hetero-hypnoide Momente bei der Einleitung zum AT zu vermeiden. Die wiederholte Aufforderung von *Schultz*, das AT »im völligen Stillschweigen« durchzuführen, beruht auf der Notwendigkeit, die obigen erwähnten hetero-hypnoiden Momente auf ein Minimum zu reduzieren.

Dennoch scheint es dem Verfasser unmöglich, das AT zu vermitteln, ohne anfangs einige Erklärungen, die selbstverständlich auch suggestiv sind, zu geben.

Ich finde es deswegen sinnvoll, die Aufforderung von *Schultz* bezüglich des »völligen Stillschweigens« unter dem Licht der zu seiner Zeit herrschenden Bedingungen zu beleuchten. Man muß im Auge behalten, daß *Schultz*, als er das AT entwickelte, gegen eine falsche Interpretation der Suggestion zu kämpfen hatte und, um die notwendigen suggestiven Momente ganz in den Hintergrund treten zu lassen, eine Neigung gehabt haben muß, dem »begleitenden Vorsprechen« gegenüber eine extreme Haltung einzunehmen. Diese Frage, die zwangsläufig mit der Frage um das »Autogene« zusammenhängt, hat lebhafte Diskussionen ausgelöst, die m. E. gegenstandslos sind. In langen Diskussionen waren *D. Langen* und der Verfasser zu der Einsicht gekommen, daß das »Autogene« nur als Endzielsetzung der Übung betrachtet werden kann (32, 33). Die volle Wirkung des AT tritt, wie die Geübten wissen, nicht sofort ein. Es gibt eine erste Periode des Übens, d. h. des Erlernens der Technik unter Einleitung. Ein Leiter ist für die ersten Schritte unerläßlich; darum sind gewisse heterosuggestive Momente am Anfang sowohl von der Sache als auch von der Methode her unausweichlich. Die erste Periode endet mit dem Erlernen der Technik des (autogenen) Erreichens der Versenkung und der organismischen Umschaltung. Diese Periode dauert etwa zwei bis vier Monate. Danach kommt eine unbestimmte Periode des Übens, in der keine wesentliche Veränderung zu beobachten ist. Nach und nach ergibt sich ein Stadium, in dem man merkt, daß die Übung zur zweiten Natur, wie *Schultz* schreibt (61), geworden ist. Das Autogene, die Selbständigkeit, entwickelt sich allmählich und ist als ein Endprozeß zu betrachten. Diese Selbständigkeit, die das AT dem Trainierten gewährt, läßt sich schlecht mit der Klassifizierung des AT als zudekkende Therapie auf einen Nenner bringen. Die dem Patienten gewährte Selbständigkeit ist wahrscheinlich der Grund, der *Croufer* (7) dazu geführt hat, vom AT als non-direktiver Therapie zu sprechen.

Man kann also ohne weiteres die bei der Einleitung der Übung zu beobachtenden minimalen heterohypnoiden Momente zugeben. Einerseits läßt die von allen anerkannte Notwendigkeit der Anwesenheit eines Lehrers bei der Einführung in alle Versenkungsmethoden, also auch in das AT, die Tür für Suggestionen offen, die nicht »vorgesprochen« werden müssen. Andererseits stellen das Augenschließen und die Einnahme einer »fremdgegebenen Haltung« Einleitungsschritte zu einer Hypnose dar. In Anbetracht dieser Fakten ist die Auffassung von *D. Langen* berechtigt, daß ein knappes begleitendes Vorsprechen der Formeln des AT auf keinen Fall als Heterohypnose abqualifiziert werden kann. *Langen* schlägt vor, ein Drittel oder die Hälfte der gesamten Übung den Trainingübenden allein üben zu lassen (34). Unter Berücksichtigung dieses Gesichtspunktes, je nach dem Empfindungsvermögen des Leiters, läßt sich am Anfang die Einleitung vollziehen, dabei das »Autogene« gewährleistend.

Für diese Ansicht dürfte auch die Tolerierung von Indifferenzformeln durch *Schultz* sprechen, die den autogenen Charakter der Übung auf keinen Fall einschränken. So wenden einige Schüler von ihm nach der Ruhetönung »Ich bin ganz ruhig« nach einer kleinen Pause die Formel »Alles übrige ganz gleichgültig« an (17). Wie *G. Eberlein* schreibt (9), toleriert *J. H. Schultz* »die sich aus der Arbeit ergebenden Abweichungen, wenn die Grundform des AT unverfälscht erhalten bleibt«. En passant sei gesagt: Es wäre absolut müßig, sich streiten zu wollen, welche Formel am wirksamsten sei: »Ich bin vollkommen ruhig« oder »Ich bin ganz ruhig«.

Die Individualität, die dem Verfahren eigen ist, besagt aber nicht, daß man nicht einige Rahmenrichtlinien beachten muß, die ganz klar von *J. H. Schultz* dargelegt wurden und kaum zu vereinfachen sind, wie die Konstanz der Methode seit der Begründung des Verfahrens gezeigt hat (33).

Die folgenden Ausführungen basieren hauptsächlich auf der Technik von *Schultz*, die ich als Schüler und Mitarbeiter von *Langen* von diesem übernommen habe, aber auch auf eigener Praxiserfahrung. Und wie immer der Fall bei einer durch Einweihung erworbenen Methode, fällt es manchmal schwer, in puncto Technik zu unterscheiden, was eigene oder was übernommene Erfahrung ist.

1. Setting bei der Durchführung der Übungen

Das Wort »Setting« ist aus der Gruppenpsychotherapietechnik übernommen, weil es die Gesamtheit der Bedingungen für die Anwendung einer Therapietechnik bedeutet. Bei der Einführung in die Übungen ist auf gewisse Gegebenheiten zu achten, die den Teilnehmer wie auch die Umwelt betreffen, will man den Erfolg der Übung optimieren.

1.1. Settingsbedingungen, die den Teilnehmer betreffen, d. h. Innere Bedingungen

1.1.1. Die Selbstverfügung

Der Teilnehmer soll über sich verfügen. Die Frage des Über-sich-verfügen-Könnens ist eine, die im allgemeinen, d. h. für Teilnehmer, die man z. B. in einer Volkshochschule antrifft oder die in ambulanter Behandlung sind, selbstverständlich ist, weil man hier einen nicht-ausgelesenen Teil der Durchschnittsbevölkerung vorfindet. Es gibt hier keine akuten Psychosen, keinen Schwachsinn, keinen organischen Zerebralabbau, die das Erleben des AT unmöglich machen. *Schultz* hat eine sehr breite Indikation für das Anwenden des AT gestellt. Eine Kontraindikation hat er nie sehen können (58). Ihm war kein Krankheitsbild bekannt, bei dem sich das AT nicht günstig auswirken könnte. In der Tat, beachtet man beim Erlernen der Methode die schon erwähnten Bedingungen der Selbstverfügung, der Einwilligung usw. . . ., dann läßt sich ersehen, daß die von einigen Autoren (35) angegebenen Kontraindikationen eher zu relativieren sind. Auf diese Frage kommen wir später zurück.

Bei Eruierung der Selbstverfügung stellt sich die Frage, ab wann ein Mensch über sich verfügen kann, d. h. wird die Frage aufgeworfen, ab wann Kinder in das AT eingeleitet werden können.

Schultz begrüßte mit Freude die im Laufe der Arbeit mit dem AT zunehmende Verwendung seines Verfahrens in der Kinderheilkunde (59). Das AT hat sich seit den fünfziger Jahren als »ein wertvolles, ja bisweilen unentbehrliches Instrument« bei der Therapie von Verhaltensstörungen und psychosomatischen Beschwerden erwiesen (4). Bezüglich des Alters der Kinder hatte *Schultz* von keiner festen Grenze gesprochen. Er schreibt: »Die Kinder können autogen trainiert werden, wenn sie nach Lebensalter und Wesen die nötigen Voraussetzungen zu regelmäßigem Üben mitbringen;« (58). War das nicht der Fall, zog er »hypnotisches Arbeiten« vor (58). *Biermann* sieht die untere Altersgrenze für Kindergruppenarbeit bei 10 Jahren (5). Diese Grenze scheint mir viel zu hoch angesetzt. Ich kann nur die Erfahrungen von *Waltraud Kruse* bestätigen, daß Kinder ab acht Jahren das AT ohne Schwierigkeiten erlernen (26). Körperlich große Kinder, die die nötige Reife haben, lasse ich in der Regel etwa ab 12 Jahren wählen, ob sie in die Kinder- oder Erwachsenengruppe wollen. Sie sollten allerdings tunlichst nicht allein, sondern zu zweit oder zu dritt in der Erwachsenengruppe teilnehmen. Zeigt das Kind eine gewisse Retardierung, wählt es die Kindergruppe, in der hauptsächlich Acht- bis Elfjährige teilnehmen. Es werden aber in solche Gruppen auch Sechs- und Siebenjährige aufgenommen, die sich gern in die Gruppe einfügen. Die Einteilung von *Waltraud Kruse* (27) in Kindergruppen von Sieben- bis Zehnjährigen und Zehn- bis Zwölfjährigen leuchtet ein; eine strenge Einteilung vermeide ich, da die jüngeren Kinder wegen der natürlichen Nachahmung von den großen lernen. Eine Gruppe von 13- bis 17jährigen sehe ich als wenig sinnvoll an, weil die Gegenüberstellung der Generationen aus sozialpathologischen Gründen vermieden werden sollte. Die Teilnahme von Eltern und Kindern in derselben Gruppe ist jedoch nicht zu empfehlen, wie noch erläutert wird.

1.1.2. Die Einwilligung

Die im AT erlebte Ruhe, Schwere, Wärme sind keine Einbildung, sondern Ergebnis neurophysiologischer Vorgänge, die experimentell belegbar sind. Diese Erlebnisse können jedoch wegen der Ich-Abwehr nicht aufgezwungen werden. Das AT, das eine Selbsthypnose ist, hat selbstverständlich auch die Eigenschaften der Hypnose, die die Einwilligung des Betroffenen voraussetzt, bevor sie durchgeführt werden kann. Es stellt sich somit die Frage von Widerständen in der Hypnose und im AT, die sich nach analytischen Erforschungen oftmals lösen lassen (71). Solche Fälle gehören aber nicht mehr in eine allgemeine AT-Gruppe, sprich nicht-therapeutische Gruppe, auch nicht, wenn sie von Ärzten geleitet wird, da die Zahl der Teilnehmer dort zu groß ist. Sie gehören in eine psychotherapeutische Gruppe, wo die Widerstände und Erlebnisse vom Spezialisten, d. h. von einem ausgebildeten Psychotherapeuten, analysiert werden können.

Besonders bei Kindern ist hinsichtlich Teilnahme an der Übung auf die Einwilligung zu achten und Zwang seitens der Eltern zu vermeiden. Aus psychodynamischen Gründen vermeide ich die Teilnahme der Eltern – besonders der unsicheren Mutter – an der gemeinsamen Übung mit ihrem Kind. Zum einen können symbiotische Tendenzen bei der Mutter gefördert, und zum andern kann die Loslösung des Kindes von den Eltern gestört werden. Der Mutter empfehle ich u. U., an einem Erwachsenenkurs teilzunehmen. Sind die Kinder groß (siehe oben), erweist sich die Übung in Erwachsenengruppen als positiv, um die Fähigkeit zur Integration in familienfremden Gruppen zu fördern.

1.1.3. Die Sammlung

Sammlung bedeutet Umkehrung der Aufmerksamkeit nach innen, d. h. »Abmeldung von der Umwelt«. Der Augenschluß ist der wichtigste Schritt dazu, da durch Schließung der Augen der Hauptanteil der Information, die der psychische Apparat erhält, ausgeschaltet wird. Die Information über das Gehör ist ebenfalls beträchtlich und wichtig, aber geringer als die, welche über den Gesichtssinn zugeleitet wird. Der Gehörsinn kann allerdings physiologisch nicht abgeschaltet werden.

1.1.4. Die Monotonie

Da man die Reize über das Gehör nicht ganz ausschalten kann, auch wenn man geeignete räumliche Bedingungen hat, muß man auf eine andere Methode zurückgreifen. Durch das sogenannte Gesetz der Monotonie (34), das wir in allen Verfahren zur Einleitung von hypnoiden Zuständen wiederfinden, wie *Schultz* gezeigt hat (58), ist es möglich, über eine sich wiederholende Information den Gehörkanal weitgehend zu blockieren, so daß die über den Gehörsinn dem psychischen Apparat zugeleitete Information minimal ist, weil sie sich wiederholt: d. h. monoton ist.

Diese Monotonie spielt z. B. bei der Einleitung von Hypnosen eine sehr große Rolle. Weil beim AT das Vorsprechen auf ein Minimum reduziert werden muß, bezieht sich die Monotonie auf die strenge Einhaltung der vorgesprochenen Formeln, die immer die gleichen bleiben sollten, und auf die monotone Wiederholung dieser Formeln durch den Übenden.

1.2. Die äußeren Bedingungen zur Durchführung der Übungen

1.2.1. Die räumlichen Bedingungen

Die Beachtung gewisser Gesichtspunkte bei der Wahl der räumlichen Gegebenheiten ist nicht zuletzt aus akustischen Gründen wichtig.

Für den gut Trainierten ist es möglich, sich in einer beliebigen Lage, in einer beliebigen Umgebung in kurzer Zeit zu entspannen, zu versenken und sein neurovegetatives System in diese oder jene Richtung zu beeinflussen; auch eine Teilbeeinflussung im Sinne einer Teilentspannung (61) ist möglich. Ähnlich hat *Jacobson* von einer »Differentialentspannung« gesprochen (18). Für den Anfänger ist es aber noch schwierig, den Reizfluß einzudämmen, so daß es unerläßlich ist, einige Grundregeln zu beachten, damit der Erfolg der Übung nicht in Frage gestellt wird. Wie *Schultz* und *Luthe* schreiben, muß die Zufuhr von afferenten Reizen (63) auf ein Minimum reduziert werden.

Zunächst soll darauf geachtet werden, daß die Übung in einem Raum stattfindet, der weder zu warm noch zu kalt, weder zu hell noch zu dunkel ist; der von äußeren Geräuschen wie Telefon, Türenschlagen u. a. m. abgeschirmt ist. Ferner ist es seitens des Übungsleiters am Anfang notwendig, peinlich auf das Einhalten der Haltung zu achten.

1.2.2. Die Haltung. Die Ausgangsstellungen

Die Haltung hat den Zweck, die Konzentration zu fördern. Sie steht im engen Zusammenhang mit der Immobilisierung, d. h. Bewegungslosigkeit, die bei vielen Verfahren, die zu einer Versenkung führen, z. B. Yoga, Za-Zen, Meditationstechniken usw. in den Vordergrund gestellt wird. Die Haltung ist durch den Kulturraum, in dem sie entstanden ist, bedingt. So bestimmt die übliche Sitzhaltung in Indien oder in Ostasien die Haltung der dort üblichen Methoden der Versenkung. Ebenfalls stellt die von den Moslems eingenommene Haltung beim Gebet eine versenkungsfördernde Haltung dar; auch die Gebetsstuhlhaltung in der christlichen Religion stellt eine solche dar, die allerdings entgegen der Meinung von *Steinfeld* (64) wenig Zukunft hat, weil sie nicht physiologisch ist.

Schultz widmete in seinem Werk mehrere Seiten der Besprechung der Haltung. Für ihn bedeutet Haltung nicht lediglich eine äußere Formalität, sondern er betont dauernd, »daß in dem Problem ›Haltung‹ sich Äußerlichstes und Innerlichstes unauflöslich vermischen. Erlebnis schafft Haltung, gestaltet Haltung; Haltung aber schafft auch Erlebnis« (58).

1.2.2.1. Die Übung auf einem Lehnstuhl mit hoher Lehne

Die von *Schultz* empfohlenen Haltungen entsprechen den in unserer Kultur geläufigen Sitzgewohnheiten. *Schultz* hat drei Ausgangsstellungen oder Haltungen beschrieben, die im großen und ganzen unverändert geblieben sind. Die erste Haltung ist »eine bequeme Sitzhaltung« (61). Hier »ist sehr geeignet ein Lehnstuhl mit hoher Lehne, an der sich der Kopf stützen kann und mit weichen Seitenlehnen, auf denen die Unterarme zwanglos und sicher ruhen« (61) (s. Abb. 1). Man merke sich die Lage der Füße, die locker etwas auseinanderstehen, wobei sie etwas nach vorn geschoben werden, damit am Knie ein Winkel von mehr als 90° entsteht, was eine ungehinderte Blutzufuhr gewährleistet. Die Schenkel liegen auf dem Sessel an; dabei ist eine seitliche Federung am Knie möglich. Diese Einzelheiten sind nicht unwichtig. Ist eine Federung an den Knien nicht möglich, dann bleiben die Adduktorenmuskeln verspannt, so daß eine totale Entspan-

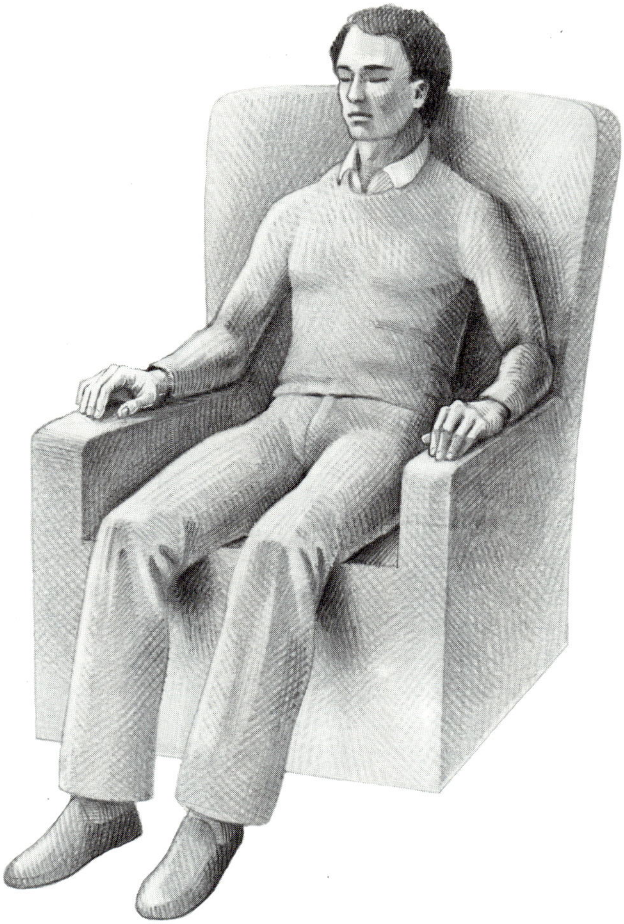

Abb. 1: Die Ausgangsstellung auf einem Lehnstuhl mit hoher Lehne
Eine absolut einheitliche Ausgangsstellung gibt es nicht. Bei allen Ausgangsstellungen sind lediglich Grundregeln zu beachten, die darauf abzielen, eine ungezwungene, bequeme Haltung zu erreichen. (Erläuterung siehe Text!)

nung nicht erreicht werden kann. Drücken die Schenkel aber zu stark auf den Sesselrand, so wird die Blutzufuhr in die Unterschenkel gestört. Der Kopf lehnt sich leicht an die höhere Lehne, die Augen sind geschlossen, der Mund bleibt zu, die Zähne dabei leicht auseinander, damit die Kaumuskulatur entspannt bleibt. Die Arme liegen zwanglos auf den Armlehnen.

Die Bekleidung beim AT sollte im allgemeinen die Alltagskleidung sein. Ist man zu Hause und will die Übung optimal gestalten, dann lohnt es sich, bequeme Schuhe anzuziehen und die Gürtelgegend ganz locker zu lassen.

Dieses sind aber Prozeduren, die z. B. am Arbeitsplatz nicht ohne weiteres durchgeführt werden können, so daß das AT lieber für den Alltagsbedarf gelernt werden sollte.

1.2.2.2. Die Übung auf einem Lehnstuhl, aber ohne hohe Lehne

Gewiß stellt ein Sessel mit hoher Lehne für den Kopf die bessere Möglichkeit dar. Dennoch, wer wird im Büro, in der Werkstatt, in der Schule . . . eine so bequeme Sitzmöglichkeit vorfinden? Wegen dieser Tatsache hat sich die Sitte eingebürgert, das AT auch auf einem normalen Stuhl durchführen zu lassen (34).

Die Haltung der Beine ist die gleiche wie oben angegeben. Hier wird wieder die Zweckmäßigkeit der Federung an den Knien hervorgehoben. Aus den Abbildungen 2a und 2b läßt sich diese Ausgangsstellung entnehmen.

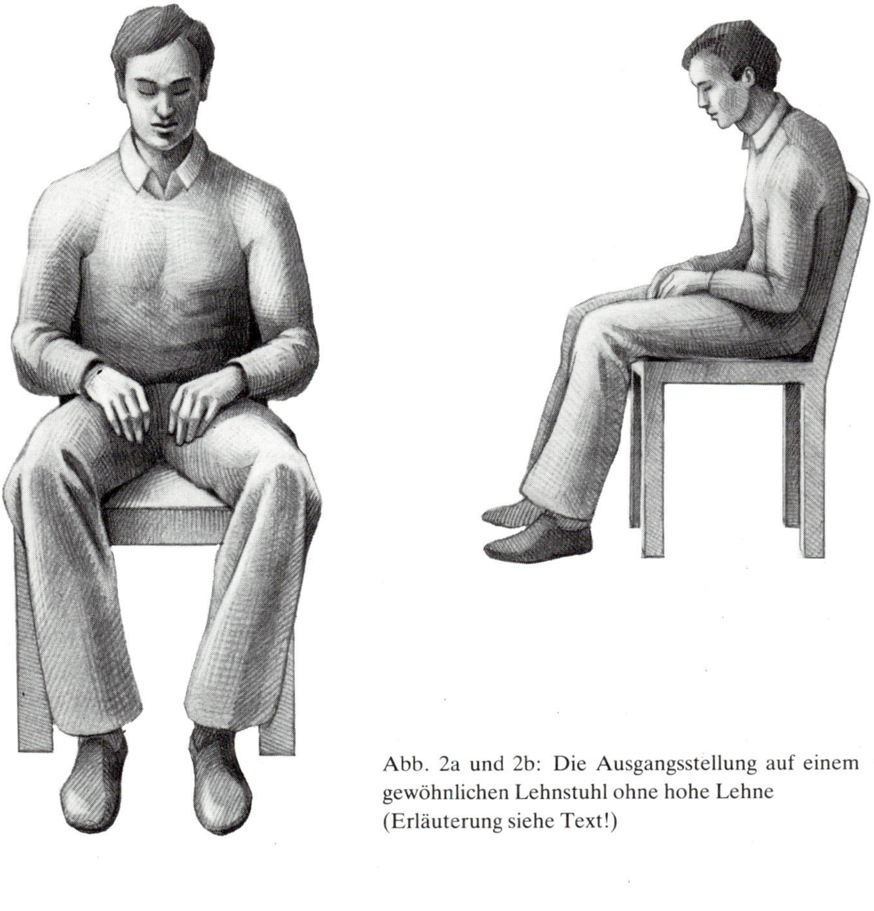

Abb. 2a und 2b: Die Ausgangsstellung auf einem gewöhnlichen Lehnstuhl ohne hohe Lehne (Erläuterung siehe Text!)

Man beachte die Haltung des Kopfes. Dieser darf nicht zu weit nach vorn geneigt sein, weil dann Verkrampfungen in der Hals- und Nackenmuskulatur entstehen können. Er soll aber auch nicht nach hinten »geworfen« werden, da sonst die Blutzufuhr der Arteria vertebralis gedrosselt werden kann. Die beste Empfehlung ist, je nach Beschaffenheit des eigenen Körpers seine eigene Lage zu suchen, in welcher der Kopf im Gleichgewicht steht. Im allgemeinen zeigt sich aber, daß eine leichte Neigung nach vorn am günstigsten ist. Der Rücken lehnt sich an der Rückenlehne an, und die Arme sind zwanglos auf die Schenkel gelegt. Sorgt man dafür, daß die Ellenbogen leicht nach hinten angezogen werden, so wird das Eintreten der Schwere dadurch erleichtert, daß das ganze Gewicht des Oberarms an der Schulter zieht.

1.2.2.3. Die Übung in Rückenlage

Das AT kann auch im Liegen geübt werden, d. h. in Rückenlage, wie in Abb. 3 gezeigt wird.

Von allen Haltungen des AT liegt die Liegeübungshaltung dem S'avasana oder Totenpositur des Yoga am nächsten (58). Normalerweise berichten die Trainierenden, daß sie die Schwere und die Wärme am besten in der Rückenlage erleben. Dies ist neurophysiologisch sehr einfach zu erklären. Die horizontale Lage besitzt für den Menschen Auslösereigenschaft bezüglich Einleitung des Schlafes, zumindest mehr als die Sitz- oder Stehlage, wie jeder aus Erfahrung weiß. Kein Wunder also, daß die Liegehaltung auch bei der Entwicklung der Progressiven Relaxation von *Jacobson* zwangsläufig entdeckt wurde. Ihre Beibehaltung durch *Freud*, der sie als Hypnosearzt angewandt hatte, ist einleuchtend; die Liegestellung auf der Couch stellt ein wichtiges Element zur Einleitung einer Hypnose dar, d. h. die Liegehaltung der klassischen Psychoanalyse ist hypnoidfördernd. Somit rückt durch diese Haltung die *Freud*sche Assoziationsmethode in die Nähe der modernen Assoziationsmethoden, die aus der Entwicklung der Oberstufe des AT bekannt sind. In Kap. IV wird diese Frage näher betrachtet.

In der Rückenlage wird der Kopf von einem Kissen unterstützt; die Arme liegen mit der Hohlhand auf dem Bettlaken; dabei bilden Ober- und Unterarm am Ellenbogen fast einen rechten Winkel. Die Beine sind am Knie etwas gebeugt; die Fußspitzen fallen nach außen, damit die Adduktorenmuskeln entspannt werden.

Einige Trainingübende klagen darüber, daß die Hände einschlafen, wenn sie zu lange in Rückenlage mit den Armen in der obigen Stellung liegen. Möglicherweise wird durch die Lagerung ein Druck auf den Ulnarisnerv ausgeübt, der zu »Kribbeln und Einschlafen« der Arme führt. In solchen Fällen empfehle ich, die Hände parallel nebeneinander etwa auf den unteren Teil der Brust zu legen.

Diese zweite Ausgangsstellung ist sehr wichtig, kann aber während des Alltags aus naheliegenden Gründen nicht immer durchgeführt werden, z. B. während der Arbeitszeit. Es ist eine Haltung, die vor dem Einschlafen, besonders aber auch während der Freizeit, angewandt werden kann.

Bedenkt man aber, daß nur etwa 30 % der Menschen in Rückenlage schlafen, so leuchtet ein, daß manche Trainierenden Bedenken gegen die

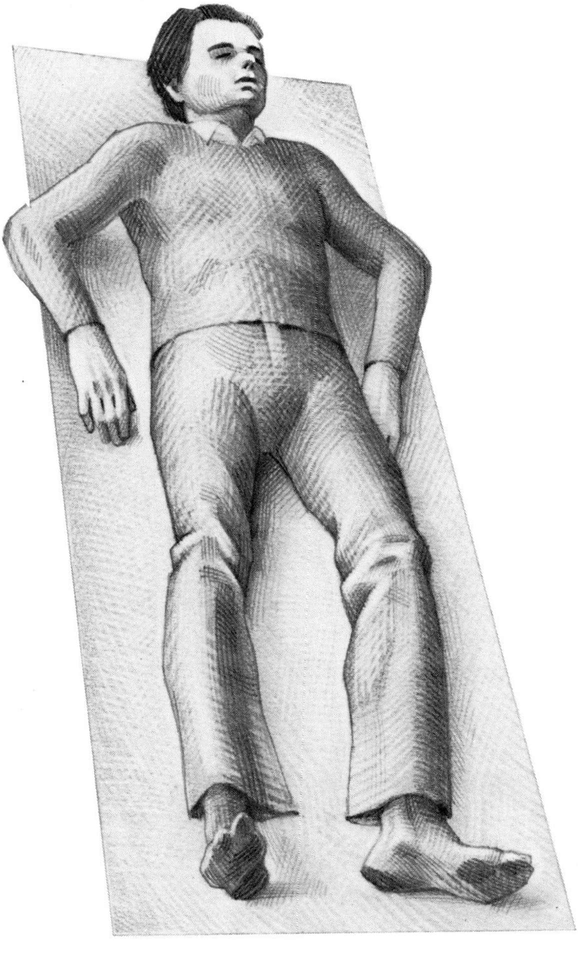

Abb. 3: Die Ausgangsstellung in Rückenlage (Erläuterung siehe Text!)

Haltung vor dem Einschlafen äußern, weil diese ihr »Schlafzeremoniell« stört und sie bei dieser »Fremdhaltung« nicht einschlafen können. Dieses Dilemma habe ich zu lösen versucht, indem ich nach Einnahme der Ausgangsstellung in Rückenlage und nach dem Eintreten des Schwere- und Wärmeerlebnisses empfehle, sich unter Fortsetzung der Übung auf die eigene Schlafseite zu legen und einzuschlafen, da ja die Übung vor dem Einschlafen nicht zurückgenommen wird.

1.2.2.4. Die Droschkenkutscherhaltung

Die dritte Ausgangsstellung, die bei *Schultz* sehr beliebte Droschkenkutscherhaltung, ergänzt die Serie von Haltungen, die den Trainierenden im

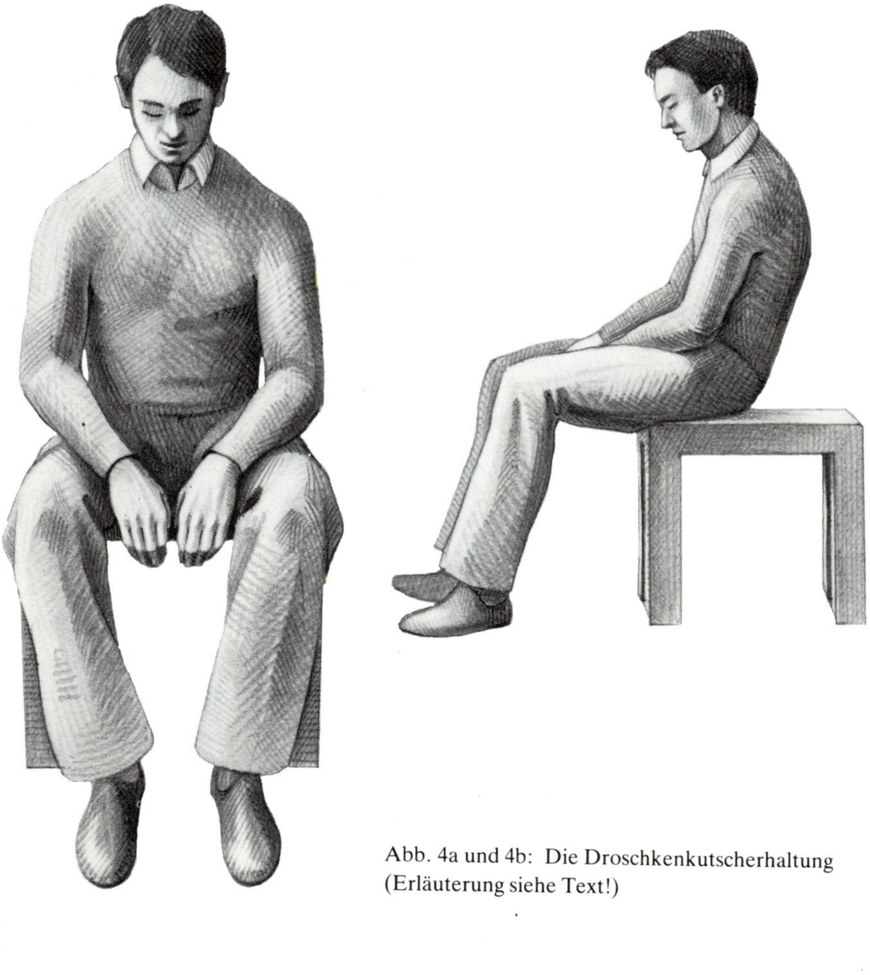

Abb. 4a und 4b: Die Droschkenkutscherhaltung (Erläuterung siehe Text!)

Laufe des Einführungskurses vermittelt werden. Die Droschkenkutscherhaltung (Abb. 4a und 4b) wird oft dann angewandt, wenn es keine Rückenlehnenmöglichkeit gibt. *Schultz* hatte sie von den Droschkenkutschern übernommen, die damals oft stundenlang in dieser Haltung auf den Kunden warteten. Sie ist eine sehr wichtige Ausgangsstellung, weil sie bei jeder Sitzmöglichkeit anwendbar ist. Oft fragen Trainierende, wo sie AT während des Tages üben sollen, wenn sie in der Werkstatt, am Fließband oder im Büro mit mehreren Kollegen sitzen. Die aus der Praxis entstandene Lösung, in der Toilette 2–3 Min. zu üben, die *Schultz* schon empfohlen hatte (48) und manche von selbst entdecken, ist eine akzeptable Notlösung, die den Betroffenen eine Möglichkeit der Erholung in kurzer Zeit gibt.

Ist eine beliebige Sitzmöglichkeit gegeben, nimmt der Trainierende die schon beschriebene Beinstellung ein. Er läßt die Arme von der Schulter her hängen; die Wirbelsäule ist gerade; dann läßt er sich sacken, wobei der Kopf nicht nach vorn kippt, sondern etwa in der Senkrechten des Gesäßes bleibt, so daß Knochen und Bänder das Gewicht des Oberkörpers und Kopfes ohne Muskelbeteiligung auffangen können. Ist das geschehen, können die Arme zwanglos auf die Oberschenkel gelegt werden, so daß die Unterarme auf den Schenkeln (s. Abb. 4a und 4b) nach innen liegen; dabei können die Unterarme leicht auf die Oberschenkel gestützt werden.

Die Ausgangsstellungen müssen von den Übungsleitern besonders am Anfang peinlich korrigiert werden. Wenn die Entspannung und die Versenkungstechnik erlernt worden sind, sind Varianten in der Haltung belanglos. Eine Teilentspannung des Körpers ist dann auch möglich (61).

2.1. Die Frage der Zeit bei der Übung des AT

2.1.1. Die Frage der Dauer eines Einleitungskurses

Schultz empfahl für einen Kurs eine Dauer von etwa 12 Wochen. Dabei hatte er zugrunde gelegt, daß die sechs Übungen im Durchschnitt je zwei Wochen beanspruchen, um gelernt zu werden. Diese Zeitspanne ist allerdings als Richtlinie aufzufassen. »Im optimalen Verlauf dürfen wir mit 4–6, je 8–10 Tage getrennten, ½-stündigen Arbeitssitzungen auf Erfolg rechnen;« schrieb er 1937 (58). Über 30 Jahre danach spricht er von »6, je 14 Tage getrennten, ½-stündigen Arbeitssitzungen« (59). *Rosa* (48) nennt eine Ausbildungszeit im Einzelunterricht von mindestens vier Monaten. *Krapf* (22) führt geschlossene Gruppen von 10–12 Teilnehmern, die sich sieben- oder achtmal in Abständen von 8–14 Tagen für die Dauer einer Doppelstunde treffen. *Stucke* (68) geht bei therapeutischen Gruppen von durchschnittlich acht Gruppensitzungen aus, die zweiwöchentlich stattfinden und 45 Min. dauern.

In meiner Kassenpraxisarbeit hat sich der wöchentliche Rhythmus über acht Wochen und 30–40 Min. Sitzungsdauer für die Grundstufe bewährt. Dieser Rhythmus ist allerdings individuell zu beurteilen und mit dem Vorbehalt zu versehen, daß manche Patienten mehr als 12 Sitzungen brauchen, um das AT zu erleben. Bekanntlich gibt es auch einige Fälle, die das AT nicht erleben können. Diese sollten dann einzeln behandelt werden. Wenn aber, wie *Schultz* (59) schreibt, die organismische Umschaltung im Schlaf mit der des autohypnoiden Zustandes identisch ist, dürfte die Versenkung jedem Menschen möglich sein.

Aus organisatorischen Gründen scheint der Rhythmus, wöchentlich eine Übung unter Einleitung zu halten, in der Ambulanz sinnvoll. In der stationären Behandlung psychosomatischer und psychotherapeutischer Störungen scheint dagegen das tägliche Üben unter Einleitung zweckmäßiger, so daß, wie *Schultz* selbst vermerkt, das Erlernen des AT, hauptsächlich der Grundübungen, auch bei einem stationären Aufenthalt von drei bis vier Wochen in Angriff genommen werden kann, wenn man sich auf die beiden ersten Übungen konzentriert (56, 11, 14).

2.1.2. Die Frage der »Dosierung« der Übung

Mit der Frage der Dosierung (58) meinte *Schultz* die Frage der Häufigkeit der Übung des AT während des Tages und der Dauer der Übungen.

Will man die Wirkung des AT als Übung zwecks Stärkung des psychischen Apparates voll erreichen, ist es notwendig, darauf zu achten, daß ein bestimmter Rhythmus bei der Durchführung der Übung eingehalten wird. Es ist sinnvoll, die Regelmäßigkeit der Übung durch Verknüpfung mit Eßzeiten, Schlafzeiten oder Ruhezeiten zu sichern, z. B. morgens nach dem Frühstück oder vor der Aufnahme der Arbeit oder des Alltags; mittags nach dem Essen, wenn der physiologische Tiefpunkt einsetzt; und dann abends vor dem Einschlafen. Die Notwendigkeit der regelmäßigen Übung soll nicht unterschätzt werden; es ist besser, einmal am Tag regelmäßig zu üben, als mehrere Male an einem Tag und am anderen Tag überhaupt nicht. Es kommt vor, daß Trainierende von selbst beobachten, daß die von ihnen erreichte Wirkung der inneren Ruhe, d. h. das Eintreten der Entspannung, ein oder zwei Stunden anhält und unter dem Streß wieder verschwindet. Diese Trainierenden neigen dazu, die Übungen dann häufiger zu machen. Solange man sie nur kurz, 2–4 Min., durchführt, ist gegen ihre Häufigkeit nichts einzuwenden. Auf die Notwendigkeit, die Übung lebenslang zu praktizieren – was allerdings keine Strafe ist –, sollte hingewiesen werden, weil sonst nach kurzer Zeit die Fähigkeit zur Versenkung wie jede andere Konditionierung erlöscht. Für Anfänger empfiehlt *Schultz* (61) zwei Grundübungen zu 1½ Minuten. Nach der vierten bis sechsten Woche sind der Durchschnittsperson Übungen von 5–15 Min. zu gestatten (58). Später, wenn der Trainierende bei der Durchführung der Übungen die Sicherheit gewonnen hat, kann diese Zeit überschritten werden, z. B. Übungen zu 30 Min. (58). Im ganzen aber ist es besser, die Teilnehmer eines Kurses darauf einzustellen, die Übungen kurz zu halten (4–5 Min.), damit das Erlernen, die »organismische Umschaltung« in sehr kurzer Zeit durchzuführen, möglich wird.

2.1.3. Das Zurücknehmen

Das AT ist eine Selbsthypnose und muß wie jede Hypnose richtig zurückgenommen werden, wenn man unangenehme Nebenwirkungen wie Kopfschmerzen, Verspannungen und dgl. mehr vermeiden will. Wie wir sehen werden, bedeutet die Zurücknahme die gezielte Überflutung des psychischen Apparates mit Reizen und die Ausschaltung der hypnoiden Momente unter Beibehaltung der Übungsziele (Ruhe, Entspannung usw.). Technisch also versteht man unter Zurücknahme die Beseitigung der Wirkung des AT außer Entspannung und dem erwünschten Ziel. Man nimmt zurück, indem man die Formel von *Schultz* benutzt:

Arme fest
tief atmen
(oder tief Luft holen)
Augen auf.

Die Zurücknahme geschieht durch mehrmaliges »zackiges« Strecken und Anziehen der Arme. *Langen* empfiehlt das Zurücknehmen mit Strekken der Arme nach unten und mehrmaligem Öffnen und Schließen der Hände, wenn aus räumlichen Gründen die andere Möglichkeit nicht gegeben ist.

Die Tatsache, daß Hände und Arme sehr große Projektionsfelder im Kortex haben, ist ein Grund, die Zurücknahme der Schwere und der Wärme auf die Arme und Schultergürtel zu begrenzen. Da die Bewegung der Beine meistens automatisch verläuft, erübrigt sich hier die Zurücknahme. Auch die Zurücknahme der Wärme ist nicht notwendig, weil, wie *Schultz* (61) schreibt, die Wärmeregulation des Körpers so gut ist, daß eine Zurücknahme nicht notwendig ist.

Es kommt gelegentlich vor, daß Trainierende nach der Zurücknahme über eine gewisse Schläfrigkeit klagen. In diesem Fall empfiehlt sich, die Zusatzformel »Frisch und munter nehme ich zurück« zu benutzen. Lediglich vor dem Einschlafen sollte die Übung nicht zurückgenommen werden, weil durch die Zurücknahme die Einleitung des Schlafes gestört wird und die Übung ohnehin in den Schlaf übergeht.

3. Übungsverlauf des AT. Die klassischen Übungen und die Informationskanäle

Es gibt sechs klassische Übungen im AT von *Schultz*, die im Laufe der Jahre eine bemerkenswerte Konstanz aufgewiesen haben (33).

Die sechs Übungen der Grundstufe des AT betreffen sechs Gebiete des Organismus:

1. die Muskeln, 2. die Gefäße, 3. das Herz, 4. die Atmung, 5. die Leiborgane, 6. den Kopf (61).

Diese Gebiete werden nicht direkt angesprochen, sondern indirekt über die Beeinflussung eines physiologischen Zustandes, der sie betrifft: Ruhe-Bewegung; Schwere-Tonus; Wärme-Durchblutung; Atmung-Sauerstoffaustausch. Wie wir gleich sehen werden, wird über die Ruhetönung ein anderer Zustand angesprochen: die Immobilisation.

Nach etwa drei bis vier Monaten Üben fließen »die sechs Einzelübungen mehr und mehr zu einem unauflöslichen Ganzen« zusammen (61): Schwere – Wärme – Atmung – Herz ruhig – Sonnengeflecht warm – Stirn kühl – Ruhe« (61), was den Eintritt der Umschaltung anzeigt.

Langen bemerkt, daß die obige Reihenfolge von *Schultz* nicht der früheren von: »Schwere – Wärme – Herz ruhig – Atmung – Sonnengeflecht warm – Stirn kühl – Ruhe« entspricht und entscheidet sich selbst für die letzte, obwohl er der Atmung und der Ruhe sehr viel Wert beigemessen hat. Er stellt die Übung »Herz ruhig« wieder vor »Atmung« und fügt hinzu, es geschehe deshalb, da »sonst unter Umständen Mißverständnisse auftreten können« (34).

Es mag wie Haarspalterei erscheinen, aber die Umstellung in dieser Reihenfolge der Übungen, d. h. das Verschieben der Atmung vor die Herzübung bei der Einleitung zum AT, ist sehr wichtig. Nach Angaben von *Krapf* (22) hat *Binder* als erster die Zweckmäßigkeit der vorgezogenen Atmung gesehen und eingeführt. Diese pragmatisch eingeführte Umstellung, die auch von *J. H. Schultz* akzeptiert wurde, ist aus theoretischen Gründen zwingend.

Man betrachte eine der obigen beiden Reihenfolgen der Übungen. Sie besteht aus sechs Gebieten, die sich in fünf Gruppen von Reizen zusammenschließen lassen.

1. Reizgruppe: Schwere, d. h. Schwereerlebnis, d. h. Information über das Schwereerleben
2. Reizgruppe: Wärme, Sonnengeflecht warm, Stirne kühl, d. h. Information über das Wärmeerleben
3. Reizgruppe: Atmung, d. h. Information über die Rhythmizität der Atmung, die das Monotoniegesetz besonders gut erfüllt
4. Reizgruppe: Herz ruhig; der Informationsgehalt ist hier quantité négligeable
5. Reizgruppe: Ruhe, d. h. Information über die Wahrnehmung der Bewegung bzw. der Nicht-Bewegung, d. h. Immobilisierung. Die durch die Bewegung entstehende Information verläuft über einen ihr zustehenden Informationskanal der Tiefen- und Oberflächensensibilität.

Die Versenkung vollzieht sich durch Reizverarmung. In Kap. III wird diese Frage neurophysiologisch eingehender behandelt. Es läßt sich aber vorausschicken, daß die obigen sechs Gebiete bzw. die obigen fünf Reizgruppen als vier Informationskanäle betrachtet werden können: 1. Ruhe, 2. Schwere, 3. Wärme, 4. Atmung, über die das zentrale Nervensystem propiozeptive und exterozeptive Information erhält, deren Ausschaltung zur Versenkung und dann automatisch, unbedingt reflektorisch, zur organismischen Umschaltung führt. Die Hauptkanäle der Informationsvermittlung, der Gesichts- und der Gehörsinn, sind weitgehend ausgeschaltet; der erste durch den Augenschluß und durch das Vermeiden von greller Beleuchtung; der zweite durch die Monotonie und Gewährung einer ruhigen Umgebung.

Bevor wir eine kleine Einschiebung von *Langen* betrachten, erscheint es zweckmäßig, sich den von *Schultz* angegebenen Übungsverlauf vor Augen zu führen.

Der Altmeister schreibt so:

»Der typische Übungsverlauf hat als Ausgangspunkt richtige Haltung, Augenschluß, Ruhetönung (Ich bin ganz ruhig) und Schwereerlebnis des ichnäheren Arms: Der rechte (linke) Arm ist ganz schwer . . .« (58). Ganz am Anfang war die Ruhetönung! . . . *Schultz* schreibt ausdrücklich nicht Ruheübung, sondern Ruhetönung! Dieser Unterschied ist wichtig, wie wir gleich sehen werden.

Die Einschiebung von *Langen* ist die Rückführung der Ruhetönung an den Anfang der Übung: »Die älteren Übungsleiter beginnen zumeist mit der Ruhetönung, die *Schultz* ursprünglich selbst bis etwa 1961 vorangestellt hatte. Dem Gesetz der Monotonie hatte er mit Recht große Bedeutung beigemessen. Diese Monotonie spielte sich durch die sich wiederholende Konzentration ›Ich bin ganz ruhig‹ und dann ›Rechter Arm schwer‹ gut ein . . .« (34).

Man hat argumentiert, daß die Ruhe als Endziel der Übungsreihe zu betrachten sei und dementsprechend sollte, um eine Suggestion zu vermeiden, diese Ruhetönung nicht an den Anfang gesetzt werden. Der Gedanke scheint logisch, führt aber zu falschen Schlüssen, weil er auf einer Zweideutigkeit des Wortes Ruhe in der deutschen Sprache basiert. Ruhe kann sich auf zwei Sachverhalte beziehen: Erstens auf die innere Ruhe, die durch die Versenkung erreicht wird und zweitens auf die »Immobilisierung«, d. h. Regungslosigkeit des Körpers, die durch die Ruhetönung an erster Stelle gemeint ist. Ein Beispiel aus dem Alltag kann die Zweideutigkeit des Wortes Ruhe verdeutlichen. Sagt man einem Kind: »Sei ruhig«, bedeutet man ihm nicht »Sei innerlich ruhig«, sondern »Sei still, höre auf zu zappeln!«, d. h. man meint Immobilisierung. Wie *Schultz* (58) ganz deutlich erklärt, entspricht die Ruhetönung vielmehr einer Einleitung zur »Immobilisierung«, d. h. Regungslosigkeit, Bewegungslosigkeit. Die Aufforderung ist von anderen Versenkungsmethoden her bekannt. Der Dauerfluß von Information, die über die Propiozeptoren der Tiefen- und Oberflächensensibilität dem Zentralnervensystem zugeleitet werden, wird durch die Immobilisierung ausgeschaltet. *Schultz* hat es so aufgefaßt, denn er verweist auf die »›hypnosigene‹ Wirkung von Immobilisationen in *Pawlow*s Hundeversuchen«, um die Wichtigkeit der Immobilisierung zu betonen (58). Diese Immobilisierung, die durch die Ruhetönung eingeleitet wird, ist etwas anderes als die innere Ruhe, die durch die Übung des AT als Endziel erreicht wird. Deswegen behalte ich in meinen Einleitungen die Ruhetönung als erste Formel bei, wie der Begründer des AT es anfangs auch getan hat. Man könnte aber durchaus anwenden »Ich bin ganz still« statt »Ich bin ganz ruhig«, um die befürchtete Gefahr einer Suggestion der angestrebten Endruhe zu vermeiden.

Aus den obigen Gründen scheint mir die folgende Reihenfolge sinnvoll, die ich von *Langen* übernommen habe und die besonders, nachdem sich die Schwere und die Wärme generalisiert haben, eingesetzt wird: Ruhe-Schwere-Wärme. Sie wird im Sinne einer allgemeinen Formel angewandt, wenn die Schwere- und Wärmeübung erlernt worden sind und die Übung in das Ganze der Versenkung und der vegetativen Umschaltung fließt.

Die Herzübung gehört zu den organischen Übungen und trägt zur Versenkung nicht bei. Dieses könnte der Grund sein, der – abgesehen von paradoxen Reaktionen, wie wir gleich sehen werden – manche Autoren (56, 23, 33, 43 u. a.) dazu geführt hat, die Herzübung »links liegenzulassen«. Bei nichttherapeutischen Gruppen erwähne ich diese Übung lediglich durch die Formel »Mein Herz schlägt ruhig und regelmäßig«. Da während der Wochen des Übens das Herzschlagen und der Pulsschlag von manchen Trainierenden gemeldet und vorgetragen werden, ergibt sich die Möglichkeit, den Teilnehmern diese Erscheinungen physiologisch zu erklären, ohne sie darauf zu fixieren.

3.1. Die erste Sitzung: Übung über den ersten Informationskanal, d. h. die Ruhetönung und über den zweiten Informationskanal, d. h. die Schwere-Empfindung.

Während der ersten Sitzung erhalten die Teilnehmer Auskunft über Wesen, Geschichte und wissenschaftliche Grundlage des AT. Ferner werden ihnen die oben beschriebenen Haltungen vorgeführt.

Der Trainierende, sei es in der Gruppe oder einzeln, nimmt eine der oben beschriebenen Ausgangsstellungen im Liegen oder Sitzen, mit Rükkenlehne bzw. in der Droschkenkutscherhaltung ein, wobei nochmals auf die genaue Beachtung der Haltung hingewiesen werden muß. Nicht weniger wichtig ist die innere Einstellung, wie *Schultz* selbst geschrieben hat (vgl. oben). Von einer inneren Einstellung – die im Abendland sehr verbreitet ist – voller Erwartung, Leistungs- und Tatendrang sollte Abstand genommen werden. Dem Trainierenden ist auch zu erläutern, daß das AT kein Ersatz für Weltanschauung sein kann, wohl aber jedem zu seiner eigenen verhelfen kann. Über den Umwandlungsprozeß, der im Sich-selbst-Erleben stattfinden kann, sollten die Teilnehmer ebenfalls unterrichtet werden. Die Bedeutung des AT zur Selbstfindung ist von *Iversen* hervorgehoben worden. Mit einer inneren Einstellung, die das Ziel der Übung nicht krampfhaft anstrebt, gelingt »dem Übenden im autogenen Training nach einigen Wochen (oder Monaten) schließlich mühelos eine Selbstzentrierung und eine Harmonisierung seiner Leib-Seele-Einheit, . . .« (16). Der Trainingübende soll vor der Gefahr eines Erfolgszwangs, d. h. eines »Schaffens« der Übung »partout« gewarnt werden. Man »schafft« das AT nicht. Es geht vielmehr darum, zu erlernen, den eigenen Körper, der als schwingendes System, d. h. als biokybernetisches System, betrachtet werden kann, durch das Loslassen, das über die verschiedenen Übungen geschieht, auf sich zukommen zu lassen. An den alten Spruch von *Heyer* sei noch einmal erinnert: »Wer es im AT gelernt hat, sich-zu-lassen, wird gelassen« (62).

Formeln der ersten Übung

Der Trainierende verharrt in der gewählten Ausgangsstellung, macht die Augen zu und wiederholt in Gedanken die Formeln der ersten Übung. Diese Übungsformeln rollen gleichtönig wie von einem Tonband (61). Zuerst die Ruhetönung »Ich bin ganz ruhig« einmal am Anfang der Übung und dann etwa sechsmal »Der rechte (linke) Arm ist ganz schwer« (61).

Diese Zahl sechs ist gewissermaßen eine Richtzahl. Einige Autoren, so *H. Lindemann*, empfehlen bei der ersten Übung sechsmal: »Der rechte Arm ist ganz schwer«, dann schiebt man den Satz »Ich bin vollkommen (ganz) ruhig« ein und danach wiederum sechsmal die Schwereformel: »Der rechte Arm ist ganz schwer« (40). In W. *Luthe*s Beschreibung der ersten Übung fordert er den Trainingübenden dazu auf, mehrmals »Der rechte Arm ist schwer« zu wiederholen, wobei er den Arzt die Formeln mehrmals vorsprechen läßt (63).

Es läßt sich also ersehen, daß die Zahl sechs eine Richtzahl ist, und das sollte man den Teilnehmern erklären, wobei auf die Notwendigkeit eines festen Schemas, das sich jeder selbst bauen kann, hingewiesen wird. Das AT ist ja eine ganz individuelle Übung, wenn es richtig gelernt worden ist.

Um der Forderung des Stillschweigens bei der Übung nachzukommen, habe ich in Anlehnung an *Langen* einen Zwischenweg gewählt. Ich fange die Übung an mit der Ruhetönung, wiederhole zweimal in Abständen von drei bis vier Atemzügen; »Der rechte Arm ist ganz schwer«, weise die Teilnehmer an, nach mir für sich selbst in Abständen von drei bis vier Atemzügen die Formel in Gedanken zweimal zu wiederholen, schiebe noch einmal die Ruheformel ein: »Ich bin ganz ruhig«, wiederhole nach etwa drei bis vier Atemzügen: »Der rechte Arm ist ganz schwer« zweimal und nehme die Übung zurück. Das Wiederholen geschieht »akustisch« oder »optisch«. Die Möglichkeit einer akustischen bzw. optischen Vorstellung der Formeln ist den Teilnehmern erläutert worden. Einige können sich eine Formel über den optischen bzw. über den akustischen Kanal besser vergegenwärtigen.

Die Formel »Der rechte Arm ist ganz schwer« wird von Rechtshändern benutzt; für Linkshänder gilt die Formel entsprechend umgekehrt. Man fängt immer mit dem eigenen Werkarm an, wie *Schultz* sagte, dem »ichnäheren Arm« (58).

Am Anfang wird empfohlen, daß die Übung 1–2 Min. andauert. Einige Teilnehmer stellen die berechtigte Frage, wie man diese 1–2 Min. schätzen könne, zumal die Schätzung der Zeit in einem hypnoiden Zustand bekanntlich schwierig ist. Als Antwort gebe ich folgende mögliche Lösung: Wiederholt man die Formel »Rechter Arm ist ganz schwer« dreimal in Abständen von 3–4 Atemzügen, macht man dann eine kleine Pause und schiebt die Formel ein »Ich bin ganz ruhig«, wiederholt die Formel »Rechter Arm ist ganz schwer« noch dreimal in Abständen von 3–4 Atemzügen, so wird der Trainierende sehen, daß er für die Übung auf eine Dauer von ungefähr 2–3 Min. kommt.

Die erste Übung beansprucht die ganze erste Sitzung und wird in der nachfolgenden Woche durchschnittlich zwei- bis dreimal am Tag vom Trainierenden regelmäßig und ohne Erwartung, ohne Fixierung, durchgeführt, jeweils peinlich darauf achtend, daß die Haltung richtig eingenommen und die Übung richtig zurückgenommen wird. In der folgenden Woche wird die Übung mit den Trainierenden besprochen, ohne dabei das Erlebte zu suggerieren.

Nach der ersten Woche des Übens stellt sich heraus, daß manche Trainierende statt der Schwere zunächst die Wärme gespürt und keine Schwere erlebt haben oder die Schwere in beiden Armen oder die Wärme in beiden Armen oder ein Kribbeln in den Armen oder in der Hand oder gleichzeitig die Wärme und die Schwere angeben. *Schultz* und *Luthe* (63) schreiben, daß 60 % der Trainingübenden Veränderungen, die die Wärme betreffen, schon während der Schwereübung angeben. Ein nicht geringer Prozentsatz der Trainierenden – *Langen* sprach von 40 % – spürt zuerst die Wärme, und drei bis vier Wochen danach stellt sich die Schwere ein. Diese Erscheinungen, die physiologisch sehr leicht zu erklären sind, dürfen nicht dazu verleiten, dem AT gegenüber eine formalistische Einstellung einzunehmen oder den von *J. H. Schultz* ausgearbeiteten Übungsrhythmus der Schwere und Wärme zu ändern. Es dürfte an der Eigentümlichkeit einer jeden Person liegen, daß diese Vorgänge nicht bei allen Menschen regelmäßig verlaufen, sondern persönlichkeitsbedingt sind. Da sich das Erleben der Schwere vom rechten Arm allmählich auf den linken ausbreitet und sich im Laufe von zwei bis drei Wochen auf den ganzen Körper erstreckt, habe ich in Anlehnung an *Langen* den Trainingübenden empfohlen, sich jeweils auf das einzustellen, was sie gespürt haben. *Langen* macht auf einen häufig vorkommenden Fehler aufmerksam, »den er oft bei Trainierenden beobachten konnte, die von anderen Übungsleitern gelernt hatten: Die Übenden bleiben zu lange bei dem ersten Übungsarm, d. h. bei der Konzentration

›Rechter Arm schwer‹, auch wenn die Ausbreitung auf den anderen Arm oder gar auch schon über die Arme hinaus auf die Beine erfolgt ist. Dadurch wird die Generalisationstendenz als ein ja typisch autogen sich spontan ausbreitender Entspannungsvorgang erschwert, verzögert, ja manchmal sogar unmöglich gemacht« (34). (NB: Hier benutzt *Langen* autogen für psychoautomatisch.) Aus diesem Grund empfiehlt er, wenn sich die Schwere oder die Wärme oder beide in den Armen eingestellt haben, beide Arme einzustellen und nicht auf dem rechten bzw. linken zu beharren, da sonst eine Hemmung für die Generalisierung eintreten kann. Dieser Gesichtspunkt ist m. E. begründet.

Die zweite Sitzung in der zweiten Woche und die dritte Sitzung in der dritten Woche werden ebenfalls der Übung der Schwere gewidmet.

Die Formeln während der zweiten Woche lauten »Ich bin ganz ruhig«; »Beide Arme sind ganz schwer«. Hier wende ich auch die Formel von *Müller-Hegemann* (43) an »Beide Arme, beide Hände sind ganz schwer«. Ich empfehle, etwa sechsmal diese Formeln zu wiederholen, anschließend die Ruhetönung einzuschieben und dann wieder etwa sechsmal die Formel der Schwere für die Arme einzusetzen. Die Übung dauert jetzt etwa 3–4 Min. Der Übungsleiter wird feststellen, daß sich manchmal die Generalisierungstendenz bei der Mehrheit der Teilnehmer manifestiert, so daß die Formel »Beide Arme sind ganz schwer« generell benutzt und nach der dritten Woche stattdessen der Satz »Der ganze Körper ist ganz schwer« eingesetzt werden kann.

3.2. Die Übung über den dritten Informationskanal

3.2.1. Die Wärmeübung

Die zweite Übung, die der Wärme, ist nach der zweiten bis dritten Woche anzufangen. Wie oben gesagt, haben manche Trainierende angegeben, die Wärme allein oder gemeinsam mit der Schwere gespürt zu haben. Eine gewisse Systematik ist aber zu beachten. Obwohl am Anfang der Wärmeübung im allgemeinen die Schwere im ganzen Körper erlebt wird, wird die Schwereeinstellung durch die Formel »Arme und Beine sind ganz schwer« eingeleitet, wobei die Ruhetönung »Ich bin ganz ruhig« auch vorangegangen ist. Die Formel »Arme und Beine sind ganz schwer« wird etwa sechsmal wiederholt, die Ruhetönung »Ich bin ganz ruhig« noch einmal wiederholt, und dann erfolgt der Übergang zur Wärmeübung »Der rechte (linke) Arm ist ganz warm« durch sechsmalige Wiederholung, daraufhin einmal die Ruhetönung und anschließend die Zurücknahme. Dies wird fortgesetzt, bis die Generalisierung des Wärmegefühls wie bei der Schwere entstanden ist. Ist das geschehen, so kann die Generalisationsformel »Ruhe, Schwere, Wärme« angewandt werden, die ich dann in Anlehnung an *Langen* zusätzlich zur Ruhetönung »Ich bin ganz ruhig« einsetze.

3.2.2. Die Sonnengeflechtübung

Diese Übung stellt die Ergänzung der Wärmeübung dar und entspricht der Ausbreitung der Wärme in der größten Höhle des menschlichen Körpers, die ausreicht, in ihren Gefäßen das ganze Blut des menschlichen Körpers aufzunehmen. Man kann von Leibübung oder Sonnengeflechtübung (40) sprechen. *Schultz*, der bei Nichtgelingen dieser Übung in Einzelfällen das Auflegen der Hand des Arztes zwischen Nabel und Brustbein des Patienten empfahl (59), mag zeitbedingte Gründe gehabt haben, um nicht von einer Bauchübung zu sprechen. Es war aber ein guter »Wurf«, das Sonnengeflecht einzubeziehen, weil in der Umgebung des Nabels, d. h. in der Nähe des Sonnengeflechts der Schwerpunkt des menschlichen Körpers zu finden ist, so daß die Parallelität der beiden Hauptübungen des AT: der Schwere- und Wärmeübung, unterstrichen wird.

Da die Trainingübenden fast immer mit dem Wort »Sonnengeflecht« wenig anfangen können, hat sich bewährt, ihnen mittels einer bildlichen Darstellung einen Querschnitt des menschlichen Körpers mit der Lage des Sonnengeflechts und des Geflechts in den Eingeweiden zu zeigen, die die Verbindung zwischen den verschiedenen Organen: Magen, Leber, Dick- und Dünndarm, Blase usw. mit dem Sonnengeflecht zeigen. Diese Demonstration hat lediglich den einen Sinn, eine Visualisierung und Förderung des Erlebens des eigenen Körpers zu erreichen.

Die Formel des Sonnengeflechts wird nach der Formel »Beide Arme – beide Beine sind ganz warm« angewandt, so daß nach der Generalisierung der Wärme nahtlos zu der Formel »Der ganze Körper ist angenehm warm« übergegangen werden kann.

Manche Teilnehmer berichten sofort über ein Wärmeerleben in der Nierengegend, in der Leber, im Magen oder in der Blase. Die Wärme in den Eingeweiden wird oft gleichzeitig mit einem Rumoren im Bauch erlebt, da die Darmbeweglichkeit zunimmt. Andere berichten von keiner besonderen Änderung, weil die Wärme sowieso schon generalisiert erlebt wird. Eine Fixierung auf diese Übung sollte vermieden werden. Wer Neigung zu Sodbrennen hat, sollte die Sonnengeflechtübung unter »Umgehung« des Magengebiets durchführen.

Die Stirnübung

Die Stirnübung strebt zusammen mit der Formel »Der ganze Körper ist angenehm warm« den von *J. H. Schultz* bekannten Zustand an, der auch mit der Dauer-Warmbad-Behandlung der *Kraepelin*schen Klinik zu erreichen war (58, 61). Sie wird eingesetzt nach der Formel »Sonnengeflecht strömend warm« mittels der Formel »Stirn angenehm kühl« oder »Stirn ein wenig kühl«.

Die Trainingübenden werden auf die Schwierigkeiten der Stirn-kühl-Übung aufmerksam gemacht sowie auf die Vorsicht, mit der sie durchgeführt werden muß (57). Diese Vorsicht ist besonders bei Patienten mit Kopfschmerzen geboten.

Man hat verschiedene Erklärungen für die Kühle der Stirn angegeben. *Schultz* bringt die in der Stirn gespürte leichte Kühlung mit dem angeblichen »Geisterhauch« gläubiger Spiritisten (61) in Zusammenhang und gibt eine Erklärung dazu. So sind z. B. im Raum immer einige Luftströmungen zu beobachten, die eine Kühlung der Stirn verursachen könnten. Eine andere Erklärung wäre, daß eine Kontraktion der Gefäße in der Stirngegend um den Nasion den Kühleffekt hervorruft. Dieser Gesichtspunkt könnte durch die Tatsache, daß die Stirnübung bei Menschen, die zu Kopfschmerzen neigen, einen Kopfschmerzanfall provozieren kann, noch unterstützt werden. Eine andere mögliche Erklärung wäre, daß in der Stirn, in der Gegend zwischen den Augenbrauen und oberhalb der Nasenwurzel, eine besondere Versorgung an Schweißdrüsen vorhanden sein könnte, was durch die Verdunstung des Schweißes zu einer Kühlung führt. Experimentelle Belege liegen m. W. nicht vor.

3.3. Die Übung über den vierten Informationskanal: die Atmung

In der Lehre von *Schultz* stellt die Atemübung keine Übung in dem Sinne wie die Schwere- oder Wärmeübung dar. Sie ist mehr ein Erleben. Die Atmungsübung gibt diesen Zustand des Fließens der Übungen wieder, der in der Formel »Es atmet mich« kulminiert. *Langen* schlug die Formel vor »Es atmet in mir«, und andere Autoren wenden die Formel an »Atmung ganz ruhig«. In der Tat wirkt die Formel »Es atmet mich«, die allerdings den Zustand sehr treffend wiedergibt, etwas esoterisch, und manchmal wird sie von den Trainierenden nicht gleich verstanden. Wie *Schultz* sagt, soll die Formel kein Kommando und keine Übung darstellen, sondern den gesamten Zustand wiedergeben, wobei der Trainierende, absolut entspannt und in einer wohligen Wärme, den Eindruck hat, daß er ohne Anstrengung ein- und ausatmen kann.

Der Versuch, die Versenkung allein über die Atmung zu erreichen, ist möglich. Dafür zeugen die ostasiatischen Verfahren, die hauptsächlich auf dem Weg der Atmungsregulierung und der geeigneten Haltung die Versenkung erreichen können.

Langen hebt die zentrale Stellung der Atmung bei den Versenkungstechniken des ostasiatischen Raums hervor (35) und bezeichnet bei der Originalform des AT von *J. H. Schultz* die Konzentration auf die Atemregulierung als »eine Stufe des übenden Weges zur Autohypnose« (35). In Anlehnung an ihn gebe ich auch diesem Kanal eine besondere Wichtigkeit, die von anderen Autoren, wie *Binder*, sehr früh gesehen worden ist und sie dazu geführt hat, die Atemübung der Herzübung vorzuschieben (22).

Die lockere, flottierende Einbeziehung der Atemfunktion in die Übung – sie erstreckt sich über eine Spanne von fünf bis sechs Wochen bis zur sogenannten Atemübung – hat also zwei Zwecke:

Sie führt gerade über »die Erarbeitung des Atemerlebnisses zu einer erheblichen Vertiefung der vorhergehenden Resultate« (55). In dieser Richtung fortschreitend und von der Tatsache ausgehend, daß manche Trainierende schon in der ersten Sitzung bei der Übung der Formel »Der rechte Arm ist ganz schwer« Atembeklemmungen oder ähnliche Beschwerden angeben, habe ich die Formel »Ich bin ganz ruhig« zusammen mit der Formel »Atmung ganz ruhig« eingeschoben und empfehle, sie einmal im Laufe einer jeden Übung während der fünf Wochen, die der eigentlichen Sitzung der Atemübung vorangehen, einzusetzen. Die Einflechtung dieser Formel stellt für manche ein Element der Stabilität dar.

Der zweite Zweck ist, denjenigen Teilnehmern, die über die Schwere oder die Wärme das Ziel nicht erreichen können, über die Kanäle der Ruhe (Stille) und der Atmung eine andere Möglichkeit zu geben, die Umschaltung doch noch zu erreichen. Von der Notwendigkeit, bei sehr starken Widerständen diese zuvor analytisch zu beleuchten, ist schon die Rede gewesen.

Das AT benutzt die vier möglichen autogen zugänglichen Kanäle, um die Versenkung und organismische Umschaltung zu erreichen (vgl. Kap. III). Die Hauptinformationskanäle sind praktisch ausgeschaltet oder durch die Monotonie geblendet; dies gilt für den Gesichts- und Gehörsinn. Selbstverständlich können diese Kanäle auch zur Einleitung von hypnoiden Zuständen verwendet werden. Dafür müßten aber Hilfsmaßnahmen benutzt werden, die der Übung ihren autogenen Charakter nehmen würden. Als solche

Hilfsmaßnahmen sind die in der Pop-Musik angewendeten modulierten Lichteffekte und ohrenbetäubender Lärm aufzufassen. Auch der Geruchssinn kann bei der Einleitung von hypnoiden Zuständen eine Rolle spielen; in diesem Sinne ließe sich die Anwendung von Weihrauch in allen Religionen verstehen. Dem Geschmackssinn kommt keine Bedeutung zu. Diese beiden letztgenannten Kanäle spielen beim AT aber keine Rolle.

4. Kurze Erläuterung über den unmittelbaren physiologischen Hintergrund der Übungen

Wir haben schon gesehen, daß die Ruhetönung sich auf die Immobilisierung, die Stille, die größtmögliche Regungslosigkeit bezieht. Es ist auch dargelegt worden, daß der Zweck der Immobilisierung die Drosselung der Information ist, die über die Tiefen- und Oberflächensensibilität dem Zentralnervensystem zufließt. Damit die Versenkung stattfinden kann, muß der Reizfluß auf ein Minimum reduziert werden. Daher die Forderung der Bewegungslosigkeit, die man bei allen Selbstversenkungstechniken wiederfindet. Die Gründe, die *Schultz* 1961 bewogen haben mögen, seine ursprüngliche Haltung zu revidieren (34), sind jetzt kaum zu erklären, aber m. E. war seine ursprüngliche Ansicht die richtige.

Die anderen Übungen: die Schwere-, die Wärme- und die Atemübung, oder, wie *Schultz* sagte, Atemeinstellung, haben auch eine einfache physiologische Erklärung.

Wie schon vorher dargelegt, hat *Schultz* das Erleben der Schwere als einen der Hauptpfeiler seiner Methode aus den Protokollen der experimentellen Hypnoseklinik übernommen. Die Schwere entspricht der Empfindung, die nach der Entspannung eintritt. Das AT nimmt seinen Ausgang von den Bewegungsmuskeln, schreibt *Langen*, weil sie den abendländischen Menschen am vertrautesten und seiner Selbstverfügung am meisten unterstellt sind (34).

In einer interessanten Versuchsreihe, in der Temperaturänderung an der Haut einer Hand und Gewichtszunahme des entsprechenden Armes bei der Übung bestimmter Formeln mittels einer Kinderwaage festgestellt werden konnten, beobachtete *Müller-Hegemann* (43) eine Gewichtszunahme von 250 g. Mit Recht folgert er, daß eine solche Zunahme durch vermehrte Blutfüllung des Gewebes nicht erklärt werden kann, sondern vielmehr durch die Entspannung der Muskulatur.

Physikalisch läßt sich das Empfinden der Schwere leicht erklären. Die beiden folgenden Abb. 5 und 6 zeigen eine beliebige Knochen- und Muskelsehneneinheit des menschlichen Bewegungsapparates. »O« und »A« sind der Ursprung bzw. Ansatz eines beliebigen Muskels des Körpers.

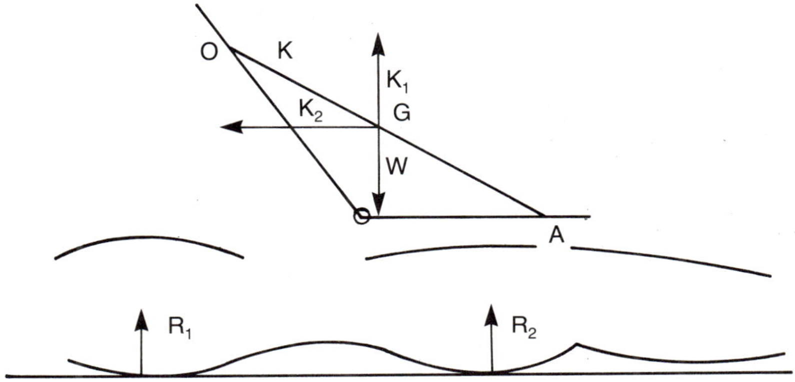

Abb. 5: Dieses Diagramm zeigt die Kräfte, die bei einer beliebigen Knochen- und Muskelsehneneinheit im Zustand der Spannung und bei Gleichgewicht im Spiel sind. $R_1, R_2 \ldots R_i$ sind die jeweiligen Reaktionen des Bodens bzw. Unterlage auf das Gewicht des Körpers an den Kontaktpunkten (in der Abb. Schulterblätter, Gesäß). Erläuterung siehe Text!

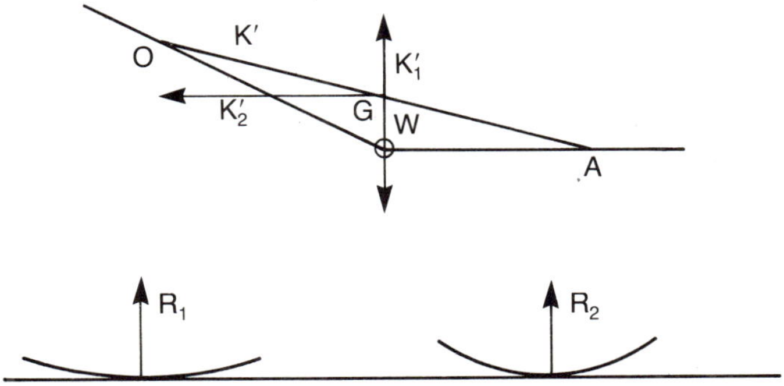

Abb. 6: Dieses Diagramm zeigt die gleichen Kräfte wie in Abb. 5, aber im Zustand der Entspannung. Erläuterung siehe Text!

Der Bewegungsapparat wird durch die Spannkraft der verschiedenen Muskeln aufrechterhalten. In unserem Beispiel nennen wir diese Spannkraft »K«. Sie ist eine Kraft. Da die Schwerkraft »W« in der senkrechten Ebene wirkt, betrachten wir nur die Kräfte, die in dieser Ebene wirken und ihren Angriffspunkt am Schwerpunkt »G« der betrachteten Knochen- und Muskelsehneneinheit haben. Die Spannkraft »K« kann in 2 Komponenten zerlegt werden, von denen eine, »K_1«, gegen die Schwerkraft wirkt. Abb. 5 zeigt, daß beim Gleichgewichtszustand »K_1« und »W« gleich sind, d. h. sie heben sich gegenseitig auf. Abb. 6 zeigt den Zustand beim Eintreten von Entspannung. Die neue Spannkraft »K'« kann Null sein. Auf jeden Fall gilt: $K' < K$ oder $W - K'_1 > O$. Diese neue Kraft ($W - K_1'$) wird durch Änderung der Reaktion »R_i« des Bodens bzw. Unterlage auf das Gesamtgewicht des Körpers an den Kontaktpunkten mit der Unterlage, auf der der Körper ruht, aufgefangen. Der Unterschied ($K - K'$) und die Änderung der Reaktion »R_i« werden über Sinnesorgane der Tiefen- und Oberflächensensibilität dem Zentralnervensystem gemeldet. Es handelt sich also bei der Schwereempfindung um die Meldung eines physikalischen Geschehens und keineswegs um Einbildung: Die betrachtete Einheit, sprich der Arm, ist schwerer geworden. Die Summe ΣR_i aller Reaktionen an den verschiedenen Kontaktpunkten des Körpers mit der Unterlage bleibt konstant. Es handelt sich um eine Verlagerung bzw. Veränderung der verschiedenen R_1, R_2, usw., deren Summe ΣR_i aber dem Gewicht des ganzen Körpers gleich ist, da das Gesamtgewicht des Körpers selbstverständlich unverändert bleibt.

Die Genese der Wärmeübung stammt auch aus der klinischen experimentellen Erfahrung von *Schultz*. Obwohl *Schultz* sich beim Aufbau der Übung der Wärme auf die Protokolle seiner Hypnosenforschung stützte, hatte er auch eine Anregung aus der Alltagsklinik bekommen. Er hatte die Aussage seiner Versuchspersonen »als ob man in einem warmen Bad wäre« in Zusammenhang gebracht mit der Warmbadwirkung, die in der *Kraepelin*schen Klinik (58) beobachtet und theoretisch untersucht worden war. Diese Methode hatte bei manchen psychischen Störungen eine günstige Wirkung gezeigt. Mit Recht hatte *Schultz* eine organismische Umschaltung durch das warme Bad angenommen, wie er sie ähnlich auch mit seiner Methode erreichen kann. Die Kombination des warmen Bads und der Formel »Stirne kühl« ist aus der physikalischen Maßnahme entstanden, die *Schultz* in der psychiatrischen Klinik auch beobachtet hatte, wo Patienten längere Zeit im Dauer-Warmbad gelegen hatten und die Stirn mit Eissäckchen kühl gehalten wurde. Diese Technik hat er wieder angewandt bei der Übung »Sonnengeflecht strömend warm, Stirn kühl«.

Die physiologische Erklärung des Wärmephänomens ist einfach: Die Erweiterung der Kapillare bedeutet eine Zunahme der Blutzufuhr in den Händen, in den Beinen, je nach dem Fortschritt der Übung. Diese Zunahme der Blutzufuhr bedeutet zwangsläufig eine Zunahme der Wärme. Die Erhöhung der Hauttemperatur beim AT wurde von *J. H. Schultz* ganz am Anfang seiner Untersuchungen festgestellt (s. Literaturangabe 64 Kap. I).

Schultz (58) beschreibt interessante Versuche, die schon seinerzeit eine wissenschaftliche Grundlage für hydrotherapeutische Anwendungen darstellten und die Übung der Wärme als von der Schwereübung getrennte, selbständige Übung rechtfertigen. Gewiß entsteht durch die Entspannung ein verminderter Muskeltonus, der die peripheren Verhältnisse ändert, so daß eine bessere Durchblutung möglich ist. Dennoch deuten Versuche auf eine zentrale Regulation des Gefäßtonus. Hier findet zentral das AT seinen Einsatz (vgl. Kap. III).

Für die getrennte Berücksichtigung der Wärme- und der Schwereübung spricht auch die Tatsache des getrennten Verlaufs der Bahnen der Wärmeempfindung und der Oberflächen- und Tiefensensibilität im Rückenmark, wie aus dem *Brown-Sequard*-Syndrom ersichtlich ist.

Wie wir gesehen haben, spielt die Atmung schon seit prähistorischer Zeit eine große Rolle bei der Einleitung von Versenkungszuständen. Sie ist vielleicht der erste beeinflußbare Parameter der menschlichen Physiologie, der von homo sapiens autogen eingesetzt worden ist. Die Deutung des Phänomens der Atmung von den Praktikern archaischer Versenkungsmethoden mag uns heute abenteuerlich erscheinen, da man den Atem in Verbindung mit Gottheit o. ä. brachte. Nichtsdestoweniger führte die Praxis der Versenkung anhand der Atmung zu den gewünschten Resultaten.

Der physiologische Grund, warum die Atmung als »Informationskanal« bei der Einleitung der Versenkung so erfolgreich war und ist, besteht m. E. nicht nur in der Möglichkeit seiner Modulierung, d. h. seiner willkürlichen Beeinflussung – was beim AT nicht gesucht wird, weil es keine Atemgymnastik ist –, sondern hauptsächlich in seiner »Monotonie« und Beeinflussung des Hirnstoffwechsels über den Sauerstoff und Kohlendioxydaustausch. Die Teilnehmer eines Kurses merken sehr schnell von selbst, wie sich im Verlauf der Übung die Atmung automatisch verlangsamt und flach wird, wobei die mit der Ausatmung verbundene entspannende Senkung des Schultergürtels (58) in der Entspannung sicherlich eine große Rolle spielt. Die aktiv/passive Rhythmisierung des Atemvorgangs und die Beeinflussung des Stoffwechsels sind auch wesentlich. Darum betonte der Altmeister, daß man nicht versuchen soll, im Durchschnittsverlauf des AT die Atmung zu beeinflussen, sondern sie »völlig sich selbst zu überlassen«. Mit der Atmung schließt die Reihe der für die Einleitung der Versenkung zur Verfügung stehenden autogen benutzbaren Informationskanäle ab: 1. Kanal der Körperbewegungswahrnehmung, 2. Kanal der Schwereempfindung, 3. Kanal der Wärmeempfindung, 4. Kanal des Atemerlebnisses.

Die Herztätigkeit als Parameter zwecks Versenkung ist m. E. ungeeignet. Zum einen ist eine Rhythmisierung wie bei der Atmung nicht zu beobachten, und zum anderen ist jeder Versuch, die Herztätigkeit zu beeinflussen, nicht ungefährlich. Die therapeutische Breite ist hier, könnte man sagen, zu eng.

5. Paradoxe Reaktionen und Störungen im Verlauf des AT

5.1. Paradoxe Reaktionen

Es gibt bei der AT-Arbeit wenige Erscheinungen, von denen ein AT-Gruppenleiter im Laufe seiner Tätigkeit nicht schon einmal gehört hätte. Wer Protokoll führt, weiß, daß sie sich sogar dauernd wiederholen. Sie können aber alle neurophysiologisch erklärt werden.

Die häufigsten Phänomene sind Depersonalisationserlebnisse: Dickwerden der Hände, Tatzenhand, Verlängerung des Halses, Verlängerung der Beine und dgl. mehr, die auftreten und die man anhand der Informationsveränderung, die afferent dem zentralen Nervensystem zugeführt wird, erklären kann.

Es gibt Trainingübende, die am Anfang des Trainings die Entspannung als schmerzhaft empfinden. Stellt sich bei der nach jeder Übung durchgeführten Besprechung des Erlebten heraus, daß jemand die Schwere oder die Wärme als unangenehm erlebt hat, dann empfiehlt sich, die Hilfsformel »Angenehme Schwere bzw. Angenehme Wärme« hinzuzufügen, um möglichen negativen Auswirkungen vorzubeugen.

Bekannt ist auch, daß bei manchen Trainierenden dem AT gegenüber Skepsis besteht. Diese normale Reserve und auch etwas, das man den »Kichereffekt« nennen könnte, sollten nicht unterdrückt werden; denn auch wer mit Skepsis die Methode von *Schultz* übt, erreicht sehr wohl Ergebnisse. Die Übung hat mit Glauben oder Nicht-Glauben nichts zu tun, sondern mit Üben.

Um eventuelle Skepsis abbauen zu helfen, hat es sich im Laufe der Jahre bewährt, und zwar besonders bei prophylaktischen AT-Gruppen der Volkshochschulen, den Trainingübenden in der fünften oder sechsten Sitzung Diapositive über experimentelle Ergebnisse bei der Messung durch das AT beeinflußbarer Größen (Schwere, Temperatur, Atmung, Blutdruck usw.) zu zeigen als Beleg dafür, daß die von ihnen erlebte Schwere und Wärme u. a. faktischer und nicht psychologischer Natur sind.

Die Verbreitung, die die Regeltechnik in weiten Kreisen der Bevölkerung gefunden hat, erlaubt es auch, die Auslegung der erlebten Parameter wie Schwere, Wärme, Verlangsamung der Atmung, Ruhe, Herzaktion usw. als Teile eines Regelkreises darzustellen. Diese Erklärungen sind beim Auftreten einer paradoxen Reaktion, z. B. bei plötzlichem Auftreten von Herzjagen oder Herzstolpern, Atembeklemmung oder Schwindelgefühlen von besonderer Bedeutung. Man bekommt sehr oft von Patienten, die früher versucht haben, das AT zu erlernen, zu hören, daß sie die Übungen aufgeben mußten, weil sie dabei Herzjagen bekamen. Anhand des Blockschemas eines Regelkreises (s. Abb. 7) läßt sich eine einleuchtende, einfache Erklärung ableiten, die sich auf den Patienten oft positiv auswirkt.

Das Erleben des AT und das Eintreten der Versenkung bedeuten eine Regression, eine gesunde Regression, weil sie jederzeit zurückgenommen werden kann. Durch diese Regression, durch dieses Loslassen, werden Ängste frei, die sich in paroxysmalen Reaktionen des Herzens äußern können. Gelingt es, den betroffenen Trainingübenden z. B. anhand eines Blockschemas (s. Abb. 8) davon zu überzeugen, daß solche Anfälle von

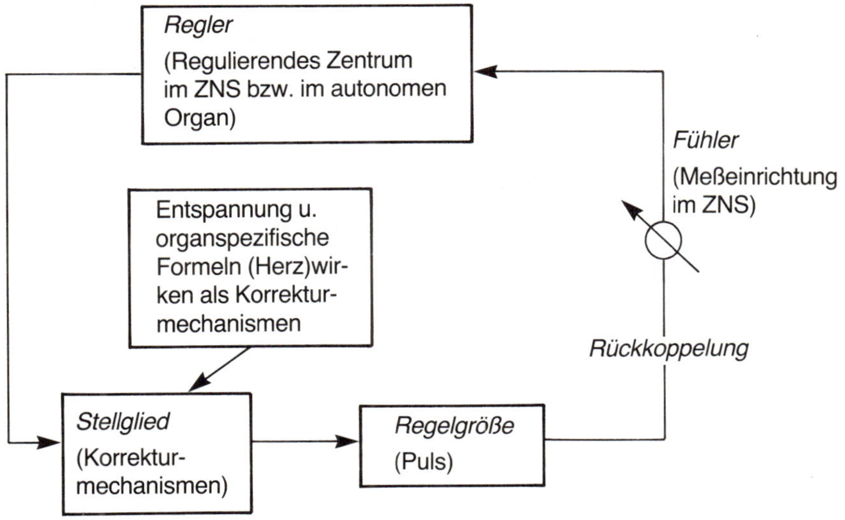

Abb. 7
Blockschaltbild des Regelkreises des Pulsschlags (nach: J. Garcia et al., Ärztl. Prax. 30, 25, 765 [1978]
(Erläuterung siehe Text!)

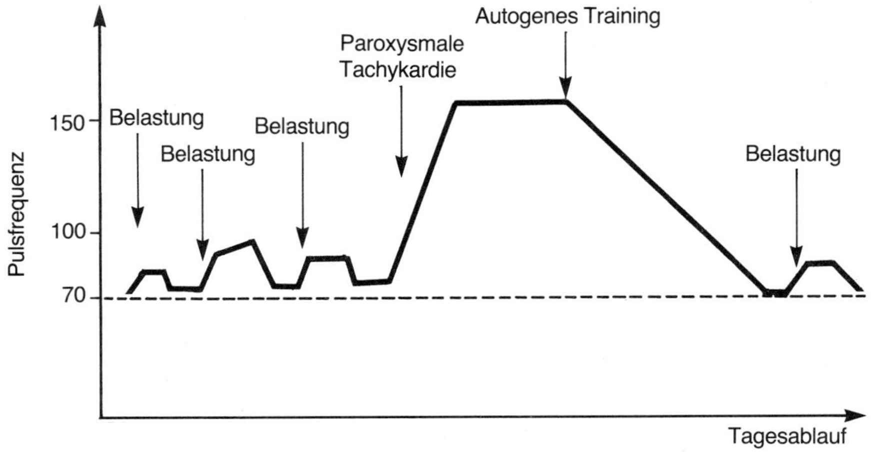

Abb. 8
Der Puls, den man bei einer Untersuchung zugrunde legt, ist im allgemeinen der Puls im Zustand der Ruhe (Grundlinie im Diagramm). Während des Tages zeigt der Puls aber je nach Belastung auch höhere Werte. Durch Angst, Unruhe usw. kann es über das Stellglied zu paroxysmalen Tachykardien kommen, die nach Erlernen des AT sehr oft aufgefangen werden können (Erläuterung siehe Text!)

Herzjagen paradoxe Reaktionen sind, die sich nach kurzer Zeit wieder in den normalen Rhythmus einpendeln, dann ist die Wahrscheinlichkeit sehr groß, daß man ihn in die Lage versetzt, diese Beschwerden selbst zu kontrollieren, so daß die Panikstimmung absolut verschwindet. Hier verwende ich gern die Bemerkung eines ehemaligen Patienten, der an Herzjagen und Extrasystolen litt: »Jetzt habe ich durch das AT den Eindruck gewonnen, daß ich Boden unter den Füßen gewinne«. In der Tat verfügt der Betroffene jetzt über ein Instrument, ein Werkzeug, mit dem er die »Launen seines Kreislaufs« auffangen kann. Es war dem Patienten durch eine erlernte Steuerung seiner Selbststeuerungsanlage gelungen, seine Beschwerden abzustellen und sie manchmal sogar hervorzurufen, so daß er die Angst vor dem Unbekannten, vor dem Unberechenbaren, verloren hatte.

Beim Auftreten von Herzjagen verwende ich auch die Hypothese (vgl. Kap. III) der Verkoppelung zwischen Steuerung des Kreislaufs und der Atmung, um dem Patienten eine weitere Steuerungsmöglichkeit zu geben. Wird die Atmung ruhiger, wirkt es sich beruhigend auf den Herzrhythmus aus.

Eine dritte paradoxe Reaktion ist die Atembeklemmung, über die vereinzelt Trainingübende klagen. Die meisten Teilnehmer stellen fest, wie schon erwähnt, daß bei der Durchführung der Übungen die Atmung flach und langsam wird. Das ist aber nicht immer so. Es hat sich besonders bei Patienten mit Neigung zu Hyperventilationsattacken sehr positiv ausgewirkt, sie in das AT einzuleiten und anzuhalten, nach der Einatmung eine kleine Pause von 1–3 Sek. einzulegen, damit sie nicht in den Rhythmus des Hechelns geraten, wenn die sogenannten Anfälle auftreten. Das AT ist zwar keine Atemgymnastik, aber es ist, wie oben gesagt, mehr als nur eine Versenkungsmethode, mehr als nur eine Selbsthypnose, es ist auch ein Werkzeug.

Eine vierte paradoxe Reaktion besteht aus dem Erleben der Leichte, der Levitation. Der Trainingübende hat den Eindruck, daß er nicht mehr schwer ist, sondern schwebt. Oft geben Trainierende an, daß sie den Eindruck haben, im Übungsraum zu schweben. Diese Levitationserscheinungen sind aus anderen Gebieten der menschlichen Erfahrung, besonders aus der religiösen, bekannt.

Die Erscheinung der Levitation gehört m. E. zu den von *K. H. Rosa* bezeichneten Kontrasterlebnissen (48). Zu diesen zählt er die am Anfang der Übung von einigen Trainingübenden angegebene Empfindung von Kälte statt Wärme. Alle derartigen Erscheinungen sind zu erklären anhand des aus der Hypnosenlehre seit langem bekannten Gesetzes der das Gegenteil bewirkenden Anstrengungen (loi de l'effort converti) (66).

Aus übermäßiger Willensanspannung, wie *Stokvis* schreibt, entstehen Hemmungen, die dem entgegenwirken, was man erreichen will (66). Oder anders ausgedrückt: Bei zu starker Konzentration auf einen Vorgang wird gerade das Gegenteil bewirkt von dem, was man erreichen möchte. Stellt man mit einem starken volitiven Vorgehen die Schwere oder Wärme ein, kann es zum Gegenteil kommen: Leichte- oder Kälteempfindung. Die pragmatisch von *Schultz* gegebene Regel des nicht intensiven Aktivübens dürfte auf die obige Tatsache zurückzuführen sein.

Beim Auftreten von Kontrasterlebnissen empfehle ich, die angewandte Technik zu überprüfen, die Länge der Übungen zu kürzen, kräftig zurückzunehmen und zu vermeiden, die Übungen intensiv, d. h. mit starker Willenskraft, durchzuführen. Im allgemeinen verschwinden nach einigen Sitzungen diese Kontrasterlebnisse, wenn der Patient dazu angehalten wird, seine Technik entsprechend zu ändern.

Zu den lästigen Störungen, die auch auftreten können, gehören Wärmezufluß zum Hals, ins Gesicht oder in den Kopf. Darüber klagen einige Trainierende bereits, wenn die Wärmeübung noch gar nicht angefangen hat. Diese Erscheinungen sprechen für eine labile Regulierung der Blutzufuhr, die im Laufe der Zeit durch Üben ausgeschaltet werden kann. Hier hat sich prophylaktisch die Formel »Kopf frei und klar« bewährt oder »Blut des Gesichts fließt in die Hände runter«, um diese lästigen Störungen auszumerzen. Die prophylaktische Anwendung dieser Formeln ist besonders bei Patienten mit Neigung zu Kopfschmerzen notwendig.

Bei der Durchführung der Übung treten auch Faktoren auf, die man in zwei Kategorien unterteilen könnte:

5.2. Innere und äußere Störfaktoren

Zu den inneren Störfaktoren könnte man die sich aufdrängenden Gedanken zählen, das Schluckenmüssen, das Jucken, das Husten, Lidflattern usw.

Die Teilnehmer bezeichnen die sich aufdrängenden Gedanken während der Übung als Konzentrationsmangel. Dieses Phänomen ist seit Jahrtausenden bekannt in der Geschichte der Meditation. Generell gilt die Regel, die sich aufdrängenden Gedanken als Fremdgedanken zu betrachten. Man beobachtet, wie sie fließen, wie »die Wolken am Himmel ziehen«, wie die Meister bei den ostasiatischen Meditationen zu sagen pflegten. Einige Autoren (40) empfehlen, die Formel der Schwere oder der Wärme bei der Übung etwas schneller zu wiederholen. »Auch das Herunterleiern ist wirksam« (40). Ich ziehe vor, den Trainingübenden zu empfehlen, sich auf die Atmung zu konzentrieren. Im Vordergrund steht aber, sich gegen die Gedanken nicht zu sträuben, sie nicht zu bekämpfen, da sie sonst bestärkt werden, statt an Kraft zu verlieren, um sich sozusagen im Sande zu verlaufen.

Sehr häufig kommt auch das Phänomen des Oft-schlucken-Müssens vor. Es läßt sich sehr einfach erklären: Durch die Umschaltung wird der Parasympathikus angeregt, so daß die Speicheldrüsen vermehrt tätig sind und eine größere Menge an Speichel produzieren, die zwangsläufig geschluckt werden muß.

Das Jucken, das Husten und andere autonome vegetative Reaktionen

Oft, hauptsächlich am Anfang einer Übung, neigen einige Teilnehmer zu Husten-, Juck-, Lach-, evtl. Weinanfällen u. a. m.

W. Luthe bezeichnet diese Vorgänge als autogene Entladungen (63). Die Bezeichnung autogen ist m. E. auf eine Verwechslung von automatisch bzw. autonom und autogen zurückzuführen, die bei *Schultz* nicht vorkommt. Dieses Verwechseln von autogen mit automatisch hat sich auch in der deutschsprachigen Literatur eingebürgert. Sogar *Langen* hat das Wort autogen für automatisch angewandt (34).

Manchmal erschrecken diese automatischen Entladungen die Teilnehmer am Anfang und können sie daran hindern, die Übungen zu Ende zu führen. Bei einigen Entladungen, so z. B. bei Zuckungen, habe ich folgende Erklärung gegeben. Es sammeln sich im Laufe des Tages durch die Aktivität Spannungen im zentralen Nervensystem an, die nicht »abgeführt« werden können. Bei der Übung des AT kommt es zu einer Regression, zu einem Loslassen, etwa wie vor dem Einschlafen, so daß diese Spannungen, die sich im zentralen Nervensystem gesammelt haben, »abgeführt« werden können. Diese automatischen Entladungen können sich dann in Form von Husten, Niesen, Gähnen oder in einer Muskelzuckung und dgl. mehr äußern. Führen die Trainierenden aber die Übung weiter aus, ohne auf diese Erscheinungen zu achten, so verlieren sie langsam an Kraft, und die Übenden finden durch das AT eine geeignete Methode, die gesammelten Spannungen »abzuführen«.

Was manche Teilnehmer auch vor der Übung abschreckt, ist das Lidflattern und die Unfähigkeit, die Augen geschlossen zu halten. Bedenkt man, daß das Lidflattern oft bei der Einleitung einer Hypnose zu beobachten ist, läßt sich folgern, daß so eine Erscheinung als ein Schritt in die richtige Richtung bei der Durchführung der Übung aufzufassen ist. Beim Fortsetzen der Übung mit z. B. der Formel »Augenmuskulatur angenehm entspannt« legt sich im Laufe von kurzer Zeit diese lästige Erscheinung.

Die äußeren Störfaktoren

Da sämtliche Informationskanäle ausgeschaltet worden sind: Gesichtssinn, Tiefen- und Oberflächensensibilität und der Gehörsinn nur durch die Monotonie der Übung ausgeblendet ist, klagen manche Teilnehmer darüber, daß sie besonders empfindlich sind gegen Geräusche, die sie vorher nicht wahrgenommen haben. Diese leichte Überempfindlichkeit verliert sich jedoch im Laufe der Übungen, so daß die Trainierenden den Eindruck haben, die Geräusche zu hören, aber von sehr weit her. In solchen Fällen hat sich auch bewährt, eine Gleichgültigkeitseinstellung anzustreben durch die Formel »Geräusche gleichgültig«.

6. Die Kontrollversuche. Zur Frage des Erlernens des AT: Einzeln oder in der Gruppe

6.1. Die Kontrollversuche

Schultz hatte einige Tests empfohlen, bei denen die Versenkung und die Entspannung geprüft werden können. Die Prüfung der Erschlaffung des Armes durch Heben und Fallenlassen des Armes – ein aus der Hypnosentechnik übernommener Versuch – wurde von ihm angewandt, um dem Übenden die Wirkung der Methode sozusagen vor Augen zu führen. Auch der *Wegscheider*sche Handgriff (59), wobei Teilnehmer, die die Schwere noch nicht erlebt haben, die Entspannung bei einem Mitübenden, der die Schwere empfindet, durch »Anhebung und Runterfallen-lassen« dessen Armes prüfen, hat einen eindeutig suggestiven Zweck.

Das Kieferzeichen, das sich bekanntlich während des Verlaufs eines Kurses langsam einstellt, bezeichnete *Schultz* als »besonders wertvolles objektives Symptom der Entspannung« (58). Das Kieferphänomen besteht darin, daß sich die Zähne von selbst unmerklich voneinander entfernen. Es kann den Teilnehmern erklärt werden, damit sie einen Anhaltspunkt haben, um das Fortschreiten der Entspannung beurteilen zu können.

Ich stimme mit *Rosa* (48) überein, daß diese Kontrollversuche heute nicht unbedingt erforderlich sind. An und für sich ist die Methode des AT als Ganzes und im einzelnen zur Genüge begründet, so daß man auf diese Kontrollversuche verzichten kann.

Um das AT aber von der unvermeidlichen Subjektivität des Erlebens zu befreien, habe ich, hauptsächlich bei prophylaktischen Kursen der Volkshochschule, in der fünften oder sechsten Stunde einige Diapositive von Experimenten vorgeführt, anhand derer einige Ergebnisse bezüglich der Wärmeveränderung, Entspannungsnachprüfung, Verlangsamung der Atmung u. a. gezeigt werden.

6.2. Zur Frage des Erlernens des AT: Einzeln oder in der Gruppe

Man kann AT selbstverständlich einzeln oder in Gruppen durchführen.

Das Erlernen des AT in Gruppen hat mehrere Vorteile:

1. Die Übertragung auf den Leiter ist nicht so stark wie bei der Einzelübungseinleitung;

2. Die Gruppenwirkung tritt ein, auch wenn keine Selbsterfahrungsgruppentechnik angewandt wird.

Eine andere Frage, die sich stellt, ist, wie die Bemerkung einiger Trainierender, die am Anfang sagen, daß das AT in der Gruppe besser gelinge als zu Hause, zu erklären ist.

Ist das AT richtig gelehrt und richtig gelernt worden, sollte der Trainierende in der Lage sein, zu Hause die gleichen psychischen Phänomene einzuleiten wie in der Gruppe. In der Gruppe gibt es aber selbstverständlich einige Faktoren, die beim Einleitungskurs für eine höhere Wirkung sprechen. Zunächst ist es die Wirkung des Leiters, der beim Erlernen des AT natürlich eine Erleichterung darstellt; von der zwangsläufigen nichtverbalen Suggestion abgesehen. Zweitens ist es das Phänomen Gruppe selbst, die eine psychophysiologische Verstärkung der Wirkung des AT hat, und drittens gibt es die Motivation. Einige Trainierende legen gelegentlich 50 km und mehr zurück, um eine autogene Trainingübung zu absolvieren. So liegt auf der Hand, daß eine stark bedingende Motivation vorhanden ist. Schließlich spielt auch der Raum, wenn er geeignet ist, wie oben beschrieben, eine große Rolle beim verstärkten Effekt.

7. Was kann man mit dem AT anfangen? Zielsetzungen des AT

In den Händen des Geübten ist die AT-Arbeit in seiner Grund- und Oberstufe wahrscheinlich die wirksamste psychotherapeutische Methode, da sie sowohl eine psychoanalytische als auch eine verhaltenstherapeutische Dimension hat und zusätzlich dazu beiträgt, den psychischen Apparat zu stärken.

Diese Dimensionen zu ergründen, ist nicht Zielsetzung dieses Buches, obwohl wir später einige Gesichtspunkte berühren werden.

Es gibt theoretisch nichts im Menschen, das durch das AT nicht beeinflußt werden könnte. Solange das Ich-Erlebnis bei einem beliebigen Menschen intakt ist, kann ihm die Technik des AT Hilfe leisten. Das AT ist kein Allheilmittel, aber, wie schon erwähnt, ein Allhilfsmittel.

Diese Dimension des AT ist besonders von Autoren der Sowjetunion gepriesen worden (69), die die Technik des AT in den verschiedensten Gebieten angewandt haben: im Sport, in der Industrie, in der Ausbildung von Astronauten usw. . . .

Mit der erneuten Mahnung des Einhaltens der Rahmenbedingungen ist die Methode in den Händen des Geübten sehr vielseitig. Seit *Schultz* sind aber einige Ziele des AT, die im allgemeinen zu erreichen sind, klassisch geworden. Solche Zielsetzungen der Grundstufe des AT (61, 59) für Gesunde, wenn die Übung richtig gelernt und gelehrt worden ist, lauten:

1. Vertiefte Erholung in kurzer Zeit. Dieses Ziel war, wie wir bereits gesehen haben, schon von *O. Vogt* für die Autohypnose entdeckt und als prophylaktische Ruhepause bezeichnet worden.
2. Schaffung einer zusätzlichen Sicherung gegen die Störungen der Homöostase durch die Umweltreize; es handelt sich um eine selbsterlernte Dämpfung: die Dämpfung der Affekte. Diese ist eine der ersten Leistungen des AT und zielt darauf ab, den Zustand der Gelassenheit zu erreichen, der eines der Hauptziele der Übung ist.
3. Förderung der Kontrolle der autonomen Funktionen, so daß der Trainierte der Unberechenbarkeit des neurovegetativen Systems nicht mehr absolut ausgesetzt ist. Diese Zielsetzung ist schon vorher erwähnt worden und wird noch etwas eingehender in Kap. V behandelt.
   Die erworbene Fähigkeit der Dämpfung der Affekte und die Förderung der Kontrolle der autonomen Funktionen laufen auf eine Stärkung des psychischen Apparates hinaus.
4. Leistungssteigerung:
   Da eine feinere Kontrolle der autonomen Funktionen über das AT möglich ist – allerdings nach Trainierung –, sind eine ökonomische Verwaltung der eigenen Energie und somit eine Leistungssteigerung zu erreichen.
   Schultz (59) hebt die Steigerung der Gedächtnisleistungen mit dem AT hervor, was schon aus der Hypnosenforschung bekannt war. Wahrscheinlich erleichtert die Entkrampfung der ganzen Persönlichkeit durch die Übung das Verfügen über gespeichertes Material.
5. Arbeit an der Persönlichkeit.
   Es ist allerdings sehr schwierig, in die eigenen psychischen Vorgänge allein Einsicht zu bekommen. Ferner können analytische Vorgänge gefährlich sein; darum sollte analytische Arbeit an der eigenen Persönlichkeit nur unter Aufsicht, d. h. Supervision, geschehen. Sind die eventuell tiefenpsychologisch sitzenden Hindernisse ausgeräumt worden, kann der Aufbau mit der AT-Arbeit in Angriff genommen werden. Nur so sind Dauererfolge zu erzielen. Alle Leistungen können durch die Entwicklung von geeigneten formelhaften Vorsätzen eingeleitet und unterstützt werden.

Die obigen Zielsetzungen beim Erlernen des AT beziehen sich auf ein Gebiet, das zweifelsohne für die Zielsetzung bei der Teilnahme an einem Kurs für AT mit vorbeugendem Charakter, d. h. mit Durchschnittsverlauf, zu breit ist. Gilt für die obigen ersten vier Zielsetzungen, daß der Leiter medizinisch ausgebildet sein sollte, so ist für die fünfte unbedingt erforderlich, daß der Leiter des Kurses nicht nur Arzt, sondern auch analytisch-tiefenpsychologisch und verhaltenstherapeutisch geschult ist.

Unter Berücksichtigung der obigen Bedingungen sollte man aber auch in einem Einleitungskurs des AT – und zwar am Ende des Kurses – die Teilnehmer mit den allgemeinen Richtlinien und Grundlagen der formelhaften Vorsatzbildung vertraut machen. Es geht darum, daß jedem nach seiner Fähigkeit, auch bei einem Durchschnittsverlauf, d. h. bei einem Kurs für Gesunde, die Kunst der Formelbildung vermittelt wird.

Die klinische Erfahrung mit den Übungen der Grundstufe (63) hat die Entwicklung von komplementären Ansätzen gefördert, schreibt *W. Luthe*, der zu diesen Ansätzen die Anwendung von organ-spezifischen Formeln einerseits und Intentionsformeln andererseits zählt (63). Ich würde nicht so weit gehen wie er, der der Meinung ist, daß der Therapeut die Formel bei sich selbst ausprobieren sollte, bevor er diese den Trainierenden empfiehlt (63). Und dennoch muß noch einmal vor dem Experimentieren mit Formeln gewarnt werden. Die Einleitung in die Kunst der Formelbildung bezieht sich lediglich auf allgemeine Regeln und Formeln, die die »Selbstbeherrschung, die der Alltag fordert« (34), leichter machen.

Diese Kunst hat aber eine naturwissenschaftliche Grundlage, die m. E. in sehr enger Verbindung zur Verhaltenstherapieforschung steht. Aber nicht nur diesen Gesichtspunkt gilt es hervorzuheben: Man bedenke, daß in allen Kulturen von jeher unter den verschiedensten Namen Sprüche, sprich Formeln verschiedenster Art auftauchen: Stoßgebete, Mantras usw., ja Bauernweisheiten und Slogans, die zur allgemeinen Bewältigung des Alltags dienen. Der Gläubige, der die Perlen seines Rosenkranzes dauernd durch die Finger gleiten läßt, führt die Wirkung seines Gebets auf dessen Inhalt zurück. Das Wirksame ist aber nicht so sehr der Inhalt, sondern die Form, die in jeder Kultur konstant ist. Der Inhalt ist wirksam, indem er mit dem Weltbild des Betroffenen übereinstimmt. Es würde uns zu weit führen, diese Problematik eingehend zu behandeln, obwohl sie sehr wichtig ist, weil sie uns mit dem Problem der Wechselwirkung zwischen Mensch und Umwelt bei der Entstehung der menschlichen Psyche konfrontiert.

Das AT ist, wie wir sehen werden, keine Meditation (13). Bei der Analyse von Form und Inhalt des AT erkennt man Formen, die bei allen Versenkungsmethoden zu beobachten sind. Aber der Inhalt steht in einer unmittelbaren Beziehung zum Erlebten, so daß man nur beim AT alle Elemente hat, um von einer formalen Ursache/Wirkung-Beziehung sprechen zu können (13). Betrachtet man die Formel, so läßt sich ersehen, daß ihr Wirken keinesfalls auf mysteriöse Kräfte zurückzuführen ist, sondern daß eine formale Ursache/Wirkung-Beziehung gegeben ist, die ihre wissenschaftliche Grundlage sichert, auch wenn, wie *Luthe* schreibt, experimentelle Arbeit hier nötig ist (63).

Am Ende der Grundübungen, wenn die Schwere und die Wärme erlebt worden sind und die organismische Umschaltung beliebig hervorgerufen werden kann, pflege ich zwei oder drei Sitzungen den Grundprinzipien der formelhaften Vorsatzbildungen zu widmen. Ich habe oben diese von *Schultz* benannten formelhaften Vorsatzbildungen als Verhaltensprogramme bezeichnet, die der Betroffene in der Lage ist, sich anzueignen, weil er sich mittels der Versenkung in einem Zustand der höchsten Empfänglichkeit befindet. Die Grundlage der Wirkung der Vorsatzbildung ist die gleiche wie für die posthypnotischen Aufträge. In der Versenkung sind sämtliche Reizflüsse, d. h. Informationsflüsse, weitgehend gedrosselt, wie wir gesehen haben, so daß der psychische Apparat für den Einbau eines Programms besonders empfänglich ist und es assimiliert.

Der Werkzeugaspekt des AT tritt besonders bei der Anwendung der formelhaften Vorsatzbildungen in Erscheinung. Wie wir schon gesehen haben, ist das AT nicht nur eine Selbstentspannungsmethode, nicht nur eine Selbstversenkungsmethode, sondern auch ein psychisches Werkzeug.

8. Allgemeine Richtlinien für die formelhafte Vorsatzbildung

Schultz empfiehlt für das zweckmäßige Wirken der formelhaften Vorsätze folgende Eigenschaften: »Leichte Einprägsamkeit, kurze, knappe, klare Formulierung und Gleichförmigkeit, also Vermeidung jeder Abänderung, . . .« (58).

Die folgenden Ausführungen stellen die Hauptzüge der in diesem Sinne mitgeteilten Information anläßlich eines Einführungskurses dar. Sie entstammen, wie bei mündlich überlieferter Lehre oft, von *Langen* direkt oder aus Manuskripten, die er in seiner Klinik für die Assistenten hatte (28). Die hier angegebenen Formeln gelten nur für den Durchschnittsverlauf des AT. Für den speziellen Fall – dies betrifft besonders die organspezifischen Formeln – werden die formelhaften Vorsatzbildungen in Einzelsitzungen besprochen, da die Formeln dann dem Einzelfall entsprechend je nach der Persönlichkeit des Patienten »ich-nah« (47) gestaltet werden.

Die beste Formel ist die, die wirkt. Es ist strittig, ob eine Formel negativ sein darf oder nicht. Wirkt eine negative Formel gut, ist sie eine gute Formel. Sie kann auch für den Teilnehmer A wirken und für den Teilnehmer B nicht. In diesem Sinne äußerte sich *Schultz*, als er sagte, er könne nicht bestätigen, daß »nur positive Vorsatzbildungen . . . Erfolg versprechen« (58).

Generell gilt, gegenüber einer Störung durch die Umwelt oder einem zu erreichenden Ziel eine Gleichgültigkeitseinstellung einzunehmen.

Im allgemeinen unterteile ich – in Anlehnung an *Langen* – die formelhaften Vorsatzbildungen in zwei Gruppen:

1. Gruppe: Kurze positive Formeln, die einen Charakterzug modifizieren oder ein bestimmtes Vorhaben zu erreichen helfen sollen
2. Gruppe: Formeln, die eine Indifferenzhaltung gegenüber einer auszumerzenden Eigenschaft und simultan die Bekräftigung eines erwünschten Charakterzugs oder Zieles herbeiführen sollen.

Einige Beispiele seien genannt, um das Verfahren bei den beiden Gruppen zu verdeutlichen.

Zur ersten Gruppe

Nachdem der Trainierende in der Lage ist, die Versenkung und die organismische Umschaltung herbeizuführen, bringt er ein oder zwei Charakterzüge bzw. Ziele ins Bewußtsein, die er erwerben bzw. erreichen möchte. Das geschieht, indem er sich im Versenkungszustand in Gedanken die formelhaften Vorsätze in kurzen Abständen vorstellt. Diese Vergegenwärtigung der Vorsätze geschieht mit einem Minimum an Energie. Sie ereignet sich in diesem aktiv/passiven Zustand der Versenkung, von dem schon die Rede gewesen ist. Diese Bemerkung ist notwendig, um jede Verkrampfung, die auf die Technik von *Coué* zurückführen könnte, zu vermeiden.

Beispiele für die Formeln der ersten Gruppe sind:

»Ich bin ganz ruhig«

Diese Formel ist eine der Grundformen der Unterstufe des AT und ist unverändert einzusetzen für die Ruhetönung.

»Ich schaffe es«

Diese Formel wurde von *H. Lindemann* angewandt, als er den Ozean allein überquerte und ist zur klassischen Formel geworden.

»Ich schöpfe Kraft«

Diese Formel wird angewandt, wenn man AT macht, um Kraft aus den Reserven zu schöpfen, wenn man z. B. vor eine neue Aufgabe gestellt wird.

»Ich stehe über der Sache«

Diese Formel wird eingesetzt, wenn man eine gewisse Gleichgültigkeit gegenüber störenden Faktoren gewinnen will.

Die Technik, um alle Formeln einzusetzen, ist die gleiche: Man erreicht zuerst die Versenkung und die organismische Umschaltung und wiederholt in diesem Zustand in Gedanken die jeweilige Formel einige Male, wobei die Übung abends vor dem Einschlafen besonders wirksam ist.

Zur zweiten Gruppe

Für die Einstellung einer Indifferenzhaltung gegenüber Vorgängen, die das eigene Verhalten oder die Umwelt betreffen, werden formelhafte Vorsatzbildungen benutzt, die aus zwei Teilen bestehen. Der eine Teil stellt die Indifferenzhaltung ein, der zweite bekräftigt ein dadurch zu erreichendes Ziel. Beispiele mögen das erläutern:

»Alkohol gleichgültig, Unabhängigkeit wichtig«

oder

»Alkohol gleichgültig, Führerschein wichtig«

(Formel eines Patienten)

oder

»Schlaf gleichgültig, Ruhe wichtig«

(Formel, die ich von *Langer* übernommen habe.)

oder

»Schmerz gleichgültig, ich gehe meinen Weg«.

Es sind Tausende von Formeln gesammelt worden, denn unter so vielen Millionen, die das AT üben, gibt es immer einige Einfallsreiche, deren Erfahrung mit der Übung sich manchmal in einer sehr kunstvollen und wirksamen Formel niedergeschlagen hat, die auch anderen Mitmenschen helfen kann. *K. Thomas* (70) hat eine sehr nützliche Sortierung zusammengestellt, die auch für den Geübten von Interesse ist. Die Tatsache, daß alle Autoren Beispiele von der Wirksamkeit solcher Formeln bieten können, spricht dafür, daß man es hier mit einer allgemeingültigen Methode zu tun hat, mit der man sich im Alltag helfen kann. Die neurophysiologische Grundlage dieser Methode wird in Kap. III behandelt.

Im allgemeinen soll man darauf achten, daß nicht zuviele Formeln auf einmal eingesetzt werden, sondern eine oder zwei, da mehrere Züge der Persönlichkeit oder verschiedene Ziele gleichzeitig schwierig beeinflußt bzw. erreicht werden können. Eine Selbstkontrolle in kürzeren Abständen von etwa vier bis sechs Wochen ist sinnvoll, um festzustellen, wieweit der gewünschte Charakterzug erworben oder das Ziel erreicht worden ist. Auch wenn am Anfang ein sofortiger Erfolg nicht zu beobachten ist, ist bei geduldigem Üben eine Änderung des Verhaltens unverkennbar. Dies kann von jedem, der die Methode angewandt hat, bestätigt werden. Im Rahmen der oben erwähnten Bedingungen sind auch Dauererfolge zu erzielen. Das AT ist eine Methode der kleinen Schritte; es führt den Übenden aber sicher zum Ziel.

III
Eine naturwissenschaftliche Theorie des Autogenen Trainings. Beitrag zu einer naturwissenschaftlichen Fundierung des psychischen Lebens

Die nachfolgenden Ausführungen sind autochthon aus der Arbeit mit dem AT entstanden. Sie sind aber auch der Niederschlag, d. h. Erklärungsversuch der bei der AT-Arbeit beobachteten Fakten anhand von in anderen Fachgebieten (Physik und Mathematik oder naturwissenschaftlichen Fächern der Medizin, Geisteswissenschaften u. a.) erworbenen Kenntnissen. Mit anderen Worten: Es handelt sich um einen Syntheseversuch, der auch als Beitrag für eine naturwissenschaftliche Fundierung jener Zweige des Wissens dienen kann, die sich mittelbar oder unmittelbar mit dem menschlichen psychischen Leben bzw. mit dem Psychischen – wie im Untertitel des Buches ausgedrückt – befassen, also der Psychiatrie, Psychopathologie, Psychotherapie, Psychologie, Psychoanalyse, ... ja z. T. der Seelsorge und der Pädagogik.

Information und Materie

Es kann selbstverständlich nicht Gegenstand dieses Buches sein, sich eingehend mit der Kybernetik zu befassen. Auch liegen recht zugängliche Einführungen in diese Wissenschaft vor (40, 45 u.a.m.), die den interessierten Leser einweihen können. Festzuhalten ist lediglich, daß das Objekt dieser Wissenschaft »Kontrolle und Kommunikation im Tier und in der Maschine« ist, wie *Norbert Wiener* (60) definierte, der den Begriff »Kybernetik« prägte. In den letzten Dekaden hat eine gewaltige Entwicklung der Kybernetik stattgefunden. Zu dieser Wissenschaft werden viele Bereiche gezählt: die Regeltechnik, die Informationstheorie, Systemtheorie usw. (18).

Kornhuber unterstreicht die Wichtigkeit der Wiederentdeckung der Information als fundamentalen Aspekt der Natur in unserem Jahrhundert (23). In diesem Sinne äußerte sich *Wiener*, als er schrieb: »Information ist Information, weder Materie noch Energie« (60). Aber seine Aussage ist nicht korrekt, weil er Form und Information verwechselt. Information ist kein Zustand der Materie. Die drei Zustände bzw. Manifestationen der Materie sind: Energie, Form und Masse. Bezeichnet man die Wissenschaft, die sich mit dieser Information befaßt, als Informatik, so würde diese den Oberbegriff darstellen, der den der Kybernetik umfaßt.

Das Regelkreisprinzip

In unsere Betrachtungen werden einige einfache, bekannte Tatsachen der Informationstheorie (Informationspsychologie oder Informationspsychiatrie . . .) (42) einbezogen. Wir behalten aber im Auge, daß der entscheidende Ausgangspunkt aller Entwicklungen der Kybernetik »das relativ einfache Prinzip des Regelkreises« ist (18). Es ist, wie *Drischel* schreibt (5), vom wissenschaftlich-geschichtlichen Standpunkt aus sicherlich interessant, daß im Jahr 1935, d. h. etwa 15 Jahre vor Beginn der kybernetischen Ära – ungefähr zur gleichen Zeit von verschiedenen Forschern – strukturelle Funktionen und Schemata mit kreiskausalem Zusammenhang entworfen wurden. *Drischel* (5) erwähnt *W. R. Hess* und *W. McCulloch*. Zu vermerken ist aber, daß auch *Schultz* schon 1937 den Gedanken des Regelkreises, wenn auch mit anderen Worten, aufgreift. Er schreibt: »Steht so die Physiologie des Entspannungszustandes in großen Zügen vor Augen, so ist theoretisch besonders die Frage bedeutsam, wieweit der zentralgesetzte veränderte Zustand der Peripherie wieder das Zentrum beeinflußt? Aus der Pathologie sind solche Zirkelbildungen geläufig;« (48 a). Ansätze zum Gedanken des Regelkreises sind auch schon früher zu finden.

Das Regelkreisprinzip besagt folgendes: Gegeben ein Agens »A«, das auf ein Substrat bzw. Recipiens »B« wirkt, so erfolgt eine Rückwirkung vom Recipiens auf das Agens, d. h. von B auf A (Feed-back, Rückkoppelung, Informationsrückspeisung) (s. Abb. 9).

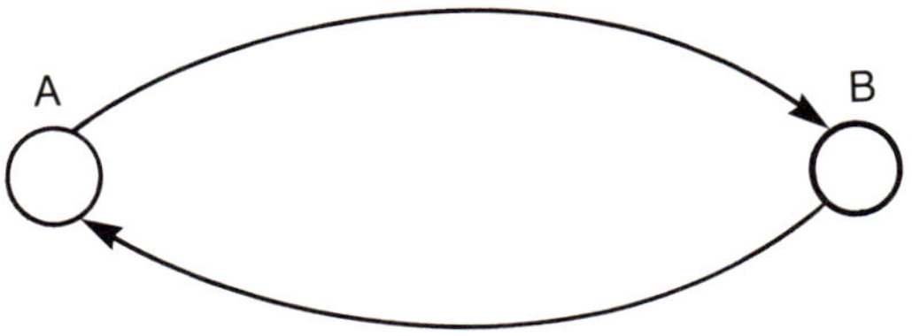

Abb. 9: Schema eines Regelkreises. (Erläuterung siehe Text!)

Das Prinzip deutet auf eine Steuerung des universellen Prinzips »Aktion ⇄ Reaktion« hin. Bei Lebewesen nennen wir diese graduelle, gesteuerte Aktion und Reaktion mit der Umwelt »biokybernetisch«.

Kybernetik in der Medizin: Feldabgrenzung

Wenn wir von biokybernetischer Betrachtungsweise in der Medizin sprechen, muß eine Feldabgrenzung vorgenommen werden.

Die Konzeption des Menschen als biokybernetisches System, die in Kap. I eingeführt wurde, ist als Konstante in diesen Ausführungen zu betrachten, und zwar, wie schon dort angegeben, unter dem Gesichtspunkt der Information, die der Mensch erhält oder weitergibt. Wie wir oben erwähnten, wird das AT unter dem Gesichtspunkt der Informationstheorie beleuchtet.

Dennoch soll unterstrichen werden, daß, wenn wir von kybernetischer Betrachtungsweise in der Medizin sprechen, einige die Kybernetik betreffende Auslegungen gleich auszuklammern sind. Der Fortschritt der Elektronik hat es ermöglicht, kybernetische Geräte einzubauen, z. B. myoelektrische Hände u. a., die durchaus ihren Zweck in der Medizin erfüllen. Eine derartige »harmonische Mensch-Maschine-Vereinigung« mit dem Namen »homo cyberneticus« (20) ist hier jedoch nicht gemeint. Es gibt im Menschen zahlreiche kybernetische Systeme, z. B. die Funktion der Muskulatur u. a., die einer mathematischen Analyse und Voraussage der Funktion zugänglich sind (15). Ebenfalls werden die zahlreichen kybernetischen Systeme (s. Kap. I), die im Organismus des Menschen zu finden sind, außer acht gelassen. Solche kybernetischen Systeme meinen wir nicht. Der Mensch als biokybernetisches System ist jenseits jeder maschinellen Konzeption.

Das Homunculusproblem

Auch stellt das »Kardinalproblem der psychologischen Kybernetik« (44), das Homunculus-Problem, in dieser Hinsicht nur ein Pseudoproblem dar. *Rohracher*, der mit Recht dem Problem gegenüber kritisch ist, schildert es in sehr treffender Weise: »Wenn es gelänge, ein Gebilde zu konstruieren, das bis in die molekularen und atomaren Eigenschaften seiner Zellen dem Menschen, der jetzt diese Zeilen liest, vollkommen gleich wäre – wäre dieses Gebilde ihm auch in psychischer Hinsicht vollkommen gleich?« (44). Dies, so setzt *Rohracher* fort, ist für manche geradezu eine Testfrage für wissenschaftliches Denken. Muß man die Frage wirklich mit »Ja« beantworten, um wissenschaftlich zu denken, oder handelt es sich um ein pseudowissenschaftliches Denken?

Wahrscheinlich sind die Vertreter des obigen wissenschaftlichen Denkens die Positivisten und Neopositivisten, die seit *Victor Cousin* vor 150 Jahren das wissenschaftliche Denken geprägt haben und denen viele Fortschritte zu verdanken sind. Dennoch muß man festhalten, daß ihre Fragestellung gegenstandslos ist, da ein Homunculus, dieses künstliche Gebilde, nie gebaut werden kann. Um den Bau dieses Gebildes zu ermöglichen, müßte in Übereinstimmung mit unserer Definition des Menschen und der Seele (s. oben) die ganze Vergangenheit des Original-Menschen aufgebaut werden und die entsprechende Umwelt dazu, was physikalisch betrachtet ausgeschlossen ist. Darum betonen wir, daß der Mensch jenseits jeder maschinellen Konzeption steht.

Auch der Einsatz der Kybernetik in der Medizin in Form von EDV-Anlagen o. ä. ist hier nicht gemeint. Solche Betrachtungsweisen haben zwar gewiß ihren Platz in der Medizin, aber in der Medizin im weiteren Sinne, sprich Gesundheitswesen usw. (12).

Die Betrachtung des »Arzt-Patient-Systems« (16) als kybernetisches System leuchtet ebenfalls ein, scheint mir aber wenigversprechend. Auch der psychotherapeutische Prozeß ist unter kybernetischen Gesichtspunkten studiert worden, in dem Patient und Therapeut im Schema eines Regelkreises aufgefaßt werden (29, 31). Den Vorteilen, die sich aus so einer Betrachtung für den psychotherapeutischen Prozeß auswirken könnten, vermag der Verfasser jedoch nicht zu folgen.

Die Ausdehnung der Prinzipien der Regelkreistheorie auf Krankheitsbilder der klinischen Medizin oder bei der Bekämpfung von Krankheiten, z. B. bei Schulkindern, wie *Drogendijk* (6) beobachtete, ist durchaus sinnvoll, da neue Gesichtspunkte aufgedeckt werden können.

Die Freudigkeit, mit der die kybernetischen Modelle in der Medizin Eingang gefunden haben, würde für die von uns angenommene dritte Periode der Entwicklung der naturwissenschaftlichen Medizin sprechen.

In der Neuropsychiatrie fanden regelkreisbiologische Auslegungen von Funktionsstörungen durch Pionierarbeit von *H. Selbach* (49) ihren Eingang, obwohl die Anwendung kybernetischer Methoden in der Neuropsychiatrie, wie *Zwiener* (62) schreibt, sich noch in einem frühen Stadium befindet. Die kybernetische Betrachtungsweise ist hauptsächlich bei den Funktionen des vegetativen Systems eingesetzt worden, wo die regelkreistheoretischen Methoden ihren natürlichen Einsatz finden.

Trappel und *Strotzka* (58) stellen in einem Übersichtsreferat über kybernetische Modelle in der Psychiatrie einige Autoren vor, deren Wirken die Forschung in der Psychologie und Psychopathologie stimuliert hat. Beeindruckend ist die Simulation neurotischer Prozesse auf elektronischen Rechenanlagen.

Das Einsetzen der biokybernetischen Denkweise in der Medizin drängt sich von selbst auf, auch wenn es sich manchmal lediglich um das Gießen von altem Wein in neue Schläuche handelt. Aber selbst in diesem Fall ist ihre Anwendung gerechtfertigt, weil die Einführung von kybernetischen Modellen, wie *Marchais* (30) schreibt, eine kohärente Beschreibung der klinischen Wirklichkeit erlaubt und die Vereinfachung der Beschreibung manchmal neue Zusammenhänge in den Vordergrund bringen kann, die sonst übergangen werden. *Balaceanu* hebt mit Recht hervor, daß die kybernetischen Blockschemata einer differenzierteren »Abstrahierung« fähig sind, in der Art anderer Abstrahierungen, die als Ausdrucksmittel in der modernen Mathematik benutzt werden. Dank dieser verschiedenen mathematischen »Formalisationen« läßt sich ohne Zweideutigkeit die Dynamik der biologischen Prozesse in einer klaren, verständlichen Weise mittels einer universalen Sprache darstellen (2): der Sprache der Kybernetik. Wie *Lequesne* (27) schreibt, stellt die Kybernetik eine Art Weltsprache dar, eine Art Algebra, die jeder nach seiner Spezialität in der Biologie oder Medizin anwenden kann. Die biokybernetische Theorie ist die Algebra der Lebensprozesse. In unserem Fall wenden wir diese Sprache beim AT an, aber mit einem Vorstoß in Richtung Neuroanatomie und Neurophysiologie.

Mikropsychik und Makropsychik. Beleuchtungsversuch des »Schwarzen Kastens«

Seit dem Entstehen des objektiven Denkens bei den alten Griechen sind immer wieder Versuche gemacht worden, eine Brücke zu schlagen zwischen der Welt des Denkens (Makropsychik) und ihrem Träger (Mikropsychik).

Als Mikropsychik bezeichnen wir das psychische Leben auf Zellularebene, obwohl man auf Zellularebene von psychischem Leben im engeren Sinne nicht sprechen kann, in der gleichen Weise wie das Leben einer Organzelle kein menschliches Leben ist. Als Makropsychik bezeichnet man das psychische Leben auf Interaktionalebene, d.h. auf der Ebene der Wechselwirkung Psyche-Umwelt, der Welt des Denkens, oder was man in der Schule von *Pawlow* höhere Nerventätigkeit nennt. Die Versuche, die Brücke zu schlagen, gingen fast immer von den Spezialisten aus. Man denke an »die Abschweifung« *Pawlows* in die Psychiatrie (41), wobei der große Physiologe wieder die Studentenbank drückte, um die psychopathologischen Bilder kennenzulernen, die er in seinem Labor nicht zu Gesicht bekommen konnte.

Der Verfasser ist sich aber darüber im klaren, daß das von ihm entworfene Modell des Funktionierens des AT nur ein Modell ist, um die von den Neurowissenschaftlern geleistete Arbeit auf dem Felde der Klinik anzuwenden. Diese Arbeit ist so imponierend, daß die Äußerung: »Das Hirn gibt langsam sein Geheimnis preis . . .« (57) nicht übertrieben scheint, und man sieht, wie »die Neurowissenschaft zeigt, daß Schritt für Schritt das Seele-Körper-Problem gelöst werden kann« (23). Das hier dargebotene Modell hat den Vorteil, daß es als Ansatz für eine Therapie dienen kann, zumal die Fortschritte der Erkenntnisse auf Zellularebene sich nicht unbedingt mit denen auf Interaktionalebene, der Ebene des psychischen Lebens im engeren Sinne, parallel entwickeln müssen. Eine selbständige Entwicklung auf beiden Gebieten hat in der Tat stattgefunden; darum erscheint der Versuch unumgänglich, eine Koordinierung der beiden Felder zu erwägen. Man ist allzuoft geneigt, den Wert klinischer Befunde im Bereich der Makropsychik zu unterschätzen. Eine Krankengeschichte, eine psychopathologische Untersuchung, besonders stereotyp sich wiederholende klinische Bilder haben einen objektiven Wert, den man nicht geringschätzen darf. Die psychischen Befunde erfordern aber genauso wie andere Befunde eine Abklärung. Aus dem Grund scheint es angebracht, von der Psychiatrie aus – hier wird die medizinische Psychotherapie als integraler Bestandteil der Psychiatrie (26), ja der Neuropsychiatrie aufgefaßt –, einen Versuch zu unternehmen, wobei die Initiative dieses Mal nicht den Spezialisten (Neurohistologen, Neurophysiologen usw.) überlassen wird. Wer selbst AT-Kurse geführt hat und die psychische Verfassung der Teilnehmer kennt, kann sich des Eindrucks nicht erwehren, daß er die Psyche in Wechselwirkung mit der Umwelt erlebt – man könnte sagen die Wirkung der Psyche in vivo betrachtet –, etwa wie in einem Psychologielabor. Die beobachteten Phänomene wie: Das Sich-Einstellen der Schwere, der Wärme, der inneren Ruhe, gar der paradoxen Reaktionen usw. sind alles Phänomene, die sozusagen mit dem einen Ende auf der Mikropsychik fußen und mit dem anderen auf die Makropsychik übergreifen. Der hier unternommene Versuch würde zumindest bedeuten, daß engere Interdisziplinararbeit zwischen den theoretischen Fächern der Medizin vonnöten ist, wenn man weitere Fortschritte in der Erforschung des psychischen Apparates erreichen will. Die in der AT-Arbeit – besonders mit der Oberstufe – oder in den psychoanalytischen Untersuchungen auftauchenden Gedankengänge, ja sich wiederholenden Gedankengänge, die der Analysand oft nicht versteht oder die sich wiederholenden Verhaltensmuster, die einer Verhaltenstherapie zugänglich sind, gehören der Gruppe des dynamischen Stereotyps (41) an und sind den »dynamic patterns« von *Szentagothai* (55) gleichzusetzen.

In den jetzigen Ausführungen benutze ich mit der schon erwähnten Einschränkung eine m. E. neuroanatomisch und neurophysiologisch begründbare Unterteilung zwischen Mikropsychik und Makropsychik, wobei ich die Gegebenheit dieser Psychik zugrunde lege. Ich unterteile somit die Welt des Daseins in Physik und Psychik: beide bilden ein Korrelat zur *Dilthey*schen Dichotomie: Naturwissenschaften und Geisteswissenschaften. Die Physik ist die Welt, die unsere Sinne erfassen; sie ist die Welt, die der Meßbarkeit zugänglich ist. Die Psychik dagegen stellt die innere Welt des Menschen und ihre Erzeugnisse, z. B. Kulturgut, dar, die der Messung nicht zugänglich sind.

Als erste Grenze schließt die Fähigkeit des psychischen Apparates, mit Symbolen zu operieren, die Möglichkeit der Messung von makropsychischen Vorgängen aus. Es wird nie gelingen, die Erzeugnisse des menschlichen Geistes, sprich eine Symphonie, ein Kunstwerk, eine wissenschaftliche Erkenntnis oder symbolische Darstellung . . . in Meßeinheiten auszudrücken.

Eine andere Grenze zur Messung wird der naturwissenschaftlichen Forschung auf Zellularebene gesetzt. Ähnlich wie beim »Unschärfeprinzip« von *Heisenberg* in der Atomphysik wird sich der für Messungen im mikropsychischen Bereich unternommene Eingriff als Störfaktor der psychischen Elementarvorgänge erweisen. Ferner gibt es so viele Welten der Psychik wie menschliche psychische Apparate, und man kann von einer Psychik nur sprechen, indem man annimmt, daß diese verschiedenen psychischen Apparate ähnlich gebaut sind – eine Annahme, die nicht immer zutrifft.

Der Unterschied zwischen Mikropsychik und Makropsychik wurde schon zugrunde gelegt von jenen, die, um die Leistungen der Psyche zu ergründen, von der Arbeitshypothese des »Schwarzen Kastens« (black box) ausgingen. In diesem Fall ist der »Schwarze Kasten« ein Teil des Hirns, den man untersucht und dessen Struktur und Funktion man nicht kennt. Wie *Drischel* (5) schreibt, lehrt die Systemtheorie, daß eine dynamische Untersuchung einer »black box« möglich ist, indem man auf einen Eingang der »black box« eine experimentell gesetzte Störung, d. h. eine Störung, die gut definiert und bekannt ist, einwirken läßt (Input-Zeitfunktionen). Diese Funktion ruft eine bestimmte zeitliche Änderung der Ausgangsgröße hervor (Output-Zeitfunktionen). Man kennt die Eingangsgröße (Input), analysiert die Ausgangsgröße (Output) und nimmt als gegeben, was im »Schwarzen Kasten« passiert. Dieses war der biokybernetische Ansatz in der Analyse von Regulationsprozessen (14).

Unter Festlegung von sehr scharfsinnigen experimentellen Bedingungen sind anhand dieser Methode einfache wie auch komplexe Systeme wie Bluthochdruck, Funktion der Pupille usw. analysiert worden.

Die Techniken der Verhaltenstherapie, die aus dem Grundstein des psychischen Lebens, dem bedingten Reflex, entstanden sind und wertvolle wissenschaftliche Beiträge geliefert haben, stellen in gewissem Sinne auch Arbeit mit einer »black box« dar.

In den folgenden Zeilen wird eine Auslegung der beobachteten Fakten des AT in ihrer mikropsychischen und makropsychischen Dimension versucht. Dies bedeutet, den »Schwarzen Kasten« anhand der Ergebnisse von neuroanatomischen und -physiologischen Forschungen der letzten Dekaden, besonders der letzten zehn Jahre, zu beleuchten zu versuchen. In den letzten zehn Jahren hat sich die Neuroanatomie dank neuer Methoden rascher entwickelt als in den fünfzig Jahren vorher (50). Die Zeit für das hier anstehende Vorhaben scheint reif zu sein. Man kann heutzutage nicht mehr erwarten, daß ein Kliniker sich in allen Fächern, sprich Subfächern und Subsubfächern, spezialisiert. Mit Mühe gelingt es ihm, in eines von ihnen einen Einblick zu gewinnen und zu behalten. Der Spezialist bleibt Gefangener seiner Spezialität. Darum ist der Leitgedanke, der zu dem folgenden Modell geführt hat, die Überzeugung, daß die Zeit reif ist, um die Forschungsergebnisse der Neuroanatomie und -physiologie der letzten Dekaden für die Klinik des AT in einem wissenschaftlichen Gebäude zu integrieren. Die Idee galt zuerst der Erklärung des AT. Nach und nach leuchtete dem Verfasser ein, daß sich die aufgedeckten Gesetzmäßigkeiten auf dem ganzen Feld der Psychotherapie, ja des Psychischen, anwenden lassen, so daß die jetzigen Überlegungen als Ansatz zu einer naturwissenschaftlichen Fundierung der Psychotherapie bzw. des psychischen Lebens aufgefaßt werden können. Es fehlt den medizinischen Disziplinen der Nervenheilkunde eine naturwissenschaftliche Basis, was in der Vergangenheit oft zu ungerechtfertigten dogmatischen Haltungen geführt hat. Heute kann man aber, wie *Chertok* schreibt (4), die Fortschritte der Neurologie, sprich Neurowissenschaften, nicht ignorieren, wenn man versucht, den Weg zu einer neuen Metapsychologie zu ebnen.

Die hier angestellten Überlegungen stützen sich auf die Ergebnisse der Arbeiten von vielen modernen Spezialisten (1, 28, 33, 46, 47, 53, 54, 56, 57 u. a.), deren Lektüre auch für den naturwissenschaftlich-medizinisch Interessierten nicht ohne Mühe möglich ist. Andere Quellen sind synoptische Werke namhafter Autoren (3, 17, 38). Besondere Anerkennung verdient die Arbeit von *Eccles* (7, 8). Diesem Autor sind nicht nur fundamentale Entdeckungen über die Funktion des Kleinhirns und Hypothalamus zu verdanken, sondern auch Werke, die dem interessierten Nichtspezialisten zugänglich sind. Im Vordergrund der hier benutzten Literatur stehen die Untersuchungen und die fundierten Syntheseversuche von *Szentagothai* (53, 54, 55, 56), *Szentagothai* und *Arbib* (57). Auch wenn *Szentagothai Pawlow* nicht expressis verbis zitiert – vielleicht weil das Werk des russischen Physiologen zu bekannt ist –, sind die richtunggebenden Gedankengänge des großen Physiologen doch leicht zu erkennen: Gesetz der Irradiation und Konzentration der Erregung; das physiologische Paar Erregung/Hemmung; die dynamischen Stereotypen (dynamic patterns) u. a.

Wie schon erwähnt, ist die Frage aber berechtigt, ob die Mikropsychik dem psychischen Leben zuzurechnen ist oder der Metapsychik angehört. Ich sehe den Unterschied zwischen Mikro- und Metapsychik darin, daß sich die Mikropsychik auf Strukturen auf Nervenzellebene bezieht, bevor diese konditionierbar sind und die Möglichkeit des Baus von »dynamischen Stereotypen« haben. Sind diese Strukturen vorhanden, seien sie angeboren oder bedingtreflektorisch entstanden, gehören sie der Makropsychik an. Der Metapsychik wären die physikalischen, anorganischen und organchemischen, histologischen . . . Vorgänge zuzurechnen, die das Substrat der Mikropsychik bilden. Daß die drei Gebiete eng miteinander verbunden sind, ist aus dem Alltagsleben hinreichend bekannt.

»Wasserscheide« zwischen Mikro- und Makropsychik wären deswegen die angeborenen Reflexe, die unbedingten und die bedingten Reflexe und die aus ihnen entstandenen dynamischen Stereotypen. Die riesige Ausdehnung des Forschungsfeldes in der Neurophysiologie, sprich Mikropsychik, hat den Schwerpunkt der Forschung in Richtung »black box« verlegt, so daß »seine Anwendung (des bedingten Reflexes) auf die Probleme, die von unmittelbarem Interesse für den Neurophysiologen sind, begrenzt ist.« (10). Dies aber berechtigt nicht zu der Behauptung, daß der bedingte Reflex der Neurophysiologie nicht mehr angehört. Er liegt an der Grenze zwischen Mikro- und Makropsychik. Er hat alle Kriterien, die für die Bezeichnung naturwissenschaftlich nötig sind, besonders das der Wiederholbarkeit. Die Verlegung des Schwerpunkts der neurophysiologischen Forschung in Richtung Mikropsychik, d. h. die weitere Vertiefung der spezialisierten Forschung, bedeutet lediglich, daß die Superspezialisten den Überblick verlieren müssen. Ferner gehorchen die dynamischen Stereotypen Gesetzen, die nicht mehr auf Mikropsychikebene allein erklärt werden können. Jenseits des unbedingten und des bedingten Reflexes liegt die Mikropsychik; diesseits die Makropsychik.

Die aus den bedingten Reflexen und den dynamischen Stereotypen entstandenen psychischen Strukturen gehorchen eigenen Gesetzen, die der Neurophysiologie nicht mehr zugänglich sind. Manche dieser Gesetze sind schon durch die psychologische Forschung, die Psychopathologie und die Psychoanalyse aufgedeckt worden, deren Befunde, wie oben gesagt, wissenschaftliche Dignität haben. Das eigentlich psychische Leben wäre dann der Makropsychik zuzurechnen. Dennoch ist es sinnvoll, beide Bezeichnungen, Mikro- und Makropsychik, beizubehalten, weil die von der Basisforschung aufgedeckten Einzelheiten so faszinierend und komplex sind, daß sie allein genügen, die Grundlage des psychischen Lebens zu erklären, ohne auf den platonischen Dualismus zurückgreifen zu müssen.

Bevor die Welt der Mikropsychik betrachtet wird, sei zunächst in die Makropsychik eingegangen.

Makropsychik und Entwicklung des Hirns

Wer die Entwicklung eines Kindes Tag für Tag genau verfolgt und dabei die Ergebnisse der Forschung der psychoanalytischen Schulen und der Entwicklungspsychologie von *Piaget* im Auge behält, kann sich nicht des Eindrucks erwehren, daß sich der Mensch von Geburt an in dialektischer Wechselwirkung mit der Umwelt entwickelt.

Die beeindruckenden Befunde von *Marin-Padilla* (32, 33, 34) bezüglich der vorgeburtlichen und frühpostgeburtlichen Ontogenese des menschlichen motorischen Kortex könnten in diesem Sinne gedeutet werden. Ein unfertiger, unreifer psychischer Apparat entwickelt sich in Wechselwirkung mit der Umwelt. Er wächst in die eigene Umwelt hinein. Wie wir oben gesagt haben, ist die Psyche des Menschen das Ergebnis der Wechselwirkung seiner Anlage mit seiner Umwelt und mit sich selbst in Zeit und Raum. Der Mensch »webt« sich sozusagen aktiv in das Raum-Zeit-Kontinuum hinein. Eine solche selbständige Interaktion mit der Umwelt in Zeit und Raum nennt sich Leben. Diese Insertion (Hineinwachsen) des Menschen in seine tetra-dimensionale Welt geschieht an erster Stelle durch den unbedingten, nach und nach aber hauptsächlich durch den bedingten Reflex. Die Tatsache, daß es angeborene Verhaltensweisen gibt, spricht nicht gegen die obige Aussage.

Wir werden davon Abstand nehmen, *Pawlow* als den Mann des bedingten Reflexes vorzustellen – er ist mehr als das – und das übliche Klischee vom Hund, dem Futter und der Glocke vorzuführen. Es hieße, dem russischen Physiologen Unrecht tun, würde man seine Lehre auf solch dürftige Art wiederzugeben versuchen. *Pawlow* sagt, daß er sich ganz zufällig dem Studium des Speichelflußreflexes gewidmet habe. Und aus dem Studium dieses Parameters, den er ganz zufällig entdeckte, ist ein psychotherapeutisches Gebäude entstanden, das m. E. sehr tragfähig ist. Der unbedingte Reflex stellt die übliche, die gewöhnliche Methode dar, womit der Mensch sich mit seiner Außenwelt auseinandersetzt. »Die ständige Verbindung eines äußeren Agens mit der es beantwortenden Tätigkeit des Organismus (wird) mit Recht als unbedingter Reflex, die zeitweilige Verbindung aber als bedingter Reflex bezeichnet« (41). *Pawlow* hebt den reflektorischen Charakter des unbedingten Reflexes hervor und beteuert sein Recht, »seinen neuen Reflex als Reflex zu bezeichnen« (41). Mit Recht wollte er die Automatizität des Entstehens des bedingten Reflexes betonen (41). Aus der Gegebenheit eines Organismus und seiner Umwelt folgt die Notwendigkeit der Anpassung dieses Organismus an die Umwelt. Geschieht diese Anpassung nicht, erlischt die Lebensfähigkeit des Organismus. Die Reflexe sind, so *Pawlow*, die Elemente dieser fortwährenden Anpassung, dieser ununterbrochenen Gleichgewichtseinstellung. Die bedingten Reflexe sind Bausteine des psychischen Lebens. Der Streit, der zeitlebens zwischen *Pawlow* und den sogenannten Animisten bestanden hatte, ist noch nicht beigelegt. *Pawlow* hatte heftig *Sherrington* angegriffen (41), weil dieser trotz der Tatsache des bedingten Reflexes weiterhin an animistischen Vorstellungen festhielt. *Pawlow* hatte es abgelehnt, von psychischen Phänomenen zu sprechen, weil zumindest zu seiner Zeit das Wort psychisch einen Beigeschmack von Extranatürlichem hatte, das er, um die gleichen Phänomene zu erklären, nicht nötig hatte. Er benutzte deswegen den Begriff der höheren Nerventätigkeit. Die Notwendigkeit eines solchen Begriffs leuchtet ein. Es sind in neuerer Zeit verschiedene Versuche unternommen worden, der Aktivität der Psyche einen anderen Namen zu geben, der der Wirklichkeit etwas näher kommen würde als das Wort Psyche. Bei anderen Autoren haben die Worte Psyche und psychisch eine Wandlung im Sinne *Wygotskis* erfahren, den wir schon zitiert haben (61, Kap. II). So haben *Freud* und andere Autoren, wenn sie von psychischem Apparat sprechen, keineswegs die herkömmliche Entelechie der Seele im Sinne.[2]

[2] Der Autor ist der Meinung, daß die alte Dichotomie des metaphysischen Dualismus von *Plato* wissenschaftlich nicht mehr aufrechtzuerhalten ist. Ohne hier in Einzelheiten eingehen zu können, übernimmt er

Mit psychischer Aktivität sind in dieser Arbeit Aktivitäten gemeint, die auf psychische Strukturen zurückzuführen sind, die hauptsächlich mittels des bedingten Reflexes entstehen, so daß man die Hypothese eines beseelten Körpers nicht unbedingt braucht. Als eines der Werkzeuge unter vielen anderen, das für die Entstehung solcher Strukturen eingesetzt werden kann, haben wir in Kap. II das AT beschrieben.

Einige Grundgesetze der psychischen Tätigkeit

Bevor eine Analyse des Inhalts des »Schwarzen Kastens« (black box) unternommen wird, sind auch einige begriffliche Bestimmungen zu betrachten, die für eine spätere Konstruktion unterläßlich sind. Es handelt sich um einige von *Pawlow* genannte Grundgesetze der höheren Nerventätigkeit (41).

Das Gesetz der Irradiation und der nachfolgenden Konzentration des Nervenprozesses. Die Generalisation

Pawlow beschreibt eine Serie von Versuchen, die ihn zu dem Schluß führten, daß sich im Kortex eine Hemmung ausbreitet und sich hinterher zum Ausgangspunkt zurückzieht (41). In Anbetracht der Gesetzmäßigkeit dieses Geschehens spricht er vom Gesetz der Irradiation und der nachfolgenden Konzentration des Nervenprozesses. Die moderne Konzeption des Kortex als dreidimensionales Zwischengeflecht (38), das m. E. in bipolaren Einheiten organisiert ist, könnte Anhaltspunkte bieten, die Irradiationskonzeption zu stützen, um z. B. das Problem der Generalisation, die wir auch in der AT-Arbeit kennen, zu erklären.

Aus der Arbeit mit dem AT ist das Phänomen der Generalisation der Schwere und der Wärme, d. h. der Ausbreitung der Schwere und der Wärme, bekannt. Diese Generalisation kann unabhängig voneinander entweder im Kortex oder auf Spinalebene auftreten oder auch in beiden Ebenen gleichzeitig. Bekannt sind seit langem die Versuche mit Spinaltieren[3], wobei eine Extremität in Warmwasser gestellt wird und sich dabei die Erweiterung der Gefäße, d. h. die Generalisation der Wärme, unabhängig vom

die These des Hylemorphismus über die »essentielle Union« von Körper und Seele. Aber in Anlehnung an den Monismus von *Pawlow* betrachtet er diese Union als untrennbar in Zeit und Raum. Die entsprechende Lehre, die er seit 25 Jahren dem metaphysischen Dualismus entgegensetzt, nennt er Monismus trinitarius.

[3] Versuchstiere, bei denen durch Schnitt das Rückenmark vom Hirn abgetrennt ist.

Kortex, reflektorisch auf die anderen Glieder ausweitet (10). Hier haben wir eine Generalisierung auf Spinalebene. Eine Generalisierung kann auch auf Kortikalebene stattfinden ohne Beteiligung der Peripherie. So könnte man die Angaben von Trainingübenden deuten, die zwar die Wärme erleben, aber dennoch die Hände kalt behalten.

Zu den obigen Generalisationsphänomenen ist eine andere Art der Generalisierung hinzuzufügen, die neurophysiologisch ganz anders zu erklären ist. Mit Recht schreibt *Hoffmann* (19): »Die Generalisierung (nach *Schultz*) entspricht einer zweiten Art der Generalisation, nämlich einer spontan sich einstellenden Erweiterung der Reaktionsbreite . . .«. Hier handelt es sich um etwas anderes als um die Generalisation des Schwere- oder Wärmeerlebnisses. *Schultz* (48) erkennt hier das gleiche Phänomen, das *Fechner* als »psychologisches Transfert« bezeichnet hatte. Erlernt man die Fähigkeit, die Schwere und die Wärme zu induzieren, d. h. erlernt man die Fähigkeit der Beeinflussung der Steuerung von Tonus der Muskulatur und Wärmeregulation, so »generalisiert« sich, d. h. überträgt sich diese erlernte Eigenschaft auf die Fähigkeit, die Steuerung anderer Organe beeinflussen zu können (11).

Das Begriffspaar: Erregung/Hemmung

Das Gesetz der Irradiation und der nachfolgenden Konzentration des Nervenprozesses bezieht sich auf die Erregungs- wie auch auf die Hemmungsprozesse (41). Das Begriffspaar Erregung/Hemmung entspricht einer Gegebenheit der Struktur unserer Psyche, die wir bei der Erklärung des Funktionierens des AT wiederfinden werden. Für die Auffassung, daß Erregung und Hemmung sehr eng gekoppelt sind, sprechen einige Fakten, die aus der Praxis bekannt sind. Schon *S. Wiener* hatte beim *Parkinson*-Syndrom-Tremor (60) durch Fehlregulationen der Erregungs-Hemmungsprozesse eine Erklärung anhand von kybernetischen Überlegungen gefunden. Diese Erklärung einer Fehlregulation, die am Ende der Entwicklung eines Vorgangs und entweder bei Krankheit oder im Alter zu beobachten ist, könnte ebenfalls für das Entstehen der Koordinierung der Bewegung gegeben werden. Die Unsicherheit eines Kindes von sechs oder sieben Monaten beim Greifen könnte durchaus anhand der Bildung solcher Regelkreise, die durch Versuch und Irrtum fein eingestellt werden, erklärt werden. Ein ganz klares Beispiel der Störung der kybernetischen Steuerung sind z. B. die ataktischen Bewegungen eines Betrunkenen, wenn er sich anschickt, den Schlüssel ins Schlüsselloch zu stecken. Der Kliniker mag einwenden, daß in

Anbetracht der zahlreichen »*Parkinson*-Syndrome« (43) eine kybernetische Konzeption für den Patienten wenig bringt. Dennoch verhilft sie dazu, das System der Feinregulierung des Bewegungsablaufs sich besser vorzustellen.

Für die *Pawlow*sche These der gleichzeitigen Wirkung von Erregung und Hemmung, die, wie oben angedeutet, als Konstante in der Mikropsychik zu betrachten ist – wobei die eine oder die andere die Oberhand gewinnen kann –, würde ebenfalls die in der Psychotherapie oft beobachtete Ambivalenz erklären. Diese kann man auch im Alltagsleben beobachten, aber nicht im gleichen Maß, obwohl die zugrundeliegenden Prinzipien die gleichen sein dürften: Die Unfähigkeit, sich für A oder B zu entscheiden, was auf die Dauer krank macht.

Pawlow hatte am Ende seines Lebens selbst beteuert, daß wenige neue Ideen zur Erklärung der höheren Nerventätigkeit entstanden seien (41). Eine dieser damals fehlenden Ideen wäre die des Informationsrückspeisungssystems mittels des Regelkreisprinzips.

Wie *Drischel* schreibt (5), war »eine Rückwirkung des Erfolgsorgans auf die Rezeptoren (. . . . .) in der Reflexvorstellung trotz aller Beteuerungen keineswegs a priori enthalten und auch nicht explizit formuliert. Tatsächlich wirken im natürlichen Zusammenhang nicht nur die Rezeptoren über das Zentrum auf die Erfolgsorgane ein, sondern diese üben in einem ständig vorhandenen Kreislauf durch ihre Tätigkeit über die zu regelnde Größe ebenfalls eine Rückwirkung auf die Rezeptoren aus. Zentrum und Peripherie – über deren Vorherrschaft man sich lange erbittert gestritten hat – werden dadurch in ein neues Verhältnis einer völligen Gleichberechtigung als Glieder eines Funktionskreises gebracht.« Die Vorstellung des Regelkreisprinzips hat viele Fortschritte in der Erforschung der Hirnfunktion ermöglicht, wie wir gleich sehen werden.

Die morphologische, die physiologische und die kybernetische Periode in der Neurowissenschaft

Szentagothai spricht von dem Neuralgewebe als »quasi kristalline Struktur« (54). Bedenkt man, daß in diesem Gewebe während der Ontogenese und Frühkindheit dynamische Strukturen entstehen, drängt sich somit eine neue Auffassung des Hirns auf.

Diese Auffasung, die für eine neue Betrachtung des Hirngewebes spricht, reflektiert m. E. am besten die Entwicklung der Medizin in den drei Perioden, die wir am Anfang erwähnten. Vor allem bei der Entwicklung der Neuroanatomie und -physiologie lassen sich die drei Perioden: Morphologische, physiologische und kybernetische Periode, die letztlich ineinander übergehen, besonders gut beobachten.

Zur ersten Periode, der Epoche der großen morphologischen Entdekkungen, gehört *Ramon y Cajal*. Nach ihm kommt, in der physiologischen Periode, einer der Hauptvertreter seiner Schule, *Lorente de No*, der den ersten rationalen Einblick in die funktionale Architektur des Cerebralkortex vermittelte (28). Er verstand als erster die vertikale Verschaltung des Kortex und wies sie nach. Erst nach seiner klassischen Beschreibung wurden die ersten Schaltung-Vorstellungen im Kortex erwogen (54). Trotz der bahnbrechenden Wichtigkeit seiner Arbeit für die zukünftige Entwicklung der Neurowissenschaften, wie *Szentagothai* schreibt (54), stieß seine geniale Konzeption auf zwei entscheidende Grenzen: 1. Es fehlte der Ansatz zur Erklärung der Mechanismen der Inhibition; 2. *Lorente de No* konnte sich von den traditionellen Begriffen der Verbindung der Neuronen in Kettenserien nicht befreien (54). Er stellte aber die Brücke her, die nachher Schritt für Schritt zur Explizitformulierung des Modulkonzepts in der Neuralarchitektur der Substantia reticularis des Hirnstammes führte (54). Zu erwähnen ist, das *Lorente de No* schon damals schrieb, daß die Area striata aus einer sehr großen Zahl von senkrechten Parallelepipeda (Rautenprismen) besteht (28). Hier kündigten sich die Gedanken an, die später zum Modulkonzept führten, wie *V. B. Mountcastle* selbst schreibt (36).

Die in mühsamer Mosaikarbeit zusammengelegten Ergebnisse der Forschung der oben erwähnten Spezialisten (1, 28, 33, 36, 47, 53 usw.), die die Funktionsweise des Cerebralkortex beschreiben, ist beeindruckend. Es werden die klassischen alten und die neuen Ergebnisse der Neuroanatomie und Neurophysiologie anhand der kybernetischen Denkweise beschrieben. Ihre Überlegungen gehören durchaus in die dritte Periode der morphologisch-physiologisch-biokybernetischen Betrachtungsweise, in deren Anfängen sich die naturwissenschaftliche Medizin jetzt befindet.

Umwelt und Anlage bei der Entwicklung der Psyche

Die Auffassung des Gehirngewebes als »Quasi-kristallin-Gewebe« (54) ist sehr anregend. Man sieht diese Quasi-kristallin-Gewebe im Laufe der Entwicklung in Wechselwirkung mit der Umwelt sich strukturieren. Es drängen sich bei dieser Betrachtung andere große Gedanken auf wie das oben erwähnte Gesetz der Irradiation und Konzentration der Nervenprozesse von *Pawlow*, die in ihrer Entstehung wahrscheinlich zum großen Teil statistischen Gesetzen gehorchen und bei deren Fixierung, sprich Strukturierung, die Wechselwirkung mit der Umwelt eine große Rolle spielen dürfte. Die Wirkung von Umwelteinflüssen bei der Entstehung von psychischen Strukturen kann man kaum bezweifeln, da es genug experimentelle Anhaltspunkte für ihre Annahme gibt. So hat man bei neugeborenen Kätzchen die Pfoten in eine wachsige Substanz eingebettet, so daß Bewegungen hauptsächlich an den Hinterpfoten blockiert waren, obwohl die Entwicklung der Pfoten weitgehend gesichert war (57). Bei der Untersuchung des Kleinhirns der Tiere nach einiger Zeit stellte man fest, daß dort Strukturen fehlten, die bei gleichaltrigen Tieren zu finden sind. Somit ist der Schluß berechtigt, daß das Fehlen der Wechselwirkung der Pfoten mit der Umwelt Ursache der Nicht-Entstehung solcher Strukturen ist. Die Beobachtungen von *Marin-Padilla* (33, 34) bei Feten und Säuglingen würden auch für eine postontogenetische Entwicklung im obigen Sinne sprechen.

Szentagothai und *Arbib* (57) weisen auf das Dilemma hin, das sich bei der Betrachtung des Gewebes des ZNS aufdrängt: Einerseits würde man eine zufällige (random), d. h. statistische Verschaltung zwischen prä- und postsynaptischen Elementen annehmen. Andererseits zeigen neuere Methoden der Darstellung im Bereich der Substrukturen auf, daß eine äußerste Spezifität herrscht, wenn es darum geht, welches Axon oder welcher Dendrit kontaktiert wird.

In diesem Dilemma sieht der Verfasser eine Parallele zum ewigen Dilemma der Entstehung von manchen psychischen Störungen: Anlage- oder Umwelteinfluß? Die Hypothese, daß in der Entstehung der Strukturen im Hirngewebe, in der Differenzierung, statistische Gesetze mit im Spiel sind, ist nicht abwegig. Dieses gilt besonders für die postgeburtliche ontogenetische Entwicklung des Hirns; denn von der Entwicklung bzw. Entfaltung der Psyche kann man nur mit Zurückhaltung sprechen: Das Hirn wird vielmehr strukturiert; eine Auffassung, die im Gegensatz zu manchen analytischen und pädagogischen Theorien steht, die zur Zeit Geltung haben.

Die Organisation der Neuronen: 1. Die Neuronengruppierung 2. Die hierarchische Organisation

Dem vorgestellten Modell sind zwei Prinzipien zugrunde gelegt, die auch von den Neurowissenschaftlern angenommen werden. Das eine besagt, daß die Grausubstanz des Hirns zwar aus Neuronen besteht, diese sich aber in kleinen Einheiten gruppieren; im Grunde genommen handelt es sich hierbei mehr als um ein Prinzip, da die Existenz solcher Einheiten experimentell gesichert ist (33, 34, 47, 54 u. a.). Als zweites wird das Prinzip der hierarchischen Organisation der Gebilde des ZNS angenommen, wobei diese hierarchische Organisation von einem System von Rückkoppelungsverbindungen oder besser von Informationsrückspeisungsverbindungen begleitet wird, um die Koordinierung der Subsysteme zu gewährleisten (57). Das Wort »hierarchisch« muß aber ohne seine anthropomorphe Projektion verstanden werden, denn es ist in Anbetracht der Rückinformation, der Rückkoppelung, manchmal schwer zu entscheiden, welches das durchführende und welches das befehlende Organ ist (57). Eher ist die Vorstellung im Auge zu behalten, daß das Hirn sich in lauter Subsysteme unterteilen läßt (57). Andere Autoren schreiben, daß innerhalb des ZNS »eine longitudinale Organisation für ein komplexes psychomotorisches Verhaltensmuster besteht« (51, 52). Sie sprechen auch von »Funktionseinheiten« mit hierarchischem Bauprinzip als anatomisches Substrat für die Steuerung vegetativer Prozesse (51). Solche Gedankengänge führen uns zur Betrachtung der wahrscheinlich kleinsten neurophysiologischen Einheit des Kortex: dem Modul.

Die Theorie der Module

In den fünfziger Jahren entwickelte sich in den Vereinigten Staaten eine Methode der Miniaturisierung elektronischer Geräte (35). Die Technik ist weiterentwickelt worden und besteht darin, sehr kleine Bauelemente der Elektronik, Module genannt, anzufertigen, die den Vorteil haben, wenig Platz zu beanspruchen und leicht austauschbar zu sein.

Diese Bauelemente stellen eine Einheit des elektronischen Gerätes dar, und es ist durchaus möglich, daß man, angeregt durch diese Technik und die revolutionäre Entwicklung der Mikroprozessoren, das Hirn auf der Suche solcher Funktionseinheiten neu untersucht hat.

Die Entwicklung dieses Begriffes in der Mikroanatomie des Kortex ist noch nicht abgeschlossen. Erst 1977 (8) wurden gewisse Einsichten in die operativen elementaren Einheiten des Assoziationsneokortex, des Moduls, gewonnen. Dennoch kann seit den Beobachtungen (1957) von *Mountcastle* (36) in den senso-motorischen Arealen bzw. Feldern des Kortex, von *Scheibel* und *Scheibel* (47) in der Substantia reticularis und von *Szentagothai* (53, 54, 55, 56) bezüglich des Vorderhirnkortex und auch nach den Arbeiten von Forschern in anderen Arealen des Hirns mit Sicherheit angenommen werden (56), daß der Kortex aus kleinsten Einheiten, Modulen, bzw. Scheiben bzw. Zylindern usw. besteht. Die Bezeichnung Modul für diese kleinsten Einheiten scheint sich durchzusetzen (8). Zahlreiche Befunde, gewonnen mit den verschiedensten Techniken: Isotopen-Markierung, Degenerationsmethoden und dgl. mehr belegen die obigen Erkenntnisse.

Eine genaue Schilderung von äußerst speziellen Arbeiten, die sogar für den Versierten ihre Tücken haben, so daß der reine Kliniker und nicht speziell ausgebildete Leser durchaus überfordert wäre, kann hier selbstverständlich nicht gegeben werden. Der interessierte Leser kann sich selbst aber einen sehr guten Überblick verschaffen, wenn er sich auf die zahlreichen Arbeiten von *Eccles* (7, 8 u. a.) stützt, der in sehr verständlicher Weise auch für Nichtspezialisten die Errungenschaften der Neurophysiologie und Neuroanatomie anschaulich darstellt.

Es gibt jedoch Unterschiede in der Auffassung zwischen *Szentagothai* und *Eccles*. Der eine scheint die von *Pawlow* vertretene Linie fortzusetzen; der andere hingegen setzt die von *Sherrington* vertretenen Ansichten fort.

Der Monismus von *Pawlow* und *Szentagothai*, den man im Westen etwas herabsetzend unter Materialismus verstehen will, kommt m. E. den Tatsachen näher als der Dualismus von *Sherrington* und *Eccles*. In seiner beeindruckenden Darstellung der Module des Kortex bringt *Eccles* das »Self-conscious mind« als Deus ex machina ins Spiel, um die Tatsache des Erkennens zu erklären. Es ist schwierig sich vorzustellen, was *Eccles* unter »Self-conscious mind« versteht. Eine deutsche Übersetzung mit »selbstbewußter Geist« oder »selbstbewußte Psyche« würde den Begriff »mind« nicht richtig wiedergeben, und zwar aus zwei Gründen: das Wort mind ist zu vieldeutig, um ohne eine klare und genaue Definition wissenschaftlich benutzt zu werden. Der zweite Grund ist, daß *Eccles* sich der Gefahr einer Entelechiebildung aussetzt. Das muß nicht sein.

Ich erwähne beide Konstruktionen, weil jede für sich Argumente hat. Ohne bei einem so wichtigen Problem wie dem der Interaktion zwischen Hirn und Psyche in Einzelheiten einzugehen, bin ich der Ansicht, daß die Haltung der osteuropäischen Philosophie in diesem Punkt den Fakten näher kommt. Der platonische Dualismus, den wir bei *Eccles* wiederfinden, wird eines Tages abgelegt werden müssen. Der Monismus von *Pawlow* wird eine Auslegung erfahren müssen, gegen die sich der große Physiologe vielleicht nicht sträuben würde (41).

Der Leser möge den obigen Gedankenexkurs entschuldigen. Er hatte hauptsächlich den Zweck, ihm zu verdeutlichen, daß das AT als Werkzeug (vgl. Kap. II) sowohl für diejenigen, die den Dualismus Körper/Seele vertreten, als auch für diejenigen, die das Vorhandensein einer »geistigen« Psyche verneinen, Geltung hat. Das AT ist ja nur ein Werkzeug des Ichs, wobei das Ich hier im Sinne der Psychoanalytiker verstanden wird.

Das dynamische Muster

Wie oben angedeutet, sind die Forschungsergebnisse bezüglich der Struktur und Funktion der Hirnrinde bei weitem noch nicht abgeschlossen. Ob diese Einheiten scheiben-, tonnen- oder zylinderförmig sind, sollte man nicht wörtlich nehmen (55). Bezüglich der Funktion der Module liegen keine endgültigen Befunde vor. *Szentagothai* sieht verschiedene Größen bei den Modulen mit Subeinheiten, die eine Größenordnung kleiner als die Module sind (56). Durch nachgewiesene erregende und hemmende Komponenten der Moduleinheiten könnte sogar die Aktivität einer einzelnen Pyramidzelle beeinflußt werden (56). *Eccles* dagegen faßt das Modul als verarbeitende Einheit auf (8). Er beschreibt auf sehr interessante Weise die Oberfläche der Hirnrinde, des Kortex, als eine mosaikähnliche Struktur[4], wobei die verschiedenen Mosaikstücke Querschnitte von Modulen darstellen (s. Abb. 10). Nach seiner Annahme gibt es an die vier Millionen solcher Einheiten in der Hirnrinde (8). Das Modul hat nach *Eccles* in gewissem Grade ein eigenes kollektives Leben mit etwa 2500 Neuronen (8). Die Abb. 10 soll lediglich als Modell dienen, um die Vorgänge im Kortex sich besser vorstellen zu können.

Bei den hiesigen Überlegungen differenziert der Autor aber das Modul, indem er bei den Baueinheiten des psychischen Apparates einen bipolaren Bau sieht, den er auch klinisch zu dokumentieren versucht (s. unten). Man versuche, sich die Schaltungen und Verteilung solcher Einheiten dreidimensional, also räumlich, vorzustellen. Will man eine Vorstellung erlangen von dem, was im Kortex vor sich geht, so stelle man sich laut *Eccles* (8), der sich auf *Sherrington* bezieht, die Module als winzige Glühbirnen vor, die,

[4] Interessant ist, daß schon *Pawlow* von »Mosaik der Großhirnhemisphären« sprach (41).

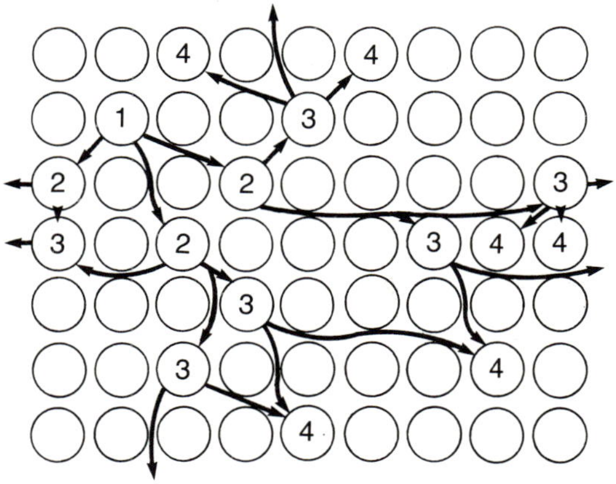

Abb. 10: Diagrammdarstellung der Module des Kortex von oben gesehen, d. h. die obigen Kreise stellen eine Projektion der Module auf die Oberfläche des Kortex dar, die einen Durchmesser von etwa 250 μm haben. Um die Eintragung der Übertragungsbahnen zu ermöglichen, sind die Modulprojektionen etwas auseinandergerückt gezeichnet und nicht in dem in Wirklichkeit bestehenden Ineinandergreifen. Eine starke Aktivierung von Modul 1 ergibt, daß in der Tat die Übertragung die mit 2 gekennzeichneten Module erregt, und diese ihrerseits die Module (3) und die dann die Module (4). Weitere Beschreibung bei *Eccles* (8), S. 38 ff.

(Diagramm-Reproduktion mit freundlicher Genehmigung des Springer International Verlag)

kombiniert in gewissen Mustern, an- und ausgehen. Diese Muster sind, was *Szentagothai* die dynamischen Muster nennt (55), und sie entsprechen m.E. dem Begriff des dynamischen Stereotyps von *Pawlow* (41). *Szentagothai* (55) plädiert für eine neue Konzeption in den Neurowissenschaften, wobei die klassischen Konzepte der lediglich über histodynamisch polarisierte Einheiten festgelegten neuralen Konnektivität (Verschaltungsfähigkeit) aufgegeben werden sollten. Anhand seiner Vorstellung über die Verschaltungsfähigkeit, sprich Verschaltungspotenz der Module unter sich, können dynamische Muster auftreten, die auf die Dauer eine wissenschaftliche Erklärung der höheren Funktionen des Hirnes, sogar des Bewußtseins, abgeben könnten. Dieser Auffassung ist voll zuzustimmen.

In der Hirnrinde spielen sich die assoziativen Vorgänge ab, die dem Menschen eigen sind. Im Vorderhirn finden bei den höheren Säugetieren auch assoziative Prozesse statt, wie *Pawlow* nachgewiesen hat. Seine Experimente mit Hunden, bei denen das Vorderhirn abgetragen wurde, sind klassisch und verlangen keine Wiederholung. Was aber nur dem Menschen eigen ist, ist der Bau von abstrakten Begriffen wie: Freiheit, Frieden, Gerechtigkeit, Solidarität, Güte und vielen tausend anderen Begriffen des Alltags, wie auch Ruhe, Schwere, Wärme. Es ist unmöglich, sich solche Begriffe, auch bei der Innenschau, vorzustellen. Wer die Übungen der Oberstufe des AT gemacht hat, weiß aus Erfahrung, daß beispielsweise bei einer Übung mit dem abstrakten Begriff Gerechtigkeit die Trainingübenden schildern, sie hätten die Justitia oder einen Richter oder dgl. mehr gesehen. Die Gerechtigkeit selbst können sie nicht sehen. Es ist ein abstrakter Begriff. Die Begriffe haben allerdings im Kortex ihr entsprechendes festes anatomisch-physiologisches Korrelat in Form eines »dynamic pattern« d. h. eines »dynamischen Stereotyps«. In dem hier aufgeführten Modell lehne ich mich mehr an die Auffassung von *Szentagothai* an, der von Verfeinerung der Funktion der Module spricht (s. o.). Eine Differenzierung wird sich wahrscheinlich nicht umgehen lassen. Nichts unterstützt die Vorstellung, daß alle Module gleich sind.

Die bipolare Einheit im Bau der Psyche

Die wahre morphophysiologisch kleinste Einheit des mikropsychischen Lebens dürfte aus einem Erregungsschenkel und aus dem entsprechenden Hemmungsschenkel bestehen, die eine bipolare Einheit bilden. Ein Neuron »A« könnte an einer unbestimmten Zahl solcher bipolaren Einheiten beteiligt sein, wobei das andere Partner-Neuron nicht immer das gleiche zu sein braucht. Die Verschaltungspotenz solcher bipolaren Einheiten ist unermeßlich groß und die Möglichkeit, daß diese bipolaren Einheiten in Serien oder parallel geschaltet sind und auch den Erregungs- und Hemmungsprinzipien unterworfen sind, muß berücksichtigt werden.

Es gibt Befunde, einige schon älterer Prägung, die für eine derartige Organisation als Grundlage des psychischen Lebens Anhaltspunkte bieten könnten. *Lorente de No* spricht von Neuronenketten mit Gliedern (28) und gibt Beispiele von geschlossenen Schleifen (loops) (28, Bild 74). Schon 1957 äußerte *Mountcastle* die Hypothese, daß die Erregung eines Neurons durch seine eigene Entladung die Hemmung eines anderen, das mit ihm gepaart wäre, zustande bringen könnte (36). *Szentagothai* spricht von »Erregung-Hemmungsmosaiken« im Kortex (53), eine Arbeitshypothese, die durch die Befunde von *Asanuma* und *Sakata* (1) erhärtet wird. Diese Autoren haben herausgefunden, daß im Motorkortex der Katze durch Mikrostimulierung auf verschiedenen Tiefen inhibitorische bzw. erregende Zonen zu finden sind. Dies könnte für den oben erwähnten bipolaren Bau sprechen, der als Baueinheit eines dreidimensionalen Zwischengeflechts (38) betrachtet werden kann. Wie schon erwähnt, müssen die einfachsten Funktionseinheiten im Kortex (56) nicht unbedingt alle gleich groß sein.

Meines Erachtens bestehen die einfachsten Funktionseinheiten des Hirnes aus Gliedern, diese wiederum aus zwei Schenkeln: einem Erregungs- und einem Hemmungsschenkel (s. Abb. 11).

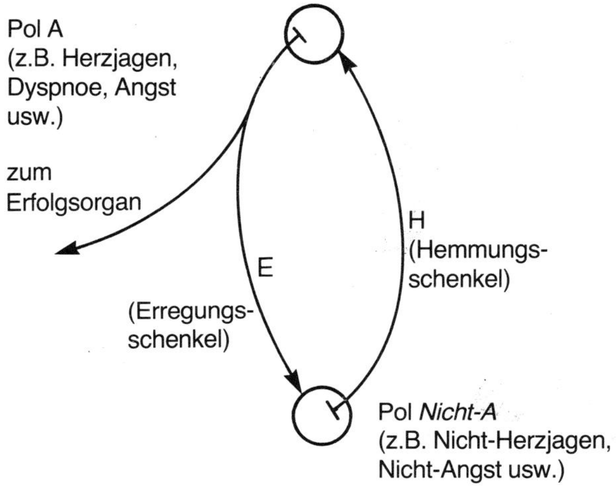

Abb. 11: Diagramm einer bipolaren Einheit.

Das Paar Erregung/Hemmung läßt sich auch bei höheren Funktionseinheiten wiederfinden. Der gesamte Kortex liefe auf einen strukturellen Bau, ein dreidimensionales Zwischengeflecht (38) von bipolaren Einheiten, hinaus, wobei bei einem beliebigen Vorgang »A« aufgrund des bipolaren Baus gleichzeitig auch »Nicht-A« aufgerufen wird, d. h. es wird immer mit einem Bipolarpaar »A«/»Nicht-A« (»A« und »Nicht-A« sind die jeweiligen Pole) im Sinne eines (1–0)–Binarsystems operiert. Mehrere Anhaltspunkte sprechen für einen solchen bipolaren Bau des psychischen Apparates. Zum einen stellt sein Vorhandensein eine Sicherheit, einen Schutz dar, um die sehr delikaten psychischen Gebilde von den Reizen der Umwelt abzuschirmen. Zum anderen ließen sich einige bekannte Phänomene des psychischen Lebens gut durch den bipolaren Bau erklären. So ist z. B. die Ambivalenz, d. h. die Unfähigkeit, sich für eine Verhaltensweise »A« oder

»Nicht-A« zu entscheiden, die man sowohl im psychopathologischen Leben als auch im Alltagsleben beobachten kann, anhand des bipolaren Baus gut zu verstehen.

Ebenfalls ist das Gesetz der das Gegenteil bewirkenden Anstrengungen (loi de l'effort converti; s. Kap. II) anhand des bipolaren Baus physiologisch einleuchtend, und die Schreckstarre, die bei gewissen Tieren bei Lebensgefahr manchmal zu beobachten ist, dürfte den gleichen Mechanismen gehorchen. Auch Widerstände und Abwehr in der Psychoanalyse könnten anhand dieses bipolaren Baus erklärt werden.

Physiologisch dürfte dies jeweils folgenderweise vonstatten gehen: Hier stehen »A« und »Nicht-A« für einen beliebigen Vorgang und sein Gegenteil. Ein Zuviel an Erregung in Schenkel »A«/»Nicht-A« führt schnell zur Abschwächung der Erregung in »A«/»Nicht-A« selbst durch die Rückkoppelung über »Nicht-A«/»A« (s. Abb. 11). Ist der Informationsfluß zu groß, so bei Angst, die zu Schreckstarre führt, so wird die Erregung im E-Schenkel auf 0 gesenkt, weil der Informationsfluß in H zu groß ist. Ergebnis: keine Handlung, d. h. das Tier kann nicht starten. Unterbricht irgendein Fremdgeschehen den Informationsfluß in Schenkel H, so fließt wieder Information in Schenkel E: das Tier springt.

Das Phänomen der reziproken Inhibition, bei Herzjagen z. B., dürfte aufgrund des bipolaren Baus folgendermaßen vor sich gehen: Es sind 3 bipolare Einheiten bzw. Regelkreissysteme zu berücksichtigen: 1. Regelkreis der Herzaktion; 2. bipolare Einheit oder System Angst/Nichtangst; 3. bipolare Einheit Spannung/Entspannung. Der Regelkreis der Herzaktion entwickelt seine Tätigkeit normalerweise um den Normwert; entsteht eine emotionale Regung, Angst z. B., wird Erregung in Schenkel E fließen und Erregung auch in den Hemmungsschenkel. Gelingt es, ein System Spannung/Entspannung mittels des AT oder der progressiven Entspannung u. a. aufzubauen, das umgekehrte Wirkung hat wie das System Angst/Nichtangst, so läßt sich der Nichtangst-Pol mit Information so einspeisen, daß der Informationsfluß in den Hemmungsschenkel erheblich steigt und der Angstpegel sinkt und dementsprechend das System Herzaktion weniger beeinträchtigt wird (s. Abb. 12).

Ebenfalls ließe sich m. E. das im Laufe der Phylogenese des Menschen in den verschiedenen Kulturkreisen auftauchende bipolare Paar: Prinzip des Guten/Prinzip des Bösen aufgrund des bipolaren Baus des psychischen Apparates z. T. erklären.

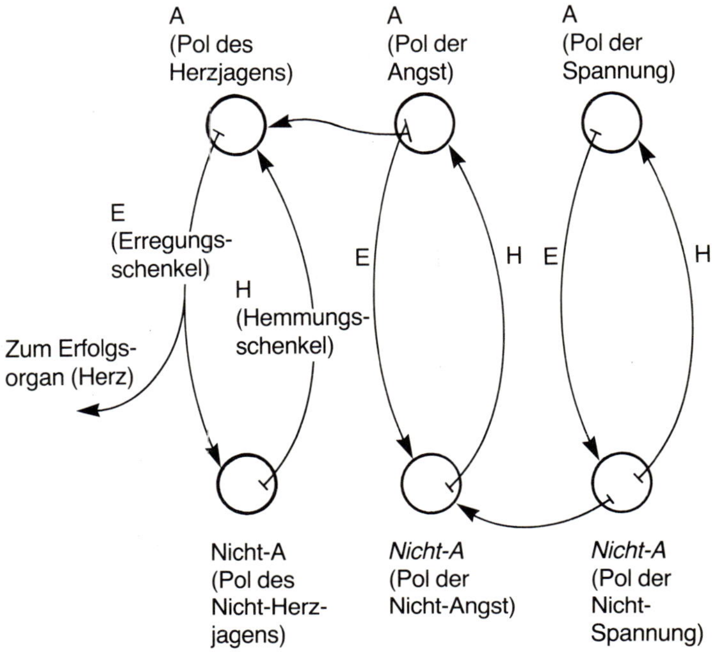

Abb. 12: Das Bild stellt anhand des bekannten klinischen Bildes des Herzjagens einen Versuch dar, das Phänomen der reziproken Inhibition zu erklären. Angst u. a. fördert Herzjagen. Gelingt es, ein System Spannung/Nicht-Spannung mit AT z. B. aufzubauen, dann gelingt es, das Herzjagen sehr oft aufzufangen. Dies dürfte durch Einspeisen von Information in den Nicht-Angst-Pol geschehen, was über den entsprechenden H-Schenkel zur Senkung der Angst und Beruhigung des Herzjagens führen kann. Die Erklärung würde mutatis mutandis auch für andere Phänomene gelten; ebenfalls für Herzjagen ohne Angstempfinden.

Das Prinzip der modulären Verstärkung

Diese Funktionsweise könnte auch eine Erklärung für das Funktionieren des AT sein: Einspeisung von Information in Schenkel Nicht-A/A führt zur Abschwächung der Aktion in A/Nicht-A, d. h. zur Abnahme der Erregung, d. h. zur Abnahme der Spannung, d. h. führt zur Entspannung. Solche »Kettenglieder« können in Serien oder parallel geschaltet sein. Durch die Übung der Formel des AT werden die Glieder nach und nach beeinflußt, Funktionseinheit nach Funktionseinheit, Modul nach Modul (Prinzip der Irradiation), so daß eine Stärkung der Information im Schenkel Nicht-

A/A stattfindet, was automatisch zu progredienter Abnahme der Erregung im Schenkel A/Nicht-A führt. Diese allmähliche Abnahme der Erregung durch Einspeisung von Information in den Hemmungsschenkel der bipolaren Einheiten nenne ich »Prinzip der modulären Verstärkung«. Es gibt sehr viele Kettenglieder zu überwinden, Bahnungen zu stärken, was auch die bekannte Tatsache erklärt, daß beim AT das physiologisch nachweisbare Eintreten der Schwere und Wärme einige Wochen in Anspruch nimmt. Es könnte anhand der obigen Darstellung gefolgert werden, daß das Wesen des Übens beim AT darin besteht, erwünschte Information in den geeigneten Schenkel der psychischen bipolaren Einheit einzuspeisen.

Module und frühkindliche Entwicklung

Solche Kombinationen von Neuronen der verschiedensten Typen in Form von Schleifen mit Erregungs- und Hemmungsschenkel entwickeln sich mit Sicherheit im Laufe der spät-intrauterinen Ontogenese und im Laufe der Postgeburtontogenese (32, 33, 34); aber die Annahme, daß dies besonders in der Frühentwicklung – aber auch später – ebenfalls der Fall ist, ist nicht abwegig. Später dürfte die »Verschaltungspotenz der Neuronen« oder was *Szentagothai* »synaptische Potenz« nennt (54), mit der sogenannten Intelligenz zusammenhängen.

Die oben erwähnten kleinsten Einheiten bilden am Anfang der Entwicklung unter Einfluß der Umwelt unter sich synaptische Verbindungen. Es formen sich so Ketten von Modulen und Submodulen usw., die wahrscheinlich zum größten Teil statistisch entstehen und die die psychischen Strukturen im Kortex bilden dürften. Diese könnten das Korrelat für die bekannten Phasen der kindlichen Entwicklung darstellen. Mit den Untersuchungsergebnissen von *Marin-Padilla* (32, 33, 34) ließe sich die obige Hypothese stützen.

Die durch die Erforschung gewonnenen Erkenntnisse der Entwicklungspsychologie sprechen ebenfalls dafür. Das Kind bildet zunächst konkrete Begriffe, wobei Sache und Begriff sich entsprechen, d. h. für jeden Begriff sind konkrete Strukturen vorhanden, die einen konkreten Gegenstand wiedergeben. Das Denken ist eingliedrig, d. h. ein Wort entspricht einem Begriff und nur einem. (Worte mit Doppelbedeutung sind für das Kleinkind nicht faßbar: Es versteht z. B. ein Wortspiel nicht.) Die Entstehung dieser Begriffe dürfte durch die Wirkung der Umwelt mittels der bedingten Reflexe zu erklären sein. Nach und nach assoziiert das Kind die Worte. Im Alter von etwa 1½ Jahren verbindet es zwei verschiedene Worte, mit drei Jahren versteht es kalt, müde, hungrig (9).

Wenn das Abstraktionsvermögen sich zu entwickeln anfängt, erkennt es Farben. Konkrete wie auch abstrakte Begriffe gehören der Kategorie der dynamischen Stereotypen an. Man kann annehmen, daß auch die Entwicklung der Logik ihr Korrelat in den dynamischen Mustern, sprich dynamischen Stereotypen, hat, die »bedingt reflektiv« entstanden sind.

Mit sechs bis sieben Jahren kommt das abstrakte Denken zum Vorschein. Es ist das Alter, da das Kind anfängt, abstrakte Begriffe wie Güte, Größe und dgl. zu verstehen. Es ist auch die Zeit, in der das Kind AT erlernen kann. Bekanntlich können Kinder im Alter unter sechs oder sieben Jahren nur schwer das AT erlernen, obwohl sie einer Hypnose recht zugänglich sind.

Die obigen Fakten bezüglich der Entstehung der psychischen Strukturen und die angeführten Hypothesen können die Auffassung untermauern, daß die menschliche Psyche in gewissem Sinne eine »Widerspiegelung ihrer Umwelt« in Zeit und Raum darstellt, was der osteuropäischen Philosophie z. T. entgegenkommt, wenn man die unvermeidliche Relativität des eigenen Weltbildes im Auge behält (s. Lit. 12, Kap. II).

Wie funktioniert das Autogene Training? Das AT in Begriffen der Informationstheorie

Physiologisch betrachtet handelt es sich um einen Vorgang, der sich im dreidimensionalen Geflecht des Kortex abspielt, wobei sich die »Aktivität« des Übenden, vielmehr der Ich-Instanz des Übenden, auf das Üben, auf das Wiederholen einer Formel in Gedanken, – z. B. »Mein rechter Arm ist ganz schwer« –, beschränkt. Die Wirkung dieses Vorgangs breitet sich bis in die Peripherie aus. Wie geschieht das physiologisch?

Um es zu erklären, muß zunächst auf eine klassische Unterteilung des Nervensystems zurückgegriffen werden.

Seit den Anfängen der klassischen Neurophysiologie hat man verschiedene Funktionsebenen im gesamten Nervensystem unterschieden. Sehr früh erkannte man, daß das Rückenmark, das Stammhirn und der Hypothalamus eine große Rolle bei der Regulation der autonomen Funktionen spielen (10). Erst Ende der dreißiger Jahre setzte sich langsam die Erkenntnis durch, daß auch der Kortex hier von erheblicher Bedeutung ist (10).

Die Funktionsebenen

Um das Funktionieren des AT zu erklären zu versuchen, unterteilen wir das Nervensystem in drei Funktionsebenen: Kortikal-, Subkortikal- und Spinalebene. Die Kortikalebene hat eine besondere Bedeutung, weil, wie wir gesehen haben, das Wirken des Übenden sich auf dieser Ebene abspielt; die weiteren Vorgänge geschehen reflektorisch. Wir werden deswegen unsere Aufmerksamkeit mehr der Kortikalebene widmen, zumal die beiden anderen Ebenen sehr gründlich erforscht sind und wir die Vorgänge bei der Übung des AT in Begriffen der Informationstheorie erläutern wollen.

Es kann keine Rede davon sein, daß hier topisch eine genaue Schilderung der Vorgänge in der Kortikal-, Subkortikal- oder Spinalebene gegeben wird. Beim AT sind die Phänomene in der Peripherie (Entspannung und Wärme z. B.) objektiviert worden. Untersuchungen mit dem EEG wurden ebenfalls durchgeführt, um das Geschehen auf Kortikalebene zu durchleuchten. Handfeste Vorstellungen davon, was beim AT im Kortex vonstatten geht, haben wir aber nicht (vgl. 24). Es sei noch einmal betont, daß die hiesigen Ausführungen nur den Versuch einer Synthese darstellen, das in der Klinik Beobachtete mit den Ergebnissen der Forschung auf einen brauchbaren Nenner zu bringen.

Die Spinalebene

Die Tatsache der Generalisation der Wärme (s. oben) von einer Extremität auf die andere bei decerebrierten Tieren und auch bei Hochspinaltieren, d. h. bei Tieren, bei denen das Gehirn vom Rückenmark getrennt worden war, wobei der Schnitt hoch lag, erlaubt die Aussage, daß eine Spinalebene gegeben ist. Zu diesen Spinalebenen gehören die Funktionen der Muskeleinheiten u. a. Es ist nicht gelungen nachzuweisen, daß für die Skelettmuskulatur der Wirbeltiere ein die Spannung hemmender Nerv vorhanden ist (10). Aus dieser Tatsache folgert *Fulton*, daß Hemmung bezüglich der Skelettmuskulatur ein Zentralprozeß sein muß und bei der Skelettmuskulatur mit Erregungsstop gleichzusetzen ist (10).

Die Subkortikalebene

Da auf Subkortikalebene (Hypothalamus, Basalganglien usw.) die bekannten Kerne der Thermoregulation und viele andere liegen, ist die Annahme einer Subkortikalfunktionsebene beim AT gerechtfertigt. Bei der Funktion des autonomen Systems läßt sich besonders gut die Unterteilung in Funktionsebenen demonstrieren (10). Die Regulation des autonomen Nervensystems geschieht über die Kerne des Hypothalamus und über andere, die topisch nachgewiesen sind (13, 17, 52, 59 u. a.).

Die Kortikalebene

Die autonomen Funktionen haben entsprechende Repräsentationen im Kortex (59). Seit den dreißiger Jahren hat sich die Erkenntnis langsam durchgesetzt, welche wichtige Rolle das Großhirn bei der Steuerung der inneren Organe spielt. Große Verdienste haben sich die russischen Physiologen der *Pawlow*schen Schule auf diesem Gebiet erworben, besonders *Bykow* (2 a). Sein Nachweis der Beeinflussung der inneren Organe durch kortikale Verbindungen ist beeindruckend. Bedenkt man, daß er vor vierzig Jahren seine Ergebnisse in Buchform veröffentlichte (2 a), so kann man feststellen, wie weitsichtig sein Kapitel über »Die Bedeutung der kortikalen Regulation für Biologie und Medizin« (2 a) war. Man kann in Anbetracht dessen einige zeitbedingte Subjektivismen der späteren Jahre (vgl. 2 b) ohne weiteres übersehen.

Aus den obigen gesicherten Erkenntnissen erscheint die Annahme einer Kortikalebene als zwingend. Diese Repräsentationen der autonomen, der sensorischen und der motorischen Funktionen im Kortex sind selbstverständlich sehr wichtig. Sie bieten einen morphologischen Anhaltspunkt für die Entstehung der seit der frühesten psychoanalytischen Forschung bekannten Konversionssymptomatik.

Wegen der großen Rolle, die das Kleinhirn bei der Koordination und bei der Regulierung des Muskeltonus u. a. spielt, muß es der Kortikalebene zugerechnet werden. Dennoch kann es bei Einhalten der Ausgangsbedingungen des AT für unseren Zweck als ausgeschaltet betrachtet werden.

Die erwähnten drei Ebenen sind nicht streng getrennt. Es gibt Verbindungen mit Rückkoppelung zwischen ihnen; dies trifft besonders für die Subkortikalebene zu: Keine Information von der Peripherie erreicht den Kortex, ohne zuerst die Instanzen der Subkortikalebene durchgangen zu sein.

Auf diese Verbindung führt *Eccles* (8) zurück, daß die erlebte Anästhesie bei Hypnose, Yoga oder Akupunktur möglich ist. Das Bild dürfte aber etwas komplizierter sein. Den Versuch einer Erklärung werden wir gleich unternehmen.

Die konstante Lokalisation des dynamischen Musters im Kortex

Wir haben oben die Tatsache des Vorhandenseins von dynamischen Mustern erwähnt, die wir aus der Erfahrung der Psychoanalyse und der Oberstufe des AT kennen. Der Begriff Signal der Signale (41), d. h. jenes Gebilde, das jenseits des Wortes oder anderer Signale liegt, mit anderen Worten die Kodierung der Wirklichkeit, die jenseits des Wortes im Kortex enthalten ist, bedeutet immer eine Information. Dies gilt sowohl für konkrete als auch für abstrakte Begriffe, z. B. Freiheit, Gleichheit, Gerechtigkeit und dgl. mehr, die für den Träger immer einen Informationsgehalt bedeuten.

Wo ein beliebiger Begriff A sich im Kortex befindet, kann man nicht sagen, aber die Annahme, daß dieser Begriff immer dieselbe Lokalisation hat, d. h. daß seine Topizität konstant ist, ist als plausibel zu akzeptieren. Ich würde sogar noch weiter gehen und von einer Gesetzmäßigkeit der konstanten Topizität eines Begriffs im Kortex sprechen. Wenn punktförmige Reizung der Oberfläche oder in verschiedenen Tiefen (1) eine spezifische Wirkung beim Erfolgsorgan in der Peripherie zeigt, ist es nicht völlig aus der Luft gegriffen, daß jeder Begriff, konkret oder abstrakt – dieses gilt auch für andere dynamische Muster – einen festen Standort im Kortex hat. Es können sicherlich, räumlich betrachtet, auch mehrere »Orte« einem Begriff entsprechen, aber es sind immer dieselben Orte.

Wir halten also fest, daß für jeden konkreten oder abstrakten Begriff wie Gerechtigkeit, Genauigkeit, Schwere, Wärme usw. ein und dieselbe topische Konstellation im Kortex vorhanden ist und dieser Begriff einen Informationsinhalt bedeutet.

Wie wirkt sich dieser Informationsgehalt auf das Funktionieren des AT aus, oder anders gefragt, wie kann man das Funktionieren des AT in Begriffen der Informationstheorie wiedergeben?

Die Kanäle der Information

Was die Sinnesorgane dem Erkenntnisapparat zuführen, ist lediglich Information.

Wir haben schon gesehen, daß die sechs klassischen Übungen der Grundstufe des AT sechs Gebiete – 1. Muskeln, 2. Gefäße, 3. Herz, 4. Atmung, 5. Leibübung, 6. Kopf – über die Beeinflussung eines Organs oder einer Funktion ansprechen (vgl. Kap. II). Die Reize, die aus diesen Gebieten zum ZNS geführt werden, stellen lediglich Information dar. Durch die

Übungen entsteht eine Änderung bis Aufhebung der Information, die normalerweise über die Sinnesorgane dem Zentralnervensystem zugeführt wird. Es ist auch dargelegt worden, daß nach Ausschaltung des Gesichtssinns und Ausblendung des Gehörsinns einige Kanäle bleiben, die autogen benutzt werden können. Einer dieser Kanäle, der der Herzübung, die dem psychischen Apparat kaum modulierbare Information zuführt und außerdem nicht ungefährlich ist, kann außer Betracht gelassen werden. Ein anderer Kanal, der im Prinzip berücksichtigt, aber ausgeschaltet worden ist, ist der Schmerzkanal. Durch die Einnahme einer bequemen Haltung ist die durch Schmerz zum zentralen Nervensystem geleitete Information ausgeschaltet.

Es bleiben, wie wir gesehen haben, vier Informationskanäle:

1. Informationskanal bezüglich der Körperbewegung (Immobilisierung) (Tiefen- und Oberflächensensibilität)
2. Informationskanal über das Schwereempfinden (Tiefen- und Oberflächensensibilität)
3. Wärmeempfindung und
4. Atmung.

Der Hauptkanal der Information, der Gesichtssinn, ist durch Augenschließen und weil man in einem nicht zu hellen Raum übt, praktisch ausgeschaltet. Bei einigen ostasiatischen Versenkungsmethoden, z. B. beim Za-Zen, ist der Gesichtssinn ebenfalls ausgeschaltet, indem der Übende den Blick auf einer Stelle am Boden, etwa einen Meter von sich entfernt, ruhen läßt. Beim AT und bei der Progressiven Relaxation wird dieser Informationskanal durch Augenschließen abgestellt.

Der zweite Hauptkanal der Information, der Gehörsinn, ist nur zum Teil ausgeschaltet. Zunächst läßt sich durch die Reizarmut der Umgebung und die Monotonie der Formeln die Ausblendung der Informationsquelle für den Erkenntnisapparat erreichen.

Wenn das AT gelernt ist, bleibt lediglich die unmittelbare Umgebung als Quelle von Reizen, die beim Geübten sowieso eine erhebliche Filterung erfahren haben.

Der erste autogen anwendbare Kanal ist der der Wahrnehmung der Bewegung, der über die Ruhetönung angesprochen wird. Diese zielt auf eine vollständige Immobilisierung ab (s. Kap. II).

Der zweite autogen benutzbare Kanal ist der der Schwerewahrnehmung, den wir über die Beeinflussung des Tonus der Muskulatur benutzen.

Dritter autogen benutzbarer Kanal ist der der Wärmeempfindung der Peripherie, die über die Wärmeregulation der Gefäße von der Übung der

Schwere getrennt betrachtet werden muß. Auf diese Selbständigkeit der Wärmeregulation hat *Schultz* schon 1937 hingewiesen (48 a). Er macht aber auch mit Recht darauf aufmerksam, daß durch den verminderten Muskeltonus in der Peripherie beim AT neue Verhältnisse geschaffen werden (48 a), die eine Wirkung auf die Durchblutung der Extremitäten haben müssen. Zu vermerken ist, daß die Frage, ob Vasodilatation durch Minderung der Vasokonstriktion erreicht wird oder ein Vasokonstriktor- und ein Vasodilatatorsystem vorhanden sind, noch nicht einstimmig entschieden ist, obwohl vieles für die zweite Alternative spricht (59). In beiden Fällen ist aber eine kortikale Beeinflussung im Spiel. Zum dritten Kanal, dem Kanal der Wärme, gehört auch die Sonnengeflechtübung und die Stirn-kühl-Übung.

Der Atmung, als viertem Kanal, haben *Schultz* und *Langen* eine große Wichtigkeit in der Vertiefung der Versenkung zuerkannt (vgl. Kap. II) – eine Erkenntnis, die bei den ostasiatischen Meditationstechniken schon seit Jahrtausenden besteht (39). Weitere Vorteile sind die Ungefährlichkeit und die Leichtigkeit, mit der sich die Aufmerksamkeit auf diesen Vorgang fixieren läßt (vgl. Kap. II).

Diese aufgezählten Kanäle sind die einzigen, deren Information zum Erkenntnisapparat autogen beeinflußt werden kann. Deswegen bin ich der Meinung, daß es keine andere naturwissenschaftliche Methode geben kann, die zur Selbstversenkung führt[5], als das AT von *Schultz*; denn alle autogen benutzbaren afferenten Kanäle sind durch die Methode von *Schultz* belegt, und das Hinzufügen von kleinen Änderungen der Formeln wie: Rechter Arm ist strömend warm (*W. Kruse*, in Lindau 1981) oder: Beide Arme, beide Hände sind ganz warm (37) und dgl. mehr stellen im Grunde genommen keine Modifikation des AT dar. Es handelt sich um geringfügige Änderungen des Inhalts. Formal bleibt die Methode untangiert (vgl. Kap. VI). Ferner, benutzt man Lichteffekte oder Musik oder vorgesprochenen Text (Kassette), um die Versenkung zu erreichen, so ist die Übung nicht mehr autogen, weil die dannn benutzten Kanäle – Gesichts- und Gehörsinn – nicht »autogen« benutzt werden können und darüber hinaus heterogene, d. h. fremde Elemente (Musik, Lichteffekte), eingesetzt werden.

[5] Eine Ausnahme macht das Za-Zen der Soto-Schule. Diese japanische Selbstversenkungsmethode, die keine Meditation ist, ist die einzige Versenkungsmethode, die der Grundstufe des AT zur Seite gestellt werden kann. Wie wir in Kap. I gesehen haben, ist die Selbstversenkung keine Zielsetzung der Progressiven Relaxation.

Die organismische Umschaltung als unbedingter Reflex

Wir haben also gesehen, daß über bestimmte Kanäle bei normalem Bewußtsein ein Informationsfluß zwecks Verarbeitung zum zentralen Nervensystem geleitet wird. Auf unsere Gesamtrezeptoren kann eine gesamte Informationsmenge von 10^9bit/Sek. einwirken (21). Es handelt sich um eine Richtgröße, da andere Quellen von ca. 10^7bit/Sek. sprechen (42), andere wiederum von weniger. Einen klaren Überblick über diesen Informationsfluß, quantitativ betrachtet, gibt das Psychostrukturmodell des Gedächtnisses, das von *Peters* (42) dargestellt wird. In Anlehnung an dieses Modell läßt sich die Information, die durch die Übung des AT ausgeschaltet wird, wie folgt abschätzen: Die Sinnesorgane führen dem psychischen Apparat ca. 10^7bit/Sek. zu. Diese Menge Information wird hauptsächlich vom optischen Kanal vermittelt; der akustische Kanal trägt mit 10^6bit/Sek. einen erheblichen Anteil bei. Die Information über die Tiefen- und die Oberflächensensibilität beträgt etwa $4-10^5$bit/Sek.; diejenige über die Wärmesteuerung liefert $5-10^3$bit/Sek. Die Information, die vom Inneren des Körpers (Propiozeptive Sensibilität) oder über den Geruchssinn und den Geschmackssinn geliefert wird, ist vernachlässigbar klein. Bemerkenswert ist aber, daß von dieser Informationsmenge 100–160 bits (21, 42) vom psychischen Apparat ausgewählt werden, da die maximale Informationsmenge, die im Bewußtsein jeweils gleichzeitig präsent sein kann, in etwa dieser Größe entspricht (42).

Auch wenn der Gesichtssinn ausgeschaltet wird, bleibt über den akustischen Kanal, den Kanal der Tiefensensibilität, den Kanal der Oberflächensensibilität und den Kanal der Schmerzempfindung eine Informationsmenge, die trotz ihrer verhältnismäßig kleinen Größe die Versenkung verhindern könnte. Dementsprechend ist es nicht von der Hand zu weisen, daß bei der Übung des AT durch die richtige Einhaltung der Ausgangsstellung und der Begleitbedingungen zur Durchführung der Übung diese Information auf ein Minimum gedrückt wird, so daß sich die Tätigkeit des Ichs, wenn der Versenkungszustand und die organismische Umschaltung erreicht worden sind, lediglich auf das Bejahen oder Verneinen des Versenkungszustandes beschränkt. Man sollte m. E. die für die Ja/Nein-Entscheidung erforderliche Energie von derjenigen unterscheiden, die man braucht, um zum Vorentscheidungsstadium zu gelangen. Die Energie, die notwendig ist, um den Versenkungszustand zu erreichen, ist sicherlich viel größer als 1 bit-Einheit (binary digit, d. h. Binärziffer [45]). Es handelt sich um eine vereinbarte Meßeinheit, um Nachricht zu verschlüsseln. Dabei wird mit einem Binärcode, d. h. mit einem Zweizahlencode, bestehend aus den Zahlen 1 und 0, der Informationsgehalt anhand von Ja/Nein-Entscheidungen gemessen. Ein bit ist der Informationsgehalt einer solchen Ja/Nein-Entscheidung. Einige Autoren nennen die Arbeit, die notwendig ist, um beim menschlichen Gehirn diese Entscheidungsfrage, dieses Bejahen oder Verneinen, durchzuführen, »biologisches Informationsquantum (B. I. Q.)« (25). Ein B. I. Q. erfordert die Verarbeitung von vielen hundert bits (25).

Für unsere Betrachtungen genügt es aber, im Auge zu behalten, daß die Informationsmenge, die in das Bewußtseinsfeld fließt, minimal sein muß, damit die Versenkung geschehen kann. Ferner sollte man noch ergänzen, daß diese minimale Information konstant, d. h. monoton, sein muß.

Bei Bewußtsein fließen also etwa 10^7-10^9bit/Sek. zum Zentralnervensystem (21, 42). Davon gelangen nur etwa 16 bit/Sek. (42) ins Bewußtseinsfeld, wo im Kurzspeicher, wie oben gesagt, lediglich 100–160 bits gleichzeitig sein können. Die autogene Übung drosselt den Informationsfluß von 10^7-10^9bit/Sek. auf minimale Werte herunter. Aber die Menge, die im Bewußtseinsfeld (Kurzspeicher) verweilt, bleibt unverändert; deswegen kann man in der Versenkung das Geschehen in der Umgebung gut wahrnehmen. Die einzige Größe, die sich drastisch geändert hat, ist der Informationsfluß. Damit die Versenkung stattfinden kann, ist also dafür zu sorgen, daß dieser Informationsfluß ($\frac{dI}{dt}$, Information »I« in Abhängigkeit von der Zeit »t«) klein und konstant, d. h. monoton, ist. Diese Bedingungen lassen sich leicht durch folgende Gleichungen ausdrücken:

$$\frac{dI}{dt} = K \qquad \text{(i),}$$

wobei K klein ist; ferner muß auch, um die Bedingung der Konstanz des Informationsflusses (Monotonie) zu gewähren, die zweite Differentiale der Information in Abhängigkeit von der Zeit gleich Null sein:

$$\frac{d^2I}{dt^2} = O \qquad \text{(ii).}$$

Ist der Informationsfluß minimal und keiner Schwankung unterworfen (Gesetz der Monotonie; vgl. Kap. II), d. h. sind die Gleichungen (i) und

(ii) erfüllt, so tritt physiologisch der Versenkungszustand ein. Wenn die Hauptinformationsquelle: die Information über den Gesichtssinn und über die anderen Kanäle: Gehör-, Tiefen- und Oberflächensensibilität, Geruch, Geschmack ausgeschaltet ist, entsteht ein Bewußtzustand der minimalen Afferenzinformation (BZMAI), der sich einstellt, sobald der Informationsfluß, sprich Reizfluß, im Bewußtsein unter eine gewisse Grenze gedrosselt wird. Der BZMAI entspricht zum Teil den amerikanischen a. s. c. (altered states of consciousness), schließt aber die durch Drogen produzierten Zustände nicht ein (vgl. Kap. I). Wie wir gleich sehen, wird der BZMAI physiologisch von einer organismischen Umschaltung begleitet.

Die obigen Darlegungen erlauben die Erklärung von bekannten klinischen Fakten. In den Beschreibungen von *Pawlow* (41) z. B. sind alte klinische Beobachtungen geschildert: So war ein Patient lediglich durch den Geruchssinn und die Muskelsensibilität einer Hand mit der Umwelt verbunden. Dieser Patient schlief fast während der ganzen Zeit, weil der Reizfluß von der Umwelt zu gering war. Mitarbeiter von *Pawlow* hatten auch bei Hunden beobachtet (41), daß sie, wenn der Informationsfluß durch künstliche Trennung der Nasen-, Augen- und Ohrenrezeptoren unterbrochen war, in einen schläfrigen Zustand verfielen, den man auch als Versenkungszustand bezeichnen kann.

Wenn man die obigen Beobachtungen zugrunde legt, scheint es, daß nach Drosselung der Information zunächst ein Versenkungszustand eintritt, d. h. ein BZMAI (s. o.), und diesem Zustand eine organismische Umschaltung automatisch folgt. Es handelt sich m. E. um einen unbedingten reflektiven Vorgang. Ganz ähnlich verhält es sich beim Speichelfluß, wenn der Hund Futter sieht. Der Speichel fließt, nachdem der Hund die Information über den Geruchs- oder Gesichtssinn vom Fleisch her bekommen hat. Der Hund erhält positive Information. In unserem Fall, beim AT, wird die Information gedrosselt, und wenn diese Information unter ein bestimmtes Niveau fällt, d. h. wenn der Versenkungszustand erreicht ist, tritt automatisch, d. h. reflektorisch, die organismische Umschaltung ein: es handelt sich um einen physiologischen Vorgang. Mit dieser Umschaltung stellt sich der Körper reflektorisch von einer Phase der Aktivität auf eine der Erholung um. Dieser Zustand ist der schon des öfteren erwähnte, der sich nicht nur beim AT, sondern auch bei der Hypnose und bei anderen hypnoiden Verfahren einstellt. Beim AT allerdings ist der Trainierende durch eine Konditionierung, d. h. durch eine erstellte Bahnung, wie wir gleich sehen werden, in der Lage, diesen Zustand selbst hervorzurufen und wieder zurückzunehmen, während bei der Hypnose der Hypnotisierte, weil ihm die oben erwähnte Bahnung fehlt, auf die Mitwirkung des Hypnotiseurs angewiesen ist, um diesen Zustand verlassen zu können.

Bevor versucht wird, in das Modell über die Vorgänge im Kortex einzugehen, ist ein interessanter Gedanke zu erwähnen, obwohl die jetzigen Überlegungen unabhängig von ihm entstanden sind. *King* (22) hat die These aufgestellt, daß der konditionierte Reiz ein Bild des unbedingten Reizes produziert und dieses Bild dann Ursache des bedingten Reflexes ist. Er erwähnt auch andere Autoren, die versucht haben, die Theorie der klassischen Konditionierung zu ergänzen. M. E. wird aber kein neues Bild des unbedingten Reizes produziert. Das Bild, wie wir gesagt haben, der Begriff des unbedingten Reizes, ist schon im Kortex gespeichert. Auch das Bild bzw. die begriffliche Kodierung des konditionierten Reizes (CS) ist im Kortex gespeichert worden. Es hat sich aber eine Bahnung in Form einer zeitweiligen Verbindung vom Bild des konditionierten Reizes zu dem unbedingten Reflex, sprich dem dynamischen Muster des unbedingten Reflexes, gebildet. Der konditionierte Reiz, wenn die Konditionierung stattgefunden hat, bedeutet nunmehr lediglich Information, die in die Erregungsbahnen des unbedingten Verhaltensmusters (Reflexes) einfließt.

Diese Gedankengänge wollen wir anhand des Erlebens beim AT näher erläutern.

Die Vorgänge im Kortex. Das AT als Leistung des Ichs

Das Ich im Versenkungszustand, d. h. in dem Zustand, da der Informationsfluß unter Beibehaltung des Bewußtseins auf ein Minimum reduziert worden ist, setzt die Formel ein: »Rechter Arm ist schwer«. Die für den rechten Arm und die Schwere angesprochenen »dynamischen Muster«, die aus Kombinationen von Modulen oder Teilmodulen bestehen, werden erregt und gehemmt; es stellt sich aber eine Bahnung her zwischen einerseits assoziativem Feld (dort, wo im Kortex der Begriff Schwere seinen festen Standort hat) und andererseits sensorischem und motorischem Feld des Kortex. Eine Bahnung zwischen »Ich-Instanz« und diesem dynamischen Muster (z. B. »Mein rechter Arm ist schwer«) ist bereits vorhanden, wie dies auch zwischen Ich und jedem ihm bewußten Begriffe der Fall ist. Träfe das nicht zu, wäre das Ich nicht in der Lage, zwischen den vielen tausend gespeicherten Begriffen, die es normalerweise zur Verfügung hat, zu wählen. Solche Bahnung ist auch bipolar, d. h. mittels Regelkreis. Es sei wiederholt: Eine Bahnung besteht zwischen Ich und jedem bewußten Begriff. Bei vergessenen Begriffen, sprich unbewußten dynamischen Mustern, ist sie verlorengegangen. Zielt doch oft die analytische Arbeit auf die Wiederbelebung, auf die Wiederherstellung solcher verlorengegangenen Bahnungen . . .!

Die Gesetzmäßigkeit der konstanten Lokalisation der Kodierung der Wirklichkeit im Kortex besagt, daß jeder Begriff, sprich jede Kodierung, z. B. Tisch, Gerechtigkeit usw. . . . einen festen Ort im Kortex hat. Dieses ist so, auch wenn diese Kodierung »falsch« ist; was erklärt, warum die alten autohypnoiden Methoden des religiösen Lebens ähnliche Wirkung wie das AT zeigten. Es ist auch das Ich, das die Bahnung zwischen »falschem Begriff« und Wirkungsorgan herstellt. Hier zeigt sich ein Anhaltspunkt mehr, um von der Relativität unseres Erkennens zu sprechen und von ihren Folgen: Sekten, Schulenbildung in der Psychotherapie und dgl. mehr (vgl. Kap. I). Aber die Tatsache der konstanten Lokalisation des dynamischen Musters, d. h. des festen Standortes eines Begriffes im Kortex, erlaubt die Schlußfolgerung, wie wichtig die Erziehung des Kindes zu Grundwerten ist, was man im Abendland in den letzten 30 Jahren zu oft vergessen hat. Der Mensch wird nicht mit solchen Grundwertbegriffen geboren: Er erwirbt sie im Laufe seiner Entwicklung, zu oft aber leider auch nicht. Sind sie erworben, haben sie einen festen Standort in seinem Kortex. Die Gesamtheit der dadurch entstehenden Strukturen könnte man Über-Ich nennen.

Die Verbindungen zwischen sensorischen und motorischen Feldern, wovon oben die Rede gewesen ist, vielmehr zwischen Repräsentation des Armes, z. B. im sensorischen und motorischen Feld, geschehen ebenfalls mittels der bipolaren Einheiten, die wir schon erwähnt haben. Es wird durchdie Bahnung zum assoziativen Feld Information in den hemmenden Schenkel gespeist, die der Schwere entspricht. Die folgenden Bilder (Abb. 13 und 14) stellen ein Schema des Geschehens dar. Es handelt sich um eine rein schematische Darstellung. Ein Versuch präziserer Darlegung würde nichts bringen; zumal sie eine Genauigkeit vortäuschen würde, die sie nicht haben kann.

Zugrunde gelegt die These der gleichzeitigen oder beinahe simultanen Erregung und Hemmung, wobei einige Millisekunden zwischen Eintreten der Erregung und Auftreten der Hemmung verstreichen, wäre das Funktionieren des AT wie folgt zu erklären.

Man betrachte zunächst den Vorgang Spannung/Entspannung ohne unmittelbare Ich-Beteiligung, d. h. im Geschehen des Alltags (s. Abb. 13). Es muß angenommen werden, daß die Kontraktion eines Muskels innerhalb eines Systems Kontraktion/Nicht-Kontraktion oder Spannung/Nicht-

Spannung (im ZNS) geschehen muß, weil ein hemmender Nerv in der Skelettmuskulatur nicht beobachtet worden ist (10). Die Abb. 13 zeigt den Vorgang auf: Aus der bipolaren Einheit im motorischen Areal läuft Erregung, sprich Information, zum Erfolgsorgan (Arm). Die Rückmeldung könnte erfolgen wie im Bild dargestellt.

In Abb. 14 ist der Vorgang Spannung/Entspannung beim AT dargestellt. Es stellt sich mittels der Übung (Ich-Leistung) eine Bahnung her zwischen dem Begriff »Schwere«, der immer ortsgebunden ist, und der sensorischen Armrepräsentation. Die aus der Peripherie fließende »Schwereinformation« und die über den Begriff »Schwere« eingespeiste Information fließen zur motorischen bipolaren Einheit. Diese Information fließt in den Nicht-Spannung/Spannung-Schenkel. Es bedeutet eine Zunahme der Hemmung im Hemmungsschenkel, was durch Rückkoppelung zu einer Abnahme der Spannung im Spannungspol führt. Die Erregung in Richtung Peripherie nimmt ab; dies führt zu einer Abnahme der Kontraktion in der Peripherie: dieser Abnahme entspricht Schwerezunahme (s. Kap. II).

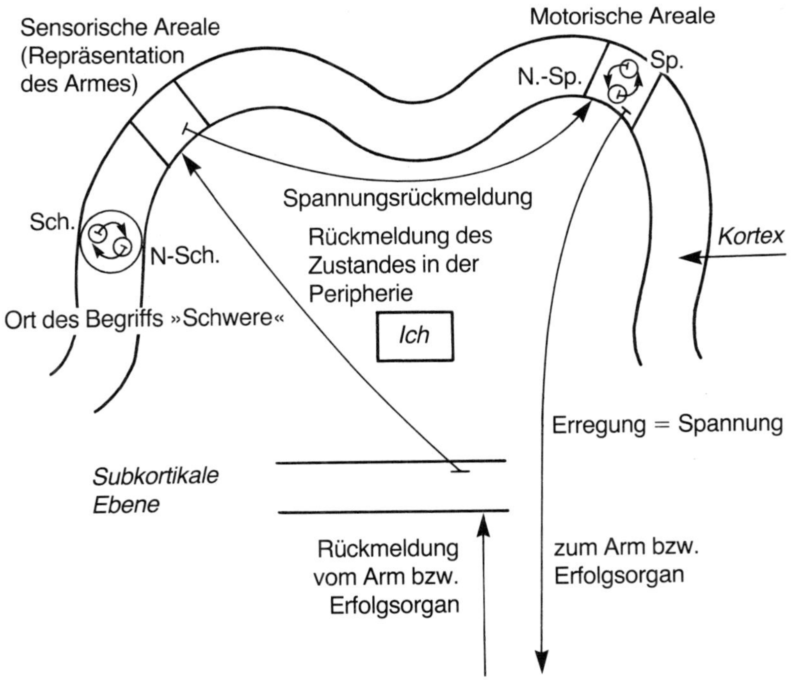

Abb. 13: Das Diagramm zeigt den Vorgang Spannung/Entspannung ohne unmittelbare Ich-Beteiligung. Sch. = Schwere; N-Sch. = Nicht-Schwere; Sp. = Spannung . . . Siehe auch Text.

In ähnlicher Weise kann der Vorgang beim Erleben der Wärme oder der anderen Parameter erklärt werden; haben doch sämtliche autonomen Funktionen ihre Repräsentation im Kortex.

Im allgemeinen besteht bei Inaktivität ein Potentialgleichgewicht zwischen den beiden Schenkeln der bipolaren Einheiten. Wie schon gesagt, geschieht ein beliebiger Vorgang über mehrere Einheiten, die dem Gesetz der Erregung/Hemmung gehorchen. Die Einheiten können in Serien oder parallel geschaltet sein. Was durch die Übung geschieht, ist eine Einspeisung von Information in Schenkel H, die zu einer Stärkung des »entspannenden«, d. h. hemmenden Schenkels führt. Diesen Vorgang haben wir, wie oben angegeben, moduläre Verstärkung beim AT genannt.

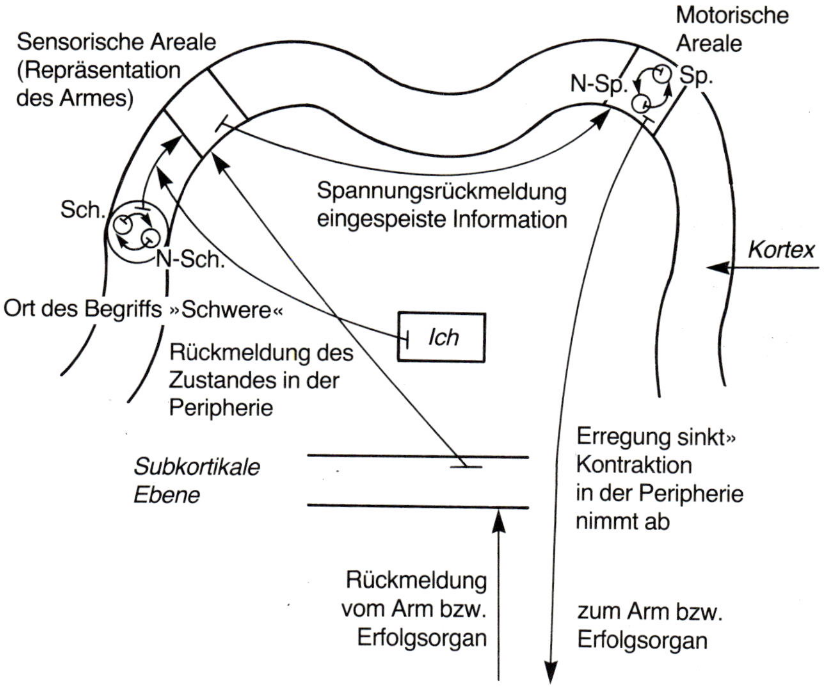

Abb. 14: Das Diagramm zeigt den Vorgang Spannung/Entspannung mit unmittelbarer Ich-Beteiligung. Sch. = Schwere; N-Sch. = Nicht-Schwere; Sp. = Spannung . . . Das Ich erstellt im Kortex eine Bahnung zwischen dem Begriff »Schwere« und der Repräsentation des Armes. Die durch den Begriff »Schwere« eingespeiste Information fließt zusammen mit der Informationsrückmeldung zur bipolaren Einheit der motorischen Areale für den Arm im Kortex. Dadurch überwiegt die Nicht-Spannung gegenüber der Spannung, so daß die Erregung in Richtung Peripherie sinkt, was zur Entspannung führt. Siehe Text.

Der Unterschied zwischen AT und Hypnose ist – das sei noch einmal betont –, daß bei der letzteren Methode das Ich keine Möglichkeit hat, eine sofortige Bahnung aufzubauen, um den Informationsfluß zu beeinflussen, die später die Rücknahme ermöglicht.

Die Bahnung wird durch Übung der jeweiligen Formel erreicht; allerdings soll weiterhin betont werden, daß der gleichzeitige Informationsfluß auf ein Minimum reduziert werden muß, d. h. die Bahnung in der Versenkung geschehen muß, damit die nicht nötige Information ausgeschaltet wird und die Bahnung sich optimal entwickeln kann. Dies ist notwendig, weil die Informationsmenge, die der psychische Apparat pro Sekunde aufnehmen und die gleichzeitig im Bewußtsein sein kann, begrenzt ist.

Ist die Bahnung erstellt, so kann das Ich den Informationsfluß jeweils ändern und die Rücknahme ermöglichen, die im Grunde genommen nur eine Überflutung des psychischen Apparates durch muskuläre oder okuläre Reize darstellt.

Die obige Erklärung gilt auch bei Menschen, die über längere Zeit mit hypnoiden Verfahren behandelt worden sind. Nach und nach läßt sich auch hier eine derartige Bahnung herstellen, wie *O. Vogt* beobachtet hatte.

Das dargelegte Modell läßt deutlich ersehen, daß die Leistungen des AT Leistungen des Ichs sind.

Eine Definition des Autogenen Trainings

Es ist festzuhalten, daß in der wissenschaftlichen Auffassung des AT seit dem Tode von *J. H. Schultz* eine Auslegung aufgetreten ist, die nach Meinung des Verfassers zu verschiedenen Konzeptionen führen kann.

In den ersten Auflagen (48 a) stellte *Schultz* »Entwicklung und Sinn des Verfahrens« so vor:

»Im folgenden soll versucht werden, das von mir begründete Verfahren des *autogenen Trainings* vom klinischen Standpunkt aus eingehend darzustellen. *Das Prinzip der Methode ist darin gegeben, durch bestimmte physiologisch-rationale Übungen eine allgemeine Umschaltung der Versuchsperson herbeizuführen, die in Analogie zu den älteren fremdhypnotischen Feststellungen alle Leistungen erlaubt, die den echten suggestiven Zuständen eigentümlich sind.*«

In den späteren Auflagen (48 b) schiebt er einen Satz ein:

»Im folgenden soll versucht werden, das von mir begründete Verfahren des *autogenen Trainings* vom klinischen Standpunkt aus eingehend darzustellen. Ein vom Selbst (autos) sich entwickelndes (gen = werden) und das Selbst gestaltendes systematisches Üben, »Training«, soll der Name – philologisch tadelnswert! – kennzeichnen. *Das Prinzip der Methode ist darin gegeben, durch bestimmte physiologisch-rationale Übungen eine allgemeine Umschaltung der Versuchsperson herbeizuführen, die in Analogie zu den älteren fremdhypnotischen Feststellungen alle Leistungen erlaubt, die den echten suggestiven Zuständen eigentümlich sind.*«

Das durch Kursivschrift Hervorgehobene änderte sich aber nicht.

Es gibt in den obigen Sätzen von *Schultz* Ansatzpunkte, die für die beobachtete Entwicklung in der Auffassung des AT wahrscheinlich eine Rolle gespielt haben. Der Verfasser führt die Entwicklung zurück auf die Betonung des »Selbst«, einer Entelechie, was nach dem Tode von *Schultz* zu einer Verschiebung des Schwerpunktes von den »Übungen« auf die Automatizität der Vorgänge in der Psyche geführt hat. Auf diese Entwicklung ist in diesem Buch schon mehrfach vom Verfasser aufmerksam gemacht worden. Dabei dürfte der Einfluß von *W. Luthe* maßgebend gewesen sein. Im ersten Band seiner »Autogenic Therapy«, den er zusammen mit *J. H. Schultz* veröffentlichte (48 c), werden die Psychoautomatismen in den Vordergrund gerückt und die »Icharbeit«, das Üben, das in der *Schultz*schen Konzeption Vorrang hat, zurückgestellt: »In einem breiteren methodologisch orientierten Sinne umfaßt der Begriff »autogen« auch die günstigen therapeutischen Konsequenzen, die im Zusammenhang mit der Tatsache stehen, daß der Patient weitgehend die Verantwortung trägt für die Durchführung seiner eigenen Behandlung, indem er bestimmte geistige Übungen ›Training‹ regelmäßig durchführt, ... « (48 c). (Übers. d. Verf.).

Was am Anfang bei *Schultz* im Vordergrund stand, »bestimmte physiologisch-rationale Übungen«, ist jetzt sekundär geworden; und dies, obwohl die oben in Kursivschrift wiedergegebenen Sätze von *J. H. Schultz* in den früheren wie in späteren Auflagen kursiv gedruckt blieben (48 a, 48 b).

Das Aufdecken solcher Konzeptionen, die im Widerspruch zur Lehre von *Schultz* stehen, hat den Verfasser zu der Konzeption des Prinzips Autogen geführt und zum Hervorheben des Aspekts des AT als Werkzeug im Dienste des Ichs, eine Konzeption, die er mit *D. Langen* teilte.

Anhand der in diesem Kapitel dargelegten neuromorphologischen, physiologischen und kybernetischen Ansätze und Überlegungen scheint es sinnvoll, eine naturwissenschaftliche Definition des AT zu erwägen, die seiner Natur und der Konzeption seines Begründers gerecht wird: »Das Autogene Training von *J. H. Schultz* ist in seiner Grundstufe die naturwissenschaftliche Selbstversenkungsmethode, die durch Drosselung des Informationsflusses zum Zentralnervensystem über die einzigen durch das Ich unmittelbar beeinflußbaren Informationskanäle: Immobilisierung, Schwere-, Wärme-, Atmungserlebnis, eine sich automatisch einstellende organismische Umschaltung ermöglicht.«

Die Bedeutung der einzelnen Begriffe dieser Definition läßt sich aus den vorigen Kapiteln entnehmen. Lediglich der Begriff »organismische Umschaltung« bedarf hier – auch wenn später noch einiges betont wird – einer Präzisierung. *O. Vogt* benutzte ihn bei seinen Versuchspersonen, um den Übergang von einer Aktivitäts- auf eine Ruhephase zu bezeichnen (s. S. 17). *J. H. Schultz* (48a, 48b) übernahm den Begriff, sprach aber von »organismische Umschaltung«, weil er die von ihm bei der Umschaltung beobachteten Fakten nicht als »psychologisch«, sprich als rein »suggestiv«, d. h. ohne objektive Basis, beurteilen konnte. Die Umschaltung beim AT ist ein Naturphänomen, dessen Folgen der Wiederholbarkeit und Nachprüfbarkeit zugänglich sind. Es handelt sich allerdings um einen Vorgang, der autogen, d. h. von selbst, von jedem, der einen Versenkungsvorgang erlernt hat, in Gang gesetzt werden kann. Bei einem solchen Vorgang stellt sich der Körper von einem »Aktivitätsprogramm« auf ein »Ruheprogramm« mit den entsprechenden vegetativ und stoffwechselbetreffenden Folgen um, die auf Energieeinsparung, sprich Erholung, hinzielen. Dieser psychoneurovegetative Vorgang geschieht automatisch, sobald der Informationsfluß zum ZNS gedrosselt wird; und es ist diese Automatizität, die mich veranlaßt hat, bei der Umschaltung von unbedingtem Reflex zu sprechen.

Die obige Definition des Autogenen Trainings gilt, wie gesagt, nur für die Grundstufe des AT. Was darüber hinaus kommt, ist Überbau, der anhand der hervorgerufenen Selbstversenkung möglich wird: Oberstufe, Einsatz von Formelsatzbildungen usw. Dieser Überbau ist aber selbstverständlich der AT-Arbeit zuzurechnen, wie wir in Kapitel IV sehen werden.

IV
Die AT-Arbeit in der Psychotherapie: Psychoanalyse/ Verhaltenstherapie. AT und Meditation. AT und naturwissenschaftliche Medizin: Psychiatrie/somatische Medizin

Die Beziehungen des AT zu den beiden Methoden, der Progressiven Relaxation und der Sophrologie, sind schon behandelt worden. Es geht in diesem Kapitel zum einen darum, die AT-Arbeit in der Psychotherapie, d. h. das AT als psychotherapeutische Methode und seine Beziehungen zu anderen psychotherapeutischen Methoden in der Medizin zu betrachten und zum anderen um das AT in der Psychiatrie und in der somatischen Medizin. Dabei muß zwangsläufig auch die Frage der Beziehung des AT zu den Meditationstechniken behandelt werden.

Natürlich ist nicht beabsichtigt, die verschiedenen Methoden, die wir erwähnen, zu beschreiben. Selbst einen Einblick in die zahlreichen analytischen oder verhaltenstherapeutischen Verfahren zu verschaffen wäre unmöglich. Der interessierte Leser möge sich an die entsprechende Spezialliteratur wenden (71, 72, 54, 50, 64, 77, 81, 82, 83 u. a., von der unübersehbaren Menge an spezialpsychoanalytischer Literatur nicht zu sprechen). Vielmehr wird versucht, eine Analyse dieser Methoden durchzuführen, um ihren Charakter und Ähnlichkeiten aufzudecken und ihre Beziehungen zur Grundstufe des AT hervorzuheben.

Gemeinsame Grundbedingungen aller psychotherapeutischen Methoden

Wenn wir von psychotherapeutischen Methoden sprechen, meinen wir die in der Schulmedizin anerkannten, also die medizinischen psychotherapeutischen Methoden. *Langen* und der Verfasser haben diese medizinische Psychotherapie einmal als logischen und natürlichen Bestandteil der Psychiatrie bezeichnet (43); denn eine Psychiatrie ohne Psychotherapie ist nicht denkbar.

U. H. Peters hat versucht, die gemeinsamen Grundbedingungen aller Psychotherapien – damit man von einer psychotherapeutischen Methode sprechen darf – darzustellen. Hierzu zählt er:

»1. Es muß ein strukturiertes Verfahren (Technik) vorhanden sein.
2. Patient *und* Therapeut müssen von der Richtigkeit und evtl. Einzigartigkeit der Methode überzeugt sein.
3. Die Vorgänge bei der Behandlung müssen durch eine Theorie (›Philosophie‹) erklärt werden.
4. Die Persönlichkeit des Psychotherapeuten ist einer der wesentlichen Faktoren für den Erfolg der Therapie.
5. Es gibt eine jeweils besondere therapeutische Beziehung zwischen Arzt und Patient, Berater und Klient (Rapport oder Übertragung-Gegenübertragung genannt).
6. Unduldsamkeit gegenüber anderen, durch die eigene ›Philosophie‹ nicht gedeckte Verfahren.
7. Schließlich ist es für den Erfolg einer neu eingeführten Methode nützlich, wenn sie eine Frontstellung gegenüber der offiziellen Medizin oder Schulmedizin einnehmen kann« (59, 60).

In der Tat, untersucht man die modernen Psychotherapiebewegungen, angefangen bei der Psychoanalyse, dann sieht man, daß die obigen Grundbedingungen, abgesehen von kleinen Pointen, ohne weiteres zu finden sind. Aber obwohl solche Grundbedingungen notwendig sind, um von Psychotherapie zu sprechen, reichen sie dennoch nicht aus, um von medizinischer Psychotherapie sprechen zu können; sind doch alle diese Grundbedingungen auch bei den Verfahren der Naturvölker und der alten Religionen zu finden. Die Psychotherapie ist in der Entwicklung der Menschheit viel älter als die Somatotherapie. In den alten Techniken der Naturvölker beobachtet man auch ein strukturiertes Verfahren, ein sehr strenges sogar, das gelernt und gelehrt wird. Beide, Patient und Therapeut, sind absolut von der Wirkung und Richtigkeit der angewandten Verfahren überzeugt. Die Vorgänge werden rationalisiert – allerdings nicht, wie wir im Abendland rationalisiert haben –; sie bieten aber eine der jeweiligen Kultur angepaßte Erklärung, d. h. eine ›Philosophie‹; die Persönlichkeit des Schamanen oder des Priesters ist überragend und wesentlich für den Erfolg der Therapie. Ferner gibt es selbstverständlich eine sehr große Unduldsamkeit bis Intoleranz gegenüber den anderen ›Philosophien‹.

Die Pointe, die in der 7. Grundbedingung enthalten ist, trifft nur bedingt für die archaischen Kulturen zu. Aber auch die unter religiösem Namen im Laufe der Menschheitsgeschichte aufgetretenen »Heilsbewegungen« sind psychomorphologisch und psychodynamisch auf einen gemeinsamen Nenner zu bringen. Hier hat wohl auch eine gewisse Frontstellung gegenüber etablierten Organisationen dem einzelnen oft Nutzen gebracht. Solche Bewegungen sind in der mosaischen wie auch in der christlichen oder islamischen Religion zu beobachten und nicht nur hier; studiert man den Werdegang des Buddhismus, lassen sich die gleichen Phänomene zwei oder drei Jahrhunderte v. Chr. beobachten, die wir bildhaft in der Entstehung der Psychoanalysenbewegung und deren wiederholter Spaltung beobachten können (46).

Die von *Peters* geforderten Grundbedingungen sind also notwendige, aber nicht ausreichende Bedingungen, um von einer naturwissenschaftlich-medizinischen Psychotherapie sprechen zu können.

Eine Definition der Psychotherapie

Die Schwierigkeit beginnt bekanntlich, wie *Wallnöfer* schreibt (79), mit der Definition der Psychotherapie. Die Forderung im Kreise von *J. H. Schultz* und aus anderen psychotherapeutischen Richtungen, als Psychotherapie lediglich die Behandlung mit psychischen Mitteln zu betrachten, »worunter sehr wohl die Lösung aktueller wie tiefer in der Persönlichkeit wurzelnder Probleme gemeint ist« (79), trifft zu, ist aber nicht konkret genug, da auch einige seelsorgerische Richtungen nur mit »seelischen Mitteln« arbeiten; man kann hier aber nicht von Psychotherapie im medizinischen Sinne sprechen.

Trotz der Schwierigkeit, die eine Definition impliziert, und ohne in Einzelheiten zu gehen, legen wir die folgende Definition der medizinischen Psychotherapie unseren Überlegungen zugrunde:

»Psychotherapie ist jener Teil der Medizin, der aus dem Ganzen der Maßnahmen besteht, die, auf der Kenntnis der Struktur und Dynamik der Psyche basierend, erklärend und verstehend das Verhalten eines leidenden Menschen so beeinflussen können, daß, die Selbständigkeit möglichst gewährend, sein Zusammenleben mit sich selbst und mit den Mitmenschen möglich ist« (12).

Die Technik des AT in seiner Gesamtheit betrachtet, d. h. Grundstufe und sogenannte Oberstufe in der Vielfalt ihrer Erscheinungen, erfüllt diese Anforderungen.

Als Psychotherapie können also medikamentöse oder andere in der Nervenheilkunde angewandte apparative Maßnahmen nicht gelten. Die Tatsache, daß eine psychotherapeutische Methode oft mit Medikamenten unterstützt wird, ändert an dieser Aussage nichts. Auch die Ratschläge z. B. eines Seelsorgers sind keine medizinische Psychotherapie, selbst wenn sie manchmal einen therapeutischen Wert besitzen können, wie wir oben geschrieben haben. Bei solchen Ratschlägen überwiegt der Inhalt sehr stark gegenüber der Form. Hier wird manchmal jede psychomorphologische und -dynamische Kenntnis umgangen (»by-passed«), die einer naturwissenschaftlich-medizinischen Psychotherapie eigen ist.

Die Psychoanalyse als erste Methode der medizinischen Psychotherapie

Die erste Methode, die den obigen Anforderungen entsprach, ist die Psychoanalyse von *Freud*.

Die Hypnose als Methode, die gelernt und gelehrt werden muß, ist sicherlich älter als die Psychoanalyse; hat doch *Freud* seine Berufslaufbahn zuerst als Hypnosearzt angefangen und in der deutschen Fachwelt die Lehre *Bernheim*s durch Übersetzung bekannt gemacht. Die Hypnose galt aber und gilt noch immer als pragmatisches Verfahren, das allerdings auf einer so starken experimentellen Grundlage basiert, daß sie aus dem Repertoire der Medizin nicht mehr wegzudenken ist, weil sie eine »auf keinem anderen Wege zu erzielende therapeutische Tiefenwirkung sowohl nach der körperlichen wie nach der psychischen Seite hin in sich schließt« (29). Es ist Forschern wie *O. Vogt* und seinen Mitarbeitern, *Brodmann* (6), *J. H. Schultz* (68), *E. Kretschmer* (29), *D. Langen* (35, 37), *B. Stokvis* (74, 75) u. a. in Westeuropa – ohne das Verdienst der amerikanischen und russischen Forschung zu vergessen – zu verdanken, daß, wie *E. Kretschmer* schreibt, das »Gold aus der alten Schlacke«, die die Hypnose begleitete, herausgeholt wurde (29). Eine Theorie der Hypnose ist aber noch nicht gelungen. In Kap. III habe ich versucht, einige morphologische und kybernetische Ansätze aufzuzeigen, die auch als Grundlage für eine Theorie der Hypnose dienen können. Die experimentelle Basis der hypnoiden Verfahren fängt erst nach dem Ersten Weltkrieg an, Gestalt zu gewinnen. Wie bereits oben gesagt, hatte man die Wirkung der hypnoiden Verfahren auf manche physiologische Parameter schon Ende des 19. Jahrhunderts beobachtet. Eine Strukturierung der beobachteten Phänomene konnte jedoch bis in die zwanziger Jahre dieses Jahrhunderts nicht gelingen.

Dementsprechend stellt die Psychoanalyse von *Freud* die erste psychotherapeutische Methode dar, die den obigen Anforderungen genügt, um in der naturwissenschaftlichen Medizin einen Platz zu erhalten. Dabei ist es nicht notwendig, das gesamte Lehrgebäude der Psychoanalyse als »Corpus doctrinae« zu akzeptieren.

Prinzip der psychischen Determiniertheit und Kausalität. Umweltwirkung und Konstitution

Von dem Prinzip der im 19. Jahrhundert angenommenen Determiniertheit ausgehend (62), gelang es *Freud*, durch die Methode der Freiassoziierung ein Verfahren zu entwickeln, das die ersten Einblicke in die Psyche des Menschen verschafft.

Auch wenn das Prinzip der psychischen Determiniertheit nicht in dem Maße gilt, wie die Psychoanalytiker wahrhaben wollen, ist die Methode der Assoziierung zweifelsohne ein geeignetes Werkzeug, um Einsicht in die Psyche zu bekommen. Behauptungen aber wie: »In Wirklichkeit ist bei psychischen Phänomenen ein solches Fehlen kausalen Zusammenhanges genauso unmöglich wie bei physischen« (5) sind heute auch in der Physik bei Mikrophänomenen nicht mehr geläufig. Dort hat die statistische Betrachtungsweise die starre mechanistische längst ersetzt.

Die Annahme des starren Prinzips der Determiniertheit der Psyche hat m. E. bei den psychoanalytischen Theoretikern dazu geführt, daß sie immer meinen, kausal zu behandeln. Die moderne Forschung, auch unter den Psychoanalytikern, hat sich von der Auffassung distanziert, daß ein Patient *nur* durch Einsicht in die eigenen psychischen Vorgänge oder durch Verarbeitung seiner Konflikte in der Übertragung (56) geheilt werden kann. Für manche ist es wohl nicht nötig, für andere aber unerläßlich.

Es tut not, in der Medizin eine Untersuchung des Begriffs der Kausalität zu unternehmen, da weder in der somatischen noch in der psychologischen Medizin das starre mechanistische Denken des 19. Jahrhunderts in dem Maße gelten kann, wie damals angenommen wurde, und somit läßt sich leicht folgern, daß die Annahme der psychischen Determiniertheit nicht verabsolutiert werden darf.

Zu der alten Frage der Kausalitätsannahme in der psychoanalytischen Theorie, die zu der Meinung geführt hat, daß nur anhand der Psychoanalyse dauerhafte therapeutische Erfolge erreicht werden können, haben viele Autoren Bedenken geäußert (10, 19, 84 u. a.) oder auf die Schwierigkeit hingewiesen, »ursächliche Therapie« in der Psychotherapie zu treiben (80). Diese Frage ist allerdings eng gekoppelt mit Problemen der Erkenntnistheorie. Die erkenntnis-apparatbedingte Relativität des Kausalitätsurteils sollte bei der Beurteilung der Kausalitätsannahme im allgemeinen berücksichtigt werden, und zwar nicht nur die Relativität des Kausalitätsurteils des Arztes, sondern auch die des Kausalitätsurteils des Patienten.

Ein anderer Gesichtspunkt ist ebenfalls ins Auge zu fassen. Für die Entwicklung einer psychischen Störung sind Faktoren zu berücksichtigen, die keineswegs immer erworben sein müssen. *E. Kretschmer*s Einwand, daß die Psychoanalyse bei der Entstehung einer psychischen Störung zu stark die Umweltwirkung betont und die Konstitution vernachlässigt (28), hat immer noch Geltung.

Verwechselung von Psychoanalyse und Psychotherapie

Die Tatsache, daß die psychoanalytische Lehre die erste rationale psychotherapeutische Lehre ist, hat zu Begriffsverwirrungen geführt, wie z. B. zur Verwechslung von Psychotherapie und Psychoanalyse. Eine Erklärung der Entstehung dieser Verwirrung wird im folgenden unternommen. (Der Verfasser greift auf Gedankengut zurück, das a. a. O. unter einem unzutreffenden Titel erschienen ist (45). Der damals von ihm konzipierte Titel »Überwindung der zwanziger Jahre« deutete auf die Überwindung des Streits zwischen Psychiatrie und Psychoanalyse in den zwanziger Jahren hin.)

Zunächst ist festzuhalten, daß das Wort »Psychoanalyse« zwei Bedeutungen hat. Sie steht zunächst für Psychodiagnostik. Hier muß lediglich betont werden, daß es keine Psychotherapie geben kann ohne Psychoanalyse, in derselben Art und Weise, wie es in der somatischen Medizin keine Therapie ohne Diagnose geben kann oder geben sollte, wobei zu vermerken ist, daß logischerweise die Diagnose der Analyse des Krankheitsbildes folgt als eine Art Synthese, die der Arzt unter Berücksichtigung der Symptome vollzieht. Seit ihrer Einführung in die wissenschaftliche Kultur des Abendlandes wird Analyse immer von der Synthese begleitet (vgl. 8).

Es handelt sich beim Wort Analyse also um eine allgemeine Bezeichnung für »Zergliederung«, die in vielen Zweigen der Wissenschaft angewandt wird: analytische Geometrie, chemische qualitative bzw. quantitative Analyse und dgl. mehr. In der Psychotherapie hat man das Unikum einer Gruppe beobachten können, die für sich die alleinige Anwendung dieser allgemeinen Bezeichnung, dieses Generikums: Analyse, beansprucht hat. In den letzten Jahren hat sich allerdings dieser Monopolanspruch leicht abgeschwächt, indem man von analytischen Psychotherapien spricht.

Es wird nichtsdestoweniger das Verdienst *Freud*s bleiben, die Notwendigkeit einer solchen Analyse gesehen und die erste wirksame Methode ausgearbeitet zu haben, um sie durchzuführen.

Dreiviertel Jahrhundert nach ihrer Schöpfung könnte man die Fragestellung *Freud*s folgendermaßen formulieren: »Man nehme einen beliebigen Menschen (M) zu einem beliebigen Zeitpunkt (t) seiner Entwicklung. Welche Faktoren, konstitutionelle oder peristatische, haben zu der jetzigen Persönlichkeit geführt, sei sie gesund oder pathologisch?« (13).

Psychoanalyse steht aber ebenfalls für verschiedene Interpretationsmöglichkeiten, die jedoch – auch wenn sie ein geschlossenes Gebäude darstellen – nicht den Wert von Fakten haben; dabei wird an den von der psychoanalytischen Forschung aufgedeckten Befunden (Hervorheben des Vorhandenseins eines Unbewußten, das Phänomen der Übertragung, die Abwehrmechanismen, die Phasen der frühkindlichen Entwicklung usw.) nicht gerüttelt, denn diese haben den Wert von Fakten. Wer mit einem sehr breiten Krankengutspektrum gearbeitet hat, weiß aber – eben wegen solcher Fakten –, daß – gäbe es die Psychoanalyse nicht – man sie erfinden müßte.

Der Doppelsinn des Begriffs »Psychoanalyse« ist durch ihre Entwicklung bedingt. Man hat den Oberbegriff »Psychoanalyse«, d. h. den ersten Sachverhalt, aus Anerkennung und Respekt vor seinem Erfinder *Freud* weiterhin für die von ihm begründete Deutungsrichtung beibehalten. Diese Haltung, die von seinen Schülern, wie *C. G. Jung* und *A. Adler* und von den zahlreichen Varianten der Psychoanalyse eingenommen wurde und die sie und viele andere veranlaßte, ihre »Psychoanalyse« anders zu benennen, war zu Lebzeiten *Freud*s vertretbar, heute aber nicht mehr (13).

Auf vielen Gebieten des menschlichen Lebens (Religion, Politik, Psychotherapie, ja Psychiatrie u. a.) fixiert sich der Mensch auf nur ein bestimmtes Verfahren und nimmt oft eine »a-priori-systemgebundene« Haltung ein, die selbstverständlich nicht wissenschaftlich ist und es ihm unmöglich macht, sich mit den Befunden und Gedankengängen, die andere Verhaltensweisen darstellen, sachlich auseinanderzusetzen. Man denke an die Haltung der Astronomen im Streit mit *Galileo Galilei*, die es ablehnten, durch das Teleskop zu schauen, aus Angst, das ihren Augen Dargebotene annehmen zu müssen und dadurch die Sicherheit, die ihr Weltbild für sie darstellte, zu verlieren. Dieses Sich-an-die-eigene-Auffassung-Anklammern läßt sich bei manchen Psychoanalytikern in der nicht allzu weit zurückliegenden Vergangenheit gegenüber dem AT vermuten. Das ist zu bedauern, da die sehr wichtigen Verfahren, die aus dem »Strom der Arbeit« mit dem AT entstanden sind, eine Fundgrube des psychischen Lebens sind, die für die analytische psychotherapeutische Arbeit nicht übersehen werden kann.

Die Oberstufe des Autogenen Trainings und verwandte Verfahren

Wie schon erwähnt, haben sich aus der klinischen Arbeit von *Schultz* zwei Grundserien von psychischen Übungen entwickelt: die Unter- bzw. Grundstufe und die sogenannte Oberstufe (70). Der Begründer des AT rechnete die Unterstufe der »kleinen Psychotherapie« und die Oberstufe der »großen Psychotherapie« (71) zu. Es lag *Schultz* fern, in dieser Unterteilung ein »Werturteil« zu sehen. Er hatte lediglich in Analogie zur Chirurgie, wo man bis heute von kleiner und großer Chirurgie spricht, seine Methode in ähnlicher Weise unterteilen wollen, weil die beiden Stufen des AT auf ganz verschiedener Basis ruhen. Immer wieder hat er den Unterschied betont zwischen einer Unterstufe, deren Charakteristika wir schon besprochen haben, und einer Oberstufe des AT, deren psychotherapeutische Arbeit »in ausgesprochenem Maße zu den Methoden gehört, die heute so wenig schön, wie es aber scheint irreparabel als ›tiefenpsychologisch‹ benannt werden . . .« (70). Dabei betont er, daß absolute Voraussetzung für ihre Durchführung »eine gründliche analytische Schulung des Arztes ist« (70).

Dennoch hat sich das Vorurteil, das AT als »zudeckende Methode« zu betrachten, eingeschlichen. In den letzten Jahren allerdings scheint sich diese Voreingenommenheit in Anbetracht der an psychischem Material beeindruckenden Produktivität der Oberstufe des AT und verwandter Methoden abzuschwächen.

Die Gegenüberstellung von zudeckender und aufdeckender Methode ist eine begriffliche Vereinfachung, die wie viele andere Vereinfachungen, sprich Klischees: Feind/Freund, Kapitalist/Antikapitalist, Sozialist/Antisozialist, gut/böse u. v. m. wahrscheinlich auf den bipolaren Bau der Strukturen unseres Erkenntnisapparates zurückzuführen ist (s. Kap. III). Solche Klischees enthalten lediglich einen Teil Wahrheit, wobei, je nach dem Sachverhalt, diese Teilwahrheit mehr oder weniger zutreffend ist.

Wenn man im allgemeinen Sprachgebrauch von AT spricht, meint man fast immer die Unterstufe, die jetzt mehr und mehr als Grundstufe bezeichnet wird (65). Die Abgrenzung gegen die Oberstufe ist physiologisch möglich, aber wegen der somatopsychischen Einheit des Menschen berichten schon beim Erlernen der Grundstufe manche Trainingübende über Erlebnisse, die durchaus eine eindeutig psychodynamische Bedeutung haben, was *J. H. Schultz* wahrscheinlich zu der Entwicklung der Oberstufe angeregt hat.

Betrachtet man aber den gesamten »Strom« des AT, d. h. die in 60 Jahren geleistete Arbeit mit dem AT in seiner Grund- und Oberstufe, so läßt sich ersehen, daß eine Differenzierung innerhalb der Arbeit mit der Methode notwendig ist, um das Vorurteil der zudeckenden Therapie zu entkräften.

Wir sprechen vom »Strom« des AT, weil es als psychotherapeutische Methode in der Medizin eine Fortsetzung mancher Verfahren darstellt, die manchmal so alt sind wie die Menschheit, nur daß das AT eine naturwissenschaftliche Erklärung für die erlebten Phänomene gibt, wie wir gesehen haben. Es läßt sich leicht ersehen, daß die Grundstufe des AT, genau wie alte Verfahren (Yoga, Za-Zen . . .) zu einer Stärkung und Stabilisierung des psychischen Apparates führt. Diese große, psychohygienisch betrachtet sehr wichtige Eigenschaft des AT, berechtigt nicht dazu, es als zudeckendes Verfahren zu bezeichnen.

Der Antagonismus Psychoanalyse/Verhaltenstherapie

Da die AT-Arbeit einen verhaltenstherapeutischen und einen analytischen Weg aufweist, scheint ein Wort über den sogenannten Antagonismus: Psychoanalyse/Verhaltenstherapie angebracht. Betrachtet man den Menschen als biokybernetisches System, so sieht man, daß es sich um einen gegenstandslosen Antagonismus handelt.

Legt man eine große Zahl von Menschen zugrunde, die leiden und deswegen einen Therapeuten aufsuchen, so kann erst nach der Analyse des Falls festgelegt werden, ob ein psychoanalytischer oder ein verhaltenstherapeutischer Weg eingeschlagen wird. Der Vorwurf, die Psychoanalyse könne ihre Ergebnisse nicht belegen (11), weil die Zahl der Spontanheilungen sowieso groß sei, ist ein Scheinargument. Spontanheilungen sind nicht erst jetzt, sondern, historisch betrachtet, längst bekannte Tatsachen. Da der Begriff Neurose wegen der fließenden Übergänge kein Werturteil bedeuten kann, wie die Psychoanalytiker mit Recht sagen, muß man annehmen, daß bei einer großen Bevölkerungszahl viele Individuen eine oder auch mehrere Neurosen in ihrem Leben durchmachen, die oft »spontan« heilen, wobei selbstverständlich auf die Änderung der Einstellung oder des Verhaltens – bewußt oder unbewußt –, die zu der Spontanheilung geführt hat, nicht eingegangen wurde. Aber es ist m. E. berechtigt zu fragen, wieviel Leiden das betroffene Individuum ertragen mußte, bis die sogenannte Spontanheilung eintrat. Das Lindern von Leiden ist von jeher Aufgabe der medizinischen Tätigkeit gewesen und stellt dementsprechend die Existenzberechtigung der medizinischen Psychotherapie dar. Ohne eine tiefenpsychologische bzw. psychoanalytische Untersuchung und Behandlung wird man in manchen Fällen nicht zum Ziel kommen; in anderen ja. Das Betonen einer absoluten Objektivität, wie von Vertretern der Verhaltenstherapie gefordert wird – zumindest von den Extremisten unter ihnen –, geht am Kern der Sache vorbei. Sie ist eine Selbsttäuschung. Vor lauter »Skinnerboxes«[6] hat man vergessen, daß die »black box« Mensch nicht bis in die Tiefe hinein ergründet werden kann. Der Weg zum Innern wird immer ein einsamer Weg bleiben, der nur dem Eigen-Ich zugänglich ist. Die Grenze zwischen Psychoanalyse und Verhaltenstherapie ist ontisch festgelegt, d. h. durch die Gegebenheit, daß der Mensch ein biokybernetisches System ist, eine geschlossene Monade, die hauptsächlich mittels der Sprache erkundet werden kann. Auf die Checkfunktion bzw. Prüffunktion der Sprache neben ihren anderen Funktionen: Appell, Ausdruck, Darstellung ist a. a. O. (14) hingewiesen worden. Niemals wird es gelingen, alle psychischen Vorgänge – mögen sie der Mikro- oder der Makropsychik angehören (vgl. Kap. III) – zu »messen«, wie man es in den Naturwissenschaften tut. Die Beobachtungen der Verhaltenstherapeuten (Conditioning therapies) (83) treffen zu, dürfen aber nicht verabsolutiert werden. Die »Tiefe« der menschlichen Psyche wird anhand der Verhaltenspsychologie allein einer Psychotherapie nie zugänglich sein. Die Verhaltenstherapie, die m. E. dem Bereich der Naturwissenschaften zuzurechnen ist und nur die Symptomatik behandelt, wäre als »Oberflächenpsychologie«, die Psychoanalyse als »Tiefenpsychologie« zu betrachten. Durch die verschiedene Natur ihres Anwendungsgebietes ist ihre Technik zwangsläufig anders, ohne daß man daher von Antagonismus sprechen könnte. Die Anwendungsfelder sind anders und determiniert durch die Natur des psychischen Apparates des Menschen.

Dies führt zur Betrachtung des berechtigten Einwands der Verhaltenspsychologie, die Psychoanalyse müsse den Anspruch aufgeben, als rein naturwissenschaftlich bezeichnet zu werden.

Es kann hier keine Rede davon sein, zu den manchmal heftigen Auseinandersetzungen zwischen Verhaltenstherapeuten (61 a) einerseits, die nur auf einer experimentellen Grundlage die Wirklichkeit, in diesem Fall die menschliche Psyche, betrachten wollen, und Vertretern der Psychoanalyse andererseits, Stellung zu beziehen. Schematisch formuliert, sieht der Verfasser die Auseinandersetzung als Ausdruck des im Abendland immer wiederkehrenden Streits zwischen den Denkschulen der »Systembildner« kontinentaler Prägung einerseits (Scholastiker, Rationalist-Dogmatiker des

[6] Scharfsinnig konzipierte Experimentierkästen für Tiere, die von *B. F. Skinner* entwickelt wurden und anhand derer Einblicke in viele Verhaltensweisen gewonnen wurden.

18. Jahrhunderts usw.; diesmal die Psychoanalytiker) und den angelsächsischen Kritikern (*William von Occam, David Hume* usw.; diesmal die Verhaltenstherapeuten) andererseits. Stellung wird hier nicht bezogen, zum einen, weil, wie oben gesagt, der Streit gegenstandslos ist und zum anderen, weil beide Parteien recht haben, ohne in Einzelheiten einzugehen. Eine gewisse Einsicht wurde schon in den obigen Zeilen vermittelt.

Aus erkenntnistheoretischen Gründen aber muß die Psychoanalyse den Anspruch aufgeben, eine Naturwissenschaft, wie z. B. die Physik, zu sein. Der subjektive Anteil in jedem Kausalitätsurteil ist besonders bei jenen Disziplinen sehr groß, die sich mit der Psyche befassen. Nicht nur die Phänomene der Projektion und Introspektion kommen zum Zuge, sondern auch der Vorgang der »Retrojektion«: Hierbei werden die beim Probanden aufgedeckten psychodynamischen Muster durch den psychopathologisch und tiefenpsychologisch bzw. psychoanalytisch geschulten Therapeuten in die eigene Psyche »zurückgeschickt«, d. h. »retrojiziert« und geprüft. Es handelt sich um einen Vorgang, der in der Nervenheilkunde unerläßlich ist. Und weil die erwähnten psychodynamischen Muster nicht meßbar sind und Gesetzlichkeiten gehorchen, die der Neurophysiologie nicht mehr angehören, müssen die Wissenschaften, die sich mit der Erforschung der Psychik befassen (z. B. Psychiatrie, Psychoanalyse, Psychologie usw.), mit ihrem Schicksal fertig werden, daß sie mit dem einen Fuß auf dem Gebiet der Naturwissenschaften und mit dem anderen auf dem der Geisteswissenschaften stehen. Es möge die Forscher der Psychik, zu denen der Verfasser sich zählt, trösten, daß sie nicht darauf verzichtet haben, die »black box«, sprich »Schwarzer Kasten Mensch«, in der Tiefe zu beleuchten – ein Unternehmen, das von den Verhaltenstherapeuten aufgegeben worden ist. Das Beleuchten eines Menschenlebens, besonders der frühkindlichen Entwicklung, bedeutet den Versuch, eine »black box« zu ergründen – die im Raum-Zeit-Kontinuum eine Länge von Jahrzehnten hat – um »die private Archäologie« (62) dieses Menschen, wenn notwendig, zutage zu fördern. Daß diese »black box«, die menschliche Psyche, jede möglich denkbare »*Skinner box*« an Kompliziertheit übertrifft, braucht nicht betont zu werden.

Es mag den Forschern der Psychik auch leichter fallen, den Anspruch auf absolute Naturwissenschaftlichkeit – wenn es einen solchen überhaupt gibt – aufzugeben, wenn sie feststellen, daß nur sie die Frage stellen können, warum der Untersucher der Mikropsychik z. B. zu jenem Ergebnis kommt und nicht zu einem anderen; denn die Psyche dieses Untersuchers, d. h. seine psychodynamischen Muster, gehorchen Gesetzlichkeiten, die wohl nicht starr determiniert, aber nachvollziehbar sind. Hier scheint sich in der Erforschung der Natur ein geschlossener Kreis gebildet zu haben, deren Grundlage in der Begriffsrelativität des Weltbildes eines Menschen (14) zu suchen sein dürfte.

Psychoanalyse und Hermeneutik

Es ist dem Verfasser klar, daß er, wenn er von tiefenpsychologischen bzw. psychoanalytischen Methoden spricht, die Uferlosigkeit mancher psychoanalytischer Deutungen der Vergangenheit zur Seite schiebt. Auf diese Deutungen bezieht sich *Ricoeur*, wenn er schreibt: »Es steht jedoch außer Zweifel, daß die Psychoanalyse eine Hermeneutik ist: Nicht durch Zufall, sondern ihrer Bestimmung nach zielt sie darauf ab, eine Interpretation der Kultur in ihrer Gesamtheit zu liefern; . . .« (62). Solche Deutungen haben den Boden der Sachlichkeit längst verlassen. Die Tiefenpsychologie bzw. die Psychoanalyse, die hier gemeint ist, bezieht sich auf das Zentrum (62): die Psyche des Menschen. Sie ist nicht nur aus »Schreibtischtheorie« entstanden, sondern aus der Wirklichkeit der eigenen Psyche in mühsamer Arbeit und aus dem berufsbedingten Dauerkontakt mit der leidenden Psyche von Mitmenschen, die ein Breitenspektrum der Psychopathologie darstellen. Aus seiner eigenen und der Erfahrung anderer Forscher dieses Gebietes ist er zu der Erkenntnis gekommen, daß in der Arbeit mit dem AT, besonders in seiner Oberstufe, anhand der geförderten psychodynamischen Befunde ein analytischer Weg sich geradezu anbietet. Es handelt sich um keine Deutung von beobachteten Fakten, sondern zunächst nur um das Festhalten, daß es solche Fakten gibt. In der Fortsetzung des obigen Zitats schreibt *Ricoeur*: »Und wenn wir von der Peripherie zum Zentrum zurückkehren, von der Kulturtheorie zur Theorie des Traums und der Neurose, welche den harten Kern der Psychoanalyse bildet, werden wir wieder und immer wieder auf die Interpretation, den Deutungsakt, die Deutungsarbeit verwiesen.« (62). Vielleicht hat er nicht gesehen, daß er die Frage der Validität des Urteils per analogiam aufwirft. Die Tiefenpsychologie bzw. die Psychoanalyse ist aber mehr als eine Deutungskunst: Sie hat Befunde aufzuweisen. Wer sich mit einem Krankenpotential Tausender von Menschen befaßt hat, weiß, daß er die Zukunft eines Patienten nicht »voraussagen« kann, – die »*Skinner*-box des menschlichen Lebens« ist ja zu groß –; daß er aber oft manches über die Entwicklung, sprich – wie einige Psychoanalytiker sagen – über die Vergangenheit dieses leidenden Menschen »voraussagen« kann, bevor er die ganze Entwicklungsgeschichte überhaupt angehört hat, steht außer Zweifel. *Freud* ist derjenige, der auf diese Tatsache den ersten Lichtstrahl geworfen hat.

Neuerdings ist die Behauptung aufgestellt worden, »daß *Schultz* kein Psychoanalytiker war« (58). Das gleiche hat man von *D. Langen* behauptet, der sich 1978 in Karlsruhe (40) aber selbst als Psychoanalytiker bezeichnete. In beiden Fällen begeht man m. E. einen Irrtum. *Langen* ist derjenige, der sich nach Angaben von *E. Kretschmer* beim Ausbau der Methode der »gezielten Analyse« besondere Verdienste erworben hat (34).

Um den obigen Irrtum zu umgehen, greift der Verfasser auf eine Differenzierung zurück, die schon bei *Ricoeur* zu finden ist. Dieser Autor macht einen Unterschied zwischen Analytiker und Analysiertem (62). Bekanntlich ist die Schlußfolgerung, daß jeder Analysierte, auch Lehranalysierte, durch die Analyse unbedingt die Begabung des Analysieren-Könnens erwirbt, trügerisch. *Freud* war Selbstanalysierter und Analytiker. Dies gilt auch für *Schultz*, besonders wenn man seine Arbeit mit der Oberstufe berücksichtigt. Seine Äußerung, daß »das zentrale Problem der Umschaltung« durch analytische Formulierungen nicht zu erreichen sei (71), berechtigt nicht zu der Behauptung, er sei kein Psychoanalytiker gewesen. Er gehörte zwar keiner Schule an; in der AT-Arbeit der Oberstufe ging er jedoch analytisch vor und verlangte von dem Oberstufenleiter eine analytische Schulung (s. S. 149). In diesem Sinne bezeichnet *Kammerer* (69) *Schultz* als »Psychoanalytiker der ersten Stunde«.

Der Verfasser weiß, daß er die sehr wichtige Frage der Lehranalyse berührt, die ihre Berechtigung hat. Es muß aber eingeräumt werden, daß es zur Tiefenpsychologie andere Wege gibt als eine Lehranalyse. Die Methoden, die wir gleich betrachten werden, gehören solchen Wegen an. Die psychoanalytische Theorie, die sich in der Vergangenheit Alternativen gegenüber verschloß – man denke an die wiederholten Spaltungen der Bewegung – scheint sich jetzt der Möglichkeit von Alternativen zu öffnen.

Der verhaltenstherapeutische und der analytische Weg in der Arbeit mit dem AT

In Kapitel II ist die Rede davon gewesen, daß bei der Grundstufe des AT drei Aspekte zu beobachten sind:

1. Das AT als konzentrative Selbstentspannung;
2. Das AT als Selbsthypnose;
3. Das AT als psychisches Werkzeug.

Nach der Induktion des hypnoiden Zustandes bleiben zwei Wege offen, die als Ansätze für zwei psychotherapeutische Methoden dienen können.

Die zwei ersten oben angegebenen Aspekte führen immer zum hypnoiden Zustand, der normalerweise automatisch von der organismischen Umschaltung begleitet wird. Verharrt man in diesem Zustand und setzt man das AT als Werkzeug ein, d. h. mittels formelhafter Vorsätze, dann hat man den ersten Weg. Dieser, ein übender, verhaltensmodifizierender bzw. verhaltenstherapeutischer Weg, hat eine psychotherapeutische Dimension und wird in der praktischen und klinischen Medizin seit langem angewandt. *Müller-Hegemann* hat den hier genannten »verhaltenstherapeutischen Weg« als Mittelstufe (58) bezeichnet. Eine Einteilung in Grundstufe, Mittelstufe, Oberstufe ist m. E. aber noch unglücklicher als die schon bestehende: Grundstufe und Oberstufe, zumal die jeweilige »Einstufung« der Natur der angewandten Technik nicht Rechnung trägt.

Meines Erachtens entsteht die Wirkung der formelhaften Vorsätze über eine Konditionierung im Sinne *Pawlows*. Diese Betrachtungsweise legt den Schluß nahe, daß man es bei dem ersten Weg mit einer verhaltenstherapeutischen Methode zu tun hat. Ein weiterer Grund, diesen ersten Weg als Verhaltenstherapie zu betrachten, ist, daß die Verhaltenstherapeuten immer mit einer Entspannungsmethode – AT oder Progressive Relaxation – als Ausgangsbasis ihrer Therapie arbeiten (82).

Dieser erste Weg des AT enthält aber nicht nur eine therapeutische Dimension, sondern eine sehr wichtige vorbeugende, d. h. psychohygienische Dimension – gesundheitspolitisch betrachtet vielleicht die wichtigste der AT-Arbeit. Hier hat sich *Gisela Eberlein* besonders verdient gemacht (siehe Kap. VI). Man mag bezüglich der Bezeichnung »Autogenes Training für Fortgeschrittene« (9) geteilter Meinung sein. In Anlehnung an *D. Langen* habe ich die Notwendigkeit von sogenannten AT-Kursen für Fortgeschrittene für die gesunde Bevölkerung nicht sehen können, zumal der Zusatz »für Fortgeschrittene« Erwartungshaltungen weckt, die unbegründet sind. Deswegen widme ich am Ende eines jeden Grundstufenkurses den allgemeinen Regeln des Formelbaus zwei oder drei Sitzungen. Freilich ist der Ausbau des verhaltenstherapeutischen Weges möglich, dessen therapeutischer Ansatz anders als bei der analytischen Arbeit der Oberstufe ist. Dieser Ausbau, wenn es sich um medizinisch bezogene Arbeit handelt, ist für ein breites Publikum nicht geeignet. Nichtsdestoweniger muß die Arbeit auf diesem Feld wegen des immensen Wertes, der dem AT als prophylaktischem Faktor in der Psychohygiene, der Vorbeugung von psychischen Krankheiten durch Stärkung der Psyche, einzuräumen ist, dem Strom des

AT zugerechnet werden. Auf diese Frage kommen wir in Kapitel VI zurück.

Der zweite Weg, der nach Erlangen des hypnoiden Zustandes eingeschlagen werden kann, ist analytisch. Zunächst aber seien die Hauptzüge der verschiedenen Arbeitsrichtungen skizziert.

Kurz nach dem Tod von *Schultz* schrieb *Wallnöfer*: »Auf die Unterstufe des AT folgt – neben der Möglichkeit formelhafter Vorsatzbildungen usw. die Oberstufe – ein Bereich, der mit großer Vorsicht und unter Beachtung dessen, was wir von den verschiedenen tiefenpsychologischen Schulen wissen, sicher noch weit ausbaufähig ist« (79).

Dieser Aufgabe haben sich Forscher wie *W. Luthe* (54), *K. Thomas* (77), *R. K. Rosa* (64), *Wallnöfer* (81) u. a. gewidmet, die z. T. schon zu Lebzeiten von *Schultz* damit anfingen und direkt an die Technik des AT anknüpften.

Da die Methode von *H. Leuner*, die mit der Selbstschau arbeitet, eine sehr verbreitete Tagtraum-Technik im deutschen Sprachgebiet ist, wird sie im Zusammenhang mit der Oberstufe besprochen, denn es besteht, wie *Krapf* schreibt, eine enge Verwandtschaft zwischen der Oberstufe von *J. H. Schultz* und der Tagtraum-Technik von *Leuner*, dem »Katathymen Bild-Erleben«, wobei das *Schultz*sche Oberstufentraining neue Impulse und Anregungen von der *Leuner*schen Technik erhalten hat (27).

Die oben genannten Methoden haben eines gemeinsam: Sie bauen alle auf der Grundstufe des AT auf. Dennoch stellen sie eine weitere Entwicklung des AT dar, die *Langen* und der Verfasser (46) als Versuch von Synthese zwischen AT und Psychoanalyse mit einer Verschiebung in Richtung Psychoanalyse bezeichnet haben. Wer mit AT gearbeitet und den Reichtum an psychischem Material, das durch die Übung zutage gefördert wird, beobachtet hat, versteht sofort, daß solche Methoden im Kommen sein mußten. Zweifelsohne stehen sie auf einer genauso logischen Basis wie die Psychoanalyse, sind aber viel produktiver als die klassischen psychoanalytischen Methoden.

Bei der Vorstellung der behandelten Methoden geht es hier selbstverständlich nicht um ihre ausführliche Beschreibung, was zum einen auf so kurzem Raum unmöglich wäre, und zum anderen liegt spezielle Literatur dazu vor (71, 50, 72, 55, 54, 63, 64, 81 u. a.). Es geht vielmehr darum, auf den Reichtum an »psychischen Realitäten« hinzuweisen, die durch diese Techniken zutage gefördert werden, wobei die Spontaneität der Übenden gewährt wird. Wir wollen die Produktivität dieser Techniken unterstreichen, ihre gemeinsamen Züge hervorheben, ihren analytischen Charakter aufdecken und zu der Frage Stellung nehmen, ob es sich bei diesen Techniken um Meditation handelt, seien diese autogen oder nicht autogen.

Die Oberstufe des Autogenen Trainings: *J. H. Schultz* und *K. Thomas*

Als *J. H. Schultz* die Oberstufe des AT beschreibt, stellt er die Aufgaben der Oberstufe folgendermaßen vor:

1. Auffinden der Eigenfarbe
2. Vergegenwärtigung der vom Versuchsleiter ausgewählten Farben
3. Vorstellung von konkreten Objekten
4. Einstellung allgemeiner Objekterwartung: »Innerlich schauend« stellen sich die Versuchspersonen mit der ganz allgemeinen Erwartung darauf ein, daß irgendein Objekt erscheint (70).

Nach der Übung der Einstellung allgemeiner Objekterwartung wird das Erleben abstrakter Gegenstände eingeleitet. Hieran anschließend wird »der Übende angeregt, sich irgendein Erlebnis in die innere Schau zurückzuholen, das für ihn Ausdruck oder Sinnbild des *intensivsten* und *erwünschtesten Gefühlszustandes* ist« (70). Diese Übung zielt auf das Erleben eines »Eigengefühls« hin, etwa wie für die »Eigenfarbe-Übung«.

Die Übungen finden in Abständen von etwa zwei Wochen statt und werden in Stillschweigen vollzogen, wobei die Versenkungszustände 15–30 Min. dauern und die Erlebnisse nach der Zurücknahme der Übung besprochen werden. Die Auswahl der Teilnehmer einer Oberstufen-Gruppe wird sehr eng getroffen, und die Gruppen sind klein, 6–10 Teilnehmer. Wegen der Indikationsstellung eignet sich diese Methode für den Unterricht an Laien selbstverständlich nicht, da die Möglichkeit von »Kettenreaktionen« im Unbewußten mit schwerwiegenden Konsequenzen gegeben ist.

K. Thomas setzt in der Richtung von *Schultz* die Arbeit mit der Oberstufe des AT fort. Er weiß aber, daß er die Methode weiter ausbaut, denn er schreibt: »Das AT bietet nicht den einzigen und nicht den ersten Weg zum inneren Bilderlebnis« (77). Obwohl eine Beeinflussung durch die Technik anderer Methoden, wie die des »rêve éveillé dirigé de *Désoille*« u. a. (77), unverkennbar ist, vermutet *R. K. Rosa*, daß die Methode von *Thomas* den eigenen Auffassungen von *Schultz* entspricht (64).

Bis zur vierten Übung folgt *K. Thomas* der Methodologie von *Schultz*. Die drei ersten Übungen bestehen aus: Auffinden der Eigenfarbe und Vergegenwärtigung von ausgewählten Farben; Vorstellung von konkreten Objekten; Schau abstrakter Werte. Die vierte Übung, auch Übung zur Charakterbildung genannt, folgt der Richtung der »Ausarbeitung der Persönlichkeitsformel« von *Schultz* (68). Diese vierte Übung hat eine ausgesprochen verhaltenstherapeutische Dimension, die ihr ihren psychotherapeutischen Charakter bewahrt.

Nach der vierten Übung fügt *K. Thomas* drei hinzu: Weg auf dem Meeresgrund, Weg auf die Bergeshöhe, freie und gesteuerte Erlebnisse mit bestimmter Zielsetzung, die der Methode einen eindeutig analytischen Charakter geben (15).

K. Thomas nennt seine Methode, die eine ausgewogene Kombination der Möglichkeiten der Oberstufe darstellt: Autogene Imagogik. Die Autogene Imagogik ist eine flexible und tiefreichende Technik, die sehr gut lehr- und erlernbar ist. Je nach der Persönlichkeit des Probanden – immer eingehende tiefenpsychologische Kenntnisse bei dem Leiter vorausgesetzt – kann sie mehr direktiv oder mehr passiv mit »schwimmender Aufmerksamkeit« im Sinne von *Rosa* (63) angewandt werden.

Die autogene Therapie von *W. Luthe*

Schon zu Lebzeiten von *Schultz* erfuhr das AT eine Entwicklung in den angelsächsischen Ländern, für die zweifelsohne *W. Luthe* die Triebkraft war und ist. Bei ihrer Darstellung der »autogenen Therapie« geben *J. H. Schultz* und *W. Luthe* (72) eine Unterteilung in 4 Teile:

1. Methoden der autogenen Standardtherapie
2. Methoden der autogenen Meditation
3. Methoden der autogenen Modifikation
4. Methoden der autogenen Neutralisation.

Bezüglich dieser Einteilung ist zu vermerken, daß 2, 3 und 4 als Basis immer die Grundübungen des AT haben. Ferner gehören 1, 3 und ein Teil der Übungen der sogenannten autogenen Meditation (2) m. E. dem verhaltenstherapeutischen Weg des AT an. 4 und Teile von 2 sind analytische Methoden.

Ausgehend von der Standardlehre des AT geht *W. Luthe* neue Wege, die unkritisch nicht übergangen werden können. In Kap. II ist schon seine Konzeption des AT als passive Konzentration analysiert und der in dieser Bezeichnung enthaltene Widerspruch aufgedeckt worden.

Es geht hier nicht darum, *Luthe*s therapeutisches Konzept, das sehr wertvoll ist, in Einzelheiten zu beschreiben, sondern darum, einige Schlüsse, die er aus seinen Hypothesen zieht und die m. E. zu absolut entgegengesetzten Ergebnissen zur Lehre von *Schultz* führen, zu beleuchten.

Der hiesigen Untersuchung liegen folgende Arbeiten von *Luthe* zugrunde: Autogenic Therapy (72, 55, 54) und seine Berichte in Correlationes Psychosomaticae »Autogene Entladungen während der Unterstufenübungen« (53) und »The Clinical Significance of Visual Phenomena during the Autogenic State« (53).

W. Luthe geht von der Grundstufe des AT aus, die er Standardübungen, »standard exercises«, nennt. Wie alle anderen Überbaumethoden nimmt er die Grundübungen des AT als Basis. Allerdings ist es schwierig zu verfolgen, worauf *Luthe* die Behauptung stützt, daß »der autogene Zustand durch eine Zahl von physiologischen und geistigen (mental) Veränderungen charakterisiert ist, die ähnlich, aber nicht identisch sind mit gewissen physiologischen Veränderungen, die während des Schlafes oder Heterohypnose beobachtet werden« (53). Hier trennt er sich eindeutig von der Lehre von *Schultz*, der ausdrücklich betont: »Mit vielen andern Autoren des Suggestivgebietes habe ich seit Jahren die Anschauung vertreten, daß eine prinzipielle Trennung der Schlaf- und Suggestivumschaltungsvorgänge unbegründete Konstruktion ist« (71). Diese Aussage von *Schultz* bedarf keiner Auslegung und läßt sich nicht in Einklang bringen mit der obigen Auffassung von *W. Luthe*.

In seiner weiteren Auslegung der Lehre von *Schultz* überträgt *Luthe* den Begriff der »autogenen Gesamtumschaltung« von *Schultz* mit Recht »nicht nur auf die bisher fast ausschließlich hervorgehobenen direkt trophotrop orientierten psychologischen und physiologischen Funktionen (Entspannung, Atmung, Herzfrequenz, Blutdruck usw.)«, sondern erstreckt sie auf »ebenfalls ein psychophysiologisches Gesamt anscheinend nicht-trophotroper, eher ergotrop orientierter autogener Entladungen « (53). Er setzt fort: »Die auf den ersten Blick der trophotrop orientierten autogenen Gesamtfunktionslage widersprechend erscheinenden autogenen Entladungen sind allerdings bei genauerer Untersuchung neutralisierende, zentralnervöse Entlastungsvorgänge, die in Übereinstimmung mit anderen trophotropen Funktionen wesentlich zur Normalisierung und Erholung beitragen . . .

Wenn man das von *J. H. Schultz* aufgezeigte ›autogene Prinzip‹ psychophysiologisch richtig abstimmt, so übernimmt das Gehirn eine selbstheilende ›autogen‹ gesteuerte Entlastungsfunktion« (53). In seiner Annahme, daß der psychische Apparat Selbstentlastungsmechanismen haben muß, ist *W. Luthe* zuzustimmen. Aber die Ausdehnung des Begriffs autogen auf solche Funktionen ist abzulehnen. Es besteht kein Zweifel, daß durch ein Gelangen in den hypnoiden Zustand oder Subliminalzustand oder a. s. c. der amerikanischen Literatur oder in bewußte Zustände der minimalen afferenten Information (*BZMAI, Garcia*) eine Erleichterung für die von *Luthe* getauften autogenen Entladungen geschaffen ist. Es besteht aber keine Berechtigung, hier von autogenen Entladungen zu sprechen. Was *Luthe* bei dieser Bezeichnung in den Vordergrund stellen will, war schon von *Schultz* unter dem viel zutreffenderen Namen von »teils ›reflektorischen Überwältigungen‹, teils Automatismen und Wandlungen des Innenlebens« (71) erfaßt worden. Es handelt sich m. E. zum Teil um psychische Automatismen im Sinne der *Pawlow*schen Lehre, die konditionierbar sind.

Die obige Auffassung mindert keineswegs den praktischen Wert der autogenen Therapie von *Luthe*, die als Weiterentwicklung des Werkes von *J. H. Schultz* in der Oberstufe des AT als analytische Psychotherapie (64) ihren Platz gefunden hat.

Anhand der oben dargelegten Betrachtungen stellt *Luthe* mehrere Hypothesen auf, die seinem Verfahren zugrunde liegen. Die allgemeine Hypothese der autogenen Therapie »besagt, daß Hirnmechanismen nicht nur am Speichern und Erzeugen von funktionell störendem Material beteiligt sind, sondern daß sie auch wissen, wo die funktionell störenden Interferenzen entspringen, und was zu tun ist, um diese störenden Interferenzen, die von dem eigenen System produziert werden, zu reduzieren oder auszumerzen und wie die patho-funktionelle Potenz des angehäuften hirnstörenden Materials zu vermindern oder zu neutralisieren ist. Diese allgemeine Hypothese setzt das Vorhandensein natürlich gegebener Kräfte voraus, die darauf abzielen, die funktionelle Harmonie in einer selbststeuernden homöostatischen (autogenen) Weise zu erreichen, zu erhalten und wiederherzustellen, wenn diese Kräfte eine geeignete Gelegenheit erhalten, dies zu tun«. (Übers. d. Verfassers; 54).

Diese Hypothese ist in gewissem Grade vertretbar, wenn man den Ausdruck »wissen« cum grano salis versteht. Abzulehnen ist aber, daß man die obige in Klammer gesetzte Bezeichnung »autogenen« für »selbststeuernden homöostatischen« einsetzt. Hier hat sich *Luthe* von der Entelechie »das Autogene« verführen lassen. Das einzige Autogene, das hier zu beobachten ist, ist das volitive Prinzip, das durch Übung den Trainingübenden in die Lage versetzt, den hypnoiden Zustand zu erreichen, wo die Vorgänge, die *Luthe* »autogene« nennt, von selbst stattfinden, d. h. sich automatisch, selbstreflektorisch, abspielen, wie *Schultz* gesehen hatte. Diese Aussage gilt m. E. für die »Carte blanche«-Haltung wie auch für die sogenannte autogene Verbalisation. Bekanntlich werden diese Vorgänge umso mehr blockiert, je mehr man krampfhaft versucht – d. h. mit dem Willen – sie aufzudecken. Gelingt es aber, sich in den hypnoiden Zustand zu versetzen, dann lassen sich durch die »Carte blanche«-Haltung oder durch eine geeignete Provokation psychodynamische Vorgänge beobachten, die ihre eigene Gesetzmäßigkeit haben. Dies besagt nicht, daß sie vom Subjekt »autogen« hervorgerufen werden können, obwohl ihre Entstehung gefördert werden kann.

In seinem Werk und nicht nur wie in der obigen Definition der allgemeinen Hypothese der autogenen Therapie benutzt *Luthe* das Wort »autogenic«, nicht also im Sinne von *Schultz*, sondern im Sinne von »psychoautomatic«. Autogene Neutralisation bedeutet bei *Luthe* psychoautomatische Neutralisation. Das führt, wie wir oben schon gezeigt haben, zu einer ganz anderen Konzeption als der von *Schultz*. Die Thesen von *Luthe* scheinen einen gewissen Widerhall auch in Europa gefunden zu haben. So bei *K. R. Rosa*. Dieser Autor schreibt, daß *Luthe* »aufgrund der Beobachtungen an autogenen Entladungen und an den sogenannten ›autogenen Abreaktionen‹ an(nimmt), daß die Gesamtumschaltung des Autogenen Trainings die Funktion des bezeichneten ›Sicherheits-Entladungsmechanismus‹ fördere, nämlich dann, wenn man unter Beachtung des ›autogenen Prinzips‹ die Patienten ihre Unterstufenübung verlängern lasse« (64). Was *Rosa* unter autogenem Prinzip versteht, ist die tatsächlich bis zu einem gewissen Grad vorhandene Automatizität der psychischen Vorgänge. Es hat allerdings mit dem Prinzip Autogen, wie wir in Kap. II beschrieben haben, nichts zu tun. Unter Prinzip Autogen verstehen wir eine Eigenschaft der menschlichen Psyche, die vielleicht die Haupteigenschaft der Ich-Instanz ist und – wie wir schon angedeutet haben – wahrscheinlich die Grundlage der menschlichen Freiheit überhaupt ist. Erwartungsgemäß führt uns die Betrachtung des Prinzips Autogen in tiefreichende Fragen des menschlichen Daseins. Die Analogie zum Prinzip Hoffung, jenem »Erwartungsaffekt«, den *E. Bloch* als wichtigste und nur Menschen zugängliche Gemütsbewegung bezeichnet, ist offensichtlich (4).

Basierend auf seiner Hypothese, postuliert *Luthe* ein zentrenzephalisches System für Sicherheitsentladungen. Indem er zugrunde legte, daß das Hirn als System eine Homöostase steuern und eine selbstnormalisierende Aktivität zeigen muß, entwickelt *Luthe* seine Technik der autogenen Neutralisation mit zwei wichtigen therapeutischen Ansätzen: der autogenen Abreaktion und der autogenen Verbalisation.

Die autogene Abreaktionsmethode verlangt vom Subjekt eine aus der Lehre von *Schultz* bekannte Haltung: die »Carte blanche«-Haltung, d. h. eine total passive Haltung, wobei die Fähigkeit zur Selbstnormalisierung des Hirns, nach *Luthe*, sehr klar wird. Anhand großer Serien von autogenen Abreaktionen zeigt *Luthe* die Mechanismen der Neutralisation. Wenn man seine Befunde betrachtet und sich von seiner Bezeichnung nicht ablenken läßt, ist der Einfluß der psychoanalytischen Theorie unverkennbar, nicht nur in der »Carte blanche«-Haltung, sondern wegen der Annahme der starren Determiniertheit der Psyche, die *Luthe* auch aus dem 19. Jahrhundert übernommen hat und die seiner Konzeption zugrunde liegt.

Der Einfluß der psychoanalytischen Theorie läßt sich bei der Wahl von Begriffen besonders beobachten: So sind auf S. 190/191, Band I, unter dem Namen »Thematic Modification« und »Camouflage« m. E. die Abwehrmechanismen »Verschiebung« und »Verdichtung« zu erkennen. An der Ausdrucksweise wie: ». . . bis der Patient den Eindruck hat, daß das Hirn leer ist« (72) oder wenn er von »neuronalem Material« (54) oder von »hirnstörendem Material« (72) spricht, ist m. E. eindeutig zu erkennen, daß hier eine deterministische Konzeption des Hirns zugrunde liegt. Durch die enge Beeinflussung durch *O. Vogt* und seine physiologisch-morphologische Richtung erklärt sich, daß *Luthe* so oft von Hirn spricht, ohne den Begriff weiter zu differenzieren. Daß das Hirn Träger des psychischen Apparates ist, berechtigt keineswegs dazu, undifferenziert von »Hirn« zu sprechen. Der Begriff ist zu umfassend.

Der zweite therapeutische Ansatz der autogenen Neutralisation von *Luthe* ist die autogene Verbalisation. Die Methode ist der von *Leuner* sehr ähnlich. Es werden während des Selbstversenkungszustandes Äußerungen des Patienten zu Themen wie Aggressionen, Wünsche, Angst usw. hervorgerufen, was eine neutralisierende Wirkung hat. Die Indikation für diese therapeutische Methode ergibt sich bei Patienten, die nach ausreichender Behandlung mit der Methode der autogenen Abreaktion die schnelle Befreiung von belastendem Hirnmaterial nötig haben. Auch in Fällen, wo aus verschiedenen Gründen eine kürzere Therapie als die »autogenic abreaction« nötig ist (72), wird sie eingesetzt.

Der erste Band des Werkes von *W. Luthe* wurde gemeinsam mit *J. H. Schultz* herausgegeben. Hierin befinden sich die grundlegenden Gedanken, die später von *Luthe* entwickelt wurden. Auch wenn man seinen Hypothesen aus dem gleichen Grund wie bei der psychoanalytischen Theorie nicht ganz zustimmen kann, ist festzuhalten, daß die Menge Material, die er in den zwei letzten Bänden seines Werkes bietet, imponierend ist. Für die Sache des AT ist auch seine organisatorische Tätigkeit hervorzuheben, die eine straff organisierte Lehre und Ausbildungsmöglichkeit vorsieht (53).

Das katathyme Bilderleben von *H. Leuner*

Die Therapie durch Bildstreifen fußt auf einer alten Tradition in Deutschland und auch auf der europäischen psychotherapeutischen Tradition (77).

Die Methode von *Leuner* geht, wie die Methoden der Oberstufe, von einem autohypnoiden Zustand aus, in dem gearbeitet wird. Nachdem die Grundübung erlernt worden ist, werden neutrale Themen angeboten, die eher als Form, sprich Symbole, fungieren, so daß der Teilnehmer selbst aus dem eigenen Innenleben den Inhalt projizieren kann. Es handelt sich bei diesen Themen, wie *R. Lohmann* schreibt, um »Kristallisationskerne für die projektive Imagination der katathymen Bilder« (52). Eine kurze und prägnante Darstellung der Methode ist außer in seiner Monographie (50) in der amerikanischen Literatur neuester Prägung gegeben (51).

Leuner unterscheidet drei Stufen: Grund-, mittlere und höhere Stufe des katathymen Bilderlebens.

Zu der Grundstufe gehören folgende Standardmotive: Wiese, Bach, Berg, Haus, Rand des Waldes.

Zu der Mittelstufe gehören: Begegnung mit Verwandten; Motive, um die Einstellung zur Sexualität zu prüfen (das Heidenröslein); Motive, um die Aggressionsneigung zu beleuchten (der Löwe); Motive zur Enthüllung des Ich-Ideals.

Zu der höheren Stufe gehören die Themen: Höhle, Sumpf, Vulkan.

Besonders die letzten Themen sind aus der Umgangssprache bekannt für ihre Plastizität und ihre Fähigkeit, Zustände auszudrücken.

Die Methode ist sehr ergiebig und stellt in der Hand des analytisch bzw. psychoanalytisch Geschulten ein wirkungsvolles Instrument dar.

Die Oberstufe nach *K. R. Rosa*

Die Plastizität und Entwicklungsfähigkeit der Oberstufe des AT und seine Anwendung als analytische Technik ist von *K. R. Rosa* besonders hervorgehoben worden. »Der Kundige sieht: Es geht zu wie in einer analytischen Sitzung« (64). Einige Unterschiede zwischen psychoanalytischer Arbeit und Oberstufenarbeit sieht *Rosa* darin, daß man »weniger und seltener ›Stunde‹ als in der Psychoanalyse« hat und ferner einen Pfeil mehr im Köcher: zusätzlich zum Traum und zu den Einfällen die Oberstufenübungen des letzten Intervalls (64).

Rosa, der in der Methode von *K. Thomas* eine zu starke hetero-suggestive Komponente sah, hat sich eher der Richtung von *W. Luthe* angeschlossen, die, wie wir schon gesehen haben, sehr stark deterministisch ist.

Autogenes Training und Meditation

Wir haben die Hauptzüge der verschiedenen Arbeitsrichtungen beim AT erörtert. Als konstante Merkmale aller Richtungen ließen sich folgende festhalten:

1. Es wird in einem bewußten Zustand der minimalen Afferenzinformation (BZMAI) gearbeitet, der immer auftritt, wenn die afferente Information bis zu einer gewissen Höhe gedrosselt ist. Er wird normalerweise von der »organismischen Umschaltung« begleitet. Dieser Zustand ist auch bei allen älteren oder modernen Meditationsformen zu beobachten, weil alle diese Formen der Meditation pragmatisch darauf hinzielen, ihn zu erzeugen und die Aufmerksamkeit dann besser auf Inhalte zu zentrieren.
2. Wenn dieser Zustand erreicht worden ist, wird es, wie wir schon gesehen haben, möglich, bei der Arbeit mit dem AT zwei Wege einzuschlagen: einen rein übenden Weg (verhaltenstherapeutischer Weg) und einen rein analytischen Weg. (Eine Kombination der beiden ist auch möglich.)

Grundzüge des analytischen Weges

a) Durch die Einnahme einer absolut passiven Haltung (»Carte blanche«-Haltung) – wobei die Aktivität des Subjekts lediglich auf das Bejahen des hypnoiden Zustandes reduziert ist – wird die Produktion von psychodynamischen Mustern im Sinne der »dynamischen Stereotypen« von *Pawlow* begünstigt, die man beobachten und analysieren kann.

b) Eine andere Haltung einzunehmen, ist auch möglich, und zwar eine, die sich mit dem Leitmotiv: »Fragen an das Unbewußte« (68) erfassen läßt. Die Fragen werden an das Unbewußte gerichtet in Form von Übungsthemen wie: Berg, Wiese, Meeresgrund usw. Von diesen Themen erwartet man, daß sie in der Psyche des Trainingübenden einen Widerhall hervorrufen, so daß das Zutagefördern von psychischem Material provoziert wird, welches dann Objekt einer Analyse sein kann. Man kann dieses psychische Material, das so hervorgerufen wird, als »elizitiertes psychisches Material« bezeichnen (15). Wir sehen hier eine Analogie zu den evozierten Potentialen, die in der Neurophysiologie durch die EEG-Forschung bekannt sind. Diese Potentiale werden evoziert durch Reize an der Peripherie. Das elizitierte Material wird herausgelockt, sozusagen provoziert, durch die oben erwähnten Fragen bzw. Themen, die wir »archetypische Fragen« nennen wollen.

Grundzüge des verhaltenstherapeutischen Weges

Nach dem Erreichen des hypnoiden Zustandes kann ein anderer Weg eingeschlagen werden, der nicht mehr analytisch ist und als verhaltenstherapeutischer bzw. -modifizierender Weg bezeichnet wird. Diese Bezeichnung ist mehrfach begründet:

1. Das Prinzip der reziproken Inhibition der Psychotherapie (83, vgl. auch S. 123), das den Verhaltenstherapietechniken zugrunde liegt, wird angewandt;
2. Es wird in einem BZMAI (Bewußten Zustand der Minimalafferenz Information) gearbeitet, wie bei der Verhaltenstherapie;
3. Der Übende erwirbt oder löscht mittels Formeln von ihm gewählte Verhaltensprogramme aus.

Dieser Weg ist wegen seiner erheblichen prophylaktischen Bedeutung m. E. gesundheitspolitisch wahrscheinlich wichtiger als alle anderen Wege zusammen.

Im folgenden werden die obigen Felder analysiert, um zu der Frage Stellung zu nehmen, ob es sich beim AT in seiner Grund- und Oberstufe um eine Meditationsübung handelt oder nicht.

W. Luthe spricht von meditativen Übungen als dem zweiten Teil seiner autogenen Therapie. *Rosa*, der sich sehr an *Luthe* anlehnt, vertritt die Ansicht, daß die Oberstufenarbeit im Rahmen des AT eine »spontane meditative Versenkung auf der Basis des in der Unterstufe erreichten Hypnoids« ist (63), »eine Meditationspraxis eigener Art« (63).

W. Kretschmer meint, daß »sämtliche Übungen des autogenen Trainings, besonders die Oberstufe, meditative Übungen sind« (30).

In diesem Sinne sieht *Steinfeld* die in der Grundstufe und insbesondere in der Oberstufe des AT beschriebenen Aufgaben als echte Meditationsübungen (73).

Langen zitiert *Luthe* als »ein(en) zuverlässige(n) Kenner der *Schultz*schen Auffassung« und meint, daß das »königliche Yoga« (Raja Yoga) ziemlich genau der Oberstufe des AT entspricht, die *Luthe* »meditative exercises« nennt (38). Die Anwendung des Eigenschaftswortes »meditative«

bedeutet aber nicht, daß das AT als Meditationsübung aufzufassen wäre. *Luthe* schreibt lediglich, daß die Übungen mit Vorsatzbildungen »meditative Übungen« *genannt* werden (72). Eine Auslegung seiner Bezeichnung als »Meditationsübungen« ist nicht zulässig. *Schultz* sprach von der »meditativ ermöglichten längeren Verweildauer« bei der Anwendung der formelhaften Vorsatzbildungen (68). Es wäre sinnvoller, von der »autogen ermöglichten längeren Verweildauer« zu sprechen, da die früheren Generationen, wie wir gleich sehen werden, AT gemacht haben, ohne es zu wissen.

Schultz hat sich schon in den frühesten dreißiger Jahren dieser Frage gewidmet (66, 67). Bei der Grundstufe des AT sieht er keine Gemeinsamkeiten mit dem Yoga. (Die Ähnlichkeit der Liegehaltungen wollen wir außer acht lassen, weil sie physiologisch sind [vgl. Kap. II].) So schreibt der Altmeister: »Der Weg des autogenen Trainings, durch Darstellung von Wärmeerlebnissen vasomotorische Umschaltung zu bewirken, die der Versenkung dienen, mußte der alten Yogatradition verschlossen bleiben, da die mystische Lehre vom Aufbau des Leibes im alten Indien solche Ansätze nicht bieten konnte; . . .«. Das gleiche gilt für die anderen Informationskanäle des AT, die mit der Methode des AT zwecks Erreichen der Versenkung zielgerichtet eingesetzt werden.

Dagegen sieht *Schultz* wiederum Gemeinsamkeiten in der Oberstufe (66). Er zählt zu solchen Ähnlichkeiten das »Konvergieren der Augen« zur Mitte der Stirn oder zur Spitze der Nase (Yoga). Dieser uralte Griff stellt m. E. keinen unbedingten Bestandteil der Oberstufe dar. Besonders überrascht zeigt er sich von Techniken des Yoga wie »Körperschau« von innen, Versuche über »Eigenfarbe« . . ., die aus der Oberstufe bekannt sind. Ausgehend von der Tatsache, daß sich schon in der Grundstufe »Psychismen« melden, liegt auf der Hand, daß deren Weiterentwicklung folgen mußte. Die Ähnlichkeiten einiger Techniken des Yoga und des AT, hauptsächlich Oberstufe, lassen sich durch den Bau des psychischen Apparates des Menschen erklären. Sie würden lediglich für die Tiefe und Differenziertheit der Introspektionskunst der Yoga-Bewegung sprechen, die mit falschen Erklärungen die richtigen Ergebnisse, sprich Ziele (u. a. die erholende Versenkung), zu erreichen wußte, die man auch mit dem AT erzielen kann. Wie er gesehen hatte, ist »der ›neue Weg in die Tiefe‹ in Wahrheit der uralte Pfad der Menschheit« (67). Man mag der Bezeichnung »Autogenes Training als Yoga des Menschen des Abendlandes« kritisch gegenüberstehen (7). Der Verfasser sieht aber nur eine gewisse Berechtigung in dieser Kritik, weil ein Rubikon zu überschreiten ist, den manche schon überquert haben: die Anwendung der Bezeichnung Meditation für Teile der Arbeit mit dem AT

(Grund- und Oberstufe). Die Zurückhaltung von *Durand de Bousingen*, einem Vertreter der französischen Schule des Autogenen Trainings, der bei den ersten Auflagen seiner Bearbeitung des Standardwerks von *J. H. Schultz* (69) die Kapitel, die u. a. die »Beispiele ethnologischer und religiöser Art« und den Yoga behandeln, weggelassen hat, ist durchaus zu verstehen. Der französische Autor hat das Problem der Beziehungen AT/Meditation wahrscheinlich umgehen wollen. Denn die Frage ist aufzuwerfen, ob das Beschreiten des »Urpfades der Menschheit« – auch wenn unbestreitbar bleibt, daß dieser »Weg« gelernt werden muß – die Bezeichnung Meditation für das AT rechtfertigt. Oder sehen einige vielleicht nicht, daß die früheren Generationen anhand der durch ihre Umwelt ihnen zur Verfügung gestellten Möglichkeiten das Prinzip Autogen eingesetzt haben und im Grunde genommen nicht das »Autogene Training« von *Schultz*, wohl aber autogenes Training in Form von Yoga oder Meditation geübt haben?

Der Trend zu einer umgekehrten Betrachtung, die den Tatsachen nicht gerecht wird, d. h. zur Betrachtung des AT in seiner Grundstufe, besonders aber in seiner Oberstufe als Meditation, ist aber so groß, daß einige Autoren (65 u. a.) vorgeschlagen haben, die Oberstufe des AT als meditative Stufe zu bezeichnen. (Von der Tatsache, daß in einigen Ländern, z. B. in der Sowjetunion, die Oberstufe des AT als überflüssig betrachtet wird (73) – obwohl das AT unter den Methoden der Psychotherapie dort an dritter Stelle angewandt wird (48) – wollen wir hier absehen. Anhand der *Pawlow*schen Lehre ist sowieso eine solche Behauptung nicht zu begründen.) Einige wollen in *Langen* einen Befürworter des AT als medizinische Meditationsmethode sehen. *Langen* war m. E. in dieser Hinsicht etwas ambivalent. Eine solche Ambivalenz läßt sich in einer früheren Arbeit von ihm dokumentieren. Am Ende seiner Ausführungen über »Meditation als Psychotherapie« (38) schreibt er: »Das bewußte Sich-Hinführen in den unterwachen Bewußtseinszustand des autogenen Trainings oder einer *anderen* Meditationsmethode kann unter Umständen schon . . . zu einer innerpsychischen Entkrampfung führen«. Dieses Wort »anderen«, vom Verfasser unterstrichen, hat bei einigen die Vermutung entstehen lassen, daß *Langen* das AT als Meditation aufgefaßt hat. Bedenkt man aber, daß er in demselben Aufsatz, zwei Seiten vorher, von einem »speziell im deutschen Sprachraum weit verbreitete(n) Verfahren« schreibt, »das ebenfalls einen unmittelbaren Weg zur Meditation bietet . . . Ich meine das autogene Training von *J. H. Schultz*«, so wird man unschlüssig und fragt: Ist das Autogene Training von *J. H. Schultz* Weg zur Meditation oder Meditation? Daß das AT von *Schultz* (Grundstufe) Weg zur Meditation werden kann, wissen alle

Fachleute und ist auch an anderem Ort vom Verfasser eingeräumt worden (15). Die Frage, ob es Meditation ist, ist eine andere.

In späteren Arbeiten setzt sich *Langen* mit den verheerenden Folgen gewisser Meditationspraktiken auseinander (39, 41, 42). Seine Einstellung blieb aber m. E. unverändert und ist am besten aus einer seiner Arbeiten der letzten Periode, die er der Frage der Transzendentalen Meditation widmete, zu ersehen: »Weil wir das autogene Training haben, brauchen wir die transzendentale Meditation nicht. Sie bringt uns psychophysiologisch das gleiche wie das bei uns seit Jahrzehnten wohlerprobte autogene Training. Sie liefert die Übenden aber der Gefahr einer für unseren Kulturraum fremden Ideologie aus, die, wenn sie noch dazu mit militanter Dynamik vorgetragen wird, nicht ungefährlich sein kann« (41). Die Frage, ob das AT eine autogene Meditation ist, bleibt dabei unberührt. Ich meine aber, er hatte das Gespür, daß das, was die Meditierenden seit jeher getan haben, autogenes Training im weiteren Sinne ist.

Gewiß spielt die Frage einer Autorität, sei sie *J. H. Schultz* oder *D. Langen*, nur eine relative Rolle, wenn es sich um eine wissenschaftliche Untersuchung handelt. Das AT von *Schultz* als wissenschaftliche Methode bedarf keiner Autorität: Es basiert auf Fakten.

Der Rückgriff auf eine Autorität ist aber unerläßlich, wenn es darum geht, einige Probleme anzugehen, die in den letzten Dekaden in unserem Kulturraum aufgetreten sind, z. B. die möglichen verheerenden Folgen unkontrollierter Meditationspraktiken, die, wie *Langen* schreibt, selbstverständlich »weder den Politiker noch uns Ärzte gleichgültig lassen (können)« (42).

Einige Forscher haben schöne, ausgearbeitete Abhandlungen hervorgebracht (57), um das AT gegenüber speziellen Meditationstechniken abzugrenzen. Sie betonen aber nicht genug, daß Meditation Opium für das Volk sein *kann*; nicht die Religion, sondern die Meditation. Und dennoch, der Mensch, viele, sehr viele Menschen brauchen die Selbstversenkung als Selbstschonung und die organismische Umschaltung, um sich zu erholen. Wenn die Meditation eine Wirkung hat, so soll man wissen, daß auch sie wie jede andere Methode, wie jedes wirksame Medikament, ihre Kehrseite hat; ferner sollte man sich darüber im klaren sein, daß die Meditation über transzendentale Werte dem Gebiet der Medizin nicht mehr angehört. Die Tatsache, daß wegen des Prinzips Autogen, jener Eigenschaft der menschlichen Psyche (siehe Kap. I), der Mensch früher über das Meditieren die Versenkung und die Erholung erreicht hat, berechtigt nicht dazu, wie schon gesagt, beim AT von Meditation zu sprechen; umgekehrt gilt, daß die früheren Generationen und auch die heutige durch Üben des Meditierens autogenes Training geübt haben und zwar in einer Art und Weise, die ihrer Weltanschauung entsprach bzw. entspricht. Es ist aber kein wissenschaftliches AT, es ist kein AT von *J. H. Schultz*.

Um dem oben erwähnten Trend entgegenzuwirken, der die Bezeichnung Meditation für eine naturwissenschaftlich basierte Methode postuliert, wird im folgenden eine Analyse, d. h. eine »Spaltung« des Begriffs Meditation unternommen, um ihn anhand seiner Bestandteile besser ausleuchten zu können.

Rosa hat das Problem der Meditation zum Teil richtig gesehen, wenn er schreibt: »Allen meditativen Techniken und Meditationsmöglichkeiten ist eines gemeinsam: die Herstellung einer vorbereitenden und den Ablauf der Meditation unterstützenden spezifischen Körperhaltung« (63). Ohne es zu wissen, pragmatisch, haben die früheren Generationen durch solche Haltungen die Versenkung und Umschaltung herbeigeführt, in der Art und Weise, wie wir sie in Kap. II und III anhand der Informationstheorie erklärt haben. Diese Umschaltung geschieht, wie wir gesehen haben, automatisch; die Grundstufe des AT ist aber nur eine der Möglichkeiten, den hypnoiden Zustand hervorzurufen: eine geschliffene, einfache, durchgearbeitete wissenschaftliche Möglichkeit, die unserer westlichen Denkweise entspricht. Es gibt aber viele solcher Methoden; wie wir in Kap. III schon gesehen haben, ist im Grunde genommen jede Methode, die systematisch den Fluß der peripheren Information ausreichend drosselt, geeignet, den hypnoiden Zustand hervorzurufen.

Kugler, der sich wie viele andere Neurophysiologen für die faktischen Phänomene der Versenkungszustände, sprich Meditationen, interessiert, benutzt die Bezeichnung Meditation in Anlehnung an *Langen* »für einen relativ kurzfristigen, besonderen geistigen Zustand, den man naturwissenschaftlich betrachtet als eine besondere Bewußtseinslage mit einem als ›Unterwachheit‹ erscheinenden Verhalten« bezeichnen kann (31). Er differenziert diese Auffassung in einer späteren Arbeit (32). Mit Recht schreibt er, daß man »unter ›Meditation‹ sehr verschiedene Formen von Geisteszuständen, Erlebnissen oder Schöpfungen verstehen kann«. Weiter schreibt er: »Meditieren bezeichnet eine regelhafte Kombination und Folge geistiger Tätigkeiten, bei denen zunächst durch anhaltende Zuwendung der Aufmerksamkeit (Konzentration) zu einem einzigen Bewußtseinsinhalt nicht objektbezogene, ablenkende extrinsische und intrinsische Wahrnehmungen unterdrückt werden; sodann wird das leibfreie Aufgehen alles persönlichen Strebens in dem Bewußtseinsinhalt erlebt, was zu Funktionslust führen kann; das setzt das Verweilen in einer bestimmten Bewußtseinsschicht der Wachheit voraus, aus der die willentliche Rückkehr zu einer umweltbezogenen Aufmerksamkeit jederzeit möglich ist«.

Aus den obigen Ausführungen lassen sich verschiedene Elemente entnehmen: *Langen* spricht bei der transzendentalen Meditation von »einer für unseren Kulturraum fremden Ideologie«, d. h. er spricht von einem Inhalt; *Rosa* betont die Natur des Inhaltes der Meditation und die vorbereitende unterstützende spezifische Körperhaltung. Aus den Definitionen von *Kugler* lassen sich drei Elemente herausnehmen: die »anhaltende Zuwendung der Aufmerksamkeit (Konzentration) zu einem einzigen Bewußtseinsinhalt« und das »Verweilen in einer bestimmten Bewußtseinsschicht der Wachheit«. Wir haben es also mit Inhalten in den Meditationstechniken zu tun und mit einem besonderen Zustand der Wachheit, den wir schon kennengelernt haben. Wir haben es auch mit einer besonderen Körperhaltung zu tun, deren Zweck es ist, pragmatisch die von *Kugler* hervorgehobene Konzentration zu fördern und eine »bestimmte Bewußtseinsschicht der Wachheit zu erreichen« (32). Die Körperhaltung, die zwangsläufig eine psychische Einstellung mit sich bringt, läuft auf eine Technik, auf eine Methode, hinaus, die automatisch zu dem erwähnten Zustand führt. Es gibt auch Inhalte, die vom Kulturraum des Übenden abhängig sind.

Die Analyse gestaltet sich leichter, wenn man auf die aus der klassischen Psychopathologie bekannte Auseinanderhaltung von Form und Inhalt in der psychologischen Phänomenologie zurückgreift, um die Frage von Inhalt und Form in den Meditationstechniken und im AT zu beleuchten. *Jaspers* schreibt: »Für alle zu beschreibenden Phänomene gilt: ihre Form ist zu unterscheiden von dem jeweils wechselnden Inhalt . . . Bei dem Beschreiben des konkreten seelischen Lebens ist uns zwar die Erfassung der bestimmten Inhalte, die einzelne Menschen haben, unerläßlich, phänomenologisch aber interessieren uns die Formen. Je nach dem augenblicklichen Gesichtspunkt – ob man an den Inhalt oder an die Form der Gegebenheit denkt – sind die phänomenologischen oder die inhaltlichen Untersuchungen nebensächlich . . . Aber die Inhalte modifizieren auch die Weise, wie die Phänomene erlebt sind, sie geben den Phänomenen im Ganzen des Seelenlebens ihr Gewicht und geben die Richtung für ihre Selbstauffassung und Deutung . . . Die Formen haben für den Phänomenologen das größere Interesse. Die Inhalte erscheinen für ihn mehr zufällig. Doch sind die Inhalte für den verstehenden Psychologen wesentlich, so daß die Formen ihrer Erscheinung unwesentlich werden können« (25).

Unter den beiden Gesichtspunkten Form und Inhalt läßt sich das AT gegenüber allen Meditationstechniken – modernen und herkömmlichen – sehr gut abgrenzen. Bei der Grundstufe ist ihr naturwissenschaftlicher Charakter so offensichtlich, daß von Meditation zu sprechen hier absolut fehl am Platz wäre. Die Grundstufe des AT hat eine physiologische Grundlage, die nicht mehr betont zu werden braucht. Es geht hier lediglich um eine aktiv/passive Konzentration auf bestimmte psychophysiologische Vorgänge, d. h. auf keine transzendentalen Werte, so daß durch alleinige Betrachtung des Inhaltes die Anwendung der Bezeichnung Meditation zurückgewiesen werden muß. Es besteht ferner, wie wir schon erwähnt haben, eine formale Ursache/Wirkung-Beziehung zwischen den angewandten Formeln und dem zu erreichenden Zustand, d. h. eine Gerichtetheit, die bei den anderen Versenkungsmethoden nicht vorhanden ist (15). Inhalt und Form der Techniken des AT rechtfertigen also die Abgrenzung gegenüber den von altersher bekannten Versenkungsmethoden. Das AT stellt eine naturwissenschaftliche Selbstversenkungsmethode dar, vielleicht die einzig mögliche, wie wir in Kap. III gesehen haben.

Das AT ist unabhängig von den herkömmlichen Versenkungsmethoden entstanden. Eine oberflächliche Analyse, die von der Tatsache ausgeht, daß die Grundstufe des AT, selbstverständlich unter anderen Namen, als Konstante bei allen Versenkungsübungen, in allen Kulturkreisen, mit den Meditationsübungen im engeren Sinne vermischt auftritt, führt zu der irrigen Annahme, daß das AT auch eine meditative Übung ist. Betrachtet man die Art des Entstehens der jeweiligen Technik und die Natur ihrer Methodik (Form) sowie den Inhalt, so läßt sich die Abgrenzung des AT gegenüber den Meditationstechniken leicht durchführen. Diese Abgrenzung fällt bezüglich der Grundstufe sehr leicht, zumal sie aus der Beobachtung und Messung, d. h. naturwissenschaftlich, entstanden ist. Aber nicht nur für die Grundstufe des AT gilt, daß wir es hier mit keiner Meditationstechnik zu tun haben, sondern auch für die üblichen Techniken der Oberstufe, die wir schon erwähnt haben (71, 72, 54, 50, 64, 77, 81 u. a.), ist die Bezeichnung Meditation abwegig.

Meditation ist Sammlung auf bestimmte Inhalte. Von der Sache her betrachtet, geschehen die Vorgänge der Meditation im hypnoiden Zustand, der als Hilfsmittel von allen Meditierenden durch Übung hervorgerufen wird. Ist der Inhalt religiöser, philosophischer, sagen wir transzendentaler Natur, hat man es mit Meditation zu tun. Was die Benennung Meditation rechtfertigt, ist der Inhalt und das Fehlen einer formalen Ursache/Wirkung-Beziehung zwischen Methode und Ergebnis. Beim AT überwiegt die Form vor dem Inhalt. Die aktiv/passive Konzentration ist auf ein Minimum reduziert worden, wobei die Aktivität lediglich auf das Bejahen des hypnoiden Zustandes reduziert ist und auf die Vorstellung von kurzen, herausgearbeiteten sogenannten Formeln (vgl. Kap. II), die sich auf einen physiologischen Zustand beziehen. Darüberhinaus ist alles passiv, was *Luthe* vermutlich dazu geführt hat, die Konzentration beim AT, wie wir in Kap. II gesehen haben, als »passive Konzentration« zu bezeichnen, so daß schon diese Art der Konzentration die Oberstufe des AT von der Konzentration bei den meisten Formen der Meditation unterscheidet. Nur beim Za-Zen der Soto Schule ist diese aktiv/passive Konzentration auch zu beobachten.

Ein wichtiger Unterschied besteht auch darin, daß in den analytischen Formen der Oberstufe des AT der Inhalt nicht gegeben wird wie bei den Meditationstechniken, z. B. bei den Exerzitien des *Ignatius von Loyola*, die von *Schultz* als Beispiel eines Systems religiöser Innenschau zitiert wird (68), oder auch bei dem Koan (Zen-Problem) (38) in dem japanischen buddhistischen Za-Zen der Rinzai Schule.

Die Prozedur bei allen Meditationstechniken besteht zunächst aus der Induktion eines hypnoiden Zustandes, in dem transzendentale Werte ins Bewußtsein gebracht werden, um das Verhalten zu beeinflussen. Beim AT ist das nicht der Fall. In der Grundstufe wird durch die Grundübungen ein hypnoider Zustand hervorgerufen, der automatisch von der organismischen Umschaltung begleitet wird. Der Vorgang ist autonom, d. h. es wird nicht auf heteronome bzw. transzendentale Werte zurückgegriffen.

Bei den Techniken der Oberstufe wird entweder auf das spontane Auftauchen von psychischem Material gewartet, oder dieses psychische Material wird durch verbale Provokationen, die Themen, »elizitiert«, d. h. herausgelockt. Es ist eine Prozedur, die der der tiefenpsychologischen Tests, wie Rohrschach-Test oder TAT (Thematic-Apperception-Test) sehr ähnlich ist (15).

Es bliebe uns lediglich zu untersuchen, ob der zweite Teil der Einteilung von *Luthe*, der weitgehend der Oberstufe des AT nach *Schultz* oder den vier ersten Übungen der Methode von *K. Thomas* entspricht, als meditative Übungen bezeichnet werden kann.

Gewiß steht im Vordergrund dieser Übungen die Betrachtung von entweder Gegenständen oder Farben oder abstrakten Begriffen. Aber wenn man diese Übungen als meditative Übungen bezeichnet, vergißt man, daß sie nur einen Vorbereitungswert haben. Es geht also bei diesen Übungen um die Schulung des Vorstellungsvermögens, d. h. um eine eindeutig autonome Funktion. Auch bei Einstellung des Eigengefühls gilt obiges. *Rosa* bemerkt sehr zutreffend, daß die Bilder beim AT im allgemeinen bei geübten Personen viel klarer sind als bei nichtgeübten (63). Von dieser Eigenschaft des AT – das Vorstellungsvermögen zu schulen – hat *J. H. Schultz*, wie *Wiesenhütter* schreibt, Gebrauch gemacht (76). Besonders seine Farbübungen, konkrete Objektdarstellungen sind für dieses Training des Vorstellungsvermögens geeignet, und selbstverständlich können auch die Gefühle mittels des AT »geschult« werden.

Auch die Übung der Persönlichkeitsformel (68) oder die Übung zur Charakterbildung (77) haben eine ausgesprochen verhaltenstherapeutische Dimension, die ihr ihren psychotherapeutischen Charakter bewahrt. Von ihnen als Meditation zu sprechen, hieße am Kern der Sache vorbeizureden. Genauso sinnvoll wäre es dann auch, von den Techniken der Verhaltenstherapie als Meditationsübungen zu sprechen (15).

Gewiß ist die Möglichkeit, Meditation zu werden, bei der nichtanalytischen Oberstufe des AT gegeben. Aber dann hört sie auf, AT zu sein, weil man die Grenze der Psychotherapie, d. h. der Medizin, in Richtung Weltanschauung – religiös oder anders – überschritten hat. Sobald der heteronome Inhalt über den autonomen und über die Form dominiert, hört es auf, AT zu sein und wird zur Meditation. Das AT kann wohl als Meditationsträger eingesetzt werden, wenn man mit dieser Methode erzieherische Ziele oder Probleme der Lebensführung, die keinen Krankheitswert haben, beeinflussen will, wie schon *Schultz* gesehen hatte (68). Der Übergang ist allerdings fließend.

Schon von Anfang an hatte sich *Schultz* gewehrt gegen Vergleiche seiner Methode mit »Religionsersatz fragwürdiger Art, mit billig von der Stange gekaufter ›Mystik‹, mit dem unerfreulichen Treiben von allerlei Sonderlingsgemeinschaften, Cerclen usw. Die Ähnlichkeit der hier geschilderten Arbeit (AT, der Verf.) mit diesen Spielereien, soweit es sich nicht um Schlimmeres handelt, kann ebenso unbedenklich zugegeben werden, wie andererseits jede wesentliche Beziehung auch nur geringsten Grades sachlich abzulehnen ist« (68).

Er sah mit Recht, daß das AT Gebiete berührt, die manchmal ein altes Menschheitsproblem bedeuten, aber »trotz mancher tiefer Gemeinsamkeiten unsere wissenschaftlich-methodische Arbeit praktisch ihre rein psychotherapeutische Eigenart bewahrt und theoretisch geeignet ist, zu vielen Fragen des hier berührten Gebietes aufklärende Beiträge zu liefern« (68).

K. Thomas, der sich mit diesem Problem eingehend befaßt hat, unterstreicht bei der Meditation besonders den Inhalt gegenüber der Körperhaltung (78). Dies mag für die zielgerichtete, rationalistische christliche Meditation gelten. Auch wenn er beobachtet hat, daß das AT als »Meditations-

Tabelle 1a

Gegenüberstellung von Grundstufe des AT und Meditationstechniken (Erläuterungen siehe Text)

	Haltung	Bewußtseinsinhalt	Konzentration	Beziehung zwischen Bewußtseinsinhalt und Versenkungszustand
AT (Grundstufe)	besondere	physiologische Zustände bzw. Vorgänge	auf Formeln, d. h. physiol. Verhaltensprogramme	bewußte formale Ursache–Wirkung–Beziehung
Meditations-techniken	besondere	weltanschauungs-bezogen	auf wertbezogene Bewußtseinsinhalte	keine unmittelbare Beziehung

Tabelle 1b

Gegenüberstellung von Techniken der Oberstufe des AT und Meditationstechniken (Erläuterung siehe Text)

	Ausgangsstadium	Art der Gewinnungstechnik des psychischen Materials	Art der Bearbeitung des Materials	Änderung des Verhaltens
Oberstufe: Analytische Techniken	Versenkungszustand + Farben + Vorstellungsübungen	spontan provoziert	Analyse	durch Verstehen+ und Deuten
Oberstufe: Verhaltenstherapeutische Techniken	Versenkungszustand + Farben- + Vorstellungsübungen	entfällt	entfällt	durch bedingte Konditionierung
Meditationstechniken	Versenkungszustand	Inhalt = Thema, das gegeben wird	transzendental gedeutet	durch Motivation mittels transzendentaler Werte

* Eine Kombination der Grundstufe des AT oder der verhaltenstherapeutischen Techniken mit den analytischen Techniken stellt oft einen Vorteil dar.

träger«, sprich Meditationsförderer, eingesetzt werden kann, zieht er eine klare Grenze zwischen Meditationstechniken und Autogenem Training. Dieses bleibt »auch in der Oberstufe eine medizinisch-psychologische Methode der Selbstentspannung« (77).

Die Grundzüge der obigen Überlegungen, die darauf abzielen, das AT in seiner Grund- und Oberstufe gegenüber den Meditationstechniken abzugrenzen, sind in den folgenden Tabellen 1 a und 1 b zusammengestellt. Die materiellen (Inhalts-) und formalen (methodischen) Unterschiede zwischen Grund- und Oberstufe einerseits und die Meditationstechniken andererseits werden gegenübergestellt.

Das Autogene Training und andere psychotherapeutische Methoden

Bei der Betrachtung der Beziehungen zwischen AT und anderen psychotherapeutischen Methoden drängt sich sofort die Frage der Mischung der Methoden auf. Die Argumentation der Verfechter einer Reinheit bzw. Nichtmischung der Methoden hängt eng zusammen mit dem Phänomen der anankastischen Verhaltensweise bei »a-priori-systemgebundenen« Theoretikern. Sie berufen sich darauf, daß die analytischen Verfahren z. B. eine ganz andere wissenschaftliche Konzeption haben als die Verhaltenstherapie oder das AT oder eine andere Entspannungsübung, so daß sie nicht »gleichzeitig« angewandt werden dürfen. Was heißt hier gleichzeitig: zu demselben Zeitpunkt oder an demselben Patienten? Eine gleichzeitige Applikation der verschiedensten Methoden ist schwer vorstellbar.

Aus den oben schon dargelegten Ausführungen läßt sich folgern, daß die Argumentation gegen die sogenannte »Mischung« eine Scheinargumentation ist. Die Arbeit mit dem AT ist ein Beweis dafür. Die Methoden werden nicht gemischt, wenn an demselben Patienten zu gegebener Zeit verschiedene Methoden angewandt werden. Ferner haben Psychoanalytiker wie *Stokvis* (3) gewußt, die Methoden, die sie angewandt haben: Psychoanalyse, Autogenes Training, Hypnose usw., getrennt einzusetzen und zu lehren. Die »Orchestrierung« der verschiedenen »Instrumente«, die ihm zur Verfügung stehen, muß allerdings dem dafür ausgebildeten Psychotherapeuten überlassen bleiben.

Die obigen Gedankengänge stützen sich nicht nur auf die eigene Erfahrung und auf die in der *Langen*schen Klinik, sondern auch auf die in der Literatur immer wiederkehrenden Beschreibungen neuer Verfahren, deren Bestandteile aber immer die gleichen sind: einerseits ein analytisches Verfahren, andererseits ein Ichwerkzeug (47), sei es AT, Progressive Ralaxation, Funktionelle Entspannung (3) u. v. m.

Der Verfasser führt dies darauf zurück, daß die Psychotherapeuten in der einen oder anderen Weise immer auf das Prinzip Autogen stoßen und es in dieser oder jener Form unbewußt einsetzen. Dieser »Werkzeugaspekt« des AT läßt sich in der französischen Literatur der Relaxationstechniken ahnen, wenn man in der Entspannung eine »instrumentale Phase« sieht, wobei die Autoren die Funktion des Tonus der Muskulatur, sprich Regelkreis des Tonus, d. h. der Spannung der Muskulatur, als Ausdruck der Psycho-Soma-Einheit sehen (49).

Die Erfahrung, daß in manchen Fällen die reinen Entspannungstechniken nicht zum Ziele führen und eine analytische Psychotherapie unerläßlich ist, ist seit Jahrzehnten gemacht worden, und zwar nicht nur in Deutschland, sondern auch in Frankreich (1). Und es mehren sich wieder Stimmen aus den USA, die für eine Kombination der Methoden plädieren.

Autogenes Training und Verhaltenstherapie

Wie wir gesehen haben, lassen sich auf der Basis der Grundübungen des AT zwei Wege beschreiten: ein übender Weg, den wir verhaltenstherapeutischen Weg genannt haben, und ein zweiter Weg, den wir als analytischen Weg bezeichnet haben, der, ausgehend vom AT, zu analytischen Techniken führt, die den klassischen psychoanalytischen Techniken in puncto Produktivität zumindest ebenbürtig sind.

Es ist bisher nicht gelungen, für die verhaltenstherapeutische und die psychoanalytische Theorie einen gemeinsamen Nenner zu finden. Die Behauptung, daß dieser gemeinsame Nenner über die Theorie des AT zu finden sein könnte, scheint anhand der schon dargelegten Gesichtspunkte nicht aus der Luft gegriffen.

Schultz hatte die Beziehung seiner Methode zur Verhaltenstherapie hervorgehoben (71).

Die Beziehung zwischen AT und Verhaltenstherapie ist allerdings interessant. In seinem Buch »Psychotherapie durch reziproke Hemmung« (82) beschreibt *Wolpe* die Entstehung von konditionierten Hemmungen auf der Basis einer reziproken Hemmung. Er nimmt den Begriff »reziproke Hemmung« von *Sherrington* und dehnt ihn aus, um mit ihm alle Situationen zu erfassen, »in denen das Hervorrufen (elicitation) einer Antwort eine Verminderung der Stärke der Evokation einer simultanen Antwort mit sich zustande zu bringen scheint« (82) (Übers. d. Verf.). Später formuliert er anhand dieses physiologischen Phänomens das Prinzip der reziproken Hemmung in der Psychotherapie folgendermaßen: »Wenn eine Antwort, die sich auf Angst hemmend auswirkt, produziert werden kann bei gleichzeitigem Auftreten von angstevozierenden Reizen, so wird diese Antwort die Verbindung zwischen diesen Reizen und der Angst schwächen« (Übers. d. Verf., 83). Wie wir gesehen haben (s. Kap. III), ist das AT geradezu ideal, um diese Hemmung hervorzurufen. Anhand des bipolaren Baus der funktionalen Strukturen der Psyche und der Informationstheorie haben wir versucht, eine Erklärung des Phänomens der reziproken Hemmung zu geben (s. Kap. III).

Es liegt somit auf der Hand, daß als Ausgangsbasis für jede Verhaltenstherapie Entspannungsübungen unter diesem oder jenem Namen eingeleitet werden müssen. Es handelt sich meistens um die Progressive Relaxation von *Jacobson*, die auch von *Wolpe* bevorzugt angegeben wird. Aus Gründen, die sich nicht ersehen lassen, ziehen die Psychologen die Methode von *Jacobson* dem AT vor, – m. E. zu Unrecht, weil der durch AT eingeleitete hypnoide Zustand viel günstiger für die Implantation bzw. Speicherung eines Programmes oder seiner Löschung ist. Wie wir schon gezeigt haben, ist die Relaxationsmethode lediglich *ein* Aspekt des AT.

Die Notwendigkeit der Anwendung des AT oder einer anderen Entspannungsmethode bei den verhaltenstherapeutischen Verfahren ist wahrscheinlich auf folgende Gründe zurückzuführen. Erstens: Wie schon gesagt, ist es unbedingt notwendig, eine Einengung des Bewußtseinsfeldes hervorzurufen, d. h. es muß gelingen, den Informationsfluß auf ein Minimum zu reduzieren, damit die Rezeptivität, sprich Suggestibilität, des psychischen Apparates maximal ist. Zweitens: Lernt eine Versuchsperson die Entspannungsübungen des AT und erlangt sie dadurch die Ruhe und tritt gleichzeitig aus einem beliebigen Regelkreis eine Antwort auf, wie z. B. Herzjagen oder Atmungsstörung usw., so ist es durch die simultan entstehende Entspannung möglich, daß diese sich als reziproke Hemmung für das Herzjagen usw. auswirkt (siehe Kap. III).

Der verhaltenstherapeutische Charakter des AT begrenzt sich allerdings nicht nur auf Wirkung durch reziproke Hemmung. *W. Luthe* hat unter der Einteilung »Methoden der autogenen Modifikation« (72) diese verhaltenstherapeutische Dimension des AT sehr gut dargestellt. Zu diesem Teil des AT gehören die formelhaften Vorsätze, die sowohl prophylaktisch als auch therapeutisch angewandt werden können (vgl. Kap. II).

Das Autogene Training in der Nervenheilkunde
Die psychiatrische Psychotherapie

Wir haben bei einer anderen Gelegenheit die von *E. Kretschmer* und *D. Langen* entwickelte zweigleisige Standardmethode als psychiatrische Psychotherapie (43) bezeichnet. Es gibt verschiedene Gründe, die diese Bezeichnung rechtfertigen. Zunächst einmal ist sie aus der Forschung in der psychiatrischen Klinik hervorgegangen. Ferner ist die Psychotherapie der Schule von *E. Kretschmer* aus dem Bestreben entstanden, psychodynamischen Momenten, die zweifelsohne bei gewissen psychischen Erkrankungen eine große Rolle spielen, aber auch konstitutionellen Momenten, die jeder Persönlichkeit eigen sind, Rechnung zu tragen. Aber nicht nur dieses Bestreben rechtfertigt die obige Bezeichnung. Die Richtung von *E. Kretschmer* und *D. Langen* legt mehr Wert auf die Tatsache, daß die Grundübungen des AT auf der harten Basis des physiologischen Experiments ruhen, und verfährt nicht anhand der Hypothesen, die den analytischen Methoden der Oberstufe des AT zugrunde liegen. *Polzien* hat gewiß recht, wenn er »zwischen dem Lebenswerk von *J. H. Schultz* und der somatisch orientierten Neurosenforschung« eine Beziehung sieht (61). *J. H. Schultz, E. Kretschmer, D. Langen* setzen die Linie fort, die von *Charcot* initiiert wurde, »die Neurose mit physiologischen Methoden« aufzufangen (61). Zu vermerken ist, daß *Schultz* den Ansatz für seine Wärmeübung in der Klinik von *E. Kraepelin* gesehen hat, wo die günstige Wirkung des warmen Dauerbades zur Umstimmung gewisser psychischer Leiden beobachtet und angewandt worden war. Dieser therapeutische Ansatz und die Einteilung der endogenen Psychosen durch *Kraepelin* rechtfertigen es m. E., ihn in der gleichen Linie von *Charcot, Freud* der ersten Zeit, *Kretschmer, Schultz* und *Langen* zu sehen. Bei allen diesen Autoren ist das gleiche Bestreben festzustellen: eine sachbezogene Haltung weiterhin zu bewahren im Sinne einer naturwissenschaftlich fundierten Psychotherapie, sprich Psychiatrie.

Die zweigleisige Psychotherapie wurde von *E. Kretschmer* unter dem Namen Standardpsychotherapie entwickelt, wobei er den Schwerpunkt auf die »gestufte aktive Hypnose«, erstes Gleis der Methode, legte. Wie er selbst schreibt, wurde als zweites Gleis die gezielte Analyse von *D. Langen* besonders entwickelt (34).

Die gestufte aktive Hypnose von *E. Kretschmer* knüpft direkt an das AT an (29). Sie setzt immer die Anwendung des AT voraus. Das Erlernen der psychotherapeutischen Grundübungen kann als die vorbereitende Stufe zur gestuften aktiven Hypnose betrachtet werden (29). Nach Erlernen der

Grundübungen des AT erfolgt die Anwendung der gestuften aktiven Hypnose in der Klinik von *Langen* als »Tiefruheübung«, die man genauso gut »Einzelsitzung des AT« im Liegen nennen könnte. *Langen* hat die Ähnlichkeiten und Unterschiede zwischen AT und gestufter aktiver Hypnose untersucht und stellte mit Recht fest, daß die Ähnlichkeiten der beiden Methoden die Unterschiede überflügeln (36). Es wäre lediglich hervorzuheben, daß das AT als prophylaktische Methode eine viel breitere Anwendungsmöglichkeit hat, weil es in Gruppen angewandt werden kann. *J. H. Schultz* unterstrich diese sehr wichtige Eigenschaft des AT (70).

Langen hat die analytische Seite der zweigleisigen Psychotherapie besonders ausgearbeitet (34). Nachdem die konfliktauslösende Situation auf dem analytischen Schenkel analysiert worden ist, wird durch gestufte aktive Hypnose dem Patienten durch den Einbau oder Anbau von Strukturen die Fähigkeit ermöglicht, eine neue, gesunde Verhaltensweise zu gestalten. Für den interessierten Leser sei auf die Arbeit von *E. Kretschmer* (29) und von *D. Langen* (37) verwiesen.

Diese sehr wertvolle klinische Methode bietet die Möglichkeit, ein großes Spektrum von Patienten zu behandeln, die für eine Psychoanalyse nicht in Frage kämen und durch analytische Verfahren sogar Gesundheitsschädigungen erleiden könnten. Die konfliktzentrierte Analyse trägt der Tatsache Rechnung, daß z. B. eine Persönlichkeit im großen und ganzen gesund sein kann und nur »Kerne« der Persönlichkeit aufweist, die vielleicht einer Reifung bedürfen. Indem sich die Analyse auf diese Punkte, sprich Kerne, konzentriert, hat sie gegenüber der klassischen Psychoanalyse einige Vorteile: Sie respektiert die Persönlichkeit und Eigenart des Betroffenen und gibt ihm eine Möglichkeit, in die Problematik einzugehen, ohne an Tiefe zu verlieren, und über den übenden Weg, der verhaltenstherapeutisch ist, die neu erworbene Verhaltensweise zu festigen.

Die zweigleisige Psychotherapie tritt nicht als Konkurrenz der analytischen Methode auf, sondern hat eine andere Indikation. In Anbetracht des Baus des psychischen Apparates des Menschen ist das Einschlagen eines analytischen und/oder verhaltenstherapeutischen Weges je nach der Indikation, je nach der Persönlichkeit des Patienten abzuwägen. Die zwei Pole der Psychotherapie: analytischer Weg und verhaltenstherapeutischer Weg schließen sich nicht aus, sie ergänzen sich im Patienten. Die jeweilige »Dosierung« der beiden Wege, sprich Verfahren, ist nur erst nach Analyse des Krankheitsbildes flexibel festzulegen.

Die Bezeichnung »Zweigleisige Psychotherapie« wird sich mit der Zeit verlieren; das Faktum, das sie wiedergibt, wird aber immer bleiben, so daß die »Zweigleisige Psychotherapie« unter einem anderen Namen immer wieder erscheinen wird. Der ursprüngliche Name war »Standard Psychotherapie« (*E. Kretschmer*). *Langen* und der Verfasser hatten schon von »Psychiatrischer Psychotherapie« (43) gesprochen. In 50 Jahren wird es wahrscheinlich bei Psychotherapie schlechthin bleiben. Zu einer solchen Begriffsassimilation wird die Wandlung des Berufsbildes des Nervenarztes (18) sicherlich beitragen. Es ist zu bedauern, daß weder *E. Kretschmer* noch *D. Langen* eine theoretische Systematisierung ihrer Methode gelang. Es war zu früh. *Langen* hatte den Verfasser in seinem Bestreben unterstützt, der Methode eine theoretische Grundlage zu verschaffen (42 a). Dieses Buch wurde im Geiste dieses Vorhabens geschrieben.

In der nervenärztlichen Praxis findet die Methode in der Mehrheit der Fälle ihre Anwendungsmöglichkeit. Sie wird aber pragmatisch angewandt und leider nicht systematisch. *Hoffmann* (20) ist nur zum Teil zuzustimmen, wenn er meint, daß die Kombination AT und analytische Therapie wenig Nachahmer gefunden hat. Theoretisch stimmt das, praktisch aber nicht; denn die Kombination taucht in der Alltagspraxis immer wieder auf. Jeder praktisch tätige Nervenarzt entdeckt sie früher oder später von selbst. Es fehlt aber eine grundlegende Theorie der Methode.

Das Autogene Training und die Gruppenpsychotherapie

Die Arbeit mit dem AT in Gruppen ist Gruppenpsychotherapie par excellence. Wie *Barolin* schreibt, kann man fast sagen, daß AT und Gruppenpsychotherapie »für einander geschaffen sind« (2). Gruppenpsychodynamische Wirkung ist schon zu beobachten bei einem einfachen Grundstufe-Einführungskurs. Gerade der Erfahrungsaustausch der Gruppenteilnehmer stellt eine überaus wertvolle Ergänzung zu den eigenen Erlebnissen dar (21). Deswegen ist er psychodynamisch sehr wichtig; geben doch viele Trainingübende nach diesem Austausch oft ihre Widerstände gegen das Üben in der Gruppe sehr schnell auf. Es ist also nicht verwunderlich, daß der Übergang zur tiefenpsychologisch fundierten Psychotherapie durch das AT erleichtert wird. Dieser Übergang ist aus der Notwendigkeit der Alltagspraxis natürlich gefunden worden (17). Die Anwendung dieser Gruppenpsychotherapie setzt immer eine gründliche tiefenpsychologische Ausbildung des Gruppenleiters voraus. Mit der hier erwähnten Gruppenpsychotherapie sind nicht alle Techniken der Oberstufe gemeint, sondern die analytischen Gruppen. Bekanntlich war *D. Langen* einer der Hauptexponenten der Gruppenpsychotherapie im deutschen Sprachraum (2). Schon 1953 schilderte er Grundzüge der stationären Gruppenpsychotherapie, die für sein feines Empfinden für psychotherapeutische Probleme sprechen. Seine Betonung, daß Psychotherapie »immer beides: Analyse und Synthese« (33) sein muß, hat m. E. nicht die gebührende Beachtung gefunden. Auf dieser Tradition basierend, setzte der Verfasser in der *Langen*schen Klinik die Arbeit mit analytischer bzw. tiefenpsychologisch fundierter Gruppenpsychotherapie fort (44).

Die Forschung auf dem Gebiet der Gruppenpsychotherapie ist noch im Gange. Die Euphorie der siebziger Jahre klingt langsam ab. Dennoch ist die Gruppenpsychotherapie, an erster Stelle das AT, aus verschiedenen Gründen in der stationären wie auch in der ambulanten Therapie aus der Nervenheilkunde nicht mehr wegzudenken.

Autogenes Training in der somatischen Medizin

Die Integration des AT in die somatische Medizin ist noch nicht geschehen. Das ist nicht verwunderlich; denn das AT ist noch nicht einmal in die Psychiatrie integriert. Man wundert sich, daß *Kammerer* in Frankreich die Psychiater vor »einem ›Hamstern‹ der Relaxationsmethoden« warnen muß und sie mahnt, Ansätze für die Zusammenarbeit mit den Allgemeinmedizinern und Vertretern anderer Fachgebiete zu finden, obwohl das interessantere Anwendungsgebiet in der Psychiatrie und sogar in der Neurologie liegt (26).

Die Integrierung des AT in die somatische Medizin wirft mehrere Probleme auf. Die moderne Medizin ist hauptsächlich apparativ-diagnostisch und stark medikamentös-therapeutisch orientiert. Ein Blick in die Gebührenordnung zeigt sofort, daß die therapeutische Wirkung des Arztes, die schon bei der Anamneseerhebung zur Geltung kommt, im Vergleich zu den apparativen Leistungen nicht gebührend honoriert wird. Das rein ärztliche Tun hatte bis Ende des letzten Jahrhunderts ein größeres Gewicht. Dementsprechend war die Anwendung der Hypnose durch den Allgemeinpraktiker bis zum Ende des letzten Jahrhunderts sehr verbreitet (35). Erst der Aufschwung der Organmedizin und ihr Erfolg ließen diese sehr wertvolle Methode der Medizin in den Hintergrund geraten. Allerdings nicht nur aus diesem Grund wurde die Hypnose beiseite geschoben, sondern auch wegen der falschen Auslegung der Suggestionslehre der Zweiten Schule von Nancy, wie wir schon gesehen haben. Die Hartnäckigkeit aber, mit der die hynotischen Verfahren in der Medizin weiterhin verweilen, spricht dafür, daß dahinter eine Wirklichkeit steht, die noch nicht ganz verstanden worden ist und die wir in diesem Buch aufzudecken versucht haben.

Das AT, unter kybernetischen Gesichtspunkten betrachtet, könnte die Brücke darstellen, die dem Arzt einer somatischen Disziplin (Dermatologie, Urologie, Gynäkologie usw., besonders Innere Medizin und Allgemeinmedizin) helfen wird, die »Fäden«, die die Organe zu einem Ganzen gestalten, besser zu erfassen. So wird der Spezialarzt psychotherapeutische Ansätze zur Verfügung haben, die in der somatischen Medizin immer noch zu kurz kommen (22, 23).

Gelingt es aber, eine praxisnahe psychosomatische bzw. psychotherapeutische Methode zu entwickeln, wird sich der Schwerpunkt der »kleinen Psychotherapie«, an erster Stelle die vegetativen Störungen, sprich kybernetische Organfehlsteuerung, in Richtung Allgemeinmedizin bewegen.

In den 30er Jahren berichtete *E. Jacobson*, daß manche Praktiker in den USA wieder die Progressive Relaxation in die Alltagspraxis eingeführt hätten (24). Wie wir gesehen haben, führt die Methode von *E. Jacobson* indirekt zu einem hypnoiden Zustand. Die Progressive Relaxation wie auch das AT können für den Praktiker eine sehr große Hilfe darstellen.

Aus den jetzigen Betrachtungen wird die Oberstufe des AT ausgeschlossen, weil diese Methode wegen der speziellen Ausbildung, die sie verlangt, in die Hände von Spezialisten gehört, auch wenn man damit manche psychosomatischen Krankheiten erfolgreich behandeln kann. Hier ist die Einschaltung des speziell ausgebildeten Psychotherapeuten unerläßlich.

Mit der Frage des AT in der somatischen Medizin ist eher das Bestreben gemeint, das auf die Integration des AT als natürliche Ergänzungstherapie für fast alle Fächer der Medizin, besonders der Allgemeinmedizin, abzielt. Berücksichtigt man, daß es neben Morphologie und Physiologie eine Kybernetik, d. h. eine Selbststeuerung der Organe, gibt – eine faktische Entität, die durchaus erfaßt werden kann –, so folgt daraus, daß außer dem Organ und seiner Funktion deren Steuerung betrachtet werden muß. Organ und Funktion können einwandfrei sein; dennoch kann eine Krankheit vorliegen, die auf eine Störung der Steuerung zurückzuführen ist. Faßt man zusätzlich ins Auge, daß diese Kybernetik, diese Selbststeuerung, durch autogene Übungen beeinflußt werden kann, läßt sich ersehen, daß es kaum ein Gebiet der Medizin gibt, wo das AT nicht angewandt werden kann. Wie wir gesehen haben, hat die Grundstufe des AT, d. h. das AT im engeren Sinne, von sich aus eine therapeutische Wirkung und reicht in manchen Fällen aus, die Homöostase so günstig zu beeinflussen, daß weitere medizinische Maßnahmen überflüssig sind. Aber man muß immer im Auge behalten, daß es eine Methode ist, die gelernt werden muß und gelehrt werden kann. Die richtige Anleitung ist fast immer conditio sine pua non, damit die Methode Erfolg zeigt.

Die Anwendung des AT in der somatischen Medizin, sprich Organmedizin, würde geradezu die Vervollkommnung der naturwissenschaftlichen Konzeption der Therapie bedeuten, und zwar aus folgenden Gründen: Der Mensch würde sich nicht mehr als Konglomerat von Organen darstellen lassen, sondern als ein einheitliches biokybernetisches System, das selbst in gewissen Grenzen die Selbststeuerung der Organe beeinflussen kann. Aus dieser Sicht folgt natürlicherweise die Betrachtung des kranken Menschen als Ganzheit, was seit langem von den Psychosomatikern gefordert wird. Somit – wahrscheinlich nur so – ließe sich der alte Dualismus organisch/psychogen (16) konstruktiv überwinden. Die biokybernetische Konzeption erlaubt gleichzeitig, die aus der Organmedizin bekannten Methoden einheitlich mit dem AT zusammen anzuwenden. Für diese Konzeption ist in Kap. III eine neuromorphologisch-physiologische Grundlage dargelegt worden, die die Vorgänge der Mikropsychik den makropsychischen Phänomenen des AT zugrunde legt und, wie schon erwähnt, als Ansatz für eine naturwissenschaftliche Fundierung der AT-Arbeit und der Psychotherapie dienen könnte.

Ein anderer Grund für eine breitgefächerte Anwendung des AT in der allgemeinmedizinischen Therapie ist der Grundsatz, daß eine jede Therapie nicht nur daraus bestehen kann, dieses oder jenes Medikament zu verabreichen. Es sollte vielmehr dafür Sorge getragen werden, daß in vielen psychosomatischen und organischen Fällen die Patienten, die die Allgemeinpraxis aufsuchen, das AT lernen, selbst wenn es nur eine komplementäre Wirkung hat. Mit dem AT kann der Patient lernen, sich selbst zu helfen, alle natürlichen Reserven, die er für die Genesung hat, einzusetzen und aktiv an seinem Genesungsprozeß mitzuarbeiten. Die Therapie sollte immer Therapie zur Selbsthilfe sein, besonders in der Nervenheilkunde; hierzu bietet sich das AT als ein Allhilfsmittel zur Selbsthilfe an. Die Möglichkeit ist besonders offensichtlich bei der Betrachtung der verschiedenen Krankheitsbilder, bei denen das AT eingesetzt werden kann, wie wir in Kap. V sehen werden.

V
Die Anwendung des Autogenen Trainings. Häufige Störungen, die sich gut mit Autogenem Training beeinflussen lassen

Die therapeutische Bedeutung des AT ist so weltweit bekannt, daß man zunächst meinen würde, von diesem Kapitel absehen zu können. Die klinisch/praktische Bedeutung des AT darf aber hier nicht übergangen werden, und zwar aus zwei Gründen. Zum einen ist die Methode unter kybernetischen Gesichtspunkten dargelegt worden, und zum anderen haben einige bei eigenen Fällen typische Krankheitsbilder, die mit ihr erfolgreich behandelt wurden, zweifelsohne illustrativen Charakter, zumal sie die Wirklichkeit, mit der der Verfasser gearbeitet hat, belegen. Einschränkend muß aber hinzugefügt werden, daß in der naturwissenschaftlichen Medizin – selbstverständlich auch in der Psychotherapie – das AT fast immer im Rahmen eines Therapieplans eingesetzt wird, der meistens multidimensional ist und selbstverständlich eine medikamentöse Behandlung u. a. oft mit einschließt. Eine Behandlung mit AT allein überfordert in vielen Fällen sicherlich die Methode. Diese aber bringt in die Therapie – sowohl in die somatische Medizin als auch in die Nervenheilkunde – eine Dimension, die nicht ignoriert werden kann, zumal die Wirkungsmöglichkeiten des Nervenarztes nicht übermäßig groß sind. Das AT ist nicht nur ein Werkzeug für den Therapeuten, es ist auch vielleicht das einzige Werkzeug, mit dessen Hilfe der Patient an sich selbst arbeiten kann.

Bereicherung der Arzt-Patient-Beziehung

Diese doppelte Werkzeugnatur der Methode von *Schultz* bildet die natürliche Brücke im Arbeitsbündnis zwischen Arzt und Patient. Auch wenn die Methode mit anderen Therapieansätzen kombiniert wird, räumt sie dem Patienten eine aktive Rolle ein. Dies stellt eine Bereicherung der therapeutischen Arzt/Patient-Beziehung dar, die immer Kern der Medizin im engeren Sinne ist (26). In dieser Beziehung sind bei der Arbeit mit dem AT drei Faktoren zu berücksichtigen: 1. Die Methode des AT selbst; 2. der Patient; 3. der Arzt.

Die Methode ist immer richtig: sie ist neutral, ist eine Technik, eine ausgearbeitete Technik, deren morphophysiologische und regeltechnische

Grundlage wir schon erörtert haben. Wenn die Indikation zur Anwendung der Methode gegeben und die Einleitung richtig erfolgt ist, wird der Patient durch Selbstbeeinflussung der vegetativen autonomen Vorgänge immer in der Lage sein, einen Erfolg zu verzeichnen, so gering er auch sein mag. Es bleibt der Faktor Arzt, der, damit er mit dem AT etwas anfangen kann, dementsprechend ausgebildet sein muß. Kurz gesagt, wenn die Methode nicht funktioniert, liegt es entweder am Patienten oder am Arzt: Die Methode ist immer richtig. Es ist eine Methode von der Faktizität einer Injektionstechnik oder des Umgehens mit einem Skalpell. Bei dieser Betrachtung beziehe ich mich allerdings hauptsächlich auf die Grundstufe des AT, die eine gesicherte experimentelle Grundlage hat. Daß ein Teil der AT-Arbeit analytisch oder verhaltenstherapeutisch ist, wurde bereits dargelegt (s. Kap. IV).

Substrat des Autogenen Trainings

Wir haben schon gesehen, daß die dritte Periode der Entwicklung der naturwissenschaftlichen Medizin die ist, in der die Regulationsvorgänge, die Steuerungsvorgänge des menschlichen Körpers, den man als biokybernetisches System betrachten kann, erforscht werden. In Anbetracht der beinahe unerschöpflichen Anwendungsmöglichkeiten des AT, wie sie z. B. in der Darstellung der klinischen Anwendung des AT in Band II und III des Werks von *W. Luthe* beschrieben werden (67), läßt sich folgern, daß man es hier mit einem ganzheitlichen Wesen zu tun hat, das durch das AT beeinflußt werden kann. Das Substrat des AT sind die Selbstregulationsanlagen bzw. biokybernetischen Anlagen des Organismus. Bei diesen handelt es sich keinesfalls um Entelechien, sondern um Entitäten, die normalerweise und im üblichen Sinne als Objekt der Medizin betrachtet werden müssen. Der Mensch besteht, wie in den früheren Kapiteln dargelegt, aus zahlreichen Systemen, sprich Steuerungssystemen, deren Funktionieren gestört sein kann, auch wenn organisch kein pathologischer Befund festzustellen und die Funktion selbst einwandfrei, aber ihre Steuerung gestört ist. Jede Funktion des menschlichen Körpers kann im Rahmen eines solchen kybernetischen Systems aufgefaßt werden. Die Einteilung des menschlichen Körpers in seine Organe und Funktionen ist allzu bekannt, auch dem Laien, um hierin näher eingehen zu müssen. En passant sei bemerkt, daß die Pseudokenntnisse der Laien wahrscheinlich eine Teilursache für die Zunahme funktioneller Störungen sind, die man schon seit Anfang dieses Jahrhunderts beobachtet (36).

Die Betrachtung des menschlichen Organismus unter dem Gesichtspunkt des Baus in dynamischen Systemen ist seit langem bekannt, hat aber trotzdem die gebührende Aufmerksamkeit in der naturwissenschaftlichen Medizin noch nicht gefunden. Bei den Regulationsvorgängen, von denen hier die Rede ist, geht es nicht nur um Vorgänge, die unmittelbar dem Willen des Menschen unterworfen sind, sondern vor allem um jene, die nur durch ein gezieltes und fundiertes Vorgehen, d. h. durch eine Technik, beeinflußt werden können. Zu einem gewissen Grad mit Recht bemerkt *Engel-Sittenfeld*, man habe der Tradition folgend angenommen, daß sich die vegetativen Funktionen der willkürlichen Beeinflussung entziehen (20). *Rein. Schneider* schreiben, daß sich die Funktionen des Vegetativums der willkürlichen Beeinflussung meist entziehen (73); sie relativieren aber sogleich diese Aussage, indem sie einräumen, daß es einerseits Menschen gibt, die in der Lage sind, die Schlagfrequenz des Herzens zu beeinflussen oder willkürlich die Blutgefäße zu verengen, und andererseits ein großer Teil unserer Skelettmotorik ebenfalls unwillkürlich erfolgt (73). In den ersten Perioden der Entwicklung der naturwissenschaftlichen Medizin, der morphologischen und der physiologischen, war es schwer vorstellbar, daß eine Beeinflussung der vegetativen Funktionen über Übungen, die sich im Kortex abspielen, möglich ist. Nur einige Vorkämpfer wie *Pawlow, Schultz* . . . konnten dies nachvollziehen. In Kap. III ist versucht worden, die mikrophysiologischen Vorgänge, die die Methode von *J. H. Schultz* erklären könnten, darzulegen.

Die Systeme bzw. Parameter, die mittels des AT beeinflußbar sind, werden sicherlich »punktförmig« nie ermittelt werden können, zumal die Methode einen positiven Einfluß auf die ganze Homöostase hat. Die Schule von *Luthe* (65, 66 u. a.) hat sich bei der Erforschung der physiologischen Veränderungen während der Übungen sehr verdient gemacht. Es handelt sich nicht um die durch gezielte Organ- oder Systemübungen erreichten Veränderungen, sondern um die Veränderungen mancher Parameter, die über die Durchführung der Übung erreicht werden wie: Blutdruck, Cortisol im Serum usw.

Die Frage der Spezifität des Autogenen Trainings

Auch im Kreis um *D. Langen* wurden einige solcher Parameter untersucht (62, 99 u. a.). *Linden* wirft mit Recht die Frage der Trainingsspezifität bei Untersuchungsreihen über periphere Kreislauf- bzw. zentrale Kreislaufveränderungen bei der Übung des AT auf und schreibt: »Es ist jedoch noch nicht klar zu entscheiden, inwieweit diese berichteten Veränderungen tatsächlich trainingsspezifisch sind« (61). Nach meiner Meinung ist diese Frage bei jeder Untersuchung über AT-Arbeit zu stellen. Bei der Beurteilung der Wirkung des AT sind zwei Sachverhalte auseinanderzuhalten. Erstens: Die organismische Umschaltung ist ein automatischer Vorgang (s. Kap. II u. III), der nicht nur beim AT eintritt, sondern bei jeder Methode, auch den archaischen oder alten hypnotischen Methoden, die eine Verminderung des Informationsflusses zum ZNS bewirken. Tritt die vegetative Umschaltung ein, dann folgt die allgemeine Wirkung, d. h. günstige Beeinflussung der Homöostase, die nicht AT-spezifisch ist. Der zweite Sachverhalt ist die spezifische Wirkung der Organformeln bei der Arbeit mit dem AT: Grundübung + organspezifische Formeln. Auf diesem Gebiet hat man besonders in den Ostländern gezielt gearbeitet (36, 40 u. a.). Dennoch stellen einige Autoren bei inneren Krankheiten die Frage, ob überhaupt alle Übungen vom Probanden zu erlernen sind, bevor eine günstige Wirkung des AT erreicht wird. So mahnt *Drunkenmölle* (16) zur Vorsicht und empfiehlt, wenn das AT nicht zum Ziel führt, andere Wege einzuschlagen, z. B. analytische Psychotherapie, was in manchen Fällen, wie schon erwähnt, unerläßlich ist. *W. Luthe* hat recht, wenn er schreibt, daß bezüglich der Wirkung der organspezifischen Formeln mehr klinische Forschung notwendig ist (88). Dies ist unerläßlich, um quantitative Aussagen machen zu können. Experimentelle Ergebnisse, außer den klinischen, wie wir gleich sehen werden, hier zu erreichen, wird aber durch zwei Fakten behindert: 1. Die bei AT erreichten Veränderungen bewegen sich immer innerhalb der Streubreite physiologischer Werte, so daß eine Beurteilung normalerweise gewisse Schwierigkeiten bereitet; 2. günstige Ergebnisse, besonders bei den organspezifischen Formeln, erfordern das Üben über Monate, sogar Jahre hinaus. Man lernt das AT nicht für einige Monate, sondern für das ganze Leben. Und dies ist keineswegs eine Strafe. Hat ein Mensch in seinen Systemen eine Labilität beobachtet, so stellt ein lebenslanges Üben einer nicht unangenehmen Übung, um diese Labilität auszugleichen, wahrhaftig keine Belastung dar, sondern umgekehrt: Es bedeutet ein Plus an Lebensqualität.

Anwendungsfelder des Autogenen Trainings

Der Verfasser meint, daß jede vorstellbare Funktion, auch wenn sie in Einzelheiten nicht bekannt ist, zu beeinflussen sein dürfte. Wie *Kleinsorge* schreibt, kann die Realisierung des Trainingszieles, sonst unbewußt ablaufende vegetative Funktionen zu steuern, nicht »durch einen direkten aktiven Willensimpuls erzielt werden, sondern erfolgt, bewußt oder unbewußt, über derartige, an Worte oder Vorstellungen gebundene, bedingt humorale oder vegetative Reaktionen« (36). Worum es aber im Grunde genommen beim Erlernen des AT geht, ist, daß solche gebundenen, bedingt humoralen und vegetativen Reaktionen durchaus einem Lernvorgang zugänglich sind, deren wahrscheinlichen Mechanismus wir schon in den früheren Kapiteln betrachtet haben. Diesen Lernvorgang zu ermöglichen, ist ja Ziel des AT, zumindest eines der Hauptziele.

Der Erfolg des AT bei den vegetativen Syndromen ist überraschend, manchmal für den Arzt selbst. Die Liste der vegetativen Syndrome, die der Behandlung mit dem AT zugänglich sind, ist beinahe unerschöpflich. Denn man kann sagen, daß der Mensch durchaus in der Lage ist, innerhalb der physiologischen Streubreite durch AT die eigenen Servoregulationsanlagen in diese oder jene Richtung mehr oder weniger zu beeinflussen. Die schon sehr zahlreichen veröffentlichten Fälle von *Schultz, Luthe* und anderen Verfechtern des AT belegen den klinischen Wert der Methode. Es muß jedoch ohne weiteres zugestanden werden, daß ähnliche Erfolge auch mit anderen Verfahren erreicht worden sind, und zwar seit Jahrtausenden (48, 74 u. a.). Die angeborene Fähigkeit (Prinzip Autogen, s. Kap. I) und ihre Schulung, die eigenen Psychoservomechanismen zu beeinflussen, sind Objekt der Forschung auf einem breiten Feld, das die amerikanische Literatur unter »Biofeedback und Selbstkontrolle« erfaßt; Forschungsobjekt dieses Feldes sind die Techniken, die in der Lage sind, die psychophysiologischen Funktionen zu beeinflussen, so z. B. Hypnose, Autogenes Training, Yoga und Meditation (2). Daß die sogenannten Biofeedbacktechniken im engeren Sinne zweifelsohne auch eine Indikation haben, ist a. a. O. dargelegt (25). Die sogenannten Biofeedbackgeräte liefern lediglich eine Zusatzinformation für die eigentlichen Biofeedbacksysteme, die im ZNS gelagert sind (25). Für massenhafte Anwendung der Biofeedbackgeräte sehe ich keine Rechtfertigung. Unsere Technokultur aber braucht das AT, weil es die einzig mögliche Methode (mit der Progressiven Relaxation von *E. Jacobson*) ist, die den naturwissenschaftlich geprägten Menschen unserer Zeit in die Lage versetzt, an sich selbst zu arbeiten und solche Erfolge zu erreichen. Für diese Gegebenheit stellt die Relativität unseres begrifflichen Weltbildes (24) eine logische Erklärung dar, deren mögliche mikroneurophysiologische Grundlage in Kap. III auch untersucht worden ist.

Beim Einsatz des AT sollte man allerdings, wie schon oben angedeutet, zwei Anwendungsfelder auseinanderhalten:

1. Das AT für Gesunde, d. h. das AT als psychohygienische Methode, d. h. als Gesundheitsvorsorge bzw. Vorbeugungsmaßnahme.
2. Das AT als psychotherapeutische Methode, die, wie *Schultz* schreibt, den Methoden der aktiv-klinischen Psychotherapie angehört, die jedem Arzt vertraut sein sollte (82).

1. Das AT für Gesunde

Der Vorbeugungswert des AT im somatiscchen und im psychischen Bereich ergibt sich aus den von *J. H. Schultz* (85, 86) genannten Zielsetzungen des AT: vertiefte Erholung in kurzer Zeit, Dämpfung der Affekte, Leistungssteigerung, Förderung der Kontrolle der vegetativen autonomen Funktionen . . ., wie wir schon in Kap. II gesehen haben.

Das AT wirkt sich auf die Homöostase, d. h. auf das harmonische Gleichgewicht aller vegetativen Funktionen des Körpers günstig aus und erweist sich so als gesundheitsfördernd. Die Nachfrage in den Volkshochschulen und die immer größere Verbreitung der Methode spricht für diese Auffassung. Gerade der moderne Mensch benötigt eine Methode, um sein psychoneurovegetatives System zu schonen und in diese oder jene Richtung steuern zu können. Für den gesunden Menschen, der die Übung lediglich aus gesundheitlichen Gründen vorbeugend ausübt, hat die Methode eine andere Bedeutung als für den Kranken, der unter einer funktionellen oder psychischen Störung leidet. Auch wenn der Übergang zwischen gesund und nicht gesund bei solchen Störungen fließend ist, ist m. E. die Differenzierung zwischen AT als vorbeugende Maßnahme und AT als psychotherapeutische Methode begründet. Bei Gesunden wird die günstige Wirkung auf die Homöostase im Vordergrund stehen, wobei neben den Leistungen des AT der Anti-Streßwirkung sehr große Wichtigkeit beizumessen ist. Bei Autogenem Training für Gesunde führe ich in Anlehnung an *D. Langen* die 6 klassischen Übungen des AT durch (s. Kap. II), vermeide aber die Betonung der Herzübung, die im Grunde genommen eine Organübung ist. In Anlehnung an *J. H. Schultz* (85) und *D. Langen* (54) vermittle ich ferner einen Einblick in die formelhaften Vorsatzbildungen (s. auch

Kap. II). Auf die Frage des AT in der Gesundheitsvorsorge kommen wir in Kap. VI zurück.

2. Das AT als psychotherapeutische Methode

Die Konzeption des Menschen als biokybernetisches System ermöglicht die Auffassung, daß eine Funktion gestört sein kann, ohne daß man von einer psychischen Störung zu sprechen braucht. Es kann sich bei einer solchen begrenzten Funktionsstörung um ein lokales Geschehen handeln, das nicht unbedingt den ganzen psychischen Apparat in Mitleidenschaft ziehen muß. Hier würde der Verfasser den Verfechtern der bedingt-reflektorischen Psychotherapie (Verhaltenstherapie) recht geben. Ein solches lokales Geschehen würde dem Begriff der psychosomatischen Funktionsstörung von *D. Langen* entsprechen, der unter solchen Bildern das nervöse Atemsyndrom von *P. Christian*, den stenokardischen Beschwerdekomplex, die psycholabile Hypertension, die nervöse Gastritis oder das Colon irritabilis, die Reizblase sowie manche Formen von paroxysmaler Tachykardie genannt hatte (53). Ich werde hier nicht in eine weitere gerechtfertigte Differenzierung wie die psychosomatische Krankheit eingehen, wie *Langen* dies tat (53 u. a.). Es möge genügen, in Erinnerung zu bringen, daß die Unterscheidung zwischen einer neurovegetativen Fehlsteuerung und einem neurotischen Geschehen viele Schwierigkeiten bereiten kann, wie aus der Alltagspraxis bekannt ist. Fast immer ist es auf Anhieb nicht möglich zu entscheiden, ob eine funktionelle Störung eine autonome vegetative Fehlsteuerung oder ein neurotisches Geschehen ist. Nur eine Analyse des Einzelfalls kann Licht auf diese Frage werfen, die sehr wichtig ist, da die Therapie eines neurotischen Geschehens ohne tiefenpsychologischen, sprich analytischen, Ansatz nicht erfolgreich sein wird. Auf die Schwierigkeit dieser Problematik hat *Wallnöfer* hingewiesen (100). Der Therapie solcher Fälle von neurotischem Geschehen stehen nicht nur die Techniken der Oberstufe, sondern auch andere Methoden der sogenannten großen Psychotherapie zur Verfügung. Die mögliche Rolle des AT als psychotherapeutische Methode in der Nervenheilkunde läßt sich anders hervorheben, besonders in jenen zahlreichen Fällen, die auch auf eine Medikation gut reagieren. Wenn man zugrundelegt, daß der Mensch als biokybernetisches System betrachtet werden kann, läßt sich folgern, daß die Pharmakotherapie in der Behandlung der psychischen Krankheiten nur den Wert haben kann, der z. B. einer Schiene oder einem Hilfsmittel zukommt. Diese Instrumente haben nur einen Sinn: eine Funktion zu ermöglichen. Um diese Schiene, dieses Hilfsmittel – wenn möglich – bei der Therapie in der Nervenheilkunde zu ersetzen, kann sich das AT als ein unschätzbares Werkzeug erweisen. Wir haben schon gesehen (s. Kap. II), daß beim AT als Methode drei Aspekte zu berücksichtigen sind: *1. das AT als konzentrative Selbstentspannung; 2. das AT als Versenkungsmethode, d. h. als Selbsthypnose; 3. das AT als Technik, sprich Werkzeug*, in der Hand des Patienten und des Arztes. Somit gibt es in der Arzt/Patient-Beziehung ein neues Element: eine Technik, das AT, eine Methode, die gelehrt werden muß und gelernt werden kann.

Manche Teilnehmer fragen sich, wenn sie am Anfang der Übung sind: Was mag diese konzentrative Selbstentspannungsübung, diese Schwere- und diese Wärmeübung mit meinen Ängsten, mit meinen Herz-, Atem- oder Magenbeschwerden u. a. zu tun haben? Wahrscheinlich verhalten sich auch manche Ärzte so, die sich den Übungen gegenüber skeptisch zeigen. Die Schwere-, die Wärmeübung sind, obwohl beide in sich einen unbezweifelbaren therapeutischen Wert haben, nur »Vorbereiter«, um das AT als Werkzeug einsetzen zu können. Die analytische und die verhaltenstherapeutische Dimension des AT haben wir schon kennengelernt. Nach der Analyse des Krankheitsbildes läßt sich das AT einsetzen, um die nötigen Strukturen vom Patienten selbst abbauen bzw. umbauen oder anbauen zu lassen, was *E. Kretschmer* »hypobulische Einpflanzung der im analytischen Arbeitsvorgang gewonnenen Parolen« nannte (44). Es handelt sich um Arbeit an der eigenen Person, die heute notwendiger ist denn je (19).

Man darf aber nicht unterstellen, daß eine Therapie ausschließlich mit AT zu gestalten ist. Nur in einigen Fällen ist dies möglich, in den meisten jedoch nicht. Aber die Kombinierbarkeit des AT macht es zur idealen Ergänzung eines jeden Therapieplans. Die Werkzeugnatur des AT ist es, die diese Methode geradezu zum idealen Therapiekomplement macht – in der somatischen Medizin wie auch in der Nervenheilkunde –. Es erlaubt dem Kranken, alle natürlichen Gesundungsreserven einzusetzen, was bei psychischen Störungen von großer Wichtigkeit und oft sehr gut möglich ist.

Indikation und Kontraindikation

Eine andere Frage, die sich stellt, wenn das AT als psychotherapeutische Methode eingesetzt wird, ist die der Indikation und Kontraindikation seiner Anwendung. Dieses Problem betrifft hauptsächlich die Therapie in der Nervenheilkunde, wobei eine gewisse Überlappung der Methodik in anderen Fachgebieten bei Fällen von Fehlsteuerungen zu erwarten ist. *Schultz* hatte keine absolute Kontraindikation für die Anwendung des AT gesehen. Er schrieb: »Es ist mir bis jetzt nicht gelungen, eine solche zu finden, wenn der Versuchsleiter im Auge behält, daß die Dosierung, besonders für die selbsttätige Verfügung über die Vasomotoren, vorsichtig und individuell erfolgen muß« (78). Dies gilt für die somatische Medizin wie auch für die Nervenheilkunde.

Unter Berücksichtigung der Darstellung des AT als Werkzeug im Dienste des Ichs (55) könnte man sagen, daß es für die Anwendung des AT nur eine relative Kontraindikation geben kann, und zwar bei einer Störung des Ich-Erlebens, wie es der Fall ist bei psychotischen Erkrankungen. Die Frage der Indikation sollte m. E. eher breit gestellt werden. *Langen* (51) meinte, ». . . absolut kontraindiziert ist das AT für beginnende endogene Psychosen aus dem schizophrenen Formenkreis, für endogene gehemmte Depressionen und für Patienten mit malignen Zwangssyndromen«. Und weiter: »Bei somatischen Krankheiten sind Patienten mit dekompensiertem Vitium cordis für das autogene Training ungeeignet. Bei kompensiertem Herzklappenfehler sowie nach allen Erkrankungen, die mit einer Erhöhung der Kohlensäurespannung im Blut verbunden sind, sollte man ebenfalls zurückhaltend bis ablehnend sein. Darüber hinaus aber gibt es keine absoluten Kontraindikationen für die Anwendung des autogenen Trainings.« Die Frage der relativen Kontraindikationen muß eher als methodisches Problem angesehen werden (51).

Gewiß ist das AT für beginnende endogene Psychosen ein untaugliches Mittel. Hier sollte man sogar besser formulieren, daß das Erlernen des AT nicht möglich ist, weil der Betroffene außerstande ist, sein psychisches Gefüge zu steuern und das Empfinden der Schwere und der Wärme zu erleben, um die Übung überhaupt in Gang zu setzen. Bei remittierten endogenen Psychosen ist die Lage allerdings ganz anders. So hatte *Kranz* mit Recht die Vorteile des AT bei endogenen Depressionen hervorgehoben, wenn der Patient aus der Phase ist (41). Gerade bei den depressiven Krankheiten wirkt das AT wie ein Indikator: Fängt der Patient an, die Schwere- und/oder die Wärmeübung zu erleben, so ist das ein Zeichen dafür, daß die depressive Verstimmung am Abklingen ist. Bei paranoidhalluzinatorischen Psychosen außerhalb der akuten Erkrankung regt *Schultz* an, das AT vom erfahrenen Psychiater anwenden zu lassen (86). Besonders in den ruhigen Endzuständen dieser Psychosenform erlaubt eine autogene Trainierung oftmals den Patienten, ihren krankhaften Erlebnissen gegenüber abständig zu werden, also etwa Halluzinationen oder Impulsen gegenüber . . . (83). Die Schutzwirkung gegenüber Überflutung durch Umweltreize, die die

Übung darstellt, und die Stärkung des psychischen Apparates, die eintritt, wenn man über eine längere Zeitspanne das AT geübt hat, dürften sich auch hier von Nutzen zeigen. Selbstverständlich muß die Medikation fortgeführt und der Patient einzeln beobachtet werden, besonders seine Art, AT zu machen. Treten Zeichen der Destabilisierung ein, so sollte die Übung eine Zeitlang nicht mehr durchgeführt werden.

Weil das AT zum Werkzeug des Ichs werden kann, erklärt sich das breite Spektrum seiner Anwendbarkeit auf Gebieten der Medizin, die bei oberflächlicher Betrachtung wenig mit der Psychotherapie zu tun haben. *Lohmann* hat gezeigt, wie das AT im Rahmen einer »aktiv klinischen Psychotherapie« im Sinne von *J. H. Schultz* den chronischen Nierenkranken bei Behandlung mit Dauerdialyse und Nierentransplantation helfen kann (64). Ebenfalls kann die Wirkung des AT in einem Fach wie der Augenheilkunde, bei der man zunächst beinahe nur eine physikalische Ursache/Wirkung-Beziehung zwischen Krankheit und Ursache vermuten würde, überraschen, bei genauerer Betrachtung aber nicht mehr. Seit langem haben Ophthalmologen auf die Nützlichkeit des AT bei in ihrem Fachgebiet geläufigen Krankheitsbildern hingewiesen (93). *Schultz-Zehden* berichtet, daß »bei mindestens 30 % aller Augenerkrankungen psychosomatische Aspekte nachweisbar sind« (89) und weist auf Untersuchungen hin, wonach sich bei 52 psychosomatischen Glaukomkranken zusätzliche Psychotherapie – hauptsächlich in Form von AT – auf das glaukomatöse Geschehen und die psychische Grundhaltung günstig auswirkt (90). Auf die Beeinflussung dieser Grundhaltung stützt sich wahrscheinlich die Empfehlung vieler erfahrener Kliniker, die die Fortsetzung des AT nach der Entlassung aus dem Krankenhaus befürworten, wo eine andere medizinische Behandlung durchgeführt worden war. Patienten, die das AT weiter praktizieren, neigen weniger zu Rezidiven als andere, die es nicht tun (67).

Im folgenden werden einige Bilder erläutert und Erfahrungen von anderen Autoren dargelegt. Dies besagt nicht, daß man hierin eine Anregung zur Selbstbehandlung sehen sollte: auf keinen Fall. Eine solche Vorstellung könnte selbstgefährdend sein. Das AT soll, wenn möglich, unter ärztlicher Leitung gelernt werden und darf auf keinen Fall zur selbständigen Selbstbehandlung führen. Die weiter unten dargestellten Fälle stellen eine kleine Auslese jener Patienten dar, die dem Autor im Laufe einer 10jährigen Tätigkeit mit dem AT begegnet sind. Es handelt sich um Patienten, die mit AT behandelt wurden, aber nicht immer ausschließlich. Oft ist die Medikation absolut notwendig, obgleich mittels des AT, nach längerer Zeit, die Dosis reduziert werden kann. In Anbetracht der sehr guten zur Verfügung stehenden Medikamente ist ihr Einsatz bei psychischen Störungen unerläßlich. Die hier dargestellten Fälle wurden meistens von Ärzten überwiesen, die in der somatischen Medizin tätig sind. Die Systeme, die gleich betrachtet werden, sind diejenigen, die mehrmals in der Literatur als mit AT sehr gut beeinflußbar beschrieben worden sind.

Bei den vorgestellten Fällen sind manche Einzelheiten, die nicht zur Sache gehören, absichtlich ausgelassen worden.

Die kardiovaskulären Störungen und das Autogene Training

Die funktionellen Kardiopathien sind unter den verschiedensten Namen in der Medizinliteratur der letzten hundert Jahre beschrieben worden. *Richter* und *Beckmann* (75) geben eine Zusammenstellung der Bezeichnungen, unter denen diese Krankheitsbilder in der internistischen Literatur bekannt sind: Funktionelle Angina pectoris, nervöses Herzklopfen, Hyperkinesis cordis, irritable heart (Reizherz), neurozirkulatorische Asthenie, Effortsyndrom. In der psychiatrischen Literatur sind die funktionellen Herzbeschwerden als Angstneurose, anxiety reaction, Herzhypochondrie, Herzphobie, Kardiophobie, Herzneurose und Herzangst-Syndrom u. a. bekannt.

Schon in den zwanziger Jahren berichtete *Schultz* über die Feststellung, daß die Herztätigkeit durch das AT beeinflußt werden könne. So beschrieb einer seiner Mitarbeiter, *H. Binswanger*, den Fall eines 44jährigen gesunden Mannes, der ohne Gemütserregung oder Veränderung des Atems unmittelbar und direkt seinen Normalpuls von 74 auf 144 herauf- und herunterstellen konnte (79). Solche Beobachtungen weisen auf das Substrat des AT, die Steuerungsanlagen des Menschen. Wir haben aber in Kap. III erklärt, wie anhand von »falschen Begriffen« ähnliche Wirkungen wie beim AT zu erreichen sind. Die formale und materiale (inhaltliche) Abgrenzung des AT gegenüber allen anderen Selbstversenkungs- und Selbstbeeinflussungsmethoden ist in Kap. IV unternommen worden.

In der oben angegebenen Sammlung von Bezeichnungen ist nicht unterschieden worden, ob es sich um eine Fehlsteuerung der autonomen Funktion des Herzens oder um eine neurotische Störung handelt. Wir haben schon oben darauf hingewiesen, wie wichtig und schwierig diese Unterscheidung ist. Handelt es sich lediglich um eine vegetative Störung, so kann das Üben des AT zur völligen Stabilisierung führen. Darum ist in der Praxis die Unterscheidung so wichtig: zum einen, weil kardiovaskuläre Störungen unter den funktionellen Störungen zu den häufigsten zählen und zum anderen, weil bei Nichtbeachtung der unter Umständen vorhandenen pathologischen Psychodynamik eine Heilung nicht erreicht wird (27, u. a.).

Die besondere Kreislaufansprechbarkeit auf psychische Störungen mag mehrere Ursachen haben, seien sie kulturell – das Herz ist ja Symbol des Gefühlslebens und nicht nur eine Pumpe (33) – oder biologisch bedingt wegen der großen physiologischen Schwankungsbreite der Herz- und Kreislaufparameter, die unter den verschiedensten Belastungsbedingungen die Anpassungsfähigkeit des Herzens sichert.

Es wäre aber gewiß übertrieben und widerspräche dem Geist dieses Buches, den Schluß ziehen zu wollen, man könne eine Herz-Kreislauf- oder Darmtrakt-Störung mit solchen »einfachen Formeln«, wie wir noch sehen werden, behandeln. Das AT, im Sinne von *J. H. Schultz* (78), bedeutet die totale Umstellung der Person des Trainingübenden, der dann durch das Einsetzen der Formeln die erwünschte Wirkung erreicht. Die Neurophysiologie solcher Vorgänge haben wir bereits gesehen.

Schon durch das Erleben der Schwere und der Wärme und durch die sich von selbst einstellende Ruhe erfährt eine hohe Prozentzahl der Trainingübenden eine günstige Beeinflussung ihrer funktionellen Beschwerden. Es geht dabei nicht um das Einsetzen der Herzübung, sondern lediglich um das Durchführen der Übungen der Schwere und Wärme, die man in der Schule von *E. Kretschmer* Grundübungen (44) bzw. psychotherapeutische Grundübungen (49) genannt hat. *Schultz* selbst (82,84) hatte bei gestörten Organfunktionen eine Umstellung der einzelnen Viszeralübungen vorgenommen, wobei das gestörte Organ zuletzt eintrainiert werden sollte. In solchen Situationen empfiehlt sich, wie *Langen* schreibt (52), vor dem speziellen Organtraining eine Indifferenzhaltung der gestörten Organfunktion gegenüber einzuüben. Erst wenn der Trainingübende in der Lage ist, seine Systeme einigermaßen zu steuern, sollte er die Herzübung einleiten. Hier stimmen auch die meisten Autoren überein (84, 10, 42, u. a.). Als typische Formel gilt *»Mein Herz schlägt ruhig und regelmäßig«*, die allerdings nur bei auftretenden Störungen eingesetzt wird. Besonders bei Patienten, die an einem Herzangst-Syndrom leiden und zu Reaktionen wie Herzjagen, Herzstolpern, Herzrasen, Beklemmungsgefühlen und Ängsten neigen, besteht beim Durchführen des AT die Möglichkeit des Auftretens einer paradoxen Reaktion (s. Kap. III). Wenn der Patient von so einer Reaktion überfallen wird, ohne vorgewarnt zu sein, besteht die Gefahr, daß er die Übungen des AT abbricht.

In solchen Fällen hat sich in der Alltagspraxis bewährt, dem Patienten seine Herzfunktion mit Hilfe eines Bioregelkreises zu erklären, den er in der Lage ist zu beeinflussen (s. Abb. 7 u. 8, S. 89 u. 90). Leuchtet dem Patienten ein, daß seine Herzfunktion Höhen und Tiefen unterworfen ist, und erlernt er gewisse Griffe, um diese Störungen aufzufangen, so fühlt er sich viel sicherer, und es tritt nicht mehr die positive Rückkoppelung auf, die sich durch die Kette Angst – Herzjagen, mehr Herzjagen – mehr Angst, mehr Angst – mehr Herzjagen usw. derart steigert, bis die Spirale der Angst den Zusammenbruch des Kreislaufs hervorruft.

Einer solcher Griffe ist das Benutzen der physiologischen Koppelung der Atmung und des Kreislaufs (57). Gelingt es dem Patienten, seine Atmung zu kontrollieren, was in den meisten Fällen sehr leicht zu erreichen ist, dann kann er sich helfen, über einige Minuten die paroxysmalen Tachykardien zu erleben und diese aufzufangen, bis sich »der Sturm gelegt hat«. Diese Fähigkeit ist von einer großen Zahl mir bekannter Patienten erreicht worden (s. u. Fall Kurt). Nochmals sei wiederholt, daß das nicht immer möglich ist, weil z. B. bei Herzangstneurosen ein analytisches Vorgehen unerläßlich ist, wenn man einen dauerhaften Erfolg erreichen will (27).

Drunkenmölle hat die Wirkung des AT bei einigen inneren Krankheiten kritisch untersucht: Durchblutungsstörungen der Finger, funktionelle Herzbeschwerden, essentielle Hypertonie und Hyperventilationssyndrom (16). Nach Auswertung der Ergebnisse bei 102 Patienten einer medizinischen Klinik scheint es, schreibt er, »als ob es nicht unbedingt erforderlich ist, daß die Patienten bei den genannten internen Krankheiten alle Übungen erlernen müssen, sondern daß eine Besserung der Beschwerden auch schon eintreten kann, wenn nur ein Teil der Übungen beherrscht wird« (16). Bei rein psychosomatischen Störungen würde ich dieser Aussage beipflichten. Die Ursache der Besserung ist dann die allgemein günstige Beeinflussung der Homöostase, die durch die AT Grundübungen erreicht wird. Aber die gezielte Organübung stellt, wenn die Grundstufe zur zweiten Natur geworden ist, einen zusätzlichen Therapiefaktor dar.

Es sind wenige kreislaufanalytische Untersuchungen bei der Herzübung des AT durchgeführt worden. Die Zurückhaltung gegenüber der Herzübung ist begründet, und vielleicht sind solche kreislaufanalytischen Untersuchungen, wie *Drunkenmölle* u. *Lantzsch* sie durchführten (18), von rein akademischem Interesse, zumal eine »punktförmige« Untersuchung, d. h. die Untersuchung der Wirkung einer Formel, gleichzeitig die Untersuchung der Wirkung der Grundübung des AT einschließt. Diese Autoren haben versucht, die alleinige Wirkung der Herzübung zu untersuchen, d. h.

die Wirkung einer Formel getrennt von der Grundübung. Sie erreichten Ergebnisse, die für den Kreislauf ungünstig sind. Die Autoren stellen aber ihre eigene Fragestellung in Frage, weil sie versucht haben, die Wirkung einer Formel, getrennt von der Gesamtübung, zu objektivieren, was nicht möglich ist. Sie schreiben auch, daß von »erfahrenen Psychotherapeuten immer wieder auf die günstigen Wirkungen der Herzübung bei funktionellen Herzbeschwerden hingewiesen (wird)« (18). Erfahrene Psychotherapeuten (s. o.) haben aber immer darauf hingewiesen, daß man die Herzübung links liegenlassen solle.

Ist mit der Grundübung des AT, wobei die Herzübung nach sieben oder acht Wochen Übung eingesetzt wird, und zwar mit der Formel »Mein Herz schlägt ruhig und regelmäßig«, kein Erfolg erreicht worden, sollte man es nicht noch mit anderen konditionierenden Maßnahmen versuchen. Wie wir oben gesagt haben, ist das Herz viel mehr als nur eine Pumpe, nämlich vielleicht der empfindlichste Zeiger des Seelenlebens. Darum sind analytische und tiefenpsychologische Methoden oft unerläßlich.

Die Schwierigkeiten, kreislaufanalytische Untersuchungen durchzuführen, sind bekannt. *Lantzsch* u. *Drunkenmölle* weisen darauf hin (58). Von der Sache her kann es kreislaufanalytische Untersuchungen mit AT nur beim Menschen geben. In diesem Feld (58) ist es nicht möglich, Modellvorstellungen aus Tierversuchen zu entwickeln. Das Tier kann keine abstrakten Begriffe bilden; es kann allerdings konditioniert werden, auf bestimmte Reize mit einer Veränderung gewisser Parameter zu reagieren, z. B. Blutdruckerhöhung usw., wie die reflexbedingte Forschung festgestellt hat. Die Leistungen der Ich-Instanz beim Tier reichen aber nicht so weit, daß man auch hier von einem Prinzip Autogen sprechen könnte.

Eigene Fälle:

Die drei folgenden Fälle sind unter zahlreichen anderen ausgewählt. Die meisten wurden allerdings gleichzeitig medikamentös behandelt. Die beschriebenen Fälle aber befreiten sich von ihren Störungen hauptsächlich mit Hilfe des AT. Das ist der Grund, warum sie hier vorgestellt werden. Wie schon mehrmals gesagt, müssen bei einer Vielzahl der behandelten Fälle eine eingehendere, tiefreichende Psychotherapie und eine geeignete Medikation angewandt werden.

Fall Helga:

Es handelt sich um eine Enddreißigerin, die seit längerer Zeit über Herzrasen, Herzstolpern und Schmerzen, die in den linken Arm ausstrahlten, klagte. Klinisch waren keine besonderen Krankheitserscheinungen zu beobachten. Zu vermerken

ist, daß der Vater der Pat. sehr lange Zeit an den Folgen eines Herzinfarktes gelitten und immer Schmerzen an der linken Seite angegeben hatte, die in den linken Arm ausstrahlten.
Im Laufe der Untersuchung stellte sich auch heraus, daß die Patientin große Angst vor einer erneuten Schwangerschaft hatte wegen des Risikos, das die Schwangerschaft für eine Frau in ihrem Alter darstellt.
Sie erlernte das AT, und nach acht Wochen berichtete sie, daß sie von gewissen verletzenden Dingen von seiten der Umwelt Abstand genommen habe. Fünf Monate nach Anfang der Behandlung waren laut Angaben der Patientin das Herzrasen, Herzstolpern und die Schmerzen im linken Arm weitgehend verschwunden. Eine weitere Therapie war von mir aus nicht mehr notwendig.

Der obige Fall zeigt, wie mit einer kurzen Psychotherapie ein Konflikt aufgedeckt werden kann, so daß man nach einer steuernden Analyse und der Anwendung des AT in bestimmten Fällen einen Erfolg erzielen kann.

Fall Kurt:
Es handelt sich um einen 30jährigen Mann, der seit der Rückkehr aus dem Urlaub, nachdem er sich beim Autofahren überanstrengt hatte, einen Schmerz in der linken Seite der Brust spürte, der in den linken Arm ausstrahlte. Seitdem habe er immer Beschwerden in der Herzgegend. Als weitere Störung gab der junge Mann an, daß er schlecht schlafe.
Der Patient war im öffentlichen Dienst tätig und hatte es dank angestrengter Arbeit zu einer höheren Position gebracht. Die familiären Beziehungen waren unauffällig. Der junge Patient, ein kräftiger Mann, wirkte verlangsamt, etwas steif, verängstigt, auf die Beschwerden absolut fixiert.
Ich verabreichte eine leichte sympathikusdämpfende Therapie und eine leichte antidepressive Therapie. Der Patient wurde ebenfalls in einen Kurs für AT aufgenommen.
Sechs Wochen nach Anfang der Therapie berichtete er, daß es ihm sehr gut gehe. Er könne sich bei seinem Dienst mit dem AT helfen.»Dank der Übung«, sagte er, »habe ich Boden unter den Füßen gewonnen«. Die Herzbeschwerden, die er gehabt hatte, waren in den Hintergrund getreten. Der Schlaf war gut.
Die Möglichkeit anderer therapeutischer Maßnahmen, außer der Fortsetzung des AT und körperlicher Belastung, schien in Anbetracht des Erfolges der Behandlung nicht mehr notwendig.

Fall Carsten:
Es handelt sich um einen Enddreißiger, der bei der Vorstellung über ein »komisches« Gefühl in der Brust klagte, das er schon seit einer langen Reise vor etwa sieben Monaten hatte. Das Herz war internistisch untersucht worden. Kein organischer Befund. Die Anfälle traten auch beim Besuch von Kaufhäusern auf.
Die familiären Verhältnisse zeigten keine Besonderheiten. Beruflich war der Patient zufrieden; er war im öffentlichen Dienst tätig.
Eine leicht sedierende Medikation wurde verabreicht und der Patient in einen Kurs für AT aufgenommen. Kurz nach Beginn der Übung berichtete der Patient, daß das komische Gefühl in der Herzgegend nur einmal wieder aufgetreten sei. Dieses Gefühl trete ein, wenn viele ihre Aufmerksamkeit auf ihn richteten.

Ich besprach mit ihm auch seine persönliche Art, AT zu machen: Er war voller Ehrgeiz, wollte die Übung intensiv machen. Ich erklärte ihm die innere Einstellung, die das AT als neue Art des Erlebens bedeutet und zwangsläufig eine ganz neue Einstellung zum Leben mit sich bringt.
Drei Monate nach Anfang der Therapie berichtete er bei der letzten Kontrolluntersuchung, daß es ihm glänzend gehe. Die Ängste und Beklemmungen in der Herzgegend waren nicht wieder aufgetreten. Wenn Anflüge kamen, konnte er sie mit dem AT auffangen. Er hatte sich eine gesündere Lebensführung zu eigen gemacht, mit aktiver Belastung zusätzlich zum AT. Die Therapie konnte erfolgreich abgeschlossen werden.

Das Autogene Training und die Störungen des Blutdrucks

Die Indikation zur Anwendung der Grundstufe des AT ist bei allen Hypertonikern gegeben. In einem nüchternen und sachlichen Referat berichtet *O. Meier* (68) über die günstige Wirkung des AT auf seine Hochblutdruck-Patienten. In der Alltagspraxis bleibt bekanntlich nicht viel Zeit, um Untersuchungen machen zu können. Seine Beobachtungen und Anregungen sind deshalb um so wertvoller. Bei 7 von 15 Patienten seiner Allgemeinpraxis, unter Verzicht auf Medikamente nur mit AT behandelt, normalisierte sich eine vorher bestandene essentielle Hypertonie über Monate hinweg. Bei zwei medikamentös ungenügend ansprechenden Patienten konnte die Hypertonie erst unter zusätzlicher Erlernung des AT normalisiert werden. Vier Patienten blieben unbeeinflußt, sie waren Angstneurotiker! Bei zwei Patienten trat die Hypertonie erst während der Erlernung des AT auf.

O. Meier fordert mit Recht eine Nachprüfung seiner Befunde in größerem Rahmen. Möglicherweise lasse sich vermeiden, daß einzelne Hypertonie-Patienten lebenslänglich medikamentös behandelt werden müssen.

Allein mit Hilfe des AT erreichten *Klumbies* und *Eberhard* (39) bei einer Gruppe von Personen zwischen 14 und 64 Jahren mit einem Durchschnittsblutdruck von 165/100 mmHg nach vier Monaten eine Reduzierung des Blutdrucks auf einen Durchschnittswert von 130/80 mmHg.

Andere Autoren sprechen von einer komplexen Psychotherapie bei essentiellen Hypertonikern. Darunter verstehen *Katzenstein* u. Mitarb. eine Psychotherapie, die auf den Umbau der konfliktintensivierenden maladaptiven Tendenzen der Hypertoniker abzielt. In der Gestaltung dieser Therapie spielt das AT eine wesentliche Rolle. Diese Autoren konnten schon nach kurzfristiger Anwendung (20–25 Stunden) die blutdruckregularisierende Wirksamkeit ihrer Methode durch Vergleich mit Kontrollgruppen feststellen (35).

Solche Ergebnisse sind denen, die sich eingehend mit AT-Arbeit befassen, geläufig. Man sollte daraus allerdings nicht den Schluß ziehen, daß man auf die medikamentöse Einstellung verzichten kann. Aber auch dann, wenn die Verabreichung von Medikamenten unerläßlich ist, sollte man auf jeden Fall das AT als zusätzliche Maßnahme empfehlen, da seine Anwendung oft eine Reduzierung der Medikation ermöglicht, besonders bei essentieller Hypertonie. Das AT gibt dem Organismus die Möglichkeit zurück, die eigenen selbstregulativen Vorgänge zu mobilisieren und deren eigene Stabilisierungskraft auszuschöpfen.

Unter zahlreichen Patienten habe ich nur wenige mit essentieller Hypertonie. Der Grund dafür könnte sein, daß einerseits der somatisch orientierte Arzt selten an die zusätzliche Möglichkeit des AT denkt, und andererseits diese Patienten verständliche Widerstände zeigen, zum Nervenarzt zu gehen. Öfter sind mir dagegen Hypertoniker in AT-Kursen der Volkshochschule begegnet. Folgender Fall soll als Beispiel gelten für das, was man manchmal erreichen kann. Die Forderung von *O. Meier* (s. o.) hat noch seine volle Berechtigung.

Fall Hilde:
Es handelt sich um eine Endzwanzigerin, die wegen essentieller Hypertonie seit vielen Jahren in Behandlung war. Sie war vom Hausarzt mit Beruhigungsmitteln behandelt worden, woraufhin der Blutdruck sank. Wenn sie aufhörte, das Medikament zu nehmen, stieg der Blutdruck wieder. Sie war internistisch untersucht worden, um die Ätiologie der Hypertonie zu erforschen. Ein organischer Befund lag nicht vor. Bei der Untersuchung betrug der Blutdruck 160/90 mm/Hg.
Ich nahm die Patientin in einen Kurs für AT auf und verabreichte eine Medikation mit Betablockern und leichten Beruhigungsmitteln. Sie fing die Übung des AT an, und es stellte sich bald eine leichte Besserung ein. Fünf Monate nach Anfang der Therapie betrug der Blutdruck 135/85 mm/Hg. Sie hatte die Medikation abgesetzt und war überrascht darüber, daß der Blutdruck weiterhin normal blieb. In Anbetracht dieses Erfolges wurde der Patientin empfohlen, die Übung des AT selbst fortzusetzen, und die Therapie wurde abgeschlossen.

Das AT bei Patienten mit niedrigem Blutdruck

Therapeutisch können diese Patienten ein Problem darstellen; oft aber besuchen Hypotoniker von selbst die AT-Kurse der Volkshochschulen. Nicht zu Unrecht, denn bei solchen Beschwerden kann sich das AT günstig auswirken. Die Grundübungen des AT sollten allerdings möglichst liegend durchgeführt und lange Übungen tunlichst vermieden werden. Sind die Grundübungen erlernt, empfehle ich die gezielte Formel »Kreislauf stabil und kräftig«.

Die Anwendung des AT bei hypotonen Regulationsstörungen des Blutdrucks ist auch als Ergänzungsmaßnahme aufzufassen. Eine genaue Analyse des Krankheitsbildes ist erforderlich, und selbstverständlich sind die medikamentöse Einstellung und notwendige physikalische Maßnahmen zu befolgen. Aber es sei wiederholt, das AT wirkt sich, wie schon seit langem bekannt, auch hier günstig aus (47 u. a.).

Das Autogene Training bei peripheren Durchblutungsstörungen

In verschiedenen Arbeitskreisen ist versucht worden, die Förderung der peripheren Durchblutung durch das AT zu objektivieren (17, 99 u. a.). Im Kreis um *Langen* (91, 99 u. a.) hat man ebenfalls in dieser Richtung Untersuchungen durchgeführt, um nachzuweisen, daß die Wärmeübung keineswegs ein psychisches Erlebnis ohne somatisches Korrelat ist, sondern daß sie eine somatisch greifbare Zunahme der Durchblutung der Extremitäten darstellt. Durch Messungen der Wärmetransportzahl konnten *Schwarz* und *Langen* zeigen, daß auch bei extremen Kaltreizen im AT eine Steigerung der Durchblutung im Durchschnitt um das Doppelte – in Einzelfällen bis um das Dreifache – des Ruhewertes zu erreichen war (91).

Bei der Behandlung von Durchblutungsstörungen, besonders bei den funktionellen, die oft bei Frauen zu beobachten sind: häufig kalte Füße und kalte Hände, deren Extreme vor allem die *Raynaud*sche Krankheit darstellt, zeigt das AT sehr gute Ergebnisse. *Drunkenmölle* und *Bartusch* (17) heben die guten Ergebnisse hervor, die mit dem AT besonders bei Patienten mit Durchblutungsstörungen der Extremitäten zu erreichen sind. Diese Autoren haben nicht mehr die Temperaturänderung in den Extremitäten, sondern die veränderte Blutzufuhr in den Extremitäten gemessen. Die erreichte Mehrdurchblutung am rechten Arm betrug 62 %. Beide Autoren folgern mit Recht, daß das AT eine zusätzliche Möglichkeit zur Behandlung von peripheren Durchblutungsstörungen darstellt. Die obigen Ergebnisse geben den klinischen Beobachtungen ein festes Fundament, wie der Fall Regina verdeutlicht.

Fall Regina:
Die Patientin stellte sich zur Untersuchung vor, weil sie seit einigen Wochen über Kopfschmerzen klagte. Vorausgegangen war eine Periode, in der sie über längere

Zeit an Mattigkeit, Antriebslosigkeit und anderen depressiven Beschwerden gelitten hatte. Bei der neurologischen Untersuchung fand ich leichenweiße Finger. Die Patientin sagte mir, daß es manchmal noch schlimmer sei und auch die Arme leichenweiß würden.
Die Patientin erhielt eine durchblutungsfördernde Medikation mit Cinnarizin, eine leichte antidepressive Therapie und wurde in einen Kurs für AT aufgenommen.
Im Laufe der weiteren Therapie klagte sie über Konzentrationsstörungen und Müdigkeit. Nach sieben Wochen waren die Kopfschmerzen weitgehend verschwunden, und bei einem Besuch fünf Monate nach Anfang der Therapie stellte sich heraus, daß die Durchblutungsstörungen, unter denen sie an den Händen gelitten hatte, weitgehend verschwunden waren. Außer roborierenden Maßnahmen wurde keine andere Therapie angewandt.

Das Autogene Training und die funktionellen Störungen des Magen- und Darmtraktes

Mit Recht bemerkt *Hengstmann* (31), daß die Funktionsstörungen des oberen Verdauungstrakts – ausgehend von der Tatsache, daß der Mensch normalerweise beim AT die Fähigkeit, Ärger zu erleben, verliert – geradezu als »Domäne« für die Anwendung des AT zu betrachten seien.

Auf dem Gebiet der Gastroenterologie gibt *Crosa* (13) eine detaillierte Liste von Störungen, die eine Indikation für die Anwendung des AT darstellen: Globusgefühl, Kardiospasmus, Aerophagie, Singultus, psychogenes Erbrechen, Gastritiden, Magenspasmen, Ulcus ventriculi et duodeni (Magen- und Zwölffinderdarmgeschwüre), Dyskinesien der Gallenwege, Darmspasmen, Meteorismus, Obstipation, Durchfall, Colitis mucosa, Colitis ulcerosa, Colon irritabilis (13). Die Ansichten dieses Autors sind sicherlich richtig. Ich verfüge nicht über Erfahrungen hinsichtlich aller von ihm angegebenen Störungen, aber die Fälle, die unten vorgestellt werden, weisen in diese Richtung. Nach meiner Erfahrung reagiert das Kloßgefühl im Hals (Globus) besonders gut auf die Behandlung mit AT.

Über ähnliche Beobachtungen referiert einleuchtend *Pifano* (70). Die Methode von *Schultz*, schreibt er, bedeutet eine therapeutische Möglichkeit für den Gastroenterologen, der manchmal die funktionellen Beschwerdefälle als therapieresistent weiterleiten muß. In der Tat stellt das AT in geübter Hand eine Ergänzung der Palette der Behandlungsmöglichkeiten der Gastroenterologen dar.

Polzien und Mitarbeiter (71) haben in eleganten Versuchen die psychische Beeinflussung der Magenfunktionen bewiesen. Bei diesen Versuchen wird nicht jede Funktion des Magens gleichmäßig beeinflußt. Die Autoren fanden bei allen Versuchen eine Dissoziation der einzelnen Magenfunktionen. »Unter psychischem Druck trat immer eine Dissoziation der Magenfunktionen auf und nicht, wie erwartet, eine allgemeine Hypo- oder Hyperfunktion. Therapeutisch ist mit Hilfe des Schwereerlebnisses – sofern Passivierung dabei erreicht wird – eine motorische Ruhigstellung des Magens möglich« (71). Dieselben Autoren, die gleichzeitig auch die Herzaktion im EKG beobachteten, weisen auf »die individuelle unterschiedliche Reaktion des Herzens und des Magens auf denselben Streß« hin (71). Dieses Faktum wurde auf verschieden stark ausgeprägte Organresonanz zurückgeführt, was plausibel erscheint und durch die verschiedenen, individuellen Konstitutionen durchaus zu erklären wäre. So schlägt sich ein Konflikt bei dem einen auf den Magen, bei dem anderen auf das Herz, wie aus dem Alltagsleben nur zu bekannt ist. Das AT eignet sich in der Hand des Geübten besonders bei der Behandlung von chronischen Gastritiden, die operativ nicht angegangen werden, weil man eine funktionelle Genese vermutet. Ebenfalls eignet sich die Methode als Ansatz für die Therapie von »Magenkrämpfen«, die manchmal medikamentös resistent sind und auch auf Analgetika nicht reagieren. Die Behandlung sollte aber unter strikter Anleitung eines Arztes durchgeführt werden, weil die Möglichkeit besteht, daß durch die Wärmeübung die Schmerzen exazerbiert werden.

Eigene Fälle

Fall Donald:

Diagnose: Psychosomatische Beschwerden (Ulcus duodeni). Es handelt sich bei diesem Patienten um einen Endzwanziger, Facharbeiter, der sich wegen eines Zwölffingerdarmgeschwürs vorstellte, das immer im Frühjahr und Herbst auftauchte. Der junge Patient war internistisch gründlich untersucht worden. Seine Beschwerden konnten organisch nicht geklärt werden. Aus diesem Grund wurde ihm empfohlen, sich in nervenärztliche Behandlung zu begeben.

Donald ist verheiratet; familiär keine Auffälligkeiten. Beruflich ist er in leitender Stellung und oft von seinem Beruf angespannt. Er hat sehr oft Grund zum Ärger und »frißt alles in sich hinein«.

Ich schlug ihm vor, an einem Kurs für AT teilzunehmen, und fünf Wochen nach Anfang der Behandlung berichtete er, daß die Magenbeschwerden des Frühjahrs, die er erwartet hatte, nicht aufgetreten seien. Es war das erstemal, daß er den Frühling ohne die furchtbaren Magen- und Zwölffingerdarm-Schmerzen erlebt hatte. Eine andere Therapie als das Fortsetzen der Übungen des AT durch den Patienten selbst war nicht nötig.

Fall Martin:

Martin ist ein Mittzwanziger, Techniker, in leitender Stellung, der dementsprechend einige Aufregungen zu bewältigen hat.

Anamnestisch sind auch andere psychosomatische Beschwerden bekannt. Im Vordergrund stehen aber Magenbeschwerden und Schweißausbrüche, weswegen er vorstellig wurde. Psychopathologisch war der junge Mann absolut unauffällig.
Zur Therapie wurde er lediglich in einen Kurs für AT aufgenommen. Nach zwei Wochen hatten laut Bericht des Patienten die Magenbeschwerden nachgelassen und traten lediglich auf, wenn er unter Zeitdruck stand. Er hatte auch bemerkt, daß er einen gewissen Einfluß auf die anderen psychosomatischen Beschwerden gewinnen konnte. Ferner ließ er sich nicht in Hetze treiben. Nach Beendigung des AT-Kurses berichtete der Patient, daß es ihm hervorragend gehe. Er könne sich von der Umwelt distanzieren, seine Aufgaben kühler betrachten, ohne sich aufzuregen. Die Schweißausbrüche seien verschwunden und die Magenbeschwerden erheblich besser geworden. Da der junge Mann in der Lage war, sich selbst zu helfen, wurde hiermit die Therapie beendet.

Fall Mario:
Es handelt sich bei Mario um einen Mittzwanziger, der im Sozialbereich tätig ist und emotional schwierige Situationen zu bewältigen hat, die, seelisch betrachtet, oft ihre Spuren hinterlassen und sich bei dem jungen Patienten in Störungen des Magen-Darm-Trakts äußern.
Anamnestisch war außer einer gewissen Labilität des Magen-Darm-Trakts (Tractusgebundene Labilität von *Langen* (52)) in der Kindheit keine Krankheit bekannt. Psychopathologisch war der junge Mann absolut unauffällig.
Zur Therapie wurde der Patient lediglich in einen Kurs für AT aufgenommen. Bei der Kontrolluntersuchung am Ende des Kurses berichtete er, daß die Beschwerden im Magen und Darm nachgelassen hatten. Er könne Abstand gewinnen von den Aufregungen, die sein Beruf mit sich bringt, auch bei neuen Aufgabengebieten. Der junge Mann war jetzt in der Lage, seine Gefühle zu steuern. Eine weitere Therapie war nicht notwendig.

Das Autogene Training und die Darmblutungen

Die Wirkung der psychischen Verfassung auf das autonome Darmleben ist dem Praktiker wie auch dem Kliniker geläufig. Obwohl die kortikoviszeralen Wechselwirkungen pragmatisch und experimentell bekannt und neurophysiologisch erklärbar sind (s. *Bykoff* (11) u. Kap. III u. a.), ist die Literatur zu dieser Frage nicht sehr umfangreich. *Degossely* und Mitarbeiter stellten diese Tatsache fest und untersuchten die Wirkung des AT auf Patienten mit Darmblutungen (Recto-colitis hämorrhagica) (14). Drei Patienten mit schweren Darmblutungen, und bei denen ein chirurgischer Eingriff erwogen war, weil die medikamentöse Behandlung keine Besserung brachte, wurden mit AT und Medikamenten behandelt. Nach dem Erlernen der Grundübungen des AT zeigte sich eine erhebliche Besserung des klinischen Bildes, die auch direkt rektoskopisch zu beobachten war.

Schaeffer (76) berichtet über 32 Patienten mit Colitis ulcerosa, die mit AT oder in schweren Fällen mit Ruhehypnose behandelt wurden. Anhand seiner Beobachtungen schreibt er, daß das AT die psychische und vegetative Stabilisierung besser unterstütze als andere Methoden; der Einsatz von Medikamenten bei der Colitis ulcerosa erübrige sich in den meisten Fällen; die Neigung zu Rezidiven werde zunehmend geringer, und die Rezidiven würden zunehmend leichter und kürzer. Die Nachbehandlungsdauer liege zwischen ein und zwölf Jahren (76).

In diesem Sinne äußern sich *Grumiller* und *Strotzka* (28), als sie psychosomatische Aspekte der Colitis ulcerosa analysieren. Anhand von zwei Fällen zeigen sie, wie man bei dieser Erkrankung auch mit einem geringen Aufwand Besserung erzielen kann.

Ein Verzicht auf Medikamente wird höchstwahrscheinlich in den meisten Fällen nicht möglich sein. Folgende Fälle illustrieren aber die Möglichkeit der Behandlung von Darmblutungen mit dem AT und die Erfolge, die man mit der Methode erreichen kann.

Fall Dieter:
Der Patient ist ein Endzwanziger, der seit mehreren Monaten an Darmblutungen litt. Er war internistisch in mehreren Kliniken untersucht worden; man hatte ihm aber nicht helfen können.
Es handelt sich um einen beruflich und sportlich sehr aktiven jungen Mann. Er hatte sämtliche Medikamente abgesetzt, weil er befürchtete, daß diese allzuviel in andere Organe eingreifen könnten. Wegen der Darmblutungen war er längere Zeit krank geschrieben worden.
Er wurde in einen Kurs für AT aufgenommen, und fünf Wochen nach Anfang der Therapie hatte er laut eigenem Bericht keine Blutungen mehr und die Arbeit wieder aufgenommen. Der junge Mann absolvierte den Kurs für AT. Eine besondere Formel wurde nicht angewandt. Die Therapie wurde mit Erfolg nach etwa 14 Wochen abgeschlossen.

Der folgende Fall stellt kein Paradebeispiel dar, sondern zeigt, was man mit dem AT bei solchen Beschwerden erreichen kann. Daß mit den Grundübungen des AT eine allmähliche Beeinflussung der Darmtätigkeit möglich ist, ist klinisch und experimentell belegt worden.

Fall Detlef:
Es handelt sich um einen Mittzwanziger, der vom Hausarzt überwiesen wurde, weil er unter einer Colitis mucosa und einem psychovegetativen Syndrom litt.
Der Patient war beruflich selbständig und sozial aktiv engagiert, was gewisse Aufregungen mit sich bringt. Er sah, daß diese sich oft auf den Darm schlugen. Früher war er medikamentös eingestellt, jetzt nahm er keine Medikamente mehr. Familiär schien eine Tractus-Labilität im Sinne von *Langen* zu bestehen. Psychisch wirkte der junge Patient ausgeglichen, kontaktfreudig, leicht auf die Beschwerden fixiert.

Er wurde in einen Kurs für AT aufgenommen. Nach drei Wochen berichtete er, daß andere Schwierigkeiten im Sinne einer Exazerbierung aufgetreten seien. Er berichtete auch, daß er, wenn er zwei Minuten AT gemacht habe, von einer großen Unruhe ergriffen würde, die sich auf den Magen und Darm ausbreite. Ferner schilderte er einige Symptome, die für eine leichte depressive Komponente sprechen konnten. Er gab auch an, gelegentlich Kopfschmerzanfälle gehabt zu haben. Diese starken Kopfschmerzen pflegten gegen Abend abzuklingen. Das bekräftigte mich in meiner Auffassung, daß diese Beschwerden im Rahmen einer depressiven Symptomatik zu verstehen wären.

Ich verabreichte eine leichte antidepressive Therapie, und die Übungen mit dem AT wurden fortgesetzt. Nach einigen Wochen berichtete er, daß eine erhebliche Besserung in seinem Befinden stattgefunden habe. Seine psychovegetativen Beschwerden hatten sich auch gebessert. Die Blutungen waren weitgehend verschwunden, und er konnte den Darm langsam ruhigstellen. Zu vermerken ist, daß er auch Schmerzmittel und Salbe gegen die Beschwerden angewandt hatte.

Er setzte einige spezielle Formeln ein zur Ruhigstellung des Darms oder Beeinflussung der Schleimhäute. Da die Therapie auf Wunsch des Patienten beendet wurde, konnten andere Therapieansätze nicht erwogen werden.

Das Autogene Training und die Darmträgheit

Eine der Plagen unserer übertechnisierten Zivilisation ist die Darmträgheit, die den übermäßigen Verbrauch von Abführmitteln mit sich bringt. *Taubert* weist mit Recht auf die oft bagatellisierte Obstipation (Verstopfung) und die bekannte Gefahr hin, die der Mißbrauch von Abführmitteln bedeutet. In seiner sehr systematischen Behandlung dieser Funktionsstörung hebt er die Hilfe, die das AT darstellen kann, hervor (98). *Henning, P. Polzien* und *S. Polzien* (32) zeigen, wie durch das Erleben der Schwere in den Extremitäten bei einer hohen Prozentzahl der Patienten, die wegen Obstipation eine Klinik aufsuchten, schon nach einigen Wochen ein Erfolg erreicht wurde. Die Autoren begrenzten ihre Übungen auf das Erleben der Schwere in Armen und Beinen und stellten anhand ihrer Untersuchungen fest, daß allein die Schwereübung ausreicht, um eine Obstipation zu beseitigen. Diese Wirkung ist auf die Beeinflussung der Funktion der Magen- und Darmmuskulatur durch das Schwereerlebnis zurückzuführen. Sicher ist, daß es auf diesem Gebiet möglich ist, mit dem AT und gezielten Übungen befriedigende Ergebnisse zu erreichen. Manchmal ist sogar die Beseitigung der Obstipation eine unerwartete Nebenwirkung der Übung des AT, die den Trainingübenden überrascht und verwundert.

Das Autogene Training und die Störungen des Atmungsapparates

Sehr früh war *Schultz* bei seinen klinischen Untersuchungen die Steuerbarkeit der Atemvorgänge aufgefallen. Für seine Beobachtungen auf diesem Gebiet schien er geradezu prädestiniert; war er doch selbst Asthmatiker (87). Schon 1928 unterschied er bei der Therapie des Asthma bronchiale verschiedene Aufgaben: 1. Man kann versuchen, den krankhaft veränderten Atemmechanismus übend umzustellen; 2. durch autogene Organübungen kann man auch versuchen, eine Beeinflussung des Zustandes der Atmungsorgane als solche zu erreichen; 3. die körperliche Empfindlichkeit, d. h. die Ansprechbarkeit des Atmungsapparates auf störende Reize kann herabgesetzt werden und 4. man sollte das Verhältnis der Persönlichkeit des Kranken zu seinem Leiden umzustellen versuchen (77). Bei all diesen Aufgaben spielt das AT eine große Rolle. Es geht selbstverständlich nicht darum, daß man sich die Heilung des Asthma bronchiale zum Ziel setzt, sondern Behandlungsziel ist, wie *Kleinsorge* schreibt (38), den an Asthma Leidenden in die Lage zu versetzen, die Anfallhäufigkeit bzw. Intensität der Anfälle zu mindern und manchen Anfall ganz zu kupieren. Bedenkt man, daß Asthmatiker oft eine Dauermedikation benötigen, so liegt auf der Hand, daß eine Verminderung der tagtäglich einzunehmenden Medikation ein therapeutischer Erfolg ist.

Unter Asthmatikern können, auch wenn man nur die gestörte Funktion der Atmungsorgane betrachtet, vom ätiologischen Gesichtspunkt her verschiedene Krankheitsbilder differenziert werden. Dies ist heute viel eher möglich als zur Zeit von *Schultz*. Dennoch gilt die Auffassung, daß sich in jedem Fall von Asthma bronchiale das AT günstig auswirken kann, vorausgesetzt, daß der Asthmakranke für sich selbst etwas zu tun bereit ist. Frühere klinische Untersuchungen, wie die von *Schwöbel* (92), haben keineswegs ihre Aussagekraft verloren. Anhand von 50 ohne Auslese in einer Klinik behandelten Asthmatikern, bei denen er im Rahmen einer Psychotherapie das AT als Hauptpfeiler einsetzte, erreichte er sehr gute Ergebnisse. Mit dem AT wird dem Patienten ein Mittel an die Hand gegeben, womit er eigentätig in der Lage ist, sich aus einem beginnenden Anfall herauszuarbeiten (92). Dieser Aussage ist durchaus beizupflichten. Wenn man unter »psychisch« auch Regelungsvorgänge versteht, die ebenfalls der Beeinflussung der Vorgänge der höheren Nerventätigkeit ausgesetzt sind, kann m. E. kein Zweifel mehr bestehen, daß auch die Regelungsvorgänge bei der Atmungsfunktion auf psychische Beeinflussung reagieren, wie seit Jahrtausenden bekannt ist.

Ob die psychische Komponente des Asthma bronchiale bei jedem Fall abseits jeder Symptomsymbolik zu verstehen ist, bezweifle ich. In vielen Fällen sicherlich, aber nicht in allen. Die Aussage von *Kleinsorge* (37): »Eine Symptomsymbolik . . . muß zumindestens bei Funktionsstörungen innerer Organe als wissenschaftlich überholt betrachtet werden« ist sicherlich zu absolut. Auf die Wichtigkeit der Symbole und ihrer somatischen Wirkung haben wir schon hingewiesen. Und die mögliche neurophysiologische Grundlage einer solchen Wirkung ist in Kap. III gegeben worden.

Sicher ist aber m. E., daß sich das AT auf jeden Fall bei Patienten mit Bronchialasthma günstig auswirkt. Allein die Durchführung der Grundübungen bringt eine Erleichterung der Beschwerden. Leitet man, nachdem die Grundübungen gut erlernt worden sind, die Anwendung von Formeln ein, die auf »eine Indifferenz-Konzentration hinsichtlich der Atmung« (52) hinzielen, wie z. B. *»Atmung in jeder Situation gleichgültig«* (52), so läßt sich in kurzer Zeit die günstige Wirkung der Übung auf die gestörte Atmung feststellen.

Eigene Fälle:

Folgende Fälle sind mit den Grundübungen des AT behandelt worden, und nachdem diese erlernt worden waren, trainierten die Patienten mit der organspezifischen Formel *»Brustraum angenehm frei und angenehm warm«*. Auch die Formel *»In jeder Situation, bei jeder Gelegenheit, Atmung geht von selbst«* zielt ab auf die Loslösung von der Fixierung auf den Atemvorgang, die sich so sehr negativ auf die Funktion selbst auswirkt.

Fall Adalbert:
Adalbert ist Anfang Fünfzig, der wegen starken Asthmas berentet werden mußte. Er wurde vom Internisten überwiesen, weil er seit Jahren unter Asthmaanfällen litt und unter starken Medikamenten stand, die täglich gespritzt werden mußten. Der Verbrauch an Beruhigungsmitteln war nicht unbedenklich. Psychopathologisch zeigte er das übliche Bild des Asthmatikers mit erheblicher Atemnot. Nach Angaben des behandelnden Arztes bestand kein Zweifel daran, daß das Asthma des Patienten hauptsächlich somatisch bedingt war. Die Therapie mit AT wurde versucht, um die beim Asthma immer anzutreffende psychische Komponente aufzufangen.
Der Patient wurde in eine AT-Gruppe aufgenommen. Nach sechs Wochen berichtete er, daß eine erhebliche Besserung seines Zustandes eingetreten sei. Seitdem er AT machte, brauchte er kein Beruhigungsmittel mehr. Die antiasthmatischen Medikamente, die er jeden Tag spritzen mußte, hatte er auf die Hälfte reduziert. Asthmaanfälle hatte er, seitdem er die Übung machte, nicht mehr gehabt.

Fall Alois:
Es handelt sich um einen Mittfünfziger, berufstätig, der seit Jahrzehnten an Asthma litt. Die Beschwerden wurden internistisch behandelt und der Patient war auf Kortikoide eingestellt. Früher war er nie krank. Er beschrieb seine Anfälle als ein Sichzusammenziehen der Muskulatur der »Luftsäckchen«. Psychopathologisch wirkte er gespannt, hastig; er sprach sehr schnell und zeigte die typische kurze Ausatmung der Asthmatiker.
Alois wurde in einen Kurs für AT aufgenommen, und nach Beendigung des Kurses wurde eine Kontrolluntersuchung durchgeführt. Laut eigener Aussage des Patienten ging es ihm glänzend. Schon lange war er nicht vier Wochen hintereinander beschwerdefrei gewesen. Er konnte diesen Erfolg nicht unbedingt und allein dem AT zuschreiben, aber er räumte diese Möglichkeit ein. Er war jetzt in der Lage, die Cortisoleinnahme von 25 mg auf 7,5 mg pro Tag zu reduzieren.

Bronchialasthma ist eine häufigere Störung der Atmungsfunktion, nicht aber die einzige. Weil die Methode von *Schultz* die Angst, die jede Atemnot begleitet, mildert, erweist sie sich als sehr geeignet für die Beeinflussung der Atemfunktion in die gewünschte Richtung. Bekanntlich stellen die Hyperventilationstetanien häufig auftretende »Notfälle« dar, denen gegenüber der Arzt nichts Handfestes besitzt. Die übliche Calciumspritze plus Beruhigungsmittel sowie der Rat, in einen Beutel ein- und auszuatmen – was nicht unbedenklich ist – oder in die eigene Hand ein- und auszuatmen, zielen auf eine Herabsetzung des Überangebots an Sauerstoff an das ZNS ab, das mit den sogenannten »Anfällen« antwortet. In den akuten Stadien ist die Gabe von Beruhigungsmitteln und Calciumpräparaten, in Form von Brausetabletten z. B., unerläßlich. Gelingt es dem Patienten aber, die Grundstufe des AT zu erlernen, so bietet sich ihm eine gute Möglichkeit, solche Hyperventilationstetanien aufzufangen. Es kommt auch vor, daß der Patient am Anfang der Therapie während einer Übung einen »Anfall« entwickelt. Ob eine »Symbolik« hinter dem Anfall besteht oder nicht, sei dahingestellt. Weil ein kleiner Prozentsatz von Menschen hinsichtlich der Wirkung des AT auf die Atmung leicht überempfindlich reagiert und von Hemmung der Atmung spricht, führe ich, wie in Kap. II erläutert, von der ersten Übung an die Formel ein »*Ich bin ganz ruhig. Atmung ganz ruhig*«. Nach und nach, wenn die Grundübungen gut erlebt werden, rege ich an, eine Pause von 2–3 Sekunden nach der *Ein*atmung zu machen, indem der Patient zwei- oder dreimal »25« still für sich »vorspricht«. Er verschafft sich somit eine »Rückversicherung«, die sich beim Auftreten des zwanghaften »Hechelns«, d. h. schnellen Atmens, das der Patient nicht unterbrechen kann und zum »Anfall« führt, sehr günstig auswirkt. Passiert es einmal am Anfang der Therapie, daß bei einer Übung eine Hyperventilationstetanie eintritt, so läßt sie sich durch den Übungsleiter mittels suggestiver Atemführung und Zurücknahme der Übung gut auffangen. Später ist eine Führung seitens des Leiters nicht mehr notwendig, weil der Patient die Selbststeuerung gelernt hat.

Bei der Anwendung dieser Technik ist der Autor dennoch der Überzeugung, daß er keineswegs ein heterohypnoides Verfahren anwendet. Der Trainierende wird doch speziell trainiert, d. h. ausgebildet, um selbständig das AT als Werkzeug, als Technik, einzusetzen. Der Verfasser ist sich aber der Tatsache bewußt, daß hierbei der Schwerpunkt der AT-Arbeit nicht mehr lediglich auf dem Erzeugen eines »autogenen« bzw. hypnoiden Zustandes liegt, sondern auch in der Möglichkeit, gewisse lebenswichtige vegetative Vorgänge zu steuern, die dem Ich dadurch gegeben wird (55).

Der folgende Fall Hendrik illustriert die angewandte Technik.

Der Fall Annemarie zeigt auch, wie einfache Ereignisse, z. B. das »Sich-Verschlucken«, bei geeignetem psychischen Vorfeld zu einer sehr qualvollen Störung führen können, was sich in diesem Fall aber mit geringem Aufwand auffangen ließ.

Fall Hendrik:

Es handelt sich bei diesem Patienten um einen Mittfünfziger, der vom Internisten überwiesen wurde, weil er seit einigen Wochen an Schwindelanfällen litt, die er nicht beherrschen konnte. Der Patient stand unter einer nicht unerheblichen Beruhigungsmitteltherapie.

Nachdem eine organische Ursache der Schwindelgefühle ausgeschlossen werden konnte, wurde der Patient in einen Kurs für AT aufgenommen. Während der Übung bekam er einen Hyperventilationsanfall, der ihn veranlaßte, die Übung vorläufig aufzugeben.

Nach einiger Zeit stellte sich der Patient wieder vor und berichtete, daß er in früheren Jahren schon mehrmals ähnliche Anfälle gehabt habe. Der letzte Anfall habe es ihm in Erinnerung gebracht.

Ich führte mit dem Patienten einige analytische Gespräche und unterstützte die Therapie mit einer leichten antidepressiven Medikation. Bei der Untersuchung waren einige Probleme im beruflichen Leben aufzudecken, die bei den Beschwerden des Patienten vielleicht eine Rolle gespielt haben. Ich erklärte ihm den Sinn der Übung, der darin besteht, die Steuerung über manche Funktionen des Körpers zu erreichen. Ferner erlernte er, eine Pause nach dem Einatmen einzulegen.

Er nahm die Besuche des AT-Kurses wieder auf und absolvierte die Übung erfolgreich. Vier Monate nach Anfang der Therapie berichtete er, daß die Beschwerden, Schwindelgefühle und die Tetanie-Anfälle, die er gehabt hatte, nicht mehr aufgetreten seien. Kleine Anfälle war er in der Lage, mit dem AT aufzufangen. Zehn Monate nach Beginn der Therapie hatte er seine eigene Behandlung in die Hand genommen: Die Medikamente – außer Cinnarizin, das er in kleinen Dosen nahm – hatte er völlig abgesetzt. Er konnte sich belasten und praktizierte selbst das AT. Die Behandlung wurde hiermit abgeschlossen.

Fall Annemarie:
Es handelt sich um eine Mittzwanzigerin, die von dem behandelnden Arzt überwiesen wurde, weil sie seit einigen Monaten unter gelegentlich auftretenden Atemnotanfällen und -beklemmungen litt. Die Patientin hatte sich verschluckt. Dieses banale Geschehen war der Auslöser der Beschwerden.
Die Patientin zeigte sich bei der Untersuchung hastig, unruhig, verängstigt. Sie war berufstätig und versorgte ihre Familie. Die kindliche Entwicklung war wegen der familiären Verhältnisse schwierig gewesen.
Ich verabreichte eine leicht sedierende Medikation und nahm die Patientin in einen Kurs für AT auf. Im Laufe der Therapie mit AT wurden einige steuernde Gespräche geführt, um einige Faktoren, die sich im Laufe ihrer Entwicklung als pathogen ausgewirkt hatten, zu entkräften. Nach kurzer Zeit wirkte sie nicht mehr so hastig und unruhig. Sechs Wochen nach Anfang der Therapie berichtete die Patientin, daß es ihr wesentlich besser gehe. Sie äußerte den Wunsch, schwimmen zu lernen, um die Rhythmisierung der Atmung zu fördern. Nach Beendigung des Kurses für AT hatte sie keine Atembeklemmungen mehr. Die Hektik, Unruhe und Hast, worunter sie so lange gelitten hatte, waren völlig verschwunden.

Das Autogene Training und die Schlafstörungen

Eine der Hauptursachen von Störung des menschlichen Wohlbefindens sind die Schlafstörungen, die qualvoll sein können. Jeder Arzt wird in der Sprechstunde häufig damit konfrontiert. Dadurch erklärt sich die »reflektorische« Handlung des Verschreibens eines Schlafmittels, nach dem Motto: Wenn das Nehmenmüssen von Medikamenten, um schlafen zu können, ein Übel ist, so stellt das Nicht-Schlafenkönnen ein viel schlimmeres Übel dar. Auf längere Zeit wird die »Prozedur« des Schlafmittelverschreibens, ohne die näheren Umstände der Schlafstörungen zu ergründen, ohnehin nicht fortgesetzt. Der physiologische Vorgang des Schlafens ist in unserer Zeit sehr erforscht worden. Der interessierte Leser möge sich an die umfangreiche experimentelle und klinische (1) Literatur auf diesem Gebiet wenden. Hier wird lediglich auf die Schlafstörungen, die mittels des AT günstig beeinflußt und oft zum Verschwinden gebracht werden können, eingegangen.

Für die Behandlung von *Ein*schlafstörungen stellt das AT, auf längere Sicht betrachtet, das Mittel der Wahl dar. Eine andere Selbstentspannungsmethode oder Selbstversenkungsmethode kann allerdings den gleichen Dienst leisten. *Nicassio* und *Bootzin* wiesen in einer interessanten Untersuchung nach, daß die Progressive Relaxation und das AT die gleiche Wirkung bei der Behandlung der Einschlafstörungen haben (69). Hervorzuheben ist, daß beide Methoden erheblich bessere Ergebnisse zeigten als jene, die bei einer nicht trainierten Selbstrelaxationsgruppe erreicht wurden. Das könnte in der Weise ausgelegt werden, daß das AT gelernt werden muß, wenn man die Früchte aus der Übung ernten will. Ich erwähne die beiden Methoden hier, weil, wie in Kap. I gesagt, die Progressive Relaxation AT unter einem anderen Namen ist, aber den Nachteil hat, daß sie den Versenkungszustand nicht anstrebt, so daß die Wirkung zur Förderung des Einschlafens nicht so günstig ist. Man bedenke aber, daß sich nach längerer Übung der Progressiven Relaxation hypnoide Momente auch einstellen.

Im Sinne von *Schultz* (81) sind, grob betrachtet, drei Typen von Schlafstörungen zu unterscheiden:

1. Die oben erwähnten Einschlafstörungen; 2. die Durchschlafstörungen und 3. das Früherwachen.

Alle Typen von Schlafstörungen, die gehäuft in der nervenärztlichen Praxis zu beobachten sind, verlangen eine eingehende diagnostische Klärung, bevor man über längere Zeit Schlafmittel verabreicht. »Zwischen der kritischen ärztlichen Verordnung von Schlafmitteln von Art der Einschlafmittel und der Anwendung von Psychotherapie besteht *keinerlei grundsätzlicher Gegensatz*« (81). Hat man ein Bild über die Ätiologie der Schlafstörungen gewonnen, so läßt sich eine geeignete Therapie einschlagen. Bei den drei erwähnten Typen der Schlafstörungen besteht für den Trainierten die Möglichkeit, sich selbst zu helfen, besonders aber, wie gesagt, bei den Einschlafstörungen, die oft Ursache dafür sind, daß der Betroffene Angst vor dem Schlafengehen entwickelt.

Die Anwendung des AT bei der Therapie der Schlafstörungen strebt an erster Stelle die Wiederherstellung der »unbefangenen passiven Auslieferung an den Schlaf« (21) an. Das ist nur möglich, indem man »die Wachhaltevorgänge verringert« (50). Diese können sehr verschieden sein und das Eintreten des Schlafes verhindern. Selbstverständlich müssen andere Ursachen der Schlafstörungen wie exogene, etwa Lärm an der Schlafstelle, oder endogene, z. B. eine innere oder psychiatrische Krankheit, vorher ausgeschlossen werden. Unter den »Wachhaltevorgängen« sind die vom Bewegungsapparat ausgehenden Reize sehr wirksam. Deswegen wirken sich die Entspannungsmethoden bei den Einschlafstörungen so günstig aus. Die Selbstentspannung ist aber nur eine notwendige Bedingung, um den Schlaf einzuleiten; sie ist jedoch nicht ausreichend, um den Schlaf herbeizuführen. Ausreichend ist, daß die bewußte Informationsmenge, die zum Bewußtsein gelangt, gleich Null ist. Dieses Niveau der bewußten Information zu erreichen, kann trainiert werden. Dies bedeutet, sich von den Sorgen, sprich Spannungsfeldern des Alltags, vor dem Einschlafen zu trennen. Auch wenn in manchen Fällen eine medikamentöse Unterstützung am Anfang unerläßlich ist, erweist sich das AT als Mittel der Wahl zwecks Wiedererlernen des Schlafrhythmus, besonders aber zur Vorbeugung der Schlafstörungen.

Folgende Fälle sollen die Methode demonstrieren, wie das AT bei verschiedenen Schlafstörungen einzusetzen ist.

Fall Sonja:
Die Patientin stellte sich vor, weil sie an starken Schlafstörungen litt. Sie wollte nicht dauernd Schlafmittel nehmen.
Es handelt sich um eine Vierzigerin, eine lebhafte und jünger als ihr Alter aussehende Frau. Familiär und beruflich unauffällig.
Die Patientin wurde in einen Kurs für AT aufgenommen. Nach Absolvierung des Kurses berichtete sie, daß die hartnäckigen Schlafstörungen, hauptsächlich Einschlafstörungen, unter denen sie gelitten hatte, weitgehend verschwunden waren. Eine andere Therapie war nicht notwendig.

Fall Sarah:
Die Patientin stellte sich vor, weil sie seit vielen Jahren an hartnäckigen Schlafstörungen litt. Die Nacht vor der Untersuchung hatte sie kaum eine halbe Stunde geschlafen und die ganze Nacht wach gelegen. Sie berichtete, daß auch ihre Mutter Schlafstörungen gehabt habe.
Schon in der Kindheit hatte die Patientin manchmal an Schlafstörungen gelitten. Sie traten immer dann auf, wenn die Patientin sich aufregte, und zwar sowohl bei freudigem als auch traurigem Anlaß.
Ich leitete eine Therapie ein mit einer leichten antidepressiven Medikation und Gabe von leichten antiklimakterischen Präparaten. Ferner wurde die Patientin in einen Kurs für AT aufgenommen. Sie besuchte die ersten Stunden des AT und unterbrach danach die Übungen; sofort stellten sich die Beschwerden wieder ein. Erneut schloß sie sich einer Übungsgruppe an. Nach Beendigung des Kurses für AT berichtete sie, daß sie drei Wochen gut geschlafen habe. Sie war erstaunt, daß sie nach so vielen Jahren eine derartige Besserung spürte. Bei einer Wiedervorstellung sechs Monate nach Anfang der Therapie berichtete die Patientin, daß die hartnäckigen Schlafstörungen weitgehend verschwunden waren. Sie nahm allerdings weiterhin die leichte antidepressive Medikation. Andere Maßnahmen waren nicht nötig.

Fall Simon:
Es handelt sich um einen kräftigen Endvierziger, der sehr darunter litt, daß er automatisch gegen 3 Uhr morgens früh wach wurde. Er konnte nicht wieder einschlafen und fühlte sich dementsprechend erschöpft, zumal er als Landwirt früh aufstehen mußte, um das Vieh zu versorgen.
Die klinische Untersuchung zeigte einen kräftigen Mann, extrovertiert, mit eindeutigen Zeichen einer depressiven Symptomatik: Mattigkeit, Kraftlosigkeit, Vergeßlichkeit, Unentschlossenheit, Durchschlafstörungen usw. Körperlich war lediglich eine Erhöhung des Sympathikus-Tonus zu beobachten.
Der Patient wurde lediglich mit Betablockern, Amitriptylin in geringen Mengen und kleinen Gaben von Magnesium behandelt. Ferner wurde er in einen Kurs für

AT aufgenommen. Der robuste Bauer war anfangs vom AT nicht sehr begeistert. Er praktizierte aber die Übungen, wie er sie gelernt hatte.
Im Laufe der Behandlung berichtete er über eine sich allmählich einstellende Besserung: Er war nicht mehr so verkrampft, die Vergeßlichkeit war verschwunden, er konnte seinen Betrieb besser führen. Die depressive Symptomatik, die er zeigte, war völlig verschwunden.
Fünf Monate nach Anfang der Therapie wurde die Behandlung abgeschlossen. Der Patient konnte kaum glauben, was er in der Lage war, mit dem AT zu machen. Als Beispiel führte er an, daß er gelegentlich auf einer Feierlichkeit abends viel getrunken habe und dementsprechend in der Mitte der Nacht habe aufstehen müssen. Das störe ihn nicht mehr. Er kehre ins Bett zurück, und mit dem AT schlafe er in fünf Minuten wieder ein. Früher konnte er diese Leistungen nicht vollbringen.

Fall Susanne:
Es handelt sich um eine Mittvierzigerin, die seit Jahrzehnten über Schlafstörungen klagte.
Ich leitete eine Therapie mit einer leicht sedierenden antidepressiven Therapie ein und nahm die Patientin in einen Kurs für AT auf. Es wurden auch einige medizinische Bäder verordnet. Am Ende des Kurses für AT berichtete die Patientin, daß sie ohne Schwierigkeiten einschlafen könne und viel ruhiger geworden sei. Sie führte ihre Besserung auf das AT zurück. Sie hatte Abstand vom Alltag gewonnen und war in der Lage, auch während des Tages abzuschalten und zu entspannen. In Anbetracht des Erfolges wurde auf weitere therapeutische Maßnahmen verzichtet und die Therapie abgeschlossen.

Einsatz des Autogenen Trainings bei Schlafstörungen: Methode

Die obigen Fälle sind alles Menschen mittleren Alters. Bekanntlich sind Schlafstörungen bei Frauen wie auch bei Männern in diesem Lebensabschnitt häufig. Es gibt aber keine Altersgruppe, bei der sich das AT bei Schlafstörungen nicht günstig auswirkt: im Kindesalter, im jugendlichen Alter – besonders bei Streßsituationen (Prüfungen) –, um die Lebensmitte. Aber auch bei Menschen im höheren Alter wirkt sich das AT sehr oft günstig aus, um Schlafstörungen aufzufangen und den Schlafmittelkonsum einzudämmen (15).

Die Methode der Anwendung des AT bei Schlafstörungen ist immer die gleiche; zunächst wird eine ausreichende Nachtmedikation verabreicht, nachdem die Schlafstörungen ätiologisch geklärt worden sind. Je nach Fall wird der Patient gleich oder nach Stabilisierung in einen Kurs für AT aufgenommen. Oft berichten Patienten über eine positive Wirkung bezüglich der Schlafstörungen schon beim Erlernen der Schwere- und der Wärmeübung, was durchaus erklärt, warum auch mit anderen Entspannungsmethoden ähnliche Ergebnisse zu erreichen sind (34 u. a.). Die Therapie ist aber noch nicht abgeschlossen. Das ganze Programm der Grundstufe (6 Übungen, s. o.) wird geübt – ohne Betonung der Herzübung –, und nach Absolvierung der Grundstufe findet eine Einleitung in die formelhafte Vorsatzbildung statt. Das Erreichen der organismischen Umschaltung mit der mit ihr gekoppelten Drosselung des Informationsflusses zum Bewußtsein (s. o.) leitet in den meisten Fällen den Schlaf natürlich ein. Die Therapie steuert auf die Wiedererlangung des natürlichen Einschlafen-Könnens. Es muß daher zuerst eine Indifferenzhaltung dem Schlafvorgang gegenüber erreicht werden, die über die Formel (Formelhafte Vorsatzbildungen):

»Schlaf gleichgültig, Ruhe wichtig«,

die ich von Langen übernommen habe;

oder

»Schlaf kommt von selbst«,

»eingestellt« wird.

Die obigen Schritte führen in kurzer Zeit, d. h. 6 bis 10 Wochen, manchmal weniger, zum Erfolg, wobei zumindest eine Reduzierung der Schlafmittel erreicht wird.

In Anlehnung an eine übernommene Tradition empfehle ich dem Patienten, wenn er die oben beschriebenen Schritte zurückgelegt hat, sich ein beruhigendes Bild seiner Vergangenheit, z. B. der Kindheit, vorzustellen, als er unbefangen geschlafen hatte, ein Bild, das nur ihm bekannt ist, um die »unbefangene Auslieferung an den Schlaf« (21) wiederherzustellen.

Hervorzuheben ist aber die vorbeugende Wirkung, die das AT hat, um den Schlaf einzuleiten. Wer gelernt hat, den Informationsfluß zum Bewußtsein beliebig zu drosseln und die AT-Übung regelmäßig praktiziert, wird bei den sogenannten »Aufregungen« des Alltags nicht unter Einschlafstörungen leiden. Wie schon geschildert, bewirkt die Drosselung des Informationsflusses automatisch die organismische Umschaltung: Vorläufer des Schlafes.

Das Autogene Training bei psychischen Störungen im Kindesalter

Eine der fruchtbarsten und erfolgversprechendsten Entwicklungen des AT der letzten 20 bis 30 Jahre etwa ist seine Anwendung bei der Behandlung von Verhaltensstörungen und psychosomatischen Erkrankungen im Kindesalter. Die Entwicklung auf diesem Gebiet ist noch nicht abgeschlossen. Trotz der Fülle der Literatur auf diesem Gebiet muß man aber *Wal-*

traut Kruse recht geben, wenn sie schreibt, daß im Bereich der Behandlung kindlicher Verhaltensstörungen und psychosomatischer Krankheiten das AT noch nicht den Platz gefunden hat, den es verdient (45). Der Verfasser des Buches hofft, daß auf diesem Gebiet die von ihm vertretene These, daß das Kind sich nicht nur entfaltet, sondern sein psychischer Apparat auch gestaltet wird (Kap. III), praktische Anwendung findet. Die Kombinierbarkeit des AT mit analytischen Methoden dürfte in diesem Gebiet besonders fruchtbar sein. Der Leiter eines Kinder-AT-Kurses erlebt immer wieder eine Überraschung, wenn er beobachtet, wie manche Verhaltensstörungen sich mit dem AT ausmerzen lassen. Es handelt sich bei den therapeutischen Erfolgen um Lernvorgänge: Das Kind lernt, die eigenen Fähigkeiten und Kräfte einzusetzen, um eine gegebene Verhaltensstörung auszuschalten. Der Anwendung der Methode muß selbstverständlich eine analytische Untersuchung der Problematik vorangehen. Bei Kindern mit gewissen psychischen Störungen wird sich die Kombination von analytischen und verhaltenstherapeutischen, sprich verhaltensmodifizierenden Verfahren wie das AT, besonders bewähren.

Es ist nicht Absicht des Autors, einen Überblick, so kurz er auch sein mag, über die auf diesem Gebiet geleistete Arbeit zu vermitteln. Der interessierte Leser sei auf die speziellen Veröffentlichungen verwiesen (4, 5, 45, 46, 59 u. a.).

In Kap. II sind schon die allgemeinen Voraussetzungen angeschnitten worden, die bei der AT-Arbeit mit Kindern üblich sind. Eine der ersten Störungen, bei denen das AT schon vor 30 Jahren eingesetzt wurde, war wahrscheinlich das Bronchial-Asthma. *Luise Zippel* machte eine interessante Gegenüberstellung der zu ihrer Zeit geltenden Ansichten über das Asthma bronchiale. Heute mögen sich die diagnostischen Gesichtspunkte in der Kinderheilkunde verfeinert haben; ihre Schilderung über den psychotherapeutischen Ansatz hinsichtlich dieser Störung bei Kindern hat jedoch ihre Frische und Gültigkeit behalten (102). In Frankreich haben sich *Sichel* u. Mitarb. ebenfalls mit der Anwendung der Methode von *Schultz* bei asthmatischen Kindern beschäftigt (94). Diese Autoren unterstreichen mit Recht »die therapeutische Macht«, die die Übung den Kindern gibt.

Aber wie *Lehmann-Grube* schreibt, lassen sich auch viele Störungen aus dem großen Gebiet der sogenannten Verhaltensstörungen angehen, angefangen beim Nägelbeißen über Bettnässen, »Konzentrationsstörungen« in der Schule bis zu gewissen Entwicklungsstörungen (59).

Biermann hat eine Liste der organischen Störungs- und Verhaltensstörungsfälle, die seiner Erfahrung nach mit AT behandelt wurden, zusammengestellt (4). Die Indikation für die Anwendung der Methode hat er sehr breit gestellt, und ich würde ihm auch zustimmen. Bei intaktem Ich sollte man den Kindern so früh wie möglich das Werkzeug AT zur Verfügung stellen, damit sie die Oberhand über Steuerungsvorgänge gewinnen können, auch z. B. – wenn möglich – den epileptischen Kindern. Über die günstige Wirkung des AT bezüglich der psychomotorischen Unruhe, der Aggressivität und Besserung des Gruppenlebens berichteten schon vor Jahren *Barolin* und *Dongier*. Ihre Beobachtungen, die sich über einen Zeitraum von vier Monaten erstreckten, erfassen 60 epileptische Kinder zwischen 7 und 15 Jahren und mit niedrigem intellektuellen Niveau (3). Die medikamentöse Einstellung wurde selbstverständlich belassen, dennoch ist die Schilderung der Wirkung der AT-Übungen auf das Verhalten der Kinder beeindrukkend.

Meiner Erfahrung nach wirkt sich die AT-Übung auch sehr gut aus in Fällen von »minimal brain dysfunction« (geringfügige zerebrale Dysfunktion). Es handelt sich hier um Fälle, bei denen eine geringfügige frühkindliche Hirnschädigung vorliegt, die sich hauptsächlich in einer psychomotorischen Unruhe zeigt: der klassische Fall des »Zappelphilipps«. Wer so ein Kind über Monate in der Übungsstunde beobachtet hat, kann bezeugen, wie es oft mittels der Übung langsam die Oberhand über die Steuerung seiner Motorik gewinnt.

Strunk berichtet über die Psychotherapie bei solchen Kindern, d. h. bei leichtgradig hirngeschädigten Kindern. Er unterstreicht die Wechselwirkung zwischen Umwelt und Verhalten des Kindes mit zerebraler Dysfunktion. Im Rahmen seines Therapiekonzepts plädiert er für die Anwendung übender Verfahren, unter ihnen das AT (96).

Unter Gabe von leichten Psychopharmaka und dieser Übung läßt sich die Integrierung des Kindes und seine Entwicklung, die gleichzeitig eine Entfaltung und Gestaltung ist, wesentlich erleichtern.

Liotta hebt die Tatsache hervor, daß das Erlernen des AT und der daraus folgende Ruhe- und Entspannungszustand für das Kind »eine eigentliche ›Entdeckung‹ bedeutet«. Dieser Autor hat seine Aufmerksamkeit den Störungen des Nahrungs- und Verdauungsvorgangs sowie den Abführungsbeschwerden im Kindesalter gewidmet. Die spastischen Störungen im Gastrointestinalapparat, mit denen sich der Kinderarzt täglich beschäftigen muß (Erbrechen, Bauchschmerzen usw.), sind ein dankbares Gebiet für die Anwendung der Selbstentspannung (63). Man bedenke, setzt er fort, daß es sich um funktionelle oder organische Störungen bei Funktionen handelt, die gerade in Reifung sind, d. h. Funktionen, die noch nicht »festgefahren«

sind und deshalb besser auf eine Therapie ansprechen können als bei der festgewordenen Lage beim Erwachsenen (63).

Bei der Therapie mit dem AT kommt der formelhaften Vorsatzbildung eine große Wichtigkeit zu. *Waltraut Kruse* hat die Bedeutung des formelhaften Vorsatzes in der Therapie mit dem AT bei Kindern hervorgehoben. Von verschiedenen Autoren (4, 45, 59, u. a.) wird über aus der Erfahrung entstandene zahlreiche formelhafte Vorsätze referiert. Es handelt sich jedoch keineswegs um eine »Dressur des Kindes«. Man gibt ihm vielmehr eine technische Möglichkeit, Vorgänge, die es sonst nicht zu beeinflussen weiß und nicht beeinflussen kann, zu steuern. Es ist geradezu verblüffend, wie sich die Kinder manchmal selbst Formeln zusammenreimen.

Nach den Grundübungen erlernt das Kind das Einsetzen von Formelsätzen. In der Gruppe rege ich den Bau von Allgemeinformeln an, d. h. von Formeln, die jedem Kind von Nutzen sein können. In den Einzelsitzungen wird je nach Fall (Enuresis, Schlafstörungen, Asthma bronchiale, motorische Hyperaktivität, Aufmerksamkeitsmangel in der Schule, Wutanfälle, Ängste usw.) eine spezielle Formel mit dem Kind ausgearbeitet und ihm deren Anwendung erklärt.

Der interessierte Leser sei auf die Veröffentlichungen der oben genannten Autoren verwiesen.

Das Autogene Training als Hilfsmittel

Es werden hier einige Krankheitsbilder und Situationen behandelt, bei denen von vornherein absichtlich auf die Bezeichnung »Therapie mit dem AT« verzichtet wird, um die akzessorische Rolle des AT bei der Handhabung der Störung zu betonen. Es handelt sich aber gewiß um medizinische Gebiete, in denen das AT zusätzlich zu medikamentösen Maßnahmen eingesetzt werden sollte, weil die Methode eine Linderung mit sich bringt und weil dem Kranken die Fähigkeit, in Funktionen des Organismus selbst einzugreifen – so gering sie auch sein mag – gewährt werden sollte. Ich beziehe mich speziell auf bekannte Krankheitsbilder wie Residualzustand nach Hirnverletzung, Epilepsie, Stottern und essentieller Tremor u. a. En passant wird ebenfalls kurz über die Erfahrung mit dem AT in der Geburtshilfe berichtet, weil in diesem Bereich die Hilfsmittelnatur des AT offensichtlich ist.

Das Autogene Training bei Hirnverletzten und Epileptikern

Aus meiner Erfahrung in der Behandlung von Epileptikern ist die alte These von *J. H. Schultz*, daß bei Krampfkranken eine kritische Anwendung von autohypnoiden Methoden, sprich A. T., nicht grundsätzlich abgelehnt werden kann (80), durchaus zu unterstützen.

Wir haben oben über die Wirkung des AT bei epileptischen Kindern berichtet. Eine solche günstige Wirkung läßt sich auch bei erwachsenen Epileptikern beobachten. Selbstverständlich kann hier keine Rede davon sein, daß man die medikamentöse Therapie außer acht läßt. Es wird lediglich betont, daß die unerläßliche medikamentöse Einstellung eine Unterstützung durch das AT nicht ausschließt. Das Erlernen des AT, das Erleben der Verfügung über manche autonomen Vorgänge, gibt dem Anfallkranken ein Sicherheitsgefühl, das sich, auch wenn es nicht absolut sein kann, als sehr hilfreich erweisen kann.

Auf dem Gebiet der Anwendung des AT bei Hirnversehrten hat sich *H. Binder* besonders verdient gemacht (6). Seine Beobachtungen an 130 Hirnverletzten, die über einen Zeitraum von vier bis acht Monaten behandelt wurden, sind beeindruckend. Außer häufiger Beseitigung von Schlafstörungen, Verminderung von Erregungszuständen, gelegentlicher Besserung der Wortfindung und besserer Konzentrationsfähigkeit usw. konnte registriert werden, daß die Anfälle weniger häufig und weniger intensiv auftraten und geringere störende Nachwirkungen zeigten (6). Wer Epileptiker in seinen AT-Gruppen gehabt hat, weiß, daß »die Anfallreizschwelle sich erhöht; daß der Anfallkranke wieder an Selbstvertrauen gewinnt« (7). Nach einer sehr nüchternen Studie über die klinische Anwendung des »Biofeedback Trainings« schreiben *Blanchard* und *Young*, daß die Ergebnisse mit der Feedback-Technik bei Krampfleiden verschiedenen Typs sehr ermutigend sind (9).

Interessant ist auch die Beobachtung von *Binder* (6), Hirnversehrte brauchten längere Zeit zum Erlernen des AT als die Durchschnittsperson. Dies könnte erklären, warum das Einsetzen der Biofeedbackgeräte auch bei Epileptikern (9) günstige Wirkungen gezeigt hat. An anderem Ort ist gezeigt worden, daß das Biofeedbackgerät lediglich eine Parallelschaltung zum Fühler darstellt mit Extra-Information für den Patienten, die ihm hilft, die zentralen Bioregelkreise besser zu steuern (25). In solchen Randgebieten, die nicht mehr als Gebiet der Psychotherapie im engeren Sinn betrachtet werden können, bieten die Geräte eine zusätzliche Hilfe in Form von zusätzlicher Information (97, 101 u. a.).

Leuner, der sich mit der klinischen Ausarbeitung der respiratorischen Feedbacktechnik intensiv befaßt hat, stellt eine Liste der wesentlichen Indikationen für die Anwendung dieser Technik zusammen. Diese Liste entspricht weitgehend der Liste von Störungen, die eine Indikation für die Therapie mit dem AT darstellen könnten. Mit Recht faßt er »das Verfahren des Atem-Feedback als ein Hilfsmittel und einen Ausgangspunkt der Psychotherapie jener großen Gruppe funktionell gestörter Patienten auf, die Schwierigkeiten in der Erarbeitung des autogenen Trainings haben« (60), nur daß die Gruppe gar nicht so groß ist. In solchen Fällen kann sich das Atem-Feedback als Hilfsmittel bewähren. Für massenhaften Einsatz der Methode sehe ich, wie schon gesagt, keinen Anlaß. Ziel einer jeden Psychotherapie ist doch die Erhöhung des Selbständigkeitsgrads des Patienten, eines der Hauptziele des AT. Und die Gefahr, den Patienten von einem Gerät abhängig zu machen, darf nicht übersehen werden (56).

In anderen Situationen, wo die Kontrolle über eine Funktion oder die Beeinflussung eines Vorgangs schnell erlernt werden muß, kann sich die Methode als sehr hilfreich erweisen. Meines Wissens sind diesbezüglich in der Geburtshilfe klinische Untersuchungen durchgeführt worden. Zweifelsohne stellt diese Methode für die Kreißende die Möglichkeit dar, die Entspannung über »das Atem-Feedback« schnell zu erreichen und dadurch den Geburtsvorgang zu erleichtern. Dieser Gesichtspunkt ist aus praktischen Gründen wichtig, weil der Einsatz einer schnell wirkenden Methode manchmal unerläßlich ist, zumal die psychologische Geburtsvorbereitung nicht ausreichend verbreitet scheint (43). Obwohl ihre Technik und ihre Vorteile zur Genüge bekannt sind (43, 72 u. a.), liegt »ihre Anwendung in Lehre und geburtshilflicher Praxis . . . leider noch weiterhin im argen« (43). *Chertok* und *Langen* (12) haben sich mit diesem Gebiet ausführlich beschäftigt. Der Autor verfügt lediglich über begrenzte Erfahrung bei vereinzelten Fällen; deswegen wird dieses Gebiet hier nur en passant berührt. Die Wichtigkeit des AT oder einer anderen Entspannungsmethode bei der Geburtsvorbereitung muß aber wieder betont werden.

Aus dem gleichen Grund wäre die »Atem-Feedback«-Technik als Einleitung zur organismischen Umschaltung bei Hirnversehrten, die das AT langsamer lernen als die Durchschnittsperson (6), durchaus indiziert. Sie bedeutet, ähnlich wie bei der Anwendung einer Schallplatte (8), für solche Fälle die Möglichkeit zusätzlicher Information, die beim Erlernen der vegetativen Umschaltung helfen kann.

Den oben erwähnten Randgebieten für die Anwendung des AT sollten m. E. das Stottern und der psychogene Tremor u. a. zugezählt werden.

Das Autogene Training und das Stottern

Das Stottern spiegelt die Kompliziertheit des Baus des Sprechapparates wider. Die Ursachen des Stotterns können äußerst vielfältig sein. Eine Analyse des »pathogenetisch so außerordentlich different(en) Syndrom(s)« (86) würde sicherlich den Rahmen dieses Buches überfordern.

Die positive Wirkung des AT beim Stottern ist aber seit langem bekannt. *J. H. Schultz* bezieht sich in seinem Standardbuch auf die klinischen Untersuchungen von *Schilling* u. a. in den fünfziger Jahren. *Spoerri* meint, eine günstige Wirkung mit einer Einleitung mit Hypnose bei der Behandlung des Stotterns beobachtet zu haben (95). Umgekehrt habe ich die gestufte Aktivhypnose nach dem Erlernen der Grundstufe des AT in einigen Fällen eingesetzt (s. Fall Bernhard).

Wie jeder weiß, der bei Stotterern mit AT gearbeitet hat, ist damit sehr oft ein Erfolg zu verzeichnen. Bei der Anwendung der Methode auf diesem Gebiet sind verschiedene Ansatzpunkte zu berücksichtigen:

1. Über die Methode kann die Steuerung der Sprachfunktion direkt beeinflußt werden: 2. Die Einstellung der Stotterer gegenüber der Umwelt kann beeinflußt werden. 3. Die Einstellung gegenüber dem Sprachfehler selbst kann geändert werden, z. B. kann eine Indifferenzhaltung erreicht werden, die sich immer positiv auswirkt.

Eine direkte Beeinflussung der Steuerung ist mit Biofeedback-EMG-Geräten versucht worden, ausgehend von der Annahme, daß eine Verkrampfung der Kehlkopfmuskulatur für die Hemmung bei Stotterern verantwortlich ist (29). Die Frage dürfte m. E. aber komplizierter sein. Die beiden folgenden Fälle verdeutlichen, was beim Stottern mit dem AT erreicht werden kann. In Anbetracht des verhältnismäßig geringen Einsatzes sollte deswegen ein Versuch mit dem AT therapeutisch nicht unterlassen werden.

Fall Bernhard:
Der junge Patient wurde vorgestellt, weil er seit der Pubertät stotterte, was jedes Jahr schlimmer wurde. In der Schule meldete er sich nicht mehr, obwohl er den Stoff beherrschte. Als ich ihn aufforderte, eine Erzählung anzufangen, blieb er stecken und zeigte erhebliche Atemschwierigkeiten beim Sprechen.
Ich nahm den Patienten in einen Kurs für AT auf, und nach Erlernen der Grundübungen wurde die Therapie mittels AT-Einzelübungen fortgesetzt.
Fünf Monate nach Anfang der Therapie berichtete er, daß er seinen Sprachfehler weitgehend überwunden habe. In der Schule sei er jetzt in der Lage, wie die anderen einen Satz oder zwei zu lesen ohne zu stottern, was er früher nicht gekonnt habe. Diese Besserung hielt an, wie bei einigen Kontrolluntersuchungen, die über drei Monate durchgeführt wurden, zu sehen war.

Fall Bärbel:
Es handelt sich bei der Patientin um eine 20jährige, die sich vorstellte, weil sie an einem Sprachfehler litt.
Die Untersuchung zeigte eine kontaktfreudige, etwas aufgeregte Patientin, die leicht stotterte. Es war auch ein erhöhter Blutdruck festzustellen, der auf die neurovegetative Labilität der Patientin zurückzuführen war.
Ich nahm die Patientin in einen Kurs für AT auf und verabreichte sehr kleine Mengen eines Neuroleptikums. Nach Beendigung des Kurses war nach Aussage der Patientin eine wesentliche Besserung eingetreten. Sie hatte Selbstsicherheit gewonnen und konnte eine neue Stelle antreten.

Die Methode, die angewandt wurde, verläuft nach folgendem Schema: 1. Erlernen der Grundübungen; 2. Konzentration der Wärme und Entspannung in der Kehlkopf- und Halsmuskulatur; 3. Einsatz von Formeln, die schon von *Schultz* vorgeschlagen wurden: *»Sprechen ist ganz gleichgültig«* oder *»Sprechen geht von selbst«* . . . (86). Die folgende Formel hat sich in solchen Fällen auch gut bewährt: *»Sprache fließt frei wie die Atmung«*.

Das Autogene Training und der essentielle Tremor

Bei diesem Tremor handelt es sich um ein feinschlägiges Zittern der Hände, das oft um die Pubertät auftritt, selten später, und keine Progredienz zeigt. Es fällt manchmal schwer, diesen Tremor vom psychogenen Tremor zu unterscheiden. Da in beiden Fällen bei Aufregung der Tremor zunimmt, zeigt sich sehr oft eine günstige und nachhaltige Linderung der Beschwerden, wenn die Selbstentspannung, mittels des AT z. B., praktiziert wird. Folgender Fall soll das Erreichbare verdeutlichen.

Fall Thomas:
Es handelt sich bei Thomas um einen Mittzwanziger, der sich noch in der Ausbildung befand und seit dem 14. Lebensjahr über ein leichtes Zittern der Finger klagte. Zusätzlich waren in letzter Zeit Konzentrationsstörungen aufgetreten. Anamnestisch war keine schwere Krankheit bekannt. Die neurologische Untersuchung zeigte lediglich einen minimalen Fingertremor.
Da der Tremor durch Aufregung stärker wurde, schlug ich dem jungen Patienten die Teilnahme an einem Kurs für AT vor. Nach der vierten Sitzung berichtete er schon, daß auch bei Aufregungen der Tremor nicht mehr zugenommen habe. Nach fünf Monaten Üben des AT, das der Patient nach Erlernen der Übung zum großen Teil selbst übte, berichtete er, daß das Zittern der Hände weitgehend verschwunden sei. Auch die Konzentrationsstörungen hatten sich gebessert, und er konnte mit seiner Ausbildung viel besser vorankommen. Eine weitere Therapie war nicht notwendig.

Schmerz und Autogenes Training

Ein Buch über AT kann zwei Dimensionen unseres Daseins nicht unerwähnt lassen: den Schmerz und die Angst. Es werden auch einige Betrachtungen über ihr psychologisches Korrelat erwogen: die Drogen- und Medikamentenabhängigkeit.

Der Kampf des Menschen gegen den Schmerz und die Angst verliert sich in die Nacht der Zeit. Und dennoch sind sie die Hauptmotoren der menschlichen Entwicklung, da der Mensch die größten Anstrengungen auf sich genommen hat, um Schmerz und Angst zu überwinden.

Die Wirkung der hypnoiden Verfahren auf Schmerzzustände ist der Menschheit seit langem bekannt. Da die hypnoiden Zustände immer von einer Einengung des Bewußtseins begleitet sind, muß zwangsläufig eine analgetische, d. h. schmerzlindernde Wirkung durch die Übungen des AT oder andere hypnoide Verfahren erreicht werden. Ohne Bewußtsein keine Schmerzen. Ein Schmerz, der nicht erlebt wird, existiert nicht (30). Daraus läßt sich folgende Definition ableiten: *Schmerz ist die primäre monotone Antwort des psychischen Apparates auf eine Störung der Homöostase.*

Chronologisch betrachtet ist Schmerz die erste Antwort auf eine Störung der Homöostase, und deswegen nenne ich sie primär. Er ist eine Antwort des psychischen Apparates, weil er immer bewußt erlebt wird. Er ist eine monotone Antwort, weil diese auf viele Arten von Störungen immer die gleiche bleibt. Ferner, auch wenn der Schmerz viele Qualitäten haben kann: schneidender Schmerz, reißender Schmerz, brennender Schmerz, stechender Schmerz, pulsierender Schmerz, hämmernder Schmerz, heller Schmerz, dumpfer Schmerz u. v. a., bleibt die permanente Qualität, d. h. die monotone Qualität des Schmerzhaften, des Unangenehmen bestehen. Unabhängig davon, ob der Schmerz symptomatisch oder chronisch ist, ob es Schmerzen ohne Ursache oder halluzinierte Schmerzen wie die Phantomschmerzen sind, gehört zum Schmerzerleben und -empfinden die Qualität des »Bewußt-Sein«. Eine Sinnesinformation wird als schmerzhaft empfunden, wenn sie eine bestimmte Schwelle überschreitet. AT als hypnoides Verfahren bedeutet immer einen Weg, den Schmerz zu dämpfen, weil es immer anstrebt, den Informationsfluß zum Bewußtsein zu drosseln. In der Überzeugung, daß der Schmerz als Erlebensmodus nie aus der Welt zu schaffen ist – er begleitet das Leben wie der Schatten seinen Körper – ist aber jede Forschung zu unterstützen, die versucht, in jenen Fällen von chronischen Schmerzen, denen der Arzt machtlos gegenübersteht, Linderung zu verschaffen.

Unter den häufigen Krankheitsbildern, die mit AT oft gut beeinflußt werden können, sind die chronischen Kopfschmerzen. Der Kopfschmerz ist ätiologisch zu vielfältig, um zu meinen, daß mit der Anwendung des AT schon alles getan sei. Es liegt auf der Hand, daß zuerst eine neurologische und psychiatrische Untersuchung durchgeführt werden müssen, um eine organische oder psychische Ursache auszuschließen. Ist das geschehen, wirkt sich die Anwendung des AT fast immer günstig aus (22, 23 u. a.). Auch bei Migräne – die besonders schwierig zu beeinflussen ist –, ist die Anfallhäufigkeit und -heftigkeit günstig zu beeinflussen.

Schultz (79) hat auf die günstige Wirkung des AT bei Migränikern schon vor 30 Jahren hingewiesen.

Folgende Fälle von chronischen Kopfschmerzen, die mir im Verlauf einer längeren Tätigkeit mit dem AT auf diesem Gebiet begegnet sind, sollen das Erreichbare verdeutlichen.

Fall Kerstin:
Die Patientin wurde mir vom behandelnden Arzt überwiesen. Sie hatte einen Unfall erlitten, an dem sie keine Schuld trug. Sie war schon mehrere Monate krank geschrieben, als sie in meine Therapie kam. Die Patientin war kontaktfreudig und stand unter sehr starkem Leidensdruck. Im Vordergrund ihrer Beschwerden standen Müdigkeit, Unbelastbarkeit und Mattigkeit.
Sie war in einer Fabrik tätig, wo sie Akkordarbeit leistete. Im familiären Bereich gab es einige Momente, die bei der Verstärkung der Kopfschmerzen durchaus eine Rolle spielen konnten. Die Patientin wurde mit einer leichten antidepressiven Therapie behandelt und in einen Kurs für AT aufgenommen. Sechs Wochen nach Anfang der Therapie berichtete sie, daß sie die Arbeit wieder aufnehmen wolle. Sie wurde ambulant etwa sechs Monate lang weiterbehandelt. Sie konnte ihre Arbeit verrichten, ihre Familie versorgen und kam mit sehr wenig Medikamenten aus.
Eine katamnestische Untersuchung war drei Jahre nach Beendigung der Therapie möglich. Die furchtbaren Kopfschmerzen, die die Patientin in meine Therapie geführt hatten, waren nicht wieder aufgetreten. Sie wandte im Alltag weiterhin das AT an.

Fall Carmen:
Die Patientin stellte sich vor, weil sie seit ihrer Kindheit über Kopfschmerzen klagte, die in letzter Zeit sehr heftig geworden und mit Medikamenten nicht mehr zu beeinflussen waren. Bei der ersten Untersuchung gewann ich den Eindruck, daß es sich um vasomotorische Kopfschmerzen handelte, die durch die Einnahme von Medikamenten chronifiziert worden waren.
Die neurologische Untersuchung zeigte keine neurologischen Ausfälle. Es gab erhebliche Zeichen der neurovegetativen Labilität.
Die eingehende psychiatrische Untersuchung deutete auf reaktive Momente hin, die für die Entstehung der Kopfschmerzen auch eine Rolle gespielt haben konnten. Bei der Patientin wurde eine Kurzpsychotherapie angefangen mit Schwerpunkt auf AT. Nach Absolvierung der ersten Übungen des AT berichtete sie, daß die Kopf-

schmerzen völlig verschwunden seien. Zwei Monate nach Abschluß des AT-Kurses hatte die Besserung weiterhin angehalten. Sie konnte ihre beruflichen Aufgaben besser erfüllen. Die Therapie wurde abgeschlossen.

Fall Cäsar:
Es handelt sich um einen Mittvierziger, Maschinensetzer, verheiratet, 2 Kinder. Er berichtete, daß er seit seiner Kindheit unter Kopfschmerzen leide. Schon als Kind mußte er oft nach einem Kopfschmerzanfall erbrechen. In den letzten Jahren hatte er zu zahlreichen Kopfschmerzmitteln gegriffen und war bei vielen Ärzten gewesen. Die Kopfschmerzen gingen von der Schläfe links oder rechts, oft von beiden Seiten aus. Es waren Dauerschmerzen und zusätzliche anfallartige Schmerzen, die manchmal mehrere Tage andauerten. Er beschrieb sie als erschöpfend, als klopfend, furchtbar. Verschlimmerung trat auf bei Aufregung, Wetterwechsel und Alkoholkonsum. Die Schmerzen traten zu verschiedenen Tageszeiten auf, mitunter aber 2–3 Stunden nach Mitternacht.
Die klinische Untersuchung zeigte außer einer erheblichen neurovegetativen Labilität keinen pathologischen Befund. Im Laufe der steuernden analytischen Gespräche zeigte sich eine erhebliche Störung der frühkindlichen Entwicklung. Ferner fühlte sich der Patient den Anstrengungen seines Berufes nicht gewachsen. Konflikte im familiären Bereich waren nicht zu eruieren.
Die Therapie bestand zunächst darin, die Kopfschmerzmittel langsam abzusetzen. Es wurden leichte antidepressive Medikamente gegeben, physikalische Maßnahmen durchgeführt und das AT erlernt. 15 Monate nach Beendigung der Therapie berichtete der Patient, daß er von Tabletten ganz abgekommen sei. Die große Angst vor den Kopfschmerzen, die er früher gehabt hatte, war verschwunden. »Die alten Schmerzen sind völlig verschwunden«. Jeden Tag machte er mindestens einmal AT, dazu unterzog er sich aktiven physikalischen Maßnahmen wie Schwimmen (nach 23).

Angst und Autogenes Training

Die positive Wirkung des AT bei Angstzuständen ist auch allgemein bekannt. Der Ängstliche hat eine unbewußte Neigung, sich zu verkrampfen. So entsteht eine Spirale der Angst: Angst führt zu Verkrampfung, Verkrampfung zu mehr Angst usw. Die Spirale der Angst entsteht genauso wie die Spirale des Schmerzes. Gelingt es, durch das AT eine Entspannung zu erreichen, tritt automatisch eine Erhöhung der Reizschwelle für Schmerzen oder auch für Angst ein. Besonders bei Erwartungsängsten kann sich das AT sehr positiv auswirken. In Kap. III ist eine mögliche Erklärung der hemmenden Wirkung eines »Spannung/Entspannungssystems« auf die Angst unternommen worden.

Die Möglichkeit der Beeinflussung bedeutet aber nicht, daß man alle Ängste, alle Schmerzen mit AT beseitigen kann. Besonders hier sind Einleitung und analytische Führung durch eine geübte Person unbedingt erforderlich. Aber Schmerzen und Angst, chronischer Schmerz, Leiden und existentielle Angst können mit AT allein nicht aufgefangen werden. Diese Phänomene haben eine existentielle Dimension, die das Gebiet der Medizin schon verläßt.

Autogenes Training und Drogen- und Medikamentenabhängigkeit

In Anbetracht der Werkzeugnatur des AT sollte sein Einsatz bei der Bekämpfung dieser Seuche nicht unterlassen werden. Bekanntlich liegt der Schwerpunkt der Bekämpfung der Drogen- und Medikamentenabhängigkeit mehr in der Vorbeugung als in der Behandlung. Als vorbeugendes Werkzeug, um die Affekte zu dämpfen oder um Angst und Unruhe aufzufangen, kann das AT bei gegebener Motivation, die *manchmal* durch innere Wendung zu bestimmten Werten bestärkt wird, große Hilfe leisten.

Um eine Abhängigkeit zu vermeiden, z. B. von Alkohol oder Nikotin, steht im Vordergrund das Erreichen einer Gleichgültigkeitseinstellung diesen Konsummitteln gegenüber.

Die Frage ist sicherlich komplizierter, aber es geht hier darum, noch einmal die psychohygienische Bedeutung des AT hervorzuheben, das für manche Menschen als Rettungsanker wirken kann, um die Spannungen, die im Alltag auftreten, anders als mit Beruhigungsmitteln, Alkohol oder anderen Drogen aufzufangen. Die obigen Zeilen bezwecken nur, an ein Problem zu erinnern, das uns alle, Ärzte oder Nichtärzte, angeht.

VI
Ein Blick in die Zukunft. Grenzen und Möglichkeiten des Autogenen Trainings. Das internationale Profil des Werkes von J. H. Schultz

Es wird für den einzelnen immer sehr schwierig sein, sich aus dem jeweiligen zeitgenössischen Lebensstrom zu lösen und diesen zu analysieren. Gelingt es aber, dann ist es möglich, diesen Lebensstrom rückblickend in die Vergangenheit zu verfolgen und – umgekehrt – Möglichkeiten der zukünftigen Weiterentwicklung ins Auge zu fassen. Diesem Zweck ist das vorliegende Kapitel gewidmet, wobei die Möglichkeiten der AT-Anwendung in der Prophylaxe und in der Pädagogik im Sinne von *J. H. Schultz* (33) hervorgehoben werden. Schon in früheren Kapiteln berührte Punkte werden unvermeidlich erneut zur Sprache gebracht, was eine gewisse Wiederholung bedeuten mag. Sie werden allerdings in ihrer Projektion in die Zukunft betrachtet, was die mögliche Wiederholung erträglicher macht.

Die Befürchtungen von *J. H. Schultz*, »das AT könne mit seinem Ableben an Bedeutung verlieren oder gar untergehen« (46), ist gegenstandslos geworden. Sich auf das AT beziehend, hat *Langen* von einem glücklichen »Wurf« von *J. H. Schultz* gesprochen (20). Es ist aber mehr als das. Wie wir gleich sehen werden, hat das Werk von *J. H. Schultz* eine Dimension, die es jenseits nationaler Kategorien plaziert. Betrachtet man die Fakten, die aus seinem Wirken entstanden sind, dann drängt sich der Gedanke auf, daß der Altmeister auf eine schier unerschöpfliche psycho-physiologische Ader gestoßen ist, die als Konstante im menschlichen Dasein angesehen werden muß. Dieses Empfinden hat den Verfasser dazu bewogen, vom »Strom der Arbeit mit dem AT« zu sprechen, weil es dem Leben so nah ist.

Wie aber steht es um das Erbe von *J. H. Schultz*?

Das Erbe von J. H. Schultz. Die sogenannten Modifikationen. Varianten beim Autogenen Training

Ein gewisses Unbehagen und Unruhe äußern sich in Veröffentlichungen der letzten Jahre, die Bestandsaufnahmen der Lage des AT sein wollen (1, 19) oder zukunftsgerichtete Fragen stellen (22) oder nach dem Tod des Gründers einen eigenen Weg eingeschlagen haben (26, 44, 9 u. a.).

Sehr übersichtlich berichtet *Mensen* darüber, wie seit dem Tod von *Schultz* »Modifikationen, Auswüchse und Entstellungen« (27) erschienen sind, die mit dem AT nichts zu tun haben. Mit Recht unterstreicht er, daß die »Flut unsachgemäßer Schallplatten und Tonbänder . . . allenfalls informieren, ärztlich überwachtes autogenes Üben aber nicht ersetzen«.

Das AT als Methode ist denkbar einfach; sie ist aber in ihrer Durchführung schwierig und kann, wenn sie nicht sachgerecht durchgeführt wird, schädlich für den Patienten sein. Diese scheinbare Einfachheit, die mit dem Aspekt des AT als Werkzeug zusammenhängt, wie wir schon gezeigt haben, hat manche dazu verführt, »Zusätze« anzufügen und »Kombinationen« zu erwägen, die den Namen AT nicht mehr tragen können, weil sie einen Widerspruch in sich bedeuten. So schildert *Hoffmann* z. B. die Arbeit einer französischen Gruppe (12) mit AT und psychoanalytischen Verfahren. Die heterohypnoiden Elemente ihrer Entspannungsverfahren sind aber so eindeutig, daß man hier kaum von AT sprechen kann.

Schultz sah sich bereits genötigt, von bedenklichem Mißbrauch und Fehlern in der Anwendung des AT zu berichten. Zwei Aufsätze, die er diesen Problemen widmete und 1961 (35) bzw. 1968 (38) erschienen, sind weitgehend identisch. Die Intention beider Berichte war eher, »*die grundsätzliche Eigenart des Verfahrens* klar zu kennzeichnen« und die Methode zusammen mit der Hypnose und praktischer Menschenführung den aktiv klinischen Methoden der Psychotherapie, die heute jeder Arzt beherrschen sollte, zuzurechnen (35). Er betonte die Notwendigkeit des autogenen Übens, d. h. der Vermeidung von Fremdsuggestion; er warnte vor der Schallplatte (Cassette) oder anderen akustischen oder optischen Hilfsmitteln, ferner vor der Gefahr, die autogene Arbeit Nicht-Ärzten zu überlassen oder dem Patienten das Übungsheft zum Selbstüben mitzugeben . . . Auf diese Punkte ist im vorliegenden Buch schon eingegangen worden; sie sind dem Sachkundigen alle bekannt. Es hieße aber, das Phänomen des »Nachahmens« aufzuwerten, wenn man sich gegen diejenigen, die das AT zum eigenen Vorteil malträtieren, auflehnen würde. Ein solches »Nachahmen« ist so alt wie die Menschheit. Aus dem Neuen Testament ist bekannt, daß Jesus sich nicht stören ließ, als seine Jünger ihm mitteilten, daß einige »Nachahmer« in den Dörfern die Teufel in seinem Namen austrieben . . . *J. H. Schultz* zeigte sich sehr offen für Formeln, d. h. für Inhalte, die mit seiner Methode in Einklang standen: z. B. »Ich bin vollkommen ruhig« (8) o. ä. In der Tat ist die Frage berechtigt, ob manche Modifikationen oder sogenannte Modifikationen des AT als solche zu beurteilen sind. Eine Bestandsaufnahme der Entwicklung des AT kurz nach dem Tode von *Schultz* (3) zeigte schon »Modifikationen« auf, die man allerdings nicht überschätzen darf und im Grunde genommen den Namen Modifikation nicht verdienen. Es handelt sich lediglich um Verfeinerungen oder bestenfalls Ergänzungen, die aber das Wesen des AT nicht antasten, gar antasten können: *J. H. Schultz* hat ja das Prinzip Autogen wiederentdeckt und alle Hauptinformationskanäle, über die das Ich autogen verfügen kann, mit seiner Methode belegt! (vgl. Kap. II und III.)

Manche Formeln wie »Beide Hände sind ganz schwer« nach »Beide Arme sind ganz schwer« oder »Beide Hände sind ganz warm« nach »Beide Arme sind ganz warm« (28) sind aus physiologischen Gründen durchaus berechtigt, wenn man berücksichtigt, daß die Hand allein auf der Hirnoberfläche motorische und sensorische Projektionsfelder hat, die größer sind als die der Arme. Respektiert man aber das Gebot der Förderung der Selbständigkeit, der »Autogenität«, so lassen sich ohne weiteres einige Modifikationen akzeptieren, ohne daß man deswegen von einem anderen AT als dem von *J. H. Schultz* sprechen müßte. Es handelt sich weitgehend um Indifferenzformeln, wie wir oben gesehen haben.

Das AT wird wie jede wirksame und lebendige Methode Varianten verkraften, solange das Wesen des AT, das Autogene, d. h. die Selbständigkeit des Übenden, gewahrt bleibt. Beim AT kann man sagen, daß, wie bei vielen natürlichen Vorgängen, die Prinzipien gleich sind, aber die Durchführung anders ausfallen kann. Das erklärt auch, warum einige Varianten des AT auftreten müssen und in der Tat aufgetreten sind. Die Prinzipien des Fliegens, z. B. beim Vogel, sind konstant; die Durchführung des Fliegens aber ist von Art zu Art Varianten unterworfen, und von Individuum zu Individuum ist die Entwicklung eines individuellen Stils ebenfalls zu beobachten. Ein anderes Beispiel: Das Studium der Anatomie des Menschen zeigt Varianten im Bau des menschlichen Körpers, die das Menschsein überhaupt nicht antasten.

Varianten sind also unvermeidbar. Man muß immer im Auge behalten, daß das AT ein natürliches Verfahren ist, das sich der Individualität anpaßt. Wie *Kleinsorge* schreibt, sind Einleitung und Anleitung immer von der Individualität des Arztes und von der Persönlichkeit des Patienten abhängig (16). Und trotz grundsätzlicher Gleichheit im Vorgehen sind gewisse individuelle Momente in der Trainingsleitung nicht zu vermeiden, auf die die Patienten außerordentlich empfindlich reagieren (15). Wenn man bedenkt, daß solche individuellen Momente in der Trainingsleitung durch persönlichkeitsbedingte Momente, sowohl beim Arzt als auch beim Trainierenden, verstärkt werden können, ergibt sich ein Grund mehr, um gewisse Varianten, die den Kern des AT, d. h. das »Prinzip Autogen« nicht anrühren, als solche zu akzeptieren bzw. sich gegenüber solchen Varianten »indifferent zu stellen«. Kleine Varianten zum Thema AT von *Schultz* berechtigen nicht zu der Annahme, daß es sich um Modifikationen, Ergänzungen, Vervollkommnungen oder dgl. des AT von *Schultz* handelt. Eine Variation über ein Thema von Joh. Seb. Bach bleibt weiterhin Musik von *Bach*, so wie das AT von *Schultz* AT von *Schultz* bleibt, wenn man die Richtlinien, die er gegeben hat, beachtet – mit oder ohne Modifikationen.

Es kann also nur darum gehen, solche Varianten zu vermeiden, die mit dem AT gar nichts zu tun haben.

In den gesamten Ausführungen des Buches haben wir gesehen, daß das AT im gewissen Sinne ein physiologisches Bedürfnis befriedigt: d. h. der Mensch braucht kurze Erholungspausen im Sinne von *O. Vogt*, um neue psychische Energie zu schöpfen, den psychischen Apparat zu stärken und manche Funktionen des Körpers besser zu steuern usw.

Wie wird es seinen Aufgaben gerecht?

Strömungen und Abspaltungen in der AT-Arbeit

In der Mitte des »Stroms Autogenes Training« hatten *Langen* und der Verfasser seinerzeit versucht, Abstand zu gewinnen, um im oben angegebenen Sinne eine Analyse der Strömungen zu unternehmen, die sowohl in der Deutschen Gesellschaft für ärztliche Hypnose und autogenes Training als auch außerhalb zu beobachten sind. Anekdotisch sei mir erlaubt, eine Erinnerung zu schildern, die mir symbolisch erscheint: Die obige Frage wurde von *D. Langen* und mir im Frühjahr 1976 bei einem Besuch am Grabe von *Franz Anton Mesmer* in Meersburg in Einzelheiten angegangen. Unsere Gemütsverfassung stand unter dem Eindruck der verschiedenen Strömungen in der Deutschen Gesellschaft für AT, und wir fragten uns, ob die Auseinandersetzungen zwischen Puristen und Abweichlern unvermeidlich seien; ob sie psychosozial bedingt und unausweichlich oder, wie gesagt, vermeidbar seien? Wem sollte man treu sein: dem Geist des Werkes von *J. H. Schultz* oder der engen Auffassung seiner Lehre? Wenn *Schultz* sagte: »Haltet mir die Lehre rein« – was meinte er damit? Daß man seiner wissenschaftlichen Lehre die Treue schwor oder daß man rein formal sein Werk weiterführen sollte? Ich stimme *Barolin* voll zu, wenn er schreibt: »Jedenfalls glaube ich aber, daß es das AT entwertet, wenn man es gleichsam als unberührbares Monument betrachtet, an dem nicht zu rühren, zu verändern und weiterzuentwickeln ist. Es ist auch sicherlich im Sinne des Begründers der Methode, *J. H. Schultz*, der sich immer als Naturwissenschaftler empfunden hat, wenn wir die uns von ihm überlassenen Grundlagen im naturwissenschaftlichen Sinne weiterentwickeln.« (1)

Um die Fragestellung des Gesprächs zwischen *Langen* und mir entwikkelten sich langsam die Gedanken, die zum Teil in der Arbeit: Autogenes Training: Quo vadis? ihren Niederschlag fanden (22).

Zuerst analysierten wir die psychosozialen Vorgänge, die besonders deutlich aus der psychoanalytischen Bewegung bekannt sind und die zu der sich bis in unsere Tage wiederholenden Spaltung geführt haben. Wir identifizierten ferner die Vorgänge mit ähnlichen Phänomenen, die bei allen religiösen Bewegungen (auch mystisch gefärbten Weltanschauungen) zu beobachten sind. Die Parallelen zwischen AT, psychoanalytischen und religiösen Bewegungen – alle drei können als sozio-kulturelle Phänomene aufgefaßt werden – lassen sich sehr gut herausarbeiten.

Bei allen Formen dieser drei Bewegungen beobachtet man immer einen Gründer, der es geschafft hat, manchmal unbewußt, das eigene Erleben von Mitmenschen nacherleben zu lassen; d. h. das von ihm Erlebte ist von den Jüngern, Anhängern, Schülern usw. an der eigenen Psyche ausprobiert und vom jeweiligen Ich angenommen worden. Dieser Vorgang findet immer statt, sowohl in modischen Bewegungen als auch in solchen, die ihre Spuren in der menschlichen Kultur hinterlassen haben oder noch in ihr wirken: Mosaismus, Buddhismus, Christentum, Islam, revolutionäre Bewegungen, Popkultur usw. Selbstverständlich ist das gleiche Phänomen in der psychoanalytischen Bewegung und bei der Verbreitung der AT-Lehre auch zu beobachten. Überwiegt der rationale Charakter, so kommt es oft zu Abspaltungen der Bewegung, auch schon zu Lebzeiten des Begründers, wie in der psychoanalytischen Bewegung (*A. Adler, C. G. Jung* u. v. m.) oder in den revolutionären Bewegungen.

Beim AT fand dieser Prozeß noch nicht zu Lebzeiten des Begründers statt; die Zahl der selbständigen Monographien nahm bekanntlich nach dem Tod von *J. H. Schultz* sprunghaft zu. Auch in den religiösen Bewegungen oder Führerbewegungen findet unter dem »Kitt« der Affekte die ketzerische Abweichung erst nach dem Tode des Begründers statt (Diadochenkämpfe).

Wir wollen hier aber von jenen sozio-kulturellen Bewegungen, deren Entstehung sozialpsychoanalytisch zu erklären sind, absehen. Sie sind manchmal als anscheinendes Werk eines einzelnen (*Alexander, Cäsar, Dschingis Khan, Tamerlan, Napoleon* . . .) entstanden und wieder verschwunden, ohne große Spuren im menschlichen Geist hinterlassen zu haben, wenn man absieht von jenen Werten, deren Träger sie waren. Solche Bewegungen waren der Außenwelt zugewandt. Viel interessanter sind aber jene Bewegungen, die sich der Innenwelt des Menschen zuwenden. Bei diesen läßt sich das psychostrukturell bedingte Phänomen der Entstehung der Abspaltungen besonders gut beobachten.

Ihre Form ist im wesentlichen immer die gleiche, und auch die Ursache ist dieselbe: die Relativität unserer Erkenntniswelt. Darauf hat der Verfasser bei einer anderen Gelegenheit hingewiesen und in der Sprache die einzige Möglichkeit gesehen, diese Relativität im Rahmen des Möglichen zu beheben (10). Die Gefahr besteht aber darin, daß der Mensch als Gefangener seiner eigenen Erkenntniswelt, d. h. wegen der Relativität des eigenen Erkenntnisapparates, nicht wahrnimmt, daß er dem anderen nur »seine Wahrheit« mitteilen kann.

Gelingt es einer starken Persönlichkeit, über die Kommunikation, d. h. über die Sprache, bei einer Gruppe von Mitmenschen Widerhall zu erzeugen, so entsteht automatisch eine Sekte, die die Eigenschaft hat sich zu vermehren, d. h. in Zeit und Raum die erhaltene Information weiterzugeben. Dieses psychologische Phänomen läßt sich seit Jahrtausenden in der Entwicklung der Menschheit beobachten. Es ereignet sich bei allen Religionen; aber auch bei politischen Parteien, auch in der Psychoanalyse, wie wir schon gesehen haben und ebenfalls bei der Arbeit mit dem AT. Der Mensch, jeder Mensch, kann lediglich *sein* AT erleben. Wenn man hört, Herr X oder Frau Y gehen bei der Arbeit mit dem AT ihren Weg, so drängt sich der Gedanke auf, ob nicht der Relativismus der eigenen Gedanken im Spiel ist und manche zur Verabsolutierung ihrer eigenen Anschauung geführt hat.

Wenn *J. H. Schultz* schreibt: »Es ist also in ausgesprochenem Maße ein ›selbstgegebenes Ichverhalten‹ im Kern der ganzen Arbeit« (33), unterstreicht er die Haupteigenschaft der AT-Arbeit: die Individualität, die Selbständigkeit beim Führen der Übung. In seinem posthum erschienenen Buch (21) betont *D. Langen* diese Individualität des AT: »So wie jeder das Recht hat, *sein* Autogenes Training zu lernen, so hat auch der Vermittler das Recht, seine eigenen Vorstellungen in die Übungen einzubringen.« Das rechtfertigt aber nicht, über ein anderes AT als das Autogene Training von *J. H. Schultz* zu sprechen. Auch »das vereinfachte Autogene Training« von *Langen* (21) ist AT von *Schultz*; denn es werden, wie schon gesagt, immer die gleichen Informationskanäle benutzt, die vom Altmeister entdeckt wurden. Ich halte deswegen die Haltung von *K. R. Rosa* für die weisere, wenn er beim Üben des AT individuellen Varianten, die den Grundsätzen der Lehre vom AT nicht widersprechen, den Vorzug vor jedem Lehrschema gibt (31). Die Flexibilität bei der Arbeit mit dem AT ist geboten, denn die Individualität des AT eines jeden ist erkenntnistheoretisch begründet.

Die Frage um das Autogene

Unter Zugrundelegung dieser unabdingbaren Relativität unseres Weltbildes wollen wir uns jetzt einer der Kernfragen zuwenden, die im Zentrum der wissenschaftlichen Diskussion stand und noch steht, der Frage um »das Autogene«. (Siehe auch S. 59.)

In meinen Darlegungen habe ich nur zögernd den Begriff »das Autogene« benutzt, weil mit ihm die Gefahr sehr groß ist, eine Entelechie zu schaffen. Wir haben zu viele solcher Begriffe in der Medizin, die lediglich ein Rauchvorhang für unser Unwissen sind. Zu ihnen gehören: das Endogene, das Schizophrene, das Hypnoide und dgl. mehr. Um eine Entelechie zu vermeiden, habe ich den Ausdruck »Prinzip Autogen« gewählt, das eine Eigenschaft unseres psychischen Apparates ist, und weil im Grunde genommen »das Autogene« ein Ergebnis der Tätigkeit dieser Eigenschaft unseres psychischen Apparates ist, eine Bemerkung, die auch für andere Funktionen gilt.

Die Frage des »Autogenen« bei der Arbeit mit dem AT hat zwei Aspekte. Den ersten haben wir schon behandelt, als wir die Frage des Stillschweigenübens in Kap. II beleuchtet und für eine mittlere Lösung plädiert haben. Das von *D. Langen* empfohlene karge begleitende Vorsprechen ist als eine Lösung anzusehen, die der Praxis Rechnung trägt und die Selbständigkeit des Übenden nicht beeinträchtigt. Das Erreichen der Selbständigkeit des Trainierenden befindet sich, zeitlich betrachtet, sozusagen distal am Ende des Lernprozesses und ist mehr im Sinne einer Zielvorstellung zu werten, auf die immer hingearbeitet werden muß, da das AT ein Lebensweg ist. Allerdings besteht die Notwendigkeit weiterer Übungen nicht nur für den Lernenden am Anfang, sondern auch für diejenigen, die seit Jahren das AT praktizieren, da es ein Weg des täglichen Übens ist. Sonst geht die Konditionierung verloren.

Der Streit um »das Autogene« ist also, von diesem Aspekt her betrachtet, ein gegenstandsloser Streit. Beachtet man die von *Schultz* gegebenen Richtlinien, so wird die Entwicklung des Patienten zur Selbständigkeit, zur Autonomie der Persönlichkeit auf keinen Fall beeinträchtigt.

Ein anderer Aspekt ist nach meiner Ansicht viel gravierender. Das Wort

»autogen« hat in der Arbeit mit dem AT einen Bedeutungswandel im Sinne von *L. S. Wygotski* erfahren. Wie wir schon oben gezeigt haben (s. Kap. II), geschieht es des öfteren, daß ein Wort, dessen begrifflicher Inhalt nicht genau definiert ist, im Laufe der Entwicklung des Menschen einen Bedeutungswandel erfährt.

Für den *Schultz* der zweiten Periode (39) und seine Nachfolger heißt AT »wörtlich ›aus dem Selbst‹ (griechisch = autos) entstehendes (griechisch = genos) Üben (= Training)« (25). Man muß aber festhalten, daß der Begriff des Selbst beim *Schultz* der ersten Periode (33) nicht im Vordergrund stand (vgl. auch Kap. III). *Schultz* hatte am Anfang den Schwerpunkt in einem volitiven Prinzip gesehen: dem Übungswillen (33). Gleichzeitig aber hatte er vor jedem spannenden Wollen gewarnt: »Jedes spannende Wollen geistig denkerischer oder geistiger Art hebt das Training in sich selbst auf.« (33). Dieses volitive Prinzip identifizieren wir mit der obersten Ich-Instanz des Wollens oder Nichtwollens (Ja/Nein-Entscheidung). Autogen bedeutet also, selbständig, ohne äußere Beeinflussung, ohne hetero-hypnoide Momente eine Versenkung zu erreichen, die immer von der organismischen Umschaltung begleitet wird.

Es hat sich aber eine andere Bedeutung in die Literatur eingeschlichen, die allerdings noch nicht ganz so verbreitet ist wie die oben angegebenen ersteren Bedeutungen. Wie wir schon gezeigt haben (s. Kap. IV), wird diese neue Bedeutung besonders von *W. Luthe* vertreten. Dieser Autor spricht von ›autogenen Vorgängen‹, wenn es sich um psychische Automatismen handelt, und vom ›autogenen Zustand‹ als einem Zustand, der sich von dem hypnoiden Zustand unterscheidet (vgl. Kap. IV). Wir haben auch gezeigt, daß diese zweite Bedeutung des Wortes autogen im Gegensatz zur Lehre von *Schultz* steht (s. oben Kap. IV). Der oben dargelegte Unterschied stellt keine Haarspalterei dar. *W. Luthe* legt seiner wissenschaftlichen Auffassung die aus dem 19. Jahrhundert stammende Determiniertheit des psychischen Apparates zugrunde, wie die Psychoanalytiker es auch getan haben. Die Annahme einer solch starren Determiniertheit ist mit der Wirklichkeit und mit einer biokybernetischen Konzeption des Menschen nicht in Einklang zu bringen.

Zwischen den Auffassungen, daß einerseits das AT als Übung aus dem Selbst (»autos«) entsteht und andererseits Werk des Ichs ist, besteht allerdings lediglich ein »Scheinwiderspruch«. Am distalen Ende des Lernvorganges der Übung des AT, d. h. wenn die Übung gelernt worden ist, entsteht sie tatsächlich aus dem »autos«, aus dem »Selbst«. *Lindemann* (24) hat den Vorgang anhand seiner Erfahrungen (allein über den Ozean!) eindrucksvoll geschildert. Aber wer hat die »Übung« in dieses sogenannte »autos« »eingepflanzt«? Die Antwort kann nur lauten: das Ich, und zwar in kleinen Schritten über das Üben, wie *J. H. Schultz* es beschrieben hat. Die Einpflanzung ist aber immer Werk des Ichs. Ich werde hierin nicht tiefer eingehen, weil dieser Punkt schon in den früheren Kapiteln ausführlich behandelt worden ist. Die Zukunft wird zeigen, ob die ursprüngliche Meinung von *J. H. Schultz* (s. Kap. III) wiederentdeckt wird und die starre deterministische Auslegung von *W. Luthe* eine Korrektur erfährt.

Die Frage der Schallplatte, Cassette . . . bei der Vermittlung des Autogenen Trainings

Sehr eng verbunden mit der Frage des »Autogenen« ist das Problem der Vermittlung des AT mittels einer Schallplatte oder Cassette.

Schon zu Lebzeiten von *Schultz* war diese Frage aufgeworfen worden. Wie *Binder* (2) schildert, war *Schultz* der Platte als Hilfsmittel gegenüber nicht absolut abgeneigt. Die Erfahrungen von *Binder* mit Hirnversehrten (4) rechtfertigen sogar den Einsatz einer Schallplatte oder Cassette, d. h. die Benutzung heterohypnoider Momente, die nicht unbedingt die Anwesenheit eines Arztes erforderlich machen. Auch für Menschen, die sich wegen einer schwerwiegenden cerebral-organischen Behinderung nicht oder nur ungenügend konzentrieren können, kann eine Schallplatte oder eine Cassette eine sehr große Hilfe sein. In anderen Fällen, die ebenfalls von *Binder* aufgezählt werden, in denen das AT aus Zeitgründen nicht erlernt werden kann: z. B. bei Auftreten von Prüfungsängsten oder akuten Notsituationen usw., ist die Anwendung einer Schallplatte oder Cassette vertretbar. Für den Durchschnittsverlauf der Übungen des AT ist sie es aber nicht. Auch für Anfänger wäre die Weitergabe einer Platte nicht indiziert, wenn der Kurs normal absolviert werden kann. Ist der Trainierende aber in der Lage, die Versenkung und die organismische Umschaltung zu erleben, dann wäre es vertretbar, daß er von seinem Kursleiter eine Cassette hat, mit deren Hilfe er in Abständen von sechs Monaten oder mehr die Übungen wieder auffrischen kann. Bekanntlich läßt das Üben mit der Zeit nach. Bei allen übenden Verfahren sind aber, wie schon erwähnt, Auffrischungskurse notwendig.

Es gibt jedoch ganz gravierende Faktoren, die – was den Durchschnittsverlauf betrifft – gegen die Weitergabe einer Schallplatte sprechen. In unserer modernen Kultur, nicht nur im Abendland, sondern in der ganzen Welt, ist eine »Anbetung« der Maschine zu beobachten, die weitgehend zum Verlust der Selbständigkeit des Menschen geführt hat. Das heißt, man kann auch hier sehen, daß Fortschritt – z. B. die Entwicklung der Maschine – zu einer negativen Wirkung führen kann. Und Verlust an Selbständigkeit bedeutet Einbuße an Freiheit. Autogene Arbeit enthält die Forderung nach der Arbeit an der eigenen Persönlichkeit, nach dem Exerzieren, d. h. dem Üben der Haupteigenschaft des Menschen: der individuellen Freiheit. (Selbstverständlich ist hier nicht der richtige Ort, eine Diskussion über die Freiheit zu unternehmen.)

Aus den obigen Gründen ist m. E. von der Cassette bzw. Schallplatte als Werkzeug Abstand zu nehmen. Diese stellen ein hetero-hypnoides Mittel par excellence dar, und wer eine Cassette oder Schallplatte benutzt, um die Versenkung und die organismische Umschaltung zu erreichen, muß wissen, daß er nicht mehr AT übt. Es geht also nicht mehr um AT-Üben mit oder ohne Cassette. Die Formulierung »AT mit Cassette« enthält einen Widerspruch in sich, weil »AT mit Cassette« kein AT sein kann. Man erreicht zwar die organismische Umschaltung und die Versenkung, aber über ein hetero-hypnoides Mittel, man übt nicht mehr *autogen*. Wie schon gesagt, ist das AT nicht die einzige Methode, um die Versenkung und die organismische Umschaltung zu erlangen. Dennoch ist sie m. E. wahrscheinlich die einzig mögliche *autogene* naturwissenschaftliche Selbstversenkungsmethode (vgl. Kap. III).

Läßt sich bei der Grundstufe des AT der Einsatz einer Cassette in bestimmten Fällen rechtfertigen, so ist dieses für die Oberstufe des AT nicht mehr möglich, weil dieser Fremdeinsatz für die Entwicklung der Selbstschau und die Autogestaltung der eigenen Persönlichkeit ein Hindernis darstellt.

Die Verlockung für das Geschäft mit Hilfsmitteln bei der Entspannung ist aber groß, weil der Markt entsprechend ist und jeder seine »ökologische Nische« bzw. »Marktlücke« sucht. Hat ein Übungsleiter eine hypnogene Stimme, so ist die Versuchung groß, daß er diese Naturgabe kommerzialisiert. Man wird nur schwer diese Flut eindämmen können; als kleineres Übel dürfte aber die Hoffnung gelten, daß die Übung richtig vermittelt wird. Die Kommerzialisierung des AT (22) ist unvermeidlich. In Anbetracht der Tatsache, daß sich der Aktionsradius des AT dauernd ausbreitet, werden auch in Zukunft etliche Kapital daraus zu schlagen versuchen. Das ist nicht verwunderlich und ein Phänomen, das auch an jedem Pilgerort zu beobachten ist, sei er jüdisch, buddhistisch, christlich, moslemisch oder gar politisch oder »fußballistisch« . . . Für hypnoide Verfahren gibt es keinen anerkannten Pilgerort, aber man kann die psycho-physiologische Notwendigkeit solcher Verfahren an einigen Verhaltensweisen der Jugendlichen ablesen. Wenn man sieht, wie sie sich von ohrenbetäubender hypnotisierender Musik berieseln lassen und sich monotonen Lichtreizen aussetzen, dann muß man sich die Frage stellen, ob diese Jugendlichen nicht etwas vermissen, was man ihnen nicht zur Verfügung gestellt hat. Manche jungen Menschen protestieren mit Recht: Man hat sie »nackt« in den Kampf ums Dasein geschickt, d. h. lediglich ausgestattet mit einer technischen Ausbildung. In vielen Fällen reicht das aber nicht aus, um das Problem des Lebens lösen zu können. Das AT mit seiner Wirkung auf die Affekte, mit seiner angstlösenden Wirkung u. a. könnte als erste Stufe gelten, um nachzuholen, was versäumt worden ist. Dämpfung der Affekte ist der erste Ansatz zu ihrer Schulung und zur Schulung der Gefühle, d. h. zur ethischen und ästhetischen Bildung. Diese Betrachtungsweise führt nahtlos über zur Frage des AT in der Pädagogik, auf die wir ebenfalls eingehen werden.

Grenzen und Möglichkeiten des Autogenen Trainings

Es würde auf eine Wiederholung früherer Kapitel hinauslaufen, zählten wir alle Krankheitsbilder wieder auf, die mit dem AT beeinflußt werden können. Wegen der Fähigkeit der Selbstbeeinflussung, die mit der AT-Übung geschult wird, sind den AT-Möglichkeiten keine festen Grenzen gesetzt. Als Allhilfsmittel kann das AT immer die Rolle des Züngleins an der Waage übernehmen, das den entscheidenden Beitrag leistet zum körperlichen und psychischen Gleichgewicht, was man Gesundheit nennen könnte. Die Methode darf jedoch nicht überfordert und muß regelgetreu eingesetzt werden. Diese nötige Abgrenzung führt zu verschiedenen Fragen, die die Methode selbst, die Trainingübenden oder den Übungsleiter betreffen.

Zwei Differenzierungen sind hier vonnöten. Die eine betrifft die Unterteilung des AT in AT für Gesunde – was uns zur Betrachtung des AT in der Prophylaxe führt – und AT für Kranke (s. Kap. V). Die andere bezieht sich auf die Qualifikation, um die Methode zu vermitteln. Diese beiden Fragen sind schon früher berührt worden, aber aus einer anderen Sicht; auf die Problematik, die sie für die Zukunft beinhalten, ist nicht eingegangen worden.

Die Vermittlung des Autogenen Trainings an Kranke

Diese Aufgabe kann nur denjenigen zufallen, die zur Behandlung ausgebildet sind: Ärzten und klinisch ausgebildeten Psychologen, wobei diese von der Sache her auf den ausgebildeten Arzt angewiesen sind.

Das AT als Methode muß in der Psychotherapie vom behandelnden Arzt angewandt werden. Eine absolute Delegierung ist nicht möglich. Ohne persönliche Überwachung wäre es dem behandelnden Arzt unmöglich, zu beobachten, wie sich das AT beim Patienten auswirkt, wie sich sozusagen die Methode in vivo auswirkt. Jeder, der viele Kurse geführt hat, wird dieses bestätigen. Man hat das AT allzu oft als eine Nur-Entspannungsmethode betrachtet und die anderen Aspekte, von denen schon die Rede gewesen ist (vgl. Kap. II), übersehen.

Das Verhalten einiger Ärzte, die die naturwissenschaftliche Grundlage des AT noch nicht kennengelernt haben, lehrt, daß sie AT verordnen, wie man z. B. Massagen verschreibt. Diese Einstellung trägt aber der Wirklichkeit nicht Rechnung. Das AT ist eine medizinische psychotherapeutische Methode, die in die Hände eines dafür ausgebildeten Arztes gehört. Und das Korrelat dazu ist, daß nur, wenn der Arzt die Leistung des AT selbst erbracht hat, diese im Kassenrecht abgerechnet werden darf. Eine Delegierung an Hilfspersonal ist nicht möglich.

Die Psychologen, die in der Methode von *E. Jacobson* sehr gewandt sind, können in der Gruppenpsychotherapie u. a. selbstverständlich auch – bei entsprechender Ausbildung – das AT anwenden. Sie müssen allerdings im Auge behalten, daß Reaktionen auftreten können, die die Hinzuziehung eines Arztes, der mit der Methode vertraut ist, unumgänglich machen.

Das Autogene Training als prophylaktische Methode

Die verschiedenen Aspekte, die wir beim AT festgestellt haben – Entspannungsmethode, Selbstversenkungsmethode mit der Möglichkeit der organismischen Umschaltung, psychisches Werkzeug – sind alles Aspekte, die einzeln oder im ganzen betrachtet auf eine Schonung bzw. Stärkung, sprich Stabilisierung, des psychischen Apparates hinauslaufen.

Diese Eigenschaften des AT sind aber nicht nur anwendbar in der Psychotherapie; sie machen es außerdem zu einem unschätzbaren Instrument für die Psychohygiene der Bevölkerung.

Die Notwendigkeit solcher Methoden auch bei Gesunden ist pragmatisch als Konstante in der Entwicklung der Menschheit zu finden, wie wir schon gesehen haben. Intensiver und konsequenter als die Verfechter des AT haben in unserer Zeit die Sophrologen (vgl. Kap. I) den Bedarf solcher Methoden für die Psychohygiene erkannt und versucht, ihn zu decken. Ihre Methode ist allerdings nicht frei von Werten. In der Bundesrepublik hat *Gisela Eberlein* den vorbeugenden Wert des AT für das gesunde psychische Leben hervorgehoben und sehr früh die Arbeit von *J. H. Schultz* in diesem Feld fortgesetzt (8). Ihr Einsatz für die AT-Arbeit in der Volkshochschule ist bewundernswert, auch wenn man mit ihren Variationen des AT nicht immer einer Meinung sein kann.

Das AT ist aber neutral. Es basiert auf einer rein psychophysiologischen Grundlage. Auf den Grundübungen des AT läßt sich jede beliebige Weltanschauung aufbauen, worüber sich *Schultz* schon von Anfang an im klaren war. Diese Wertneutralität des AT kann ein großer Vorteil sein für eine aufgeklärte Bevölkerung; umgekehrt kann sie sich aber als Schwäche erweisen, wenn man dieser Bevölkerung Meditationsmethoden anbietet, die, geladen mit kulturfremden Inhalten, eine pseudo-therapeutische Wirkung zeigen. *Schultz* hat immer Abstand davon genommen, das AT als »Religionsersatz fragwürdiger Art« zu bezeichnen (33). Es kann aber als Träger für die Einpflanzung einer beliebigen Thematik, sprich Ideologie, dienen (11), die allerdings den einzelnen ansprechen muß. Die Technik des AT besagt nichts über den Inhalt, den man über die Übung aufnehmen kann. Daß ein solcher Inhalt lebensnotwendig ist, braucht hier nicht betont zu werden; die Gefahr, von einer wertelosen Gesellschaft auf ein wertloses Leben überzugehen, ist sehr groß. An dieser Stelle muß sich die Medizin aber Zurückhaltung auferlegen; denn es ist sicher nicht Aufgabe der Medizin, in diesem Fall des AT, dem Leben des einzelnen einen Inhalt zu geben. Es kann ihm aber helfen, diesen Inhalt zu suchen und, wenn gefunden, ihn zu verankern.

Dies bedeutet jedoch nicht, daß die Medizin mit Werten, sprich Ethik, nichts zu tun hat. Diese Werte begleiten das Tun des Arztes immer. Der Medizin können aber nicht Aufgaben aufgebürdet werden, die andere Institutionen übernommen haben. Der Arzt muß wissen, besonders in der Nervenheilkunde, wann sein Tun das Gebiet der Heilkunde verläßt. Die Übergänge sind manchmal sehr fließend. Aufgabe der medizinischen Institutionen und des Einzelarztes ist – weil sie den direkten Zugang zur leidenden Bevölkerung haben – die Aufmerksamkeit auf eine mögliche fehlerhafte Entwicklung zu lenken, damit die zuständige Institution, z. B. der Staat,

»kausal« handeln kann; so z. B. bei der Zunahme von funktionellen Störungen. Die AT-Arbeit der Volkshochschulen versucht vorbeugend, diese Störungen aufzufangen, d. h. den großen Bevölkerungsmassen das AT zu vermitteln. Der Trend ist unverkennbar. In diesem Sinn ist das Buch von *D. Langen* »Autogenes Training für jeden« (21) zu verstehen. Die Prägung eines Begriffes wie »Volkshochschul-Training« (29) dient m. E. der Sache des AT nicht, auch wenn es die Tatsache indirekt wiedergibt, daß es ein AT für Gesunde und ein AT für Kranke geben muß.

Die Arbeit mit dem AT in der Volkshochschule ist im deutschen Sprachraum nicht mehr wegzudenken: Sein prophylaktischer Wert ist zu groß. Der vom AT hervorgerufene Zustand ist keineswegs »gesundheitsneutral« (1) und auch nicht »nur im Rahmen der Phylogenese weitgehend in Vergessenheit geraten« (1). Eher hat ihn die Industriegesellschaft, sprich Wissenschaftsgesellschaft oder Technogesellschaft, verdrängt mit Konsequenzen, die wir alle kennen: Sekten, Drogen usw. Der vom AT hervorgerufene Zustand ist mehr als nicht »gesundheitsneutral«; er ist ein Faktor sine qua non für das gesunde psychische Leben einer großen Zahl, ja Millionen von Menschen. Er ist allerdings nur ein Faktor.

Es gibt Dimensionen des menschlichen Daseins, die nur von den großen Religionen beantwortet werden können und manchmal einer Therapie nur schwer zugänglich sind, z. B. Todesängste, Schmerz usw.

Die prophylaktischen Möglichkeiten des AT sind aber derart groß, daß es geradezu verfehlt wäre, die große Masse der Bevölkerung von dieser Methode fernzuhalten. Schon zu Zeiten von *Schultz* und unter seiner Einwirkung zeigte die Entwicklung des AT in Deutschland eine Hinwendung zur breiten Masse, die hauptsächlich über die Volkshochschule stattfand. Dieser Trend setzte sich fort und wirft seit der Expansion des AT in den fünfziger Jahren eine neue Problematik auf. Wegen der rapiden Entwicklung der AT-Arbeit in den letzten Dekaden erweist sich die oben erwähnte Unterscheidung in prophylaktisches AT (AT für Gesunde) und therapeutisches AT (AT für Kranke) als dringend notwendig. Sie scheint mir auch eine Möglichkeit zu sein, den von *Müller-Hegemann* empfundenen Widerspruch zu lösen: »Entweder ist das AT eine so differenzierte Methode, daß es nur unter ärztlicher Aufsicht und mit entsprechend individueller Anleitung, gewiß auch in kleinen Gruppen von sieben, acht oder neun Teilnehmern, vermittelt werden kann. Oder das AT ist eine Art ›seelischer Gymnastik‹, in der Dutzende von Personen gleichzeitig unterwiesen werden, . . . nur darf man dies nicht ›Autogenes Training‹ nennen.« (29).

Das AT ist ein Werkzeug in der Hand des Arztes, in der Hand des Patienten und in der Hand des Gesunden. Gibt es doch auch Gymnastik und Krankengymnastik . . . Selbst wenn aus den oben angegebenen Gründen das AT nicht delegiert werden kann, gilt diese Analogie. AT für Gesunde könnte delegiert werden, wenn die Person, die die Einleitung übernimmt, entsprechend ausgebildet ist. Aufgrund der in den früheren Kapiteln dargelegten Gedankengänge (Prinzip Autogen u. a) meine ich aber, der Lehre von *J. H. Schultz* weiter zu folgen, wenn ich in beiden Fällen (AT für Kranke, d. h. therapeutisches AT, und prophylaktisches AT) schlicht von AT spreche. Einige Autoren haben die obige Problematik auch gesehen. So erhebt *Barolin* Einwände gegen die Anwendung der 6 Grundübungen in den Volkshochschulen (1). *Langen* spricht von einem vereinfachten AT mit Weglassen der Organübungen der Grundstufe (21).

Ich persönlich bin die Problematik anders angegangen. Die sechs Übungen behalte ich bei, wobei ich allerdings die wichtige *Binder*sche Umstellung (Vorschieben der Atemübung gleich nach der Schwere- und Wärmeübung) durchführe. Diese Beibehaltung der sechs Übungen erlaubt mir, den Schwerpunkt der Übung je nach Bedarf zu verlegen und mir und den Teilnehmern alle Möglichkeiten des AT offenzulassen. Entdeckt jemand bei einer prophylaktischen Übung seinen Herzschlag, was immer wieder vorkommt, so ist dann die Möglichkeit gegeben, die Herzübung anzusprechen, ohne eine unerwünschte Fixierung zu verursachen. Die Differenzierung in therapeutische und prophylaktische Kurse ist auch noch von einer anderen Warte sehr gut möglich. Bedenkt man, daß die therapeutischen Kurse etwa 8–12 Teilnehmer haben und die prophylaktischen ein Vielfaches davon (*Schultz* spricht von 70 Teilnehmern (33)), so ist dies ein großer Unterschied. Teilnehmer, die Auffälligkeiten außerhalb des Durchschnittsverlaufs zeigen, bedürfen besonderer therapeutischer Maßnahmen. Der Arzt, der einen therapeutischen Kurs leitet, kann die Reaktionen eines jeden Teilnehmers beobachten und mit ihm später die Auffälligkeiten besprechen; beim prophylaktischen Kurs ist das unmöglich. Nirgendwo läßt sich die »Sieb-Funktion« des AT (37) besser beobachten als bei den therapeutischen Gruppen. Eine Konkurrenz zwischen prophylaktischen und therapeutischen Kursen des AT ist aus den obigen Gründen nicht gegeben: die Fragestellung in beiden ist ganz anders. Dies bringt sofort die leidige Frage mit sich, ob nur Ärzte das AT unterrichten sollten.

Die Qualifikation des Übungsleiters

Wenn man die Forderung stellt, daß das AT nur von Ärzten vermittelt werden soll, müßte man davon ausgehen, daß solche in AT ausgebildeten Ärzte in ausreichender Zahl vorhanden sind. Das ist aber nicht der Fall. Es gibt weder genug, noch haben alle Ärzte, die sogar die Methode anwenden, eine geeignete Ausbildung erhalten. Da *Schultz* (35) ausführlich über die Art und Weise, wie das AT von einigen Ärzten gehandhabt wird, berichtet und jeder Sachkundige weiß, was gewisse Ärzte oder Nicht-Ärzte als AT verbreiten, ist die Vorführung von Beispielen überflüssig. Die unabdingbare Forderung einer geeigneten Ausbildung in AT und aktiv klinischer Psychotherapie im Sinne von *J. H. Schultz*, um die Methode einsetzen zu dürfen, bleibt bestehen.

Die Frage ist aber berechtigt, ob die Forderung der ärztlichen Qualifikation gleichwohl für die Vermittlung des AT an Gesunde und Kranke gilt. Für die Übung mit Kranken, sprich Behandlung, muß sie grundsätzlich verlangt werden, wobei die klinischen Psychologen, die eine geeignete Ausbildung erhalten haben, sich ebenfalls als qualifiziert erweisen, wenn sie im Auge behalten, daß Zwischenfälle möglich sind, die es gilt vorzubeugen. Einen Grund, die klinischen Psychologen für das AT als Methode bei der Behandlung von geeigneten Kranken – unter Berücksichtigung der obigen Auflagen – nicht zuzulassen, vermag ich nicht zu sehen. Die Tatsache, daß eine Pschologin (13) kurz nach dem Tode von *Schultz* unter seinen Mitarbeitern auftrat, würde die obige Ansicht stützen.

In Anbetracht der vielen Menschen, die das AT erlernen wollen, ist es nicht immer möglich, daß ein Arzt die Führung solcher Kurse übernimmt. Sind aber geeignete Personen richtig in die Methode des AT eingeleitet worden, haben sie selbst lange genug geübt und sind sie in der Lage, die organismische Umschaltung und die Selbstversenkung zu erreichen, dann werden sie auch befähigt sein, diese Methode anderen, die ebenfalls gesund sind, weiterzugeben. Zu diesem Personenkreis könnten z. B. Psychologen, Pädagogen, Geistliche u. a. zählen.

Selbstverständlich ist es absolut notwendig, daß dieser Personenkreis von AT-kundigen Ärzten ausgebildet wird, die sie über die möglichen Gefahren, die auftreten können, unterrichten, so daß in Sachen AT ausgebildete Laien in der Lage sind, auch solche Fälle zu erkennen, die sie einem Arzt zuleiten müssen.

Zwischenfälle sind unvermeidbar. Wer würde auf die Idee kommen, große Menschenversammlungen in Kirchen oder anderswo zu verbieten, weil gelegentlich ein vegetativ oder psychisch Labiler einen »Anfall« erleidet . . . Mit der Labilität der anderen und evtl. der eigenen muß man immer rechnen und leben lernen. Und gerade hierfür ist das AT da!

Innerhalb des AT als prophylaktischer Maßnahme für große Bevölkerungszahlen ist seine Funktion im Katastrophenfall zu erwähnen. *Lindemann* (24), der meisterhaft die Wirkung des AT in Katastrophensituationen (er allein auf dem Ozean!) geschildert hat, hebt mit Recht diese Möglichkeit des Einsatzes des AT hervor, die bis jetzt noch nicht wahrgenommen worden ist. Eine psychisch stabile Bevölkerung wird weniger leiden, und zwar nicht nur in Katastrophensituationen, sondern auch sonst.

Die kostensenkende Wirkung des Autogenen Trainings im Gesundheitswesen

Wir haben in früheren Kapiteln gesehen, daß der Mensch durch das AT in die Lage versetzt wird, auf natürliche Weise sein neurovegetatives System zu steuern. Es sind zig Parameter und Funktionen bekannt, die durch das AT beeinflußt werden können, so z. B. die Temperatur, der Blutdruck, die Atmung, der Puls, der Tonus der Muskulatur, die Verdauung u. v. m.

Um diese Gedankengänge zu verdeutlichen, sei folgendes Beispiel angeführt. Die Temperatur der Finger beträgt normalerweise etwa 30 Grad. *Schultz* hatte schon 1925 eine Erhöhung von 1^0 C an der Handhaut (35) gemessen. Er zitierte *Polzien*, der ebenfalls herausfand, daß die Wärmeschale nach der autogenen oder hypnotischen Umschaltung um 5 bis 7 Grad wärmer wird. *Polzien* legt ein Diagramm (30) vor, aus dem am 2. Finger re. distal vom Grundgelenk eine Erhöhung der Temperatur von etwa 3 bis 4 Grad bei der Wärmeübung des AT zu messen ist.

Um auf der sicheren Seite zu liegen, nehmen wir an, daß diese Erhöhung der Temperatur lediglich 1 bis 2 Grad beträgt. Bezogen auf eine durchschnittliche Temperatur der Hand von 30 Grad bedeutet eine solche Erhöhung eine Steigerung von 3 bis 7%. Zwar handelt es sich nur um ein paar Prozente; sie sind aber nicht geringzuschätzen, zumal der Mensch durch natürliche Mittel, d. h. durch eigenen Einsatz in der Lage ist, sie zu erreichen. So ist der Schluß nicht abwegig, daß bei anderen Parametern durch Übung ähnliches zu erreichen ist. Man bedenke, daß unter den psychischen Störungen, die durch das AT günstig beeinflußt werden können, Angst, Schmerz, innere Unruhe, Schlaflosigkeit und dgl. mehr sind. Betrachtet man eine große Bevölkerungszahl von mehreren Millionen Menschen und überträgt man diese paar Prozente, die man durch eigenes Einsetzen des AT an Gesundheitswert gewinnen kann, auf diese große Zahl von Menschen, dann können sich diese wenigen Prozente in Milliarden DM ausdrücken. Und dieses ausschließlich unter Berücksichtigung des prophylaktischen Wertes des AT. In den USA werden angeblich 5 Milliarden Einzeldosen von Tranquilizern (Beruhigungsmitteln) im Jahr verschrieben (7). In den anderen Industrieländern dürften die Verhältnisse ähnlich sein. Geschähe in der Bundesrepublik, wie in den USA bereits seit 1980 der Fall (7), daß die pharmazeutischen Firmen, die Beruhigungsmittel herstellen, in der Arztinformation zu den üblichen Angaben über Dosierung, Anwendungsfeld, Nebenwirkungen usw. die Feststellung hinzufügten: Angst und Spannungszustände im Zusammenhang mit dem Streß des täglichen Lebens erfordern in der Regel keine Behandlung mit einem Beruhigungsmittel (7), dann ließe sich ersehen, daß dem behandelnden Arzt andere Möglichkeiten eröffnet werden müssen, um den Patienten helfen zu können. Eine Möglichkeit ist das Ausweichen auf schwache Psychopharmaka. Eine andere geeignete Möglichkeit bietet aber das AT. Wie *Krapf* (17) schreibt, ist es naheliegend, daß die Ärzte und ihre Patienten mit funktionellen Störungen sich nach anderen Möglichkeiten umgesehen haben. Das AT bietet sich als Methode der Wahl an, um die Schwankungen, die das Alltagsleben begleiten, aufzufangen, zumal es eine medikamentöse Therapie nicht ausschließt, wie wir gesehen haben.

Wenn es den Ärzten, besonders den praktizierenden Ärzten, möglich wird, für die funktionellen Störungen in Begriffen von kybernetischen Vorgängen im menschlichen Körper zu denken, so werden sie ihre morphologisch-physiologische Konzeption des Menschen ergänzen, den sie dann als Ganzheit betrachten können. Der Verfasser meint, daß die hier vertretenen Konzeptionen nicht nur einen Beitrag zu einer naturwissenschaftlichen Fundierung des psychischen Lebens, sprich des Psychischen, darstellen, sondern auch als Ansatz für eine Theorie und Praxis der Psychotherapie dienen könnten, die dem Arzt zur Verfügung gestellt wird, und zwar im Sinne jener »aktiv klinischen Psychotherapie«, die der Nervenarzt *J. H. Schultz* vertreten hat. Wir sprechen von Zukunft in diesem Kapitel. Zukunft sind in der Medizin die jüngeren Generationen von angehenden Ärzten. Es ist nicht von der Hand zu weisen, daß die biokybernetische Betrachtungsweise in Zukunft auch in den ersten Semestern des Medizinstudiums zusammen mit dem anderen klassischen Teil des Basiswissens eingeführt wird. Höchstwahrscheinlich werden künftige Generationen in der Lage sein, die drei Perioden, die wir in Kap. I haben hervorheben wollen, besser als wir zu erfassen, weil dann die naturwissenschaftliche Entwicklung der Medizin als vollzogenes Ganzes zu betrachten sein wird.

Abgesehen davon, ob die Zeit für die Einführung der biokybernetischen Betrachtungsweise reif ist, könnte man dennoch behaupten, daß die Einführung des AT als allgemeine Behandlungsmethode für die Mediziner durchaus begründet ist. Dieses könnte der Grund sein, der dazu geführt hat, daß der Ausbildungskatalog für Studenten in den medizinischen Instituten in der UdSSR (43) das AT enthält. Dieses Faktum wäre dann als die Wiederaufnahme der alten hypnoiden Methoden in der Schulzmedizin zu deuten, die am Ende des letzten Jahrhunderts fast alle Ärzte anzuwenden wußten, wie *Langen* schreibt (18) und wie *J. H. Schultz* für jeden Arzt gefordert hat (36).

Der pädagogische Wert des Autogenen Trainings

Die in der modernen Gesellschaft zu beobachtende systematische Verpönung jeglicher Selbstdisziplin, d. h. jeglicher Selbstkontrolle, müßte sich zwangsläufig in ihrem Korrelat, der Zunahme der sogenannten funktionellen Krankheiten, zeigen.

Die unzähligen Systeme, die den menschlichen Körper bilden, sind sehr gut aufeinander abgestimmt. Sie müssen sich aber auch mit der Umwelt, mit dem tetradimensionalen Zeit/Raum-Kontinuum abstimmen, d. h. der Vorgang der Anpassung muß dialektisch geschehen, damit für den einzelnen das Leben möglich ist. Unter gewissen pädagogischen Lehren, die sich nicht nur als falsch, sondern auch als schädlich erwiesen haben – Vertreter der sogenannten »progressiven Edukation« bekennen ihren Irrtum (6) –, hat man geglaubt, daß durch »Auslebenlassen« von gewissen Triebregungen (sogenannte Aggressionen) dem Kind die Möglichkeit einer Entfaltung der kindlichen Psyche gewährt würde. Dieser fatale Irrtum ist die Wurzel der Entstehung gravierender Verhaltensstörungen, die später im Erwachsenenalter sehr schwierig zu beeinflussen sind. Die Psyche des Kindes »entfaltet sich« nur bedingt; sie wird vielmehr in Wechselwirkung mit ihrer Umwelt gestaltet, deren Widerspiegelung z. T. die Psyche ist (s. Kap. III).

Nach den schlechten Erfahrungen hinsichtlich des erziehungsbedingten Allgemeinverhaltens scheint sich eine Wende anzubahnen, wobei das Pendel wieder in Richtung Selbstkontrolle, d. h. nach einer Steuerung der Triebregungen, tendiert. In der Hoffnung, daß das Pendel nicht zu weit in die andere Richtung schlägt, scheinen die Worte von *J. H. Schultz* einen neuen Wert zu gewinnen: ». . . Erziehung ohne Disziplin kann unmöglich dem inneren Wesen menschlicher Bildung gerecht werden. *Hier ist der Punkt, wo nach meiner Meinung die Arbeit des autogenen Trainings ihren ganz bestimmten, berechtigten und klar umgrenzten Platz in einer universell eingestellten Pädagogik beanspruchen darf*« (33). Es geht aber nicht um eine oktroyierte Disziplin, sondern um eine von innen, d. h. autogen entstehende Selbstdisziplin. Deswegen forderte *Schultz* mit guten Gründen »eine universelle Aufnahme der Unterstufe des autogenen Trainings in die allgemeine Erziehung . . .« (33). Die Übung des AT gibt einem Menschen die Kontrolle über Funktionen, die wohl autonom vonstatten gehen, jedoch innerhalb der physiologischen Breite Schwankungen unterworfen sind. Diese können so groß sein, daß sie bei manchen – nicht bei allen – Ängste hervorrufen, weil sie sich dem Unbekannten ausgeliefert fühlen. Verfügt der Mensch aber über eine Methode, um die Schwankungen, die bei den verschiedensten Parametern, die das neurovegetative System bilden, aufzufangen, dann hat er eine größere Freiheit, eine größere Unabhängigkeit, weil er manche lästigen Störungen ausmerzen kann.

Wer in einer psychiatrischen Klinik eine Station geführt hat, wo das AT geübt wird, kennt den nur feinfühlig wahrzunehmenden Unterschied zwischen Station ohne und Station mit AT. Das AT fängt viele Rauheiten ab, glättet die »Atmosphäre« . . .

Die affektdämpfende Wirkung der Selbstversenkungsmethoden ist allerdings nicht nur bei Menschen, die unter mehr oder weniger ausgeprägten Störungen leiden, beobachtet worden. Im schulischen Bereich haben Lehrer, die Pädagogik aus Berufung ausübten, diese Eigenschaft längst entdeckt. In seiner schönen Monographie (45) referiert *K. Thomas* über das Lebenswerk einer großen Pädagogin, der Engländerin *M. V. Dunlop*, die ihre Erfahrungen bei der Einführung der Meditationstechnik in einem kleinen Internat schilderte. Sie bemühte sich, Erziehungsgrundsätze und eigene Erfahrungen der Meditation so zu verbinden, daß sich dabei offenbar die persönlichen Schwierigkeiten und Probleme ihrer Schülerinnen lösen ließen. »Sie entwickelten sich gesund und lebten ohne Spannung miteinander« (45). Sehr interessant ist die Wiederaufnahme von abstrakten Begriffen in ihrer Technik: Güte-Böses; Tatsache-Täuschung; Wahrheit-Irrtum; Liebe-Haß; Gesundheit-Krankheit; Harmonie-Zwietracht usw. *K. Thomas*, der das Werk von *M. V. Dunlop* kennt, verzichtet auf eine Darstellung der Methodik ihrer Technik. Es widerspräche sicherlich dem Wesen der angelsächsischen Kultur, wenn es eine solche Methodik gäbe! Mir ist eher daran gelegen, hervorzuheben, daß sie »bipolare Werte« gewählt hat, was die hier vertretene Konzeption des Bipolarbaus des psychischen Apparates in etwa unterstützt. Ferner hatte sie erkannt, was viele andere auch schon gesehen haben – jetzt und vor Jahrhunderten –, daß eine Erziehung ohne Vermittlung von Werten, die in mühsamem Ringen im Laufe der Geschichte erworben worden sind, eine wertlose Erziehung ist. Sie trägt zur Entfremdung der Generationen bei, so daß aus einem rein physio-psychologischen Vorgang – Loslösung von den Eltern – in falscher Auslegung der Hegelschen Dialektik ein Generationskonflikt aufgebauscht wird.

In den letzten Jahren ist deutlich geworden, daß es unmöglich ist, eine Gesellschaft aufzubauen ohne Grundwerte, die die große, überwiegende Mehrheit akzeptiert. Die systematische Zerschlagung der Grundwerte, die man im Abendland, besonders in den letzten 25 Jahren, beobachtet hat, ist selbstverständlich nicht ohne Folgen geblieben, wie jeder weiß. Eine Methode wie das AT, die Träger für jeden beliebigen Inhalt sein kann, ist eine geeignete Technik, um dem Heranwachsenden in einer Industriegesellschaft ein Werkzeug zu bieten, das ihn befähigt, sein neurovegetatives System, seine Affekte, besser zu steuern und durch Innenschau an seiner Persönlichkeit zu arbeiten. Hier muß man aber davon ausgehen, daß in dem erwähnten »Innen« hauptsächlich existiert, was im Laufe der Wechselwirkung mit der Um- und Innenwelt hineingebracht worden ist.

Das AT ist wertneutral, es ist nur ein Werkzeug. Es ist nicht inhaltgebunden, obwohl es, wie oft betont, Träger für eine beliebige Ideologie sein kann. Diese Betrachtung ist in einer Industriegesellschaft nicht unwichtig. Man bedenke, daß in einigen hochentwickelten Industrieländern, z. B. Japan, Konzentrationsübungen vor der Arbeit eingeführt worden sind, die eindeutig heterohypnoiden Charakter haben. In der Sowjetunion (23) wird die Methode von *J. H. Schultz* in Kliniken, Schulen, in Sport und in der Industrie nach den Anweisungen von *J. H. Schultz* durchgeführt.

Nur im Abendland nimmt der laizistische Staat eine absolut neutrale, d. h. unnatürliche Haltung ein und läßt zu, daß die Jugend ohne die erfrischende, roborierende Wirkung der hypnoiden Verfahren in das Lebensfeld geschickt wird und selbstverständlich ohne für sie die allgemeinen Richtlinien des Zusammenlebens herausgearbeitet zu haben, so daß Hunderttausende von Jugendlichen in die Hände von Geschäftemachern geraten, deren Altruismus mehr als fragwürdig ist. Diese Geschäftemacher tun nichts anderes als ein physiologisches Bedürfnis nach hypnoiden Verfahren auszubeuten und setzen dabei Licht- und Toneffekte . . ., oft sogenannte Meditationen diesen oder jenen Typs – wenn nicht gar Schlimmeres –, ein. M. E. erfolgt diese Zurückhaltung des laizistischen Staates aus Unwissenheit; dennoch sollte man dieses Manko im Auge behalten. Sicher ist, daß die psychische Not nach Versenkungsmaßnahmen gegeben ist. Der Staat darf diese Not, die eine Volksnot ist, nicht den Händen von Unbefugten überlassen, die immer versuchen werden, Kapital daraus zu schlagen. Diejenigen, die wegen der Trennung von Kirche und Staat das Morgengebet in Schulen und Kindergärten abgeschafft haben, sollten sich jetzt die Frage stellen, ob nicht vielleicht das Kind mit dem Bade ausgeschüttet worden ist. Sie haben den Inhalt, über den man verschiedener Ansicht sein kann, zusammen mit der Versenkungsmethode, der Entspannungsmethode, d. h. mit der Form, ausgeschaltet. Und damit haben sie auch die gesunde und notwendige Konzentrations- und Erholungsmethode abgeschafft.

AT als Form ist Basis aller Meditationsmethoden, und es sei noch einmal wiederholt, daß AT unabhängig vom Inhalt ist. Deswegen sollte man seine Einführung in der Schule und anderen Instituten von Amts wegen, aber auf freiwilliger Basis erwägen. Es könnte als kurze Meditationsübung auf der Grundlage des AT mit neutralen Themen eingeführt werden, die der einzelne gestalten kann. Bei jüngeren Jahrgängen würde die Einleitung durch den Pädagogen erfolgen. Bei Älteren sollte eine Mitgestaltung und später bei Adoleszenten sogar eine Selbstgestaltung im Vordergrund stehen.

Mit Recht wundert sich *Stauber*, daß trotz der weiten Verbreitung des AT wenige Erfahrungen im schulischen Bereich gemacht worden sind (42). Hier ist ein Forschungsfeld, das absolut brachliegt, und doch dürfte sich die Stärkung der Psyche durch das AT in der Pubertät und bei Adoleszenten prophylaktisch sehr günstig auswirken. Auf diesem Gebiet wäre auch das gelegentliche Einsetzen von Schallplatten unter Aufsicht des Übungsleiters vertretbar.

Im Feld der Pädagogik stößt die Vermittlung des AT auf eine Schwierigkeit besonderer Art, die noch nicht untersucht werden konnte. Der Lehrer und seine Schüler befinden sich in einer Situation, in der die Übertragung eine große Rolle spielt. Nicht zuletzt das macht den Beruf des Pädagogen zu einem sehr anstrengenden, weil er sich mit Menschen befaßt, was zu tiefgreifenden Konfliktsituationen führen kann. Die Tatsache, daß so viele Lehrer das AT spontan gelernt haben, würde in diese Richtung deuten. Lehrer könnten, nachdem sie das AT selbst gut gemeistert haben, später zusätzlich eine Ausbildung erhalten, um Schüler in dieselbe Übung einzuführen, wobei eine Mitwirkung der Schüler mit der Heranreifung, wie oben gesagt, angestrebt werden sollte.

Allerdings muß man immer die Frage der Übertragung im Auge behalten und vermeiden, daß sich das AT, das in diesem Fall zwangsläufig als Meditationsträger eingesetzt wird, nicht als pathogener Verstärker der Übertragung auswirkt. Wir betreten hier ein noch neues Forschungsfeld, das an dieser Stelle selbstverständlich nur angeschnitten werden kann.

Autogenes Training und Supervision

Einige Gesichtspunkte sprechen dafür, daß eine gewisse staatliche Aufsicht bezüglich des AT notwendig ist.

Zum einen muß die Gefahr, die durch eine falsch erlernte Versenkungsübung für die Gesundheit eintreten kann, erneut betont werden. Auch wenn das AT wertfrei ist, kann eine technisch insuffiziente Art, das AT zu vermitteln, dazu beitragen, Fehlhaltungen und psychische Schäden zu entwickeln, die nicht sein müssen. Wer mit dem AT gearbeitet hat, weiß, daß das, was oft als AT beschrieben wird, wenig mit dem AT von *Schultz* zu tun hat. Das AT ist bekanntlich nicht geschützt. Bezüglich der Qualifikation, AT-Kurse zu leiten, herrscht eine »Liberalität«, die fehl am Platze ist. Das AT stellt genauso wie die ärztliche Hypnose eine medizinische Maßnahme dar, die nur speziell ausgebildeten Personen vorbehalten werden sollte. In diesem Sinne haben die Sophrologen recht, die ihre Methode unter Urheberrecht gestellt haben (s. Kap. I), auch wenn ein Teil dieser Methode das AT ist. Man mag denjenigen, die eine Methode unter Urheberrechtsschutz gestellt haben, diese oder jene Motivation unterstellen. Zweifelsohne muß man aber dem Gesichtspunkt zustimmen, daß diese Maßnahme einen Schutz gegen gewisse »Denaturierungen« darstellt. Daß sie ein zweischneidiges Schwert sein kann, leuchtet auch ein. Die Kontrolle einer Selbstentspannungs-, einer Selbstversenkungsmethode durch eine Behörde strebt jedoch das gleiche Ziel an wie die Aufsicht über Medikamente oder Techniken in der Medizin: den Schutz der Volksgesundheit. Am wirksamsten dürfte sich eine Supervision bei der Ausbildung von qualifizierten AT-Leitern erweisen. Seitens der Deutschen Gesellschaft für ärztliche Hypnose und autogenes Training ist auf die Notwendigkeit einer geeigneten Ausbildung der Ärzte, die die Methode einsetzen wollen, immer hingewiesen worden. Für die Supervision liegen bis heute nur vereinzelte Pionierarbeiten vor (5). Solange aber das AT nicht flexibel institutionalisiert ist, werden die Anstrengungen einzelner nicht durchschlagen können.

Fest steht, daß bei Nichteinhaltung bestimmter Richtlinien die Trainierenden Schaden erleiden können. Um diese Schäden auf ein Minimum zu reduzieren, ist dafür zu sorgen, daß eine staatliche Institution oder eine vom Staat unterstützte Institution die Aufsicht über die Weitergabe der Methode hat. Die Entscheidung darüber, wer das AT vermitteln darf, gehört, genauso wie die Frage, wer Medizin ausüben darf, zweifelsohne in den Bereich der politischen Kompetenz. Was AT ist, kann aber mit staatlichen Maßnahmen nicht mehr entschieden werden, weil es eine wissenschaftliche Frage ist. Folglich scheint die Universität, die sich allerdings weder *S. Freuds* noch *J. H. Schultz'* angenommen hat, diese berufene Institution zu sein.

Das internationale Profil des Werkes von J. H. Schultz

Oben ist die Bemerkung von *Langen*, daß das AT »wirklich ein ›Wurf‹ war«, der ». . . vor Jahrzehnten aus tastenden Vorläufern begonnen wurde . . .« (20), erörtert worden.

Langen setzte mit Recht das Wort »Wurf« in Anführungszeichen, denn es ist mehr als das. Der Aufbau des AT wurde angegangen, wie man es in der Wissenschaft des Abendlandes seit knapp 350 Jahren zu tun pflegt: durch Faktenbeobachtung, Analyse und Zusammenbau (Synthese). *Schultz* hat am Fluß der Sachlichkeit gebaut; sein Gebäude, sein Werk, ist tragfähig und weist eine Dimension auf, die es als große Leistung im Dienst der Menschheit charakterisiert.

Einige Zeilen über eine solche Dimension, die so evident ist, daß sie übersehen werden kann, sind deswegen angebracht, und dies aus zwei Gründen. Zum einen wird *J. H. Schultz* als Senior der deutschen Psychotherapie bezeichnet, was sicherlich zutrifft, je nachdem, wie »deutsch« definiert wird. Bedenkt man aber, wie wir in Kap. IV gesehen haben, daß *S. Freud* der Begründer der ersten wissenschaftlichen psychotherapeutischen Methode ist und daß er *meisterhaft* in deutscher Sprache, seiner Muttersprache, geschrieben hat, so besteht eine gewisse Inkongruenz in der Bezeichnung von *J. H. Schultz* als »Senior der deutschen Psychotherapie«, zumal der Altmeister für sich, für *S. Freud, A. Adler, C. G. Jung* usw. seine und ihre Eigenschaft als Nervenarzt hervorgehoben hat (36), und nicht nur auf seinem Praxisschild.

Der zweite Grund ist, daß man dem AT seinen universalen Charakter nimmt, wenn man das internationale Profil des Werkes von *J. H. Schultz* übersieht. Ein Werk, das in so viele Sprachen übersetzt worden ist, eine Übung, die genauso gut in Kalkutta oder Buenos Aires angewandt werden kann wie in Straßburg, Lingen, Berlin oder Leningrad . . ., überspringt jede nationale Grenze oder Charakterisierung. Der sowjetische Astronaut oder der Schweizer Sportler, der das AT erlernt, würde sich wundern, wenn man ihm sagte, er wende eine deutsche psychotherapeutische Methode an. Sicherlich hätten sie nichts dagegen einzuwenden, daß sie das AT von *J. H. Schultz* üben . . .

Wegen der extremen Spezialisierung und des Überwiegens der apparativen Medizin in einer Zeit des Untergangs der ärztlichen Arbeit (36), in der wir uns noch befinden, produziert die heutige Menschheit wenige Ärzte, die internationales Profil haben. Das Werk von *J. H. Schultz* hat es, und durch sein Werk *Schultz* auch. Möge dieser Gesichtspunkt nicht vergessen werden, wenn am 20. Juni 1984 der Geburtstag von *J. H. Schultz* zum hundertsten Male wiederkehrt.

Die Frage der Nomenklatur beim Autogenen Training

Wir haben am Anfang dieses Kapitels auf das Unbehagen, das sich in manchen Veröffentlichungen über das AT widerspiegelt, hingewiesen. Hinzu kommen die seit längerer Zeit bestehenden Bestrebungen, die AT-Arbeit zu unterteilen und die von *J. H. Schultz* pragmatisch angewandte Bezeichnung (Unterstufe, Oberstufe) zu reformieren. So hat *Schaetzing* (32) die Bezeichnung Oberstufe aufgegeben und dafür »autogene Meditationen« eingeführt; *Barolin* hebt den Vorschlag von *W. Luthe* hervor, »die von den Quellen her überkommenen Ausdrücke ›Unterstufe‹ und ›Oberstufe‹ zu verlassen und statt dessen zu sagen, man lehrt die Standardübungen und verwendet sie dann je nach Indikation, entweder zur ›Neutralisation‹ oder zur ›Modifikation‹.« (1) (s. auch Kap. IV). Der Trend zu einer Änderung der Nomenklatur ist allerdings nicht neu. Schon zu Lebzeiten von *J. H. Schultz* hatte es ihn gegeben, wie aus den gemeinsamen Veröffentlichungen von *Schultz* und *Luthe* zu entnehmen ist (41).

In Kap. IV ist vom Verfasser die Beweisführung versucht worden, nach der das AT keine Meditation ist. Es handelt sich um eine naturwissenschaftliche Selbstversenkungsmethode, vielleicht die einzige, die allen Erfordernissen genügt, um naturwissenschaftlich genannt zu werden. Es scheint also sinnvoll zu rekapitulieren, was die Natur der beim AT geleisteten Arbeit ist, damit man einen sachgerechten Überblick sowohl über die Arbeit in der Grundstufe als auch in der Oberstufe gewinnen kann. Aber die AT-Arbeit interessiert uns nicht nur im medizinischen Bereich, sondern auch in der Pädagogik und Prophylaxe. Diese verschiedenen Inhalte sprengen den alten Rahmen der pragmatischen Unterteilung von *J. H. Schultz* und werden zwangsläufig zu einer inhaltlich bedingten Unterteilung der AT-Arbeit führen.

Bezüglich der Grundstufe des AT gibt es keine Meinungsverschiedenheiten, da sie experimentell belegt ist. Die Bezeichnung Grundstufe, die offiziell von der Deutschen Gesellschaft für ärztliche Hypnose und autogenes Training anerkannt ist, wird nicht bestritten.

Übungsanweisungen der Grundstufe sind, wie wir schon gesehen haben, conditio necessaria et sufficiens, d. h. sie sind notwendig und ausreichend, um von einer naturwissenschaftlichen Versenkungsübung sprechen zu können. Sie haben die Bedingung der experimentellen Wiederholbarkeit: setzt man die Übungsanweisungen an, so folgt die Versenkung automatisch. Dieses ist bekanntlich bei anderen Versenkungsmethoden auch der Fall. Das AT bietet aber die direkte formale Ursache/Wirkung-Beziehung, die conditio sufficiens ist. Das AT drosselt den direkten Informationsfluß zum Zentralnervensystem, wie schon dargelegt. Andere Methoden erreichen zwar auch die Versenkung, aber nur über einen Umweg.

Ob man von Grundstufe oder Standardübung spricht – die letzte Bezeichnung stammt von *W. Luthe* und erinnert an die Bezeichnung Standardpsychotherapie von *E. Kretschmer* – ist reine Geschmackssache. Man hätte auch auf englisch »basic exercises« sagen können. Die Bezeichnung Grundstufe ist vielsagender, weil sie das Fundament darstellt, ohne das kein Überbau, d. h. keine Oberstufenarbeit möglich ist. Aber nicht nur deswegen ist die Unterstufe des AT die wichtigere von beiden, sondern weil ihr Anwendungsbereich viel breiter ist: Die Grundstufe des AT ist auch einsetzbar in den Disziplinen der somatischen Medizin (vgl. Kap. IV); sie hat ferner eine prophylaktische Dimension für die Volksgesundheit, die von Tag zu Tag an Wichtigkeit und Anerkennung gewinnt, und könnte ebenfalls, wie wir schon gesehen haben, von erzieherischer Bedeutung in der Pädagogik und anderen Gebieten werden.

Schultz hatte keineswegs eine Überlegenheit oder höhere Wichtigkeit der Oberstufe angenommen, als er sie so nannte. Bei der Unterteilung der AT-Arbeit ist eine gewisse aus dem Schulwesen übernommene Denkweise unübersehbar, was die Analogie mit den Stadien, sprich Stufen der Schulbildung (Grundstufe; Grundschule; Oberstufe; Oberschule) offenkundig macht. Die französische Schule des AT hat eine Nomenklatur geschaffen, die – ähnlich wie bei uns – auch im Erziehungswesen wurzelt: Grundstufe: cycle inférieur; Oberstufe: cycle supérieur (40).

Diese Bezeichnungen geben aber inhaltlich nicht wieder, was die AT-Arbeit bedeutet. Sie geben lediglich die chronologische Reihenfolge der Übungen an; mehr nicht.

Die verhaltensmodifizierende Arbeit in der Oberstufe des Autogenen Trainings

Wir haben in Kap. IV gesehen, daß in der AT-Arbeit Ansätze vorhanden sind, die diese Arbeit als verhaltenstherapeutische, zumindest als verhaltensmodifizierende einstufen lassen.

Es gibt hier gewiß keine Symptomanalyse, keine Angstskala oder andere Requisiten, die für die Verhaltenstherapie üblich sind, aber die Bezeichnung verhaltensmodifizierende Methode ist gerechtfertigt, weil man es mit einer Konditionierung zu tun hat und die formelhaften Vorsätze darauf abzielen, Verhaltensweisen »einzupflanzen«, um das Verhalten zu modifizieren. Dieser Teil der Arbeit mit der Oberstufe des AT kann in der Psychotherapie eingesetzt werden, hat aber hauptsächlich ihr Verwendungsgebiet im prophylaktischen Einsatz des AT.

Die kunstgerechte Anwendung des AT in der Psychotherapie fordert immer ein vorheriges oder simultanes analytisches Vorgehen. Dieser Gesichtspunkt führt nahtlos über zur Betrachtung der analytischen Arbeit in der Oberstufe des AT.

Die analytische Arbeit in der Oberstufe des Autogenen Trainings

In Kap. IV wurde aufgezeigt, daß die therapeutischen Techniken der Oberstufe des AT potente analytische Mittel sind. Diese Frage braucht nicht mehr behandelt zu werden.

Ebenfalls in Kap. IV ist gezeigt worden, daß das Wort Psychoanalyse für zwei Sachverhalte angewandt wird, die unterschieden werden müssen: Psychodiagnostik und Deutungsrichtung. Der erste Begriff kann von niemand allein beansprucht werden. Das Generikum »Analyse« oder »analytisch« ist heute eine Selbstverständlichkeit in der Psychotherapie, sprich Psychiatrie, wenn es auch dort anwendbar ist.

Dementsprechend scheint die Hemmung, einen Teil der Oberstufe des AT als analytische Therapie zu bezeichnen, absolut fehl am Platze. Bei einigen Techniken der Oberstufe des AT hat man es mit äußerst potenten analytischen Verfahren zu tun, die aufbaufähig sind und nicht unbedingt auf einen gemeinsamen Nenner gebracht werden müssen, weil alle funktionieren (s. Kap. IV) und weil sie schon eine gemeinsame Basis haben: die Grundstufe des AT. Die Kenntnis der ganzen Palette ist aber notwendig, damit der Therapeut seine eigene Technik im Rahmen einer eingehenden tiefenpsychologisch/analytischen Ausbildung entwickeln kann.

Daß es beim Einsatz der Techniken der Oberstufe Variationen geben muß, liegt auf der Hand. Es ist absolut abwegig und unangebracht, über Herrn XY Urteile zu fällen wie: er sei zu rührig, oder er wirke zu analytisch, oder er lege den Schwerpunkt auf die heterohypnoiden Komponenten der Methode u. v. m. Solche Subjektivismen sind fehl am Platz, weil man zum einen vergißt, daß es sich um legitime Variationen handelt und zum anderen, daß nur die therapeutischen Ergebnisse zählen, wenn die Grundlinien der Methode beachtet worden sind. Es heilt nicht die Methode, sondern, wie *Freud* längst gesehen hatte, der Arzt. Die Methode ist nur eine Technik, ein Werkzeug in der Hand des Arztes.

Zusammenfassend würde es darauf hinauslaufen, die therapeutische Arbeit mit dem AT in folgender Weise zu unterteilen:

A. Die Grundstufe des AT;
B. Grundstufe des AT plus verhaltenstherapeutische bzw. verhaltensmodifizierende Methode: die formelhaften Vorsätze;
C. Die Grundstufe des AT plus analytische Techniken.

Da die letzte von allein schon durch Selbstschau und aufdeckenden Vorgang eine Gesundung bringen kann, ist das Einsetzen von verhaltenstherapeutischen Maßnahmen nicht immer notwendig. Dennoch ist m. E. eine vierte Gruppierung notwendig, die eher der Methode von *Schultz*, fortgesetzt durch *K. Thomas* (44), entsprechen würde:

D. Die Grundstufe des AT plus analytische Techniken plus verhaltensmodifizierende Techniken.

Tatsache ist, daß, wenn durch analytisches Vorgehen die Wurzel einer Neurose erkannt worden ist, der Patient oft machtlos ist, eine Änderung seines Verhaltens herbeizuführen. Das AT aber mit seiner Grundstufe, seinen analytischen Techniken und verhaltenstherapeutischen Ansätzen bietet Möglichkeiten, die noch nicht ausgeschöpft worden sind.

Die obigen Techniken der AT-Arbeit beziehen sich jedoch auf das therapeutische AT. Bedenkt man aber, daß das AT als gesundheitserhaltender Faktor zunehmend an Wichtigkeit gewinnt und seine Bedeutung in der Pädagogik und in anderen Institutionen mehr und mehr zutage tritt, ist die Voraussage nicht abwegig, daß andere Organisationsstrukturen entstehen müssen, die das Werk des Altmeisters für die Menschheit fortsetzen.

Die nach dem Tod von *J. H. Schultz* aufgetretene Divergenz (Herr XY und Frau ZS usw. gehen ihren Weg) braucht nicht verabsolutiert zu werden. Es gibt eine *J. J. Rousseau*-Gesellschaft, eine *E. Coué*-Gesellschaft, eine *Pierre-Janet*-Gesellschaft . . . Es würde dem internationalen Charakter des Werkes des Altmeisters Rechnung tragen, wenn sich in einer »Internationalen *Schultz* Assoziation für AT-Arbeit« (I. S. A. A. T. A.) sämtliche Richtungen der AT-Arbeit treffen würden: die therapeutische, die prophylaktische und evtl. die pädagogische, fernab von jeglichem elitären Denken. Die Zielsetzung des »Comité International de Coordination de l'Application Clinique et de l'Enseignement du Training Autogène« (42) könnte in dieser Richtung liegen. Funktion und Bedeutung dieser Einrichtung sind mir allerdings nicht bekannt, aber die Bezeichnung einer solchen Institution sollte m. E. den Namen des Begründers der Methode tragen. Rahmen für ihren Sitz wäre selbstverständlich die Weltstadt, von wo aus das AT vor mehr als 50 Jahren aus der Stille der Alltagspraxis seinen Weg in die Welt nahm.

Betrachtungen über die Zukunft der Beziehungen zwischen Autogenem Training und Psychoanalyse

Die Zukunft der Psychotherapie liegt in der harmonischen Vereinigung des AT und der Psychoanalyse. *J. H. Schultz*, Analytiker der ersten Stunde (14), hatte dies durchaus erkannt. Das AT ohne Psychoanalyse ist blind. Die Psychoanalyse ohne AT ist weitgehend machtlos. Diese zwingende Zusammenarbeit läßt sich im Gespräch zwischen *Freud* und *Schultz* bei ihrer ersten Begegnung erahnen. In sehr eindrucksvoller Weise hat *Schultz* diese Begegnung mit *Freud* in einer kurzen Zusammenfassung des Lebens und Werkes des Begründers der Psychoanalyse wiedergegeben (34). »Bei unserer ersten Begegnung blickte *Freud* mich prüfend an und sagte: ›Sie glauben doch nicht, daß Sie heilen können?‹, worauf ich erwiderte: ›Keinesfalls, aber ich meine doch, daß man wie ein Gärtner Hindernisse wegräumen kann, die der echten Eigenentwicklung im Wege stehen.‹ ›Dann werden wir uns schon verstehen‹, erwiderte *Freud* . . .«.

Die therapeutischen Ansätze der beiden Altmeister liegen also nicht so weit voneinander entfernt, wie manche behaupten. Aber wer räumt die »Hindernisse« weg? Es können nur die analytischen Techniken sein, auch die der Oberstufe des AT. Das AT kann bei einem starken »Ich« viele »Unebenheiten der Psyche«, viele »Hindernisse« niederwalzen helfen . . .

mit oder ohne großen Energieaufwand. Ein aufdeckendes Vorgehen, – das manchmal unerläßlich ist –, stellt oft den rationelleren Weg dar. Ist aber mittels analytischer Techniken, – die nicht allein die klassischen sein müssen –, der Weg geebnet worden, dann bietet sich das AT in seiner Grund- und verhaltensmodifizierenden Stufe als Werkzeug an, um dem Patienten eine Möglichkeit zu geben, sein Verhalten in einer von ihm gewünschten Weise zu gestalten.

Es ist zu erwarten, daß in den nächsten Dekaden eine Befruchtung der psychotherapeutischen Arbeit durch eine Vereinigung der analytischen und verhaltenstherapeutischen Techniken geschehen wird, eine Vereinigung, die keineswegs eine Mischung beider ist und die man schon in der AT-Arbeit der Oberstufe beobachten kann. Genauso wie die Vertreter der bedingt-reflektorischen Psychotherapie hatten *Freud* und *Schultz* am Fluß der Sachlichkeit gebaut. Das sachlich Beobachtete muß eines Tages »zusammenfließen«. Hoffentlich können sich dann die Vertreter beider Lebenswerke mit der gleichen Unvoreingenommenheit begegnen wie ehedem die beiden Altmeister: *S. Freud* und *J. H. Schultz*.

Literaturverzeichnis

HINWEIS:
Das Literaturverzeichnis ist dem Text entsprechend in Kapitel gegliedert. Die Numerierung der Literaturangaben erfolgt unabhängig für jedes Kapitel.

I

1. *Anadon-Ventura, J.*: La Relajación Colectiva del Dr. Caycedo. Barcelona: Editorial Andes Internacional 1977, S. 12, S. 11, 40, 35, 38, 45, 11
2. *Benoit, J. C.*: Contribution Clinique à L'Étude des États Hypnagogiques Induits et Dirigés. Dissertation Paris 1959. Rezension von J. H. Schultz: Praxis der Psychotherapie, 1962, Heft 7, S. 84
3. *Benoit, J. C.*: Les États Hypnagogiques Induits et Dirigés. Confrontation psychiatriques, Nr. 15, (1977) Paris
4. *Bernstein, A./T. D. Borkovec*: Entspannungs-Training. Handbuch der progressiven Muskelentspannung. J. Pfeiffer, München: 1978, 2. Aufl.
5. *Binder, H.* (Hrsg.): Zwanzig Jahre praktische und klinische Psychotherapie. J. F. Lehmanns Verlag, München: 1973.
6. *Braid, J.*: Neurypnology, or the rationale of nervous sleep, considered in relation with animal magnetism. London/ Edinburgh 1843. In: D. Langen (Hrsg.): Der Weg des Autogenen Trainings. Wissenschaftliche Buchgesellschaft, Darmstadt: 1976
7. a) *Caycedo, A.*: Diccionario abreviado de Sofrología y Relajación Dinámica. Ediciones Aura, Barcelona: 1973. 122, 120/21, 89
7. b) *Caycedo, A.*: Sofrología Médica. Primer Congreso Mundial de Sofrología, Bände: I, II, III, Ediciones Aura, Barcelona: 1973, S. 44
8. *Cortezon, E.*: Sofrologia Social. Editorial Cymys, Barcelona: 1976. S. 29/30, 30, 155
9. Delius, L.: Plädoyer für die Entthronung der »Vegetativen Dystonie« und eine zeitgemäße Nachfolgediagnose. Materia Medica Nordmark, 22/1 (1970)
10. *Deshimaru, T.*: Vrai Zen. Le Courrier du Livre, Paris: 1969
11. *Eberlein, G.*: Gesund durch Autogenes Training. Rowohlt Taschenbuch, Reinbek: 1981
12. *Emmrich, R.*: Pathokinese und Kybernetik. Ztschr., Inn. Med., 24, 18, (1969) S. 593/9, Germany, East.
13. *Enomiya-Lassalle, H.*: Die Zen-Meditation. In: U. Reiter (Hrsg.): Meditation. Wege zum Selbst. Mosaik Verlag, München: 1976. S. 55/75
14. *Franke, K.*: So lernt man Autogenes Training. Paracelsus Verlag, Stuttgart: 1979, 3. Aufl.
15. a) *Garcia, J.*: Möglichkeiten und Grenzen autohypnoider Behandlungsmethoden bei neurovegetativen Fehlsteuerungen. In: D. Gross und D. Langen, Hrsg.: Fehlsteuerungen des autonomen Nervensystems. Hippokrates Verlag, Stuttgart: 1976
15. b) *Garcia, J.*: Das Menschenbild. Zuschrift: Deutsches Ärzteblatt, 8, (1979), S. 521/522
16. *Garcia, J.*: Welche Stellung kann die Biofeedbacktherapie in der Psychotherapie haben? Therapie Woche. 30, 1090–1100 (1980)
17. *Garcia, J.,/D. Langen*: Das Herzangstsyndrom in der täglichen ärztlichen Pra-

xis. Münch. Med. Wschr., 120, Nr. 27, (1978), S. 923/926

18. *Heisenberg, W.*: Sprache und Wirklichkeit in der modernen Physik. In: Wort und Wirklichkeit, 6. Folge des Jahrbuches Gestalt und Gedanke. Hrsg.: Bayerische Akademie der schönen Kunst. München 1960. S. 39
19. *Hemminger, H.*: Flucht in die Innenwelt. Ullstein, Frankfurt/M.:1980, S. 9
20. *Hoff, F.*: Klinische Physiologie und Pathologie. Thieme, Stuttgart: 1957. S. 3–4, S. 675, S. 594–701
21. *Ikemi, Y.*: La Sofrología y el Zen japonés. In: Caycedo, A. (Hrsg.): Primer Congreso Mundial de Sofrología, 1970. Ediciones Aura, Barcelona: 1973. S. 90–94
22. *Jacobson, E.*: The Technic of Progressive Relaxation. J. ner. and ment. dis. (1924), S. 568–578
23. *Jacobson, E.*: Progressive Relaxation. Amer. J. Psychol., XXXVI (1925), S. 73–87
24. *Jacobson, E.*: Progressive Relaxation. Chicago: The University of Chicago Press 1938 (Unveränderte Auflage 1968). S. 40, S. 431, S. 301, S. 101
25. *Jacobson, E.*: Immer mit der Ruhe. Gerd Hatje, Stuttgart: 1952. S. 55, 58
26. *Jaspers, K.*: Allgemeine Psychopathologie. Springer, Berlin: 1965. S. 375ff
27. *Jones, E.*: Das Leben und Werk von Sigmund Freud. Band I, H. Huber, Bern – Stuttgart: 1960. S. 422–467
28. *Jung, R.*: Neurophysiologie und Psychiatrie. Psychiatrie der Gegenwart, Band I/1 A, Teil A. Springer, Berlin: 1967. S. 459
29. *Kijanski, H.*: Psychovegetative Störungen nicht verharmlosen. Ärztliche Praxis, XXXIII, 6 (1981), S. 131
30. *Kleinsorge, H.*: Gezieltes Gruppentraining bei Organfunktionsstörungen. Z. Psychother. med. Psychol., 4 (1954) S. 184–193
31. *Kleinsorge, H.*: Möglichkeiten und Grenzen des autogenen Trainings. Wiener med. Wschr., 122, (1972), S. 471–476
32. *Krapf, G.*: Autogenes Training in der ärztlichen Praxis. Fortschr. Med., 95, 9, (1977), S. 542–546/592
33. *Krapf, G.*: Autogenes Training aus der Praxis. Lehmanns, München: 1973
34. *Langen, D.*: Archaische Ekstase und asiatische Meditation. Hippokrates-Verlag, Stuttgart: 1963. S. 14, 11, 119
35. *Langen, D.*: Kompendium der medizinischen Hypnose. S. Karger, Basel/München: 1972. S. 2, 1, 49, 61
36. *Langen, D.*: Die Entwicklung zur modernen Hypnotherapie. Deut. Med. Wschr., 89, 34, (1964), S. 1592–1595
37. *Langen, D.*: Psychotherapie bei vegetativen Regulationsstörungen. Physik. Med. Rehab. 16, 8, (1975), S. 156–160
38. *Langen, D.*: Kritische Reflexionen zur Biofeedback-Therapie. Therapie Woche, 31, 21, (1981) S. 3712–3718
39. *Langen, D./J. Garcia*: Das Herzangstsyndrom als psychiatrischer Notfall. Vortrag. Abstrakt in Zbl. ges. Neurol. Psychiat., 218, Heft 4, (1977) S. 292–293
40. *Langen, D./J. Garcia*: Autogenes Training: Quo vadis? Fortschr. Med., 97, 8, (1979) S. 321–324
41. *Lindemann, H.*: Überleben im Streß. Autogenes Training. W. Heyne, München: 1973
42. *Llavero, F.*: El »Encuentro« de la Psiquiatría y de la Medicina. Proceedings of the IVth World Congress of Psychiatry 1966. Editor: *J. J. Lopez-Ibor*. Part 2. S. 685–689. Excerpta Medica Foundation, Amsterdam: 1968
43. *Luthe, W./J. H. Schultz*: Autogenic Methods. In: *W. Luthe* (Hrsg.): Autogenic Therapy, Band II und III
44. *Luthe, W.*: Research and Theory, Dynamics of Autogenic Neutralization, Treatment with Autogenic Neutralization. In: *Luthe, W.* (Hrsg.): Autogenic Therapy, Bände IV, V, VI. S. 383 u. a.

45. *Luthe, W.*: Autogenic Training: Method, Research and Application in Medicine. Amer. J. Psychother. 17, 2, (1963), S. 174–195
46. *Martínez- Quesada, J. J.*: Sofrología Para Todos. Ediciones Santamarta, Madrid: 1977. S. 24/25
47. *Masturzo, A.*: Il Contributo Della Cibernetica al Progresso Della Biologia e Della Medicina Recenti Progr. Med. XLIV, 3, (1968), S. 213–226
48. *Meerloo, J. A. M.*: The Cybernoses of the Aged – The Failure of Self-Regulating Mechanisms. In: J. Amer. Geriat. Soc. 18, 9, (1970), S. 692–702
49. *Mesmer F. A.*: Mesmerismus oder System der Wechselwirkungen, Theorie und Anwendung des thierischen Magnetismus als die allgemeine Heilkunde zur Erhaltung des Menschen. Herausgegeben von K. Ch. Wolfart. Nachdruck der Ausgabe Berlin 1814. E. J. Bonset, Amsterdam: 1966. S. 109 u. a.
50. *Müller-Hegemann, D.*: Objectivation de L'action Somatique Du Training Autogène. Rev. Méd. Psycho. 3, (1960), S. 147–149
51. *Müller-Hegemann, D.*: Über bedingt-reflektorische Therapie. Psychiat. Neurol. med. Psychol. Heft 14, (1962), S. 8–12
52. *Müller-Hegemann, D.*: Medizinische Psychotherapie. Fischer Verlag, Stuttgart: 1976, S. 37
53. *Onda, A.*: Zen, Autogenic Training and Hypnotism. Psychologia, 10, (1967), S. 133–136
54. *Plato*: a) Charmides. In: Otto W. F. et alii (Hrsg.): Sämtliche Werke. Band 1. Rowohlt, Hamburg: S. 132 (157 a)
b) Prolegomena ad Charmidem. In: G. Stallbaum (Hrsg.): Platonis opera omnia. *Dulan*, London: 1857. S. 101–102
55. *Polzien, P., N. Henning, L. Demling, H. Kinzlmeier* und *S. Polzien*: Experimentelle Untersuchungen zur psychischen Beeinflussung verschiedener Magenfunktionen beim Menschen. Gastroenterologia (Basel). 81, 3, (1954), S. 167–177
56. *Polzien, P.*: Physiologische und psychotherapeutische Ergebnisse bei der Messung des Kerntemperaturverlaufs während des Autogenen Trainings. In: Proceedings of the IVth World Congress of Psychiatry 1966. Editor: *J. J. Lopez-Ibor*. Part 2. S. 864. Excerpta Medica Foundation, Amsterdam: 1968
57. *Polzien, P.*: Somatische Neurosenforschung und ihre Beziehungen zu J. H. Schultz. Schweiz. Arch. Neurol., Neurochir. und Psychiat. Band 113, 2, (1973), S. 343–356
58. *Polzien, P.*: Physiologische Befunde bei der hypnotischen Gesamtumschaltung und ihre klinische Bedeutung. Therapie Woche 24, 42, (1974), S. 4772
59. *Polzien, P.*: Die Gesamtumschaltung in den autogenen Zustand – physiologische und klinische Befunde. In: F. Dittmar: Aktuelle Psychosomatik. Banaschewski, München/Gräfelfing: 1975
60. *Restian, A.*: Patologia Cibernetica: »Cibernosi«. *Gionarle Clin Med.*, 54, 9, (1973), S. 498–609
61. *Reynolds, D. K.*: Morita Psychotherapy. University of California Press, Berkeley/London: 1976
62. *Rosa, K. R.*: Das ist Autogenes Training. Kindler, München: 1973
63. *Rosa, K. R.*: Autogenes Training als autonomes Spiel. Beitrag zur inneren Struktur des Autogenen Trainings. Prax. Psychother. 23, 3, (1978), S. 117–125
64. *Schultz, J. H.*: Über selbsttätige (autogene) Umstellungen der Wärmestrahlung der menschlichen Haut im auto-suggestiven Training. Dtsch. med. Wschr. (1926), Heft 14, S. 571–572
65. *Schultz, J. H.*: Autosuggestion und psychophysischer Parallelismus. Wien. med. Wschr., 77, 24 (1927), S. 795–796
66. *Schultz, J. H.*: Über autogenes Training. Dtsch. med. Wschr., 54, (1928), S. 1200–1201

67. *Schultz, J. H.*: Wesen und Grenzen des Autogenen Trainings. Universitas, Heft 3 (1956), S. 285–293
68. *Schultz, J. H.*: Wie entstand das autogene Training. Med. Klin., 61, 1, (1966), S. 29–31
69. *Schultz, J. H.*: Das Autogene Training. (Konzentrative Selbstentspannung). 3. Auflage. G. Thieme, Leipzig: 1937. S. 83, 196, 269
70. *Schultz, J. H.*: Das autogene Training. (Konzentrative Selbstentspannung) G. Thieme, Stuttgart: 1970. S. 14, 1
71. *Schultz, J. H.*: Übungsheft für das autogene Training. G. Thieme, Stuttgart: 1969. S. 10
72. *Schultz, J. H.* and *W. Luthe*: Autogenic Methods. In: W. Luthe, (Hrsg.): Autogenic Therapy, Band I. Grune & Stratton, S. 175, 178, New York: 1969
73. *Shampo, M. A.* and *R. A. Kyle*: Arturo Rosenblueth. *Jama*, 241, 3, (1979), S. 248
74. *Singer, J. L.* and *K. S. Pope*: The Power of Human Imagination, Plenum Press, New York/London: 1978
75. *Stochdorph, O.*: Vegetatives Neurensystem – »vegetative Dystonie«, Münch. med. Wschr., 115, 23, 1973, S. 1082–1088
76. *Stokvis, B.*: Suggestion. In: Grundzüge der Neurosenlehre. Band 1: Formen neurotischer Fehlhaltungen. Suggestive und übende Verfahren. Urban & Schwarzenberg, München: 1972
77. *Stokvis, B./E. Wiesenhütter*: Lehrbuch der Entspannung. Hippokrates Verlag, Stuttgart: 1979, S. 86, 58, 158
78. *Tart, C. T.* (Hrsg.): Altered States of Consciousness. John Wiley, New York/London: 1969
79. *Thomas, K.*: Praxis der Selbsthypnose des Autogenen Trainings. G. Thieme, Stuttgart: 1972
80. *Uvnäs, B.*: Central cardiovascular control. Aus: Handbook of Physiology, Section 1, Neurophysiologie, Band 2, 1960, S. 1131–1162
81. *Wiener, N.*: Kybernetik. Regelung und Nachrichtenübertragung im Lebewesen und in der Maschine. 2. Auflage. Econ-Verlag, Düsseldorf/Wien: 1963
82. *Wolpe, J.*: Psychotherapy by Reciprocal Inhibition. University Press, Stanford: 1958
83. *Wortmann, J. L. C.*: Psychosomatische Genesekunde (Lochem 1950). Zitiert nach B. Stokvis/E. Wiesenhütter, s.o. Nr. 77, S. 147

II

1. *Barolin, G.S.*: Autogenes Training heute.
Münch. med. Wschr. 120, Nr. 40 (1978), S. 1289–94
2. *Baudouin, Ch.*: Suggestion und Autosuggestion. Schwabe & Co. Basel/Stuttgart: 1972. S. 7, 40
3. *Benoit, J.-C.*: Les états hypnagogiques induits et dirigés
Confrontations psychiatriques. Nr. 15 (1977) Paris
4. *Biermann, G.*: Das Autogene Training – seine Anwendung in Erziehungsberatung und Psychotherapie von Kindern und Jugendlichen
Praxis Kinderpsychologie und Kinderpsychiatrie. 24, 7. (1975) S. 246–253
5. *Biermann, G.*: Autogenes Training mit Kindern und Jugendlichen
Ernst Reinhardt, München/Basel 1978. 2. Aufl. S. 35, S. 13
6. *Caycedo, A.*: Diccionario Abreviado de Sofrología y Relajación Dinámica.
Ediciones Aura, Barcelona: 1973. S. 27
7. *Croufer, F.*: Psychothérapie Non Directive Et »Training Autogène De Schultz«
Revue Médicale De Liège. XXV (5) (1970) S. 163–4
8. *Durand de Bousingen, R.*: Introduction générale aux techniques de relaxation
Cahiers de Psychiatrie, 16/17 (1962) S. 43–50. Paris

9. Eberlein, G.: Das Autogene Training in der Gesundheitsvorsorge
In: Hellmut Binder (Hrsg.): Zwanzig Jahre praktische und klinische Psychotherapie
Lehmanns Verlag, München: 1973, S. 163–182, 182
10. Eberlein, G.: Gesund durch Autogenes Training.
Rowohlt, Reinbek 1981
11. Garcia, J.: Möglichkeiten und Grenzen autohypnoider Behandlungsmethoden bei neurovegetativen Fehlsteuerungen.
In: Gross, D. und Langen, D. (Hrsg.): Therapie über das Nervensystem. Band 13.
Hippokrates Verlag, Stuttgart: 1976. S. 287–299
12. *Garcia, J.*: Muttersprache – Arbeitssprache.
Pädagogik und Schule in Ost und West. 2/79. S. 42–46
13. *Garcia, J.*: Das Autogene Training ist keine Meditation.
Therapie Woche 31/11 (1981) S. 1876–1881
14. *Geyer, O.*: Erfahrungen mit dem autogenen Training
Med. Mschr., 30/8 (1976) S. 354
15. *Höck, K.*: Entwicklung und Aufgaben der Psychotherapie in der DDR.
In: Hausner, M. et al.: Psychotherapie in den sozialistischen Ländern.
W3, 1975, SY7347, S. 51–55
16. *Iversen, G.*: Die Bedeutung des autogenen Trainings zur Selbstfindung.
Zeitschrift für Psychotherapie. 23/5 (1973) S. 207–209
17. *Iversen, G.*: Was ist Autogenes Training?
»A« Veranstaltung. Filmvorführung.
30. Lindauer Psychotherapiewochen 1980
18. *Jacobson, E.*: Immer mit der Ruhe.
Hatje Verlag Stuttgart: 1952. S. 92
19. *Janet, P.*: L'automatisme psychologique
Alcan. Paris: Neudruck 1973
20. *Kleinsorge, H.*: Selbstentspannung Trainingsheft.
G. Fischer, Stuttgart: 1972
21. *Kleinsorge, H.*: Gezieltes Gruppentraining bei Organfunktionsstörungen.
Zeitschrift für Psychotherapie und medizinische Psychologie. 4, 1954, S. 184–193
22. *Krapf, G.*: Autogenes Training aus der Praxis.
Lehmanns V., München: 2. Auflage, 1976. S. 121 ff., S. 74
23. *Krapf, G.*: Autogenes Training in der ärztlichen Praxis.
Fortschritte der Medizin. 95/9 (1977) S. 542–546, 592
24. *Kretschmer, E.*: Medizinische Psychologie.
G. Thieme, Stuttgart: S. 236
25. *Kretschmer, W.*: Die meditativen Verfahren in der Psychotherapie.
Z. Psychother. med. Psychol., 1. 1951, S. 105–113
26. *Kruse, W.*: Entspannung. Autogenes Training für Kinder.
Deutscher Ärzte-Verlag, Köln-Lövenich: 1977. S. 13
27. *Kruse, W.*: Der formelhafte Vorsatz und seine Bedeutung in der Therapie mit dem autogenen Training bei Kindern.
Z. Psychother. med. Psychol., 28 (1978) S. 171–173
28. *Langen, D.*: Manuskript. Einführung für die Assistenten seiner Klinik
29. *Langen, D.*: Kompendium der medizinischen Hypnose.
S. Karger, Basel: 1972. 3. Auflage S. 6
30. *Langen, D.*: Psychotherapie.
G. Thieme, Stuttgart: 1971. S. 103
31. *Langen, D.* (Hrsg.): Der Weg des Autogenen Trainings.
Wissenschaftliche Buchgesellschaft, Darmstadt: 1976
32. *Langen, D.*: Weiterentwicklung des Autogenen Trainings.
Ärztliche Praxis, XXIX, 2 (1977) S. 19

33. *Langen, D.*: Der gegenwärtige Stand des autogenen Trainings.
Fortschritte der Medizin, 95, 32 (1977) S. 1965–1968
34. *Langen, D.*: In: Übungsheft für das autogene Training von J. H. Schultz. 19. Auflage.
G. Thieme, Stuttgart: 1980. S. 11, 9, 29, 11/12, 17, 11, 14, 17, 32
35. *Langen, D.*: Atemregulierung als vegetativ stabilisierender Faktor. Die Korrektur der Atemfunktion als Modell des medizinisch-psychologischen Zugangs zum Kranken.
Fortschritte der Medizin, 91/33 (1973) S. 1303–06
36. *Langen, D.* und *J. Garcia*: Zweigleisige Psychotherapie.
Ärztliche Praxis, XXVIII, 83 (1976) S. 3112/3113
37. *Langen, D.* und *J. Garcia*: Autogenes Training: Quo vadis?
Fortschritte der Medizin, 97/8 (1979) S. 321–324
38. *Leuner, H.*: Katathymes Bilderleben.
G. Thieme, Stuttgart: 1970
39. *Leuner, H.*: Basic principles and therapeutic efficacy of guided affective imagery (GAI).
In: Singer, J. L., K. S. Pope (Hrsg.): The power of human imagination. New methods in psychotherapy. S. 125–165
Plenum Press, New York–London: 1978
40. *Lindemann, H.*: Überleben im Streß. Autogenes Training.
W. Heyne, München: 1978, S. 69 ff., 44, 168, 44
41. *Luthe, W.*: Autogenic Therapy. Band IV. S. 11–17, S. 4. Band V, Band VI
Grune and Stratton, New York: 1970; Band VI 1973
42. *Luthe, W.* und *J. H. Schultz*: Autogenic Therapy, Band II. S. 3, S. 106.
Grune and Stratton, New York: 1969
43. *Müller-Hegemann, D.*: Einige Modifikationen des autogenen Trainings.
In: Langen, D.: Der Weg des autogenen Trainings. Wissenschaftliche Buchgesellschaft, Darmstadt: 1976. S. 193–205
44. *Müller-Hegemann, D.*: Über psychotherapeutisch gelenkte Phantasien.
In: Reimer, F.: Möglichkeiten und Grenzen der Psychotherapie im psychiatrischen Krankenhaus.
G. Thieme, Stuttgart: 1978
45. *Pawlow, I.P.*: Ausgewählte Werke.
Akademie Verlag, Berlin: 1953, S. 333
46. *Razran, G.*: The Observable Unconscious and the Inferable Conscious in Current Soviet Psychophysiology.
Aus: Biofeedback and Self-control. Chicago Aldine-Atherton 1971. S. 479–545
47. *Rechenberger, H. G.*: Über die Technik zur individuellen Gestaltung formelhafter Vorsatzbildungen im autogenen Training.
Praxis der Psychotherapie. 7 (1962) S. 7–10
48. *Rosa, K. R.*: Das ist Autogenes Training.
Kindler, München: 1973. S. 94, 57, 13 und 25, 63, 38, 75, 57, 67
49. *Rosa, K. R.*: Das ist die Oberstufe des Autogenen Trainings.
Kindler, München: 1980. S. 14
50. *Rosa, K. R.*: Beitrag zu Wahrnehmungsprozessen in der Oberstufe des Autogenen Trainings.
Praxis der Psychotherapie und Psychosomatik.
Springer-Verlag, Berlin: 1980, S. 9–12
51. *Schultz, J. H.*: Über rationalisiertes autosuggestives Training (Autogene Organübungen).
In: D. Langen (Hrsg.): Der Weg des Autogenen Trainings.
Wissenschaftliche Buchgesellschaft, Darmstadt: 1976. S. 58–69
52. *Schultz, J. H.*: Über autogenes Training. Deutsche medizinische Wochenschrift 54/29 (1928) S. 1200–1201
53. *Schultz, J. H.*: Die Psychotherapie des Asthma bronchiale. Deutsche medizini-

sche Wochenschrift 54/23 (1928) S. 964–965

54. *Schultz, J. H.*: Grenzen und Wert des autogenen Trainings. Wiener medizinische Wochenschrift. 41/42 (1950) S. 693–696
55. *Schultz, J. H.*: Wesen und Grenzen des autogenen Trainings. Universitas. Heft 3 (1956) S. 285–293
56. *Schultz, J. H.*: Bedenklicher Mißbrauch des autogenen Trainings. Medizinische Welt. 22 (1961) S. 1214–1217
57. *Schultz, J. H.*: Zur Technik der autogenen Stirn- und Herz-Übung. Praxis der Psychotherapie. 8 (1963) S. 122–123
58. *Schultz, J. H.*: Das autogene Training (Konzentrative Selbstentspannung). G. Thieme, Leipzig: 1937. S. 56, 147, 196, 13, 196, 227, 228, 13, 196, 192, 234, 297, 259, 195, 81, 80/81, 20 und 222, 29, 76, 54/55, 56, 73, 198, 231, 98
59. *Schultz, J. H.*: Das autogene Training. Konzentrative Selbstentspannung. G. Thieme, Stuttgart: 1970. S. 296, 1, 14, 118, 176, 265, 13, 91, 26, 101ff., 117
60. *Schultz, J. H.*: Das autogene Training. In: V. E. Frankl et alii (Hrsg.): Handbuch der Neurosenlehre und Psychotherapie, Band 1, S. 369, S. 354
61. *Schultz, J. H.*: Übungsheft für das autogene Training. G. Thieme, Stuttgart: 1969. 26, 10, 22, 14, 16, 18, 13, 23, 22, 23ff.
62. *Schultz, J. H.*: Lebensbilderbuch eines Nervenarztes. G. Thieme, Stuttgart: 1971. S. 90, S. 102
63. *Schultz, J. H.* und *W. Luthe*: Autogenic Methods. In: W. Luthe: Autogenic Therapy, Band I. Grune & Stratton, New York/London: 1969. S. 142ff, 175, 7, 25, 42, 21, 175, 176, 175, 178
64. *Steinfeld, L.*: Autogene Meditation. Patmos, Düsseldorf: 1978. S. 97, 161
65. *Stokvis, B.*: Suggestion. In: V. E. Frankl et alii (Hrsg.): Handbuch der Neurosenlehre und Psychotherapie, Band 1, S. 217–275
66. *Stokvis, B.*: Lehrbuch der Hypnose. 2. Auflage, neu bearbeitet von D. Langen S. Karger, Basel/New York, 1965. S. 3, 10, 3
67. *Stokvis, B.* und *E. Wiesenhütter*: Lehrbuch der Entspannung. Hippokrates Verlag, Stuttgart: 1979, 4. Auflage. S. 91, 40
68. *Stucke, W.*: 50 Jahre autogenes Training. Kein Allheilmittel – aber wirkungsvolles psychotherapeutisches Verfahren. Niedersächsisches Ärzteblatt, 10 (1979) S. 332–334
69. *Sviadosh, A. M.*: Clinical and Non-Clinical Applications of Autogenic Training in Soviet Psychotherapy. In: What is Psychotherapy? Proc. 9th Int. Congr. Psychother., Oslo 1973. Ed. T.-E. Mogstad u. F. Magnussen. S. Karger, Basel/München: 1975, S. 114–115.
70. *Thomas, K.*: Praxis der Selbsthypnose des Autogenen Trainings. G. Thieme, Stuttgart: 1972
71. *Weber/Kuchler, G.*: Der Widerstand bei autogenem Training. Inauguraldissertation. Mainz 1978
72. Wygotski, L. S.: Denken und Sprechen. Fischer Taschenbuch, Frankfurt/Main: 1979. S. 300

III

1. *Asanuma, H.* and *Sakata, H.*: Functional organization of a cortical efferent system examined with focal depth stimulation in cats. Journal of Neurophysiology. 30 (1967) S. 35–54
2. *Balaceanu, C.*: La pensée cybernétique en médecine. Cah. coll. méd. hôp. Paris, France. 8 (13) (1967) S. 1099–1105

2. a) *Bykow, K. M.*: Großhirnrinde und innere Organe.
VEB Verlag Volk und Gesundheit, Berlin: 1953, S. 127ff.
2. b) *Bykow, K. M.*: Die Entwicklung der Ideen *I. P. Pawlows*.
Z. ärztl. Fortbild. 23/24 (1950), S. 616–636
3. *Clarke, E./Dewhurst, K.*: Die Funktionen des Gehirns.
Heinz Moos Verlag, München: 1973
4. *Chertok, L.*: The Concept of the Unconscious in the Soviet Union.
The American Journal of Psychiatry. 138 (5) (1981) S. 575–583
5. *Drischel, H.*: Zur Dynamik von Regulationssystemen des Körpers.
Ber.Ges.Inn.Med., 8 (1972) S. 7–23
6. *Drogendijk, A. C.*: Die Anwendung des kybernetischen Krankheitsbegriffes in der Medizin.
Methods Inf. Med., Suppl. 7 (1973) S. 85–95
7. *Eccles, J. C.*: The Human Mystery.
Springer International, Berlin/Heidelberg: 1979, S. 163
8. *Eccles, J. C.*: The Human Psyche.
Springer International, Berlin/Heidelberg: 1980, S. 40, 41, 44
9. *Frankenburg, W. K.* and *Dodds, J. B.*: Denver Developmental Screening Test.
Denver, Colorado, USA, Mead Johnson Laboratories, 1968
10. *Fulton, J. F.*: Physiology of the Nervous System.
Oxford University Press, London: 1943, S. 499, 441, 430, 81
11. *Garcia, J.*: Möglichkeiten und Grenzen autohypnoider Behandlungsmethoden bei neurovegetativen Fehlsteuerungen.
In: D. Gross und D. Langen Hrsg.: Fehlsteuerungen des autonomen Nervensystems.
Hippokrates Verlag, Stuttgart: 1976, S. 287–299
12. *Garcia, J.*: Reflexionen über die sogenannte Nemesis der Medizin.
Deutsches Ärzteblatt. 77 (28) (1980) S. 1769–1774
13. *Hartwig, H.-G.*: Prosencephale und rhombomesencephale Zentren des autonomen Nervensystems.
In: R. Schiffter, Hrsg.: Zentralvegetative Regulationen und Syndrome.
Springer, Berlin/Heidelberg: 1980, S. 4–8
14. *Haschke, W.*: Neurophysiologische Mechanismen der integrativen Tätigkeit des ZNS.
Z.ärztl.Fortb., 67. 7 (1973) S. 319–321
15. *Hatze, H.*: A General Myocybernetic Control Model of Skeletal Muscle.
Biol. Cybernetics. 28, 3 (1978) S. 143–157
16. *Heidel, G.*: Beitrag zu einer medizinischen Kybernetik.
Dtsch. Gesundheitsw., 24, 20 (1969) S. 1308–1314
17. *Heller, H. C.; L. I. Crawshaw* u. *H. T. Hammel*: Die Regulation der Körpertemperatur.
In: Spektrum der Wissenschaft, Hrsg.: Gehirn und Nervensystem.
Weinheim: Spektrum der Wissenschaft 1980, S. 169–176
18. *Henn, V.*: Materialien zur Vorgeschichte der Kybernetik. Studium Generale 22, 1969, S. 164–190
19. *Hoffmann, B.*: Handbuch des autogenen Trainings.
Deutscher Taschenbuch Verlag, München: S. 99, 3. Aufl., 1981
20. *Jama*: Editorial.
Vol. 210 (9) (1969) S. 1752
21. *Keidel, W. D.*: Biokybernetik des Menschen.
Ärztliche Forschung, 26, 3 (1972) S. 73–86
22. *King, D. L.*: An Image Theory of Classical Conditioning.
Psychological Reports, 33 (1973) S. 403–411
23. *Kornhuber, H. H.*: A Reconsideration of the Brain-Mind Problem.

In: P. A. Buser and A. Rougeul-Buser, Hrsg.: Cerebral Correlates of Conscious Experience.
North-Holland Publishing Company, Amsterdam/New York: 1978, S. 319–334

24. *Kugler, J.*: Meditation und Naturwissenschaft.
In: U. Reiter, Hrsg.: Meditation, Wege zum Selbst.
Mosaik Verlag, München: 1976, S. 128–156

25. *Kugler, J.*: Bewußtseinsänderungen beim Meditieren.
Therapiewoche 30, 25 (1980) S. 4361–4370

26. *Langen, D., Garcia, J.*: Das Herzangstsyndrom als psychiatrischer Notfall.
Vortrag auf 93. Wanderversammlung südwestdeutscher Neurologen und Psychiater. Baden-Baden, Juni 1977. Abstrakt in: Zentralblatt für die gesamte Neurologie und Psychiatrie, 218 (4), S. 277–295

27. *Lequesne, M.*: La Cybernétique des Êtres Vivants. Cahiers de Médecine, 13,2 (1972) S. 81–92

28. *Lorente de No, R.*: Cerebral Cortex: Architecture, Intracortical Connections, Motor Projections.
In: J. F. Fulton, Physiology of the Nervous System.
Oxford University Press 1943, London/New York: S. 274–313

29. *Mairlot, F. E.*: Étude Cybernétique du Processus Psychothérapique.
Psychother. Psychosom., Switzerland. 29 (1978) S. 164–167

30. *Marchais, P.*: Cybernétique et Psychiatrie, Communication et Information.
Annales médico-psychologiques, 2,5 (1975) S. 956–962

31. *Marchais, P.*: Cybernétique et Psychiatrie. Principes de Rétroaction et d'Antéroaction.
Annales médico-psychologiques, 1, 2 (1976) S. 260–265

32. *Marin-Padilla, M.*: Origin of the Pericellular Baskets of the Pyramidal Cells of the Human Motor Cortex: A Golgi Study.
Brain Research, 14 (1969) S. 633–646

33. *Marin-Padilla, M.*: Prenatal and Early Postnatal Ontogenesis of the Human Motor Cortex: A Golgi Study. I. The Sequential Development of the Cortical Layers. Brain Research, 23 (1970) S. 167–183

34. *Marin-Padilla, M.*: Prenatal and Early Ontogenesis of the Human Motor Cortex: A Golgi Study. II. The Basket-Pyramidal System.
Brain Research, 23 (1970) S. 185–191

35. *Meyers Enzyklopädisches Lexikon*, Bd. 16, 1978, S. 377.

36. *Mountcastle, V. B.*: Modality and Topographic Properties of Single Neurones of Cat's Somatic Sensory Cortex. J. Neurophysiol. 20 (1957) S. 408–434

37. *Müller-Hegemann, D.*: Einige Modifikationen des autogenen Trainings.
Nervenarzt 27, 6 (1956) S. 266–270

38. *Nauta, W. J. H.* und *M. Feirtag*: Die Architektur des Gehirns.
In: Spektrum der Wissenschaft, Hrsg.: Gehirn und Nervensystem.
Spektrum der Wissenschaft, Weinheim: 1980, S. 89–98

39. *Onda, A.*: Zen, Autogenic Training and Hypnotism.
Psychologia, 10 (1967) S. 133–136

40. *Parsegian, V. L.*: Kybernetik und moderne Welt.
Herder, Freiburg: 1974

41. *Pawlow, I. P.*: Ausgewählte Werke.
Akademie Verlag, Berlin: 1953, S. 377, 187, 148, 415, 168, 169/170, 169, 156, 164, 421, 193, 333, 212, 471, 207

42. *Peters, U. H.*: Ein informationspsychiatrisches Psychostrukturmodell des Gedächtnisses.
Method. Inform. Med. 8 (2) (1969) S. 78–84

43. *Ringwald, E.* und *J. M. Vigouret*: Die

Parkinson-Syndrome und die Parkinson-Krankheit.
Firma Sandoz, Nürnberg: 1981

44. *Rohracher, H.*: Sogenannte kybernetische Prozesse im psychischen Geschehen (»psychische Regelkreise«).
Studium Generale 21 (1968) S. 1144–1152

45. *Sachsse, H.*: Einführung in die Kybernetik.
Rowohlt Taschenbuch, Reinbek/Hamburg: 1974, S. 34

46. *Scheibel, M. E.* and *A. B. Scheibel*: The Inferior Olive.
A Golgi Study.
The Journal of Comparative Neurology. 102 (1955) S. 77–132

47. *Scheibel, M. E.* and *A. B. Scheibel*: Structural Substrates for Integrative Patterns in the Brain Stem Reticular Core.
In: H. H. Jasper et al., Hrsg.: Reticular Formation of the Brain.
Churchill, London: 1957, S. 31–55

48. a) *Schultz, J. H.*: Das autogene Training (Konzentrative Selbstentspannung)
G. Thieme, Leipzig: 1937, S. 224, 30, 54, 55, 1

48. b) *Schultz, J. H.*: Das autogene Training (Konzentrative Selbstentspannung)
G. Thieme, Stuttgart: 1970, S. 1

48. c) *Schultz, J. H.* und *W. Luthe*: Autogenic Methods. S. 1
In: W. Luthe (Hrsg.): Autogenic Therapy.
Grune & Stratton, New York/London: 1969

49. *Selbach, H.*: Psycho-physische Korrelationen und vegetative Fehlsteuerung.
In: J. Kugler, H. Lechner u. D. Fontanari, Hrsg.: Vegetative Fehlregulationen.
Hippokrates, Stuttgart: 1974, S. 23–34

50. *Spektrum*, Vorwort, S. VII.
In: Spektrum der Wissenschaft, Hrsg.: Gehirn und Nervensystem.
Spektrum der Wissenschaft, Weinheim: 1980

51. *Stock, G.* und *K.-H. Schlör*: Die Bedeutung hypothalamischer und limbischer Kerngebiete für die Steuerung vegetativer Funktionen.
Neurologie und Psychiatrie für die Praxis, 6 (1980) S. 15–19

52. *Stock, G.* und *K.-H. Schlör*: Beitrag zur zentralen Kreislaufregulation – Experimente zur funktionellen Bedeutung des Mandelkerns.
In: R. Schiffter, Hrsg.: Zentralvegetative Regulationen und Syndrome.
Springer, Berlin/Heidelberg: 1980, S. 56–71

53. *Szentagothai, J.*: Les circuits neuronaux de l'écorce cérébrale.
Bull. Acad. Roy. Medic. Belg., Belgien. 7, 10 (1970) S. 475–492

54. *Szentagothai, J.*: The Module-Concept in Cerebral Cortex Architecture.
Brain Research, 95 (1975) S. 475–496

55. *Szentagothai, J.*: The Local Neuronal Apparatus of the Cerebral Cortex.
In: P. A. Buser and A. Rougeul-Buser, Hrsg.: Cerebral Correlates of Conscious Experience.
North-Holland Publishing Company, Amsterdam/New York: 1978, S. 131–138

56. *Szentagothai, J.*: The Neuron Network of the Cerebral Cortex: A Functional Interpretation.
Proc. R. Soc., London, 201 (1978) S. 219–248

57. *Szentagothai, J.* and *M. A. Arbib*: Conceptual Models of Neural Organization.
Neurosciences Research Program Balletín, 12, 3 (1972) S. 318, 379, 357, 322, 323

58. *Trappl, R.* und *H. Strotzka*: Kybernetische Modelle in der Psychiatrie.
Wiener medizinische Wochenschrift, 118, 16 (1968) S. 355–361

59. *Uvnäs, B.*: Central Cardiovascular Control.
In: Handbook of Physiology, Section 1, Neurophysiology. Vol. 2, 1960, S. 1131, S. 1149, S. 1157.

60. *Wiener, N.*: Kybernetik. Regelung und

Nachrichtenübertragung im Lebewesen und in der Maschine.
Econ, Düsseldorf/Wien: 1963, S. 160, 192

61. *Wygotski, L. S.*: Denken und Sprechen. Fischer Taschenbuch, Frankfurt/M.: 1974, 5. Aufl., S. 300
62. *Zwiener, U.*: Kybernetische Methoden und Neuropsychiatrie. Psychiatrie, Neurologie und medizinische Psychologie. Zeitschrift für die gesamte Nervenheilkunde und Psychotherapie, Germany, East, 25, 6 (1973) S. 321–337

IV

1. *Ajuriaguerra, J.* et *J. G. Badaracco*: Les Thérapeutiques de Relaxation en Médecine Psychosomatique.
La Presse médicale (1953) 61/15, S. 316–320
2. *Barolin, G. S.*: Erfahrungen mit verschiedener Methodik in der Gruppenpsychotherapie.
Wiener klinische Wochenschrift, 82/15 (1970) S. 265–272
3. *Bepperling, W./M. Klotz*: Analytische Psychotherapie und Funktionelle Entspannung als kombinierte Behandlungsmethode. S. 8 (Vorwort von E. Wiesenhütter)
Hippokrates Verlag, Stuttgart: 1978
4. *Bloch, E.*: Das Prinzip Hoffnung.
Suhrkamp 1980. Frankfurt/Main: 7. Auflage. S. 83
5. *Brenner, Ch.*: Grundzüge der Psychoanalyse.
S. Fischer Verlag, Frankfurt/Main: 1974. S. 18
6. *Brodmann, K.*: Zur Methode der hypnotischen Behandlung
(Zeitschrift für Hypnotismus X, 1902, S. 347–358).
In: D. Langen (Hrsg.): Der Weg des Autogenen Trainings
Wissenschaftliche Buchgesellschaft, Darmstadt: 1976
7. *Bruno, J.*: Yoga et Training Autogène. Critique. (Paris) 1960, S. 781–807
8. *Descartes*: Oeuvres philosophiques. Tome I.
Editions Garnier Frères, Paris: 1963. Règle XIII. S. 158
9. *Eberlein, G.*: Autogenes Training für Fortgeschrittene.
Rowohlt Taschenbuch, Reinbek bei Hamburg: 1975
10. *Eysenck, H. J./ G. D. Wilson*: Experimentelle Studien zur Psychoanalyse Sigmund Freuds.
Europaverlag, Wien: 1979
11. *Eysenck, H. J.*: Die Wirkungen der Psychotherapie.
In: Eysenck, H. J./G. D. Wilson: Experimentelle Studien zur Psychoanalyse Sigmund Freuds.
Europaverlag, Wien: 1979. S. 436–445
12. *Garcia, J.*: Behandlung funktioneller Störungen mit der zweigleisigen Psychotherapie von E. Kretschmer und D. Langen
Vortrag. IX. Weltkongreß für Psychotherapie. Oslo 1973. Nicht gedruckt
13. *Garcia, J.*: Das Menschenbild.
Deutsches Ärzteblatt, 8 (1979) S. 521, Zuschrift
14. *Garcia, J.*: Muttersprache – Arbeitssprache.
Pädagogik und Schule in Ost und West. 2/79. S. 42–46
15. *Garcia, J.*: Das Autogene Training ist keine Meditation. Therapiewoche, 31 (1981) S. 1876–1881
16. *Garcia, J./D. Langen*: Das Herzangst-Syndrom in der täglichen ärztlichen Praxis.
Münchener medizinische Wochenschrift, 120, 27 (1978) S. 923–926
17. *Gebhard, E.*: Psychotherapie in der Kassenpraxis.
Praxis Psychotherapie, 4 (1959) S. 67–70
18. *Gebhard, E.*: Psychotherapie in der Vorsorge aus der Sicht des niedergelassenen Nervenarztes.

Psychotherapie und medizinische Psychologie, 27 (1977) S. 49–52

19. *Hemminger, H.*: Flucht in die Innenwelt. Ullstein, Frankfurt/Main: 1980, S. 117
20. *Hoffmann, B. H.*: Autogenes Training und Psychoanalyse. Schleswig-Holsteinisches Ärzteblatt, 10 (1981), S. 462–466
21. *Iversen, G.*: Erfahrungen mit dem autogenen Training in der Gruppenarbeit. Deutsches Ärzteblatt, 26 (1969) S. 1924–29
22. *Iversen, G.*: Kritische Anmerkungen zu psychotherapeutischen Ansätzen bei der Behandlung von Patienten mit internen Krankheitsbildern. Wiener medizinische Wochenschrift, 129, 10 (1979) S. 259–263
23. *Iversen, G.*: Psychosomatische Aspekte im »internistischen« Krankheitsgeschehen. Deutscher Ärztekalender 1981. Sonderdruck. Urban & Schwarzenberg. S. 301–308
24. *Jacobson, E.*: Progressive Relaxation. The University of Chicago Press, Chicago/London: 1968, S. XIII
25. *Jaspers, K.*: Allgemeine Psychopathologie. Berlin/Heidelberg, Springer-Verlag: 1965, S. 54
26. *Kammerer, M. Th.*: Les méthodes de relaxation: Applications en neuro-psychiatrie. Cahiers de Psychiatrie 16/17 (1962) S. 155–164
27. *Krapf, G.*: Autogenes Training aus der Praxis. J. F. Lehmanns, München: 1976, S. 135
28. *Kretschmer, E.*: Vorlesungen über Psychoanalyse. Hrsg. W. Kretschmer. Hippokrates Verlag, Stuttgart: 1973, S. 112 (Anmerkung 1)
29. *Kretschmer, E.*: Gestufte Aktivhypnose. Zweigleisige Standardmethode. In: Grundzüge der Neurosenlehre. Band 1. Urban & Schwarzenberg, München/Berlin: 1972 S. 333
30. *Kretschmer, W.*: Die meditativen Verfahren in der Psychotherapie. Psychotherapie und medizinische Psychologie. 1 (1951), S. 105–113
31. *Kugler, J.*: Meditation und Naturwissenschaft. In: Udo Reiter (Hrsg.), Meditation Wege zum Selbst. Mosaik Verlag, München: 1976. S. 128–156
32. *Kugler, J.*: Bewußtseinsänderungen beim Meditieren. Therapiewoche 30 (1980) 25. S. 4361–4370
33. *Langen, D.*: Die stationäre Gruppenpsychotherapie. Zeitschrift für Psychotherapie und medizinische Psychologie. 3, 5 (1953) S. 193–204
34. *Langen, D.*: Methodische Probleme der klinischen Psychotherapie. Thieme Verlag, Stuttgart: 1956, S. V
35. *Langen, D.*: Die Entwicklung zur modernen Hypnotherapie. Deutsche medizinische Wochenschrift, 89, 34 (1964) S. 1592–1595
36. *Langen, D.*: Autogenes Training und gestufte Aktivhypnose. Ein Vergleich. Medizinische Klinik, 60, 9 (1965) S. 348–350
37. *Langen, D.*: Die gestufte Aktivhypnose. Thieme Verlag, Stuttgart: 1969
38. *Langen, D.*: Meditation als Psychotherapie. In: Udo Reiter (Hrsg.), Meditation Wege zum Selbst. Mosaik Verlag, München: 1976. S. 157–167
39. *Langen, D.*: Die transzendentale Meditation – Eine kritische Stellungnahme. J. Autogen. Training und allgemeine Psychotherapie 5 (1978) S. 15–22
40. *Langen, D.*: Therapiewoche: Öffentliche Bemerkung bei der Diskussion am 27.8.1978 in Karlsruhe

41. *Langen, D.*: Transzendentale Meditation – Hilfe oder Gefahr?
Deutsches Ärzteblatt, 1 (1979), S. 35–39
42. *Langen, D.*: Meditation – Hilfe oder Gefahr?
Therapiewoche, 25 (1980), S. 4409–4412
42. a) *Langen, D.* und *J. Garcia*: Zweigleisige Psychotherapie.
Der therapeutische Prozeß
Ärztliche Praxis, XXVIII. Jahrgang, Nr. 83 (1976), S. 3112/3113
43. *Langen, D.* und *J. Garcia*: Das Herzangstsyndrom als psychiatrischer Notfall.
93. Wanderversammlung Südwestdeutscher Neurologen und Psychiater. Baden-Baden, 4. und 5. Juni 1977. Abstrakt in: Zentralblatt für die gesamte Neurologie und Psychiatrie, 218. Band, Heft 4, S. 292
44. *Langen, D.* und *J. Garcia*: The treatment of cardiac neurosis with the doubletrack psychotherapy.
Vortrag angemeldet auf dem IV. Internationalen Kongreß für psychosomatische Medizin, Kyoto (Japan) 4. – 9. September 1977
45. *Langen, D.* und *J. Garcia*: Leserbrief.
Frankfurter Allgemeine Zeitung. 2.3.1978
46. *Langen, D.* und *J. Garcia*: Autogenes Training: Quo vadis?
Fortschritte der Medizin, 97, 8. (1979) S. 321–324
47. *Langen, D.* und *J. Garcia*: Das autogene Training als Werkzeug im Dienste des Ichs. Unveröffentlicht
48. *Lauterbach, W.*: Psychotherapie in der Sowjetunion.
Urban & Schwarzenberg, München: 1978. S. 64
49. *Lemaire, J. G.* et *F. Sacco*: La Relaxation.
Presse therm. clin. Psychiatrie. 105/2 (1968), S. 73–76
50. *Leuner, H.*: Katathymes Bilderleben. Unterstufe.
Thieme Verlag, Stuttgart: 1970
51. *Leuner, H.*: Basic Principles and Therapeutic Efficacy of Guided Affective Imagery.
In: J. L. Singer/K. S. Pope (Hrsg.), The Power of Human Imagination.
Plenum Press, New York and London: 1978, S. 125–165
52. *Lohmann, R.*: Suggestive Verfahren.
In: Th. von Uexküll, Lehrbuch der Psychosomatischen Medizin.
Urban & Schwarzenberg, München: 1979
53. *Luthe, W.*: Correlationes Psychosomaticae.
Thieme Verlag, Stuttgart: 1965. S. 22–52, 171–191, 171, 46, 297
54. *Luthe, W.*: Autogenic Therapy.
Band IV, S. 118, S. 130
Band V und Band VI, S. 1;
Grune & Stratton, New York/London: 1970, 1973
55. *Luthe, W.* und *J. H. Schultz*: Autogenic Therapy.
Band II, Band III, Grune & Stratton, New York/London: 1969
56. *Malan, D. H.*: Toward the Validation of Dynamic Psychotherapy.
Plenum Medical Book Company, New York/London: 1976, S. 269
57. *Mensen, H.*: Autogenes Training und Transzendentale Meditation. Eine notwendige Abgrenzung. Notabene medici. Sonderdruck 10. Jahrgang 1980, 12: 556–567
58. *Müller-Hegemann, D.*: Autogene Psychotherapie.
Rowohlt Verlag, Reinbek bei Hamburg: 1981. S. 30, S. 13
59. *Peters, U. H.*: Psychische Führung in der Praxis.
Medizinische Welt, 28/5 (1977), S. 218–221
60. *Peters, U. H.*: Psychotherapie der Psychosen.
Ärzteblatt Rheinland-Pfalz, 8 (1977), S. 733–739
61. *Polzien, P.*: Somatische Neurosenfor-

schung und ihre Beziehung zu J. H. Schultz.
Schweizer Archiv für Neurologie, Neurochirurgie und Psychiatrie, 113/2 (1973), S. 343–356

61. a) *Rachmann, S.* (Hrsg.): Critical Essays on Psychoanalysis.
Pergamon Press, New York: 1963
62. *Ricoeur, P.*: Die Interpretation. Ein Versuch über Freud.
Suhrkamp Taschenbuch, Frankfurt/Main: 1974. S. 85, 27, 80, 15
63. *Rosa, K. R.*: Das ist Autogenes Training.
Kindler Verlag, München: 1973. S. 120, 108, 114, 109, 116
64. *Rosa, K. R.*: Das ist die Oberstufe des Autogenen Trainings.
Kindler Verlag, München: 3. Auflage 1980, S. 22, 30ff., 33, 85
65. *Schaetzing, E.*: Autogene Meditationen. Heilkunst 92/4 (1979), S. 221–222
66. *Schultz, J. H.*: Oberstufe des Autogenen Trainings und Raya-Yoga.
Zeitschrift gesamte Neurologie und Psychiatrie, 139 (1932), S. 1–34
67. *Schultz, J. H.*: Der Yoga und die deutsche Seele.
Zbl. Psychotherapie, 7 (1934), S. 61–69
68. *Schultz, J. H.*: Das autogene Training.
Thieme 1937, Leipzig: 3. Auflage, S. 177, 231, 288ff., 178, 245, 244
69. *Schultz, J. H.*: Le Training Autogène.
Französische Bearbeitung von R. Durand de Bousingen.
Paris: Presses Universitaires de France 1974. S. VI
70. *Schultz, J. H.*: Das Autogene Training.
In: Grundzüge der Neurosenlehre. Band 1.
Urban & Schwarzenberg, München: 1972. S. 369, 373, 370, 371, 342
71. *Schultz, J. H.*: Das autogene Training.
Thieme 1970, Stuttgart: S. 367, 321, 13, 12
72. *Schultz, J. H.* und *Luthe, W.*: Autogenic Therapy. Band I.
Grune & Stratton, New York/London: 1969. S. 209, S. 210, S. 6
73. *Steinfeld, L.*: Autogene Meditation.
Patmos, Düsseldorf: 1978. S. 97, S. 101
74. *Stokvis, B.*: Lehrbuch der Hypnose.
S. Karger, Basel/New York: 1965
75. *Stokvis, B.*: Allgemeine Überlegungen zur Hypnose.
In: Grundzüge der Neurosenlehre. Band 1.
Urban & Schwarzenberg, München: 1972, S. 276–326
76. *Stokvis, B./E. Wiesenhütter*: Lehrbuch der Entspannung.
Hippokrates, Stuttgart: 1979. 4. Auflage. S. 126
77. *Thomas, K.*: Praxis der Selbsthypnose des Autogenen Trainings. Thieme 3. Aufl. Stuttgart: 1972. S. 113, 117, 113 ff, 71 ff, 70
78. *Thomas, K.*: Meditation in Forschung und Erfahrung, in weltweiter Beobachtung und praktischer Anleitung. Band 1. Steinkopf/Thieme, Stuttgart: 1973. S. 351
79. *Wallnöfer, H.*: Karthartisches und analytisches Geschehen im Autogenen Training. In: H. Binder (Hrsg.): Zwanzig Jahre praktische und klinische Psychotherapie. J. F. Lehmanns. München: 1973. S. 73, S. 79
80. *Wallnöfer, H.*: Therapie autonomer Fehlsteuerungen mit tiefenpsychologischen Verfahren. In: D. Gross und D. Langen (Hrsg.): Therapie über das Nervensystem, Band 13. Fehlsteuerungen des autonomen Nervensystems. Hippokrates Verlag, Stuttgart: 1976. S. 238
81. *Wallnöfer, H.*: Analytische Techniken in der Oberstufe des Autogenen Trainings. J. Auto. Train. allge. Psychother., 4/1–4 (1978), S. 75–96
82. *Wolpe, J.*: Psychotherapy by Reciprocal Inhibition. University Press, Stanford: 1958, S. XI
83. *Wolpe, J.*: The comparative clinical status of conditioning therapies and psycho-

analysis. In: Wolpe, J.: A. Salter, L. J. Reyna (Hrsg.):The Conditioning Therapies. Holt, Rinehard and Winston, New York: 1964, S. 10

84. *Wolpe, J.* und *S. Rachmann*: Psychoanalytischer »Beweis«: Eine Kritik anhand von Freuds Fall des Kleinen Hans. In: H. J. Eysenck/G. D. Wilson (Hrsg.), Experimentelle Studien zur Psychoanalyse Sigmund Freuds. Europaverlag, Wien/München/Zürich: 1979, S. 379–407

V

1. *Anschütz, F.*: Klinik und Therapie von Störungen der Schlaf-Wachfunktion. Verhandl. Deutsch. Gesellsch. Inn. Med. 83, 17.-21. April 1977, S. 898–913
2. *Barber, T. X.*: Self-Control: Temperature Biofeedback, Hypnosis, Yoga and Relaxation. In: T. X. Barber, L. V. Dicara, J. Kamiya, N. E. Miller, D. Shapiro, J. Stoyva (Hrsg.), Biofeedback and Self-Control. Aldine, Chicago: 1976, S. XIII
3. *Barolin, G. S.*et *M. Dongier*: Le Training Autogène chez l'enfant épileptique. In: W. Luthe (Hrsg.), Correlationes Psychosomaticae. G. Thieme, Stuttgart: 1965, S. 120–127
4. *Biermann, G.*: Das Autogene Training – seine Anwendung in Erziehungsberatung und Psychotherapie von Kindern und Jugendlichen. Prax. Kinderpsychol. Kinderpsychiat. 24 (1975), 7, S. 246–253
5. *Biermann, G.*: Autogenes Training mit Kindern und Jugendlichen. Ernst Reinhardt, München-Basel 1978
6. *Binder, H.*: Erfahrungen mit dem Autogenen Training bei Hirnversehrten. In: W. Luthe (Hrsg.), Correlationes Psychosomaticae. G. Thieme, Stuttgart: 1965, S. 128–132
7. *Binder, H.*: Gruppenpsychotherapeutische Aspekte bei der Durchführung des autogenen Trainings mit Anfallkranken, insbesondere mit Hirnverletzten und Epileptikern. Zschr. Allgemeinmed., 45, 9, (1969), S. 407–408
8. *Binder, H.*: Das Autogene Training aus der Sicht des freipraktizierenden Arztes für Allgemeinmedizin. In: H. Binder (Hrsg.), Zwanzig Jahre praktische und klinische Psychotherapie. Lehmanns, München: 1973, S. 29–40
9. *Blanchard, E. B., Young, L. D., MS Jackson, Miss*: Clinical Applications of Biofeedback Training. A Review of Evidence. Arch. Gen. Psychiat./Vol 30 (1974), S. 573–589
10. *Böhm, M., D. Müller-Hegemann* und *D. Vater*: Vasovegetative Störungen beim autogenen Training. Dtsch. Gesundheitswesen, 25, 9, (1970), S. 404–408, DDR
11. *Bykow, K. M.*: Großhirnrinde und innere Organe. VEB Verlag Volk und Gesundheit, Berlin: 1953
12. *Chertok, L.* und *D. Langen*: Psychosomatik der Geburtshilfe. Hippokrates, Stuttgart: 1968
13. *Crosa, G.*: Das Autogene Training von J. H. Schultz in der Behandlung der gastrointestinalen Störungen beim Erwachsenen. Ther. Umsch./Rev. thérap., 26 1, (1969), S. 15–17
14. *Degossely, M., Koninckx, N., Lenfant, H.*: La recto-colite hémorragique: training autogène. A propos de quelques cas graves. Acta psychiat. belg. 75, (1975), S. 416–424
15. *Demers-Desrosiers, L. A.*: Le Training Autogène Approche Non-Pharmacologique de l'insomnie. Un. méd. Can., 107, 12, (1978), S. 1158–1160
16. *Drunkenmölle, C.*: Kritische Untersuchungen über den Einfluß des autogenen Trainings auf einige innere Krankheiten. Psychiat. Neurol. med. Psychol., (Lpz.) 25, 7, (1973), S.429–434
17. *Drunkenmölle, C.* und *M. Bartusch*: Änderung der Ruhedurchblutung der

oberen Extremitäten während der Wärmeübung des autogenen Trainings. Zschr. inn. Med., 26, 8, (1971), S. 278–279

18. *Drunkenmölle, C.* und *W. Lantzsch*: Kreislaufanalytische Untersuchungen während der Herzübung des autogenen Trainings. Psychiat. clin, 6, 4 (1973), S. 250–256
19. *Dittmar, F.*: Phasentherapie. In: F. Dittmar (Hrsg.), Aktuelle Psychosomatik. Banaschewski, München-Gräfelfing: 1975, S. 98
20. *Engel-Sittenfeld, P.*: Biofeedback und die Kontrolle autonomer Funktionen: therapeutische Anwendungen. Med. Klin, 72, 19, (1977), S. 840–847
21. *Finke, J.*: Funktionelle Schlafstörungen: Genese und Therapie unter psychischem Aspekt. Zschr. Allgemeinmed. 46, 1, (1970), S. 16–22
22. *Garcia, J., H. Baar, W. Draf, H. Folkert, U. Gerbershagen, D. Gross, F. Magin, N. Müller-Suur, Ch. Panhans, U. H. Peters, J. Scheifele, K. Tietze, R. Wörz*: Spannung–Entspannung. Ärztl. Prax. 56, XXVIII, (1976), S. 2277–2279
23. *Garcia, J.*: Chronischer Kopfschmerz: konkrete Fälle. Ärztl. Prax., 85, XXX, (1978), S. 2688–2693
24. *Garcia, J.*: Muttersprache-Arbeitssprache. Pädagogik und Schule in Ost und West, 2/79, S. 42–46
25. *Garcia, J.*: Welche Stellung kann die Biofeedbacktherapie in der Psychotherapie haben? Therapiewoche 30, 7, (1980), S. 1090–1100
26. *Garcia, J.*: Reflexionen über die sogenannte Nemesis der Medizin. Dtsch. Ärztebl., 77, 28, (1980), S. 1769–1774
27. *Garcia, J., D. Langen*: Das Herzangst-Syndrom in der täglichen ärztlichen Praxis. Münch. med. Wschr. 120, 27 (1978) S. 923–926
28. *Grumiller, I.* und *H. Strotzka*: Psychosomatische Aspekte der Colitis ulcerosa. Fortschr. Röntgenstr. (1973), Suppl: 328–330
29. *Hanna, R., F. Wilfing* and *B. McNeill*: A Biofeedback Treatment For Stuttering. J. Speech Dis., 40, 2, (1975), S. 270–273
30. *Hassler, R.*: Das Schmerzerlebnis in Abhängigkeit von neuronalen Systemen. In: D. Langen und Th. Spoerri (Hrsg.), Hypnose und Schmerz. Die hypnosuggestive Analgesie. S. Karger, Basel: 1968, S. 1
31. *Hengstmann, H.*: Psychotherapie bei Funktionsstörungen des oberen Verdauungstraktes. Hippokrates, 36, 19, (1965), S. 758–760
32. *Henning, N., P. Polzien* und *S. Polzien*: Versuche zur Steuerung der muskulären Darmfunktion bei Obstipation von der Psyche her. Gastroenterologia (Basel), 80, 1, (1953), S. 31–37
33. *Jores, A.*: Das Herz ist nicht nur eine Pumpe. In: F. Dittmar (Hrsg.), Aktuelle Psychosomatik, Banaschewski, München-Gräfelfing: 1975, S. 44–49
34. *Kahn, M., B. L. Baker* und *J. M. Weiss*: Treatment of Insomnia by Relaxation Training. J. abnor. psychol., 73, 6, (1968), S. 556–558
35. *Katzenstein, A., E. Kriegel, I. Gaefke*: Erfolgsuntersuchung bei einer komplexen Psychotherapie essentieller Hypertoniker. Psychiat. Neurol. med. Psychol., (Lpz.) 26, 12, (1974), S. 732–737
36. *Kleinsorge, H.*: Gezieltes Gruppentraining bei Organfunktionsstörungen. Zschr. Psychother. med. Psychol., 4, (1954), S. 184–193
37. *Kleinsorge, H.*: Die Berücksichtigung psychischer Faktoren bei der Prophylaxe und Behandlung des Asthma bronchiale. Dtsch. Gesundheitswes., 14, 52, (1959), S. 2353–2357
38. *Kleinsorge, H.*: Möglichkeiten und Grenzen des autogenen Trainings. Wien. med. Wschr., 122, 33–35, (1972), S. 471–476

39. *Klumbies, G.* und *G. Eberhardt*: Results of Autogenic Training in the Treatment of Hypertension. Proceedings of the IVth Congress of Psychiat. 1966. Part 2. S. 862. Excerpta medica F., Amsterdam: 1968
40. *Klumbies, G.*: Psychotherapie in der Inneren und Allgemeinmedizin. Akademische Verlagsgesellschaft, Wiesbaden: 1980. S. 234
41. *Kranz, H.*: Depressionen. Ein Leitfaden für die Praxis. Banaschewski, München-Gräfelfing: 1972. S. 47
42. *Krapf, G.*: Autogenes Training aus der Praxis. Lehmanns V., München: 1976. 2. Aufl. S. 90
43. *Krebs, G.*: Psychoprophylaxe als Geburtsvorbereitung. Therapiewoche, 31, 1977, S. 5547–5551
44. *Kretschmer, E.*: Gestufte Aktivhypnose. Zweigleisige Standardmethode. In: *V. E. v. Gebsattel et alii* (Hrsg.), Grundzüge der Neurosenlehre, Band 1. S. 334, S. 338
Urban & Schwarzenberg, München: 1972, S. 327–338
45. *Kruse, W.*: Der formelhafte Vorsatz und seine Bedeutung in der Therapie mit dem autogenen Training bei Kindern. Psychother. med. Psychol., 28, (1978), S. 171–173
46. *Kruse, W.*: Entspannung. Autogenes Training für Kinder. Deutscher Ärzte-Verlag, Köln-Lövenich: 1977. 3. Aufl.
47. *Laberke, J. A.*: Zur Genese und Therapie der hypotonen Regulationsstörungen. Dtsch. med. Wschr., 77, 5, (1952), S. 133–137
48. *Langen, D.*: Archaische Ekstase und asiatische Meditation. Hippokrates, Stuttgart: 1963
49. *Langen, D.*: Die gestufte Aktivhypnose. G. Thieme, Stuttgart: 1969. 3. Aufl. S. 5
50. *Langen, D.*: Psychotherapeutische Aspekte der chronischen Schlafstörungen. Zschr. Allgemeinmed., 46, 1, (1970), S. 22–26
51. *Langen, D.*: Autogenes Training und Hypnotherapie. Voraussetzungen und Indikationen. Fortschr. Med., 89, 22/23, (1971), S. 867–870
52. *Langen, D.*: Atemregulierung als vegetativ stabilisierender Faktor. Fortschr. Med., 91, 33, (1973), S. 1303–1306
53. *Langen, D.*: Psychosomatische Funktionsstörungen, Psychosomatische Krankheiten und Neurosen. Mkurse. ärztl. Fortbild., 25, 3, (1975), S. 129–130
54. *Langen, D.*: Übungsheft für das autogene Training von J. H. Schultz. Bearbeitet von D. Langen. G. Thieme, Stuttgart: 1980, S. 31 ff
55. *Langen, D./Garcia, J.*: Das autogene Training als Werkzeug im Dienste des Ichs. 1977. Unveröffentlicht
56. *Langen, D.* und *J. Garcia*: Autogenes Training: Quo vadis? Fortschr. Med., 97, 8, (1979), S. 321–324
57. *Langhorst, P., G. Schulz, M. Lambertz* und *B. Krienke*: Funktionelle Organisation eines gemeinsamen Hirnstammsystems für Kreislauf, Atmung und allgemeine Aktivitätssteuerung. In: R. Schiffter (Hrsg.), Zentral-vegetative Regulationen und Syndrome. Springer, Berlin: 1980. S. 39
58. *Lantzsch, W.* und *C. Drunkenmölle*: Kreislaufanalytische Untersuchungen während der kombinierten Extremitäten-Bauchübung des autogenen Trainings. Dtsch. Gesundheitswes., 26, 43, (1971), S. 2018–2020
59. *Lehmann-Grube, F.*: Autogenes Training mit Kindern und Jugendlichen. Langzeiterfahrungen eines praktischen Kinderarztes. Mschr. Kinderheilk., 120, 9, (1972), S. 372–377
60. *Leuner, H.*: Selbstkontrolle vegetativer Funktionen durch Biofeedback-Methoden (Rückkopplungsverstärkung).

Therapiewoche, 27, 31, (1977), S. 5512–5524

61. *Linden, M.*: Verlaufsuntersuchung des Wechsels von Herzschlag und peripherer Zirkulation während der Lernschritte des autogenen Trainings. Psychother. med. Psychol., 27, 4, (1977), S. 148–157
62. *Linden, M.*: Verlaufsstudie des Wechsels der Atmung und des CO_2-Spiegels während des Lernens des autogenen Trainings. Psychother. med. Psychol., 27, 6, (1977), S. 229–234
63. *Liotta, A.*: Das Autogene Training von J. H. Schultz in der Behandlung der gastrointestinalen Störungen beim Kind. Ther. Umsch./Rev. thér., 26, 1, (1969), S. 18–20
64. *Lohmann, R.*: Moderne Hypnotherapie zur Unterstützung chronischer Nierenkranker bei Behandlung mit Dauerdialyse und Nierentransplantation. Therapiewoche, 24, 42, (1974), S. 4783
65. *Luthe, W.*: Changes of Iodine Metabolism during Autogenic Therapy. In: W. Luthe (Hrsg.), Correlationes Psychosomaticae. Thieme, Stuttgart: 1965. S. 71–78
66. *Luthe, W.*: Lowering of Serum Cholesterol during Autogenic Therapy. In: W. Luthe (Hrsg.), Correlationes Psychosomaticae. Thieme, Stuttgart: 1965. S. 88–91
67. *Luthe, W./J. H. Schultz*: Autogenic Therapy Band II, S. 106. Band III. In: W. Luthe (Hrsg.), Autogenic Therapy. Grune & Stratton, New York: 1969
68. *Meier, O.*: Blutdruck und autogenes Training. Schweiz. Rundschau Med. (PRAXIS), 66, 7, (1977), S. 214–215
69. *Nicassio, P.* und *R. Bootzin*: A Comparison of Progressive Relaxation and Autogenic Training as Treatments for Insomnia. J. abnorm. Psychol., 83, 3, (1974), S. 253–260
70. *Pifano, F. N.*: Entrenamiento Autogeno de Schultz de Grupos en Pacientes Funcionales Digestivos. GEN. Organo De La Sociedad Venezolana De Gastroenterologia, XXVIII (2-3-4), 1973-1974, S. 83–89
71. *Polzien, P., N. Henning, L. Demling, H. Kinzlmeier* und *S. Polzien*: Experimentelle Untersuchungen zur psychischen Beeinflussung verschiedener Magenfunktionen beim Menschen. Gastroenterologia (Basel), 81, 3, (1954), S. 167–177
72. *Prill, H. J.*: Das Autogene Training in der Geburtshilfe und Gynäkologie. In: W. Luthe (Hrsg.), Correlationes Psychosomaticae. G. Thieme, Stuttgart: 1965. S. 234–246
73. *Rein. Schneider*: Einführung in die Psychologie des Menschen. Springer, Berlin: 1964. 15. Aufl. S. 533
74. *Renaudin, G.*: La Relaxation. Cah. Coll. Méd., 10, 6, (1969), S. 445–453
75. *Richter, H.-E.* und *D. Beckmann*: Herzneurose. G. Thieme, Stuttgart: 1973, 2. Aufl. S. 2
76. *Schaeffer, G.*: Ergebnisse des Autogenen Trainings bei der Colitis ulcerosa. In: Proceedings of the IVth World Congress of Psychiatry 1966. Editor: J. J. Lopez-Ibor. Part. 2. S. 865. Excerpta Medica Foundation, Amsterdam: 1968
77. *Schultz, J. H.*: Die Psychotherapie des Asthma bronchiale. Dtsch. med. Wschr., 54, 23, (1928), S. 964–965
78. *Schultz, J. H.*: Das autogene Training (Konzentrative Selbstentspannung). G. Thieme, Leipzig: 1937. S. 196, S. 227 ff
79. *Schultz, J. H.*: Wesen und Grenzen des Autogenen Trainings. Universitas, Stuttgart, 3, (1956), S. 285–293
80. *Schultz, J. H.*: Zur Psychotherapie der Epilepsie. Nervenarzt, 28, 4, (1957), S. 153–160
81. *Schultz, J. H.*: Zur Psychotherapie der Schlafstörungen. Med. Klin., 54, 20, (1959), S. 978–981
82. *Schultz, J. H.*: Bedenklicher Miß-

brauch des autogenen Trainings. Med. Welt, 22, (1961), S. 1214–1217

83. *Schultz, J. H.*: Die Bedeutung der organismischen Verfahren in der Psychiatrie. Ärztl. Prax., XV 9, (1963), S. 525–526
84. *Schultz, J. H.*: Fehler in der Anwendung des autogenen Trainings. Landarzt, 44, 1, (1968), S. 14–17
85. *Schultz, J. H.*: Übungsheft für das autogene Training. G. Thieme, Stuttgart: 1969. 14. Aufl.
86. *Schultz, J. H.*: Das autogene Training. Konzentrative Selbstentspannung. G. Thieme, Stuttgart: 1970. S. 101 ff., 180, 178
87. *Schultz, J. H.*: Lebensbilderbuch eines Nervenarztes. G. Thieme, Stuttgart: 1971, 2. Aufl. S. 7
88. *Schultz J. H.* und *W. Luthe*: Autogenic Method. In: W. Luthe (Hrsg.), Autogenic Therapy, Band I, Grune & Stratton, New York: 1969. S. 178
89. *Schultz-Zehden, W.*: Einzel- und gruppentherapeutische Angebote in einer psychosomatisch ausgerichteten Augenpraxis. Teil I Prax. Psychother. Psychosom., 26, (1981), S. 151–156
90. *Schultz-Zehden, W.*: Einzel- und gruppentherapeutische Angebote in einer psychosomatisch ausgerichteten Augenpraxis. Teil II Prax. Psychother. Psychosom., 26, (1981), S. 201–208
91. *Schwarz, G.* und *D. Langen*: Gefäßreaktionen bei Autogenem Training und niedrigen Raumtemperaturen. In: Proceedings of the IVth World Congress of Psychiatry 1966. Editor: J. J. Lopez-Ibor. Part 2, S. 866. Excerpta Medica Foundation, Amsterdam: 1968
92. *Schwöbel, G.*: Psychosomatische Therapie des Asthma bronchiale. In: W. Luthe (Hrsg.), Correlationes Psychosomaticae. G. Thieme, Stuttgart: 1965. S. 209–214
93. *Seabra-Dinis, J.*: Le Training Autogène dans les désordres ophthalmologiques. In: W. Luthe (Hrsg.), Correlationes Psychosomaticae. G. Thieme, Stuttgart: 1965. S. 223–227
94. *Sichel, J.-P., A. Chevauche-Baldauf* et *E. Baldauf*: La Méthode de Relaxation de Schultz dans L'Asthme Infantile. Rev. Neuropsychiat. infant., 21, 9, (1973) S. 529–541
95. *Spoerri, Th.*: Autogenic Training and Psychosomatic Disorders. Psychother. Psychosom., 17, (1969), S. 354–364
96. *Strunk, P.*: Psychotherapie bei leichtgradig hirngeschädigten Kindern. Mschr. Kinderheilk., 125, 5, (1977), S. 407–408
97. *Suhel, P.* und *J. Satler*: Use of Biological Feedback in Correction of Urinary Incontinence. Urol. int., 32, (1977), S. 238–246
98. *Taubert, K.*: Zur Behandlung der Obstipation. Z. ärztl. Fortbild., 71, 6, (1977), S. 287–289. DDR
99. *Vogel, W.* und *D. Langen*: Periphere Durchblutungsänderungen während der Erlernung des Autogenen Trainings. In: Proceedings of the IVth World Congress of Psychiatry 1966. Editor: J. J. Lopez-Ibor Part. 2. S. 867. Excerpta Medica Foundation, Amsterdam: 1968
100. *Wallnöfer, H.*: Therapie autonomer Fehlsteuerungen mit tiefenpsychologischen Verfahren. In: D. Gross und D. Langen (Hrsg.), Fehlsteuerungen des autonomen Nervensystems. Therapie über das Nervensystem Band 13. Hippokrates, Stuttgart: 1976. S. 228
101. *Werbach, M. R.*: Biofeedback and Psychotherapy. Am J. Psychother., 31, 3, (1977), S. 376–382
102. *Zippel, L.*: Erfahrungen mit einer kombinierten Therapie des kindlichen Asthma bronchiale. Arch. Kinderheilk., 144, (1952), S. 26–52

VI

1. *Barolin, G. S.*: Autogenes Training heute. Münch. med. Wschr. 120/40, (1978), S. 1289–1294
2. *Binder, H.*: Zur Diskussion der Schallplatte für das autogene Training. Prax. Psychother., 8, (1963), S. 171–174
3. *Binder, H.*(Hrsg.): Zwanzig Jahre praktische und klinische Psychotherapie. J. F. Lehmanns v., München: 1973. S. 11
4. *Binder, H.*: Das Autogene Training aus der Sicht des freipraktizierenden Arztes für Allgemeinmedizin. In: H. Binder (Hrsg.), Zwanzig Jahre praktische und klinische Psychotherapie. J. F. Lehmanns, München: 1973. S. 29–40
5. *Binder, H.*: Supervision im Autogenen Training. Eigenverlag, Wentorf-Hamburg: 1979
6. *Cohn, R. C.*: Themenzentrierte Interaktion. In: Heigl-Evers (Hrsg.), Die Psychologie des 20. Jahrhunderts. Band VIII. Lewin und die Folgen. Kindler Verlag, Zürich: 1979. S. 874, 875
7. *Deutsches Ärzteblatt*: Die Arzneimittelkommission der deutschen Ärzteschaft informiert: Tranquilizer nicht für Alltagsstreß. Dtsch. Ärztebl., 36, (1980), S. 2106
8. *Eberlein, G.*: Das Autogene Training in der Gesundheitsvorsorge. In: H. Binder (Hrsg.), Zwanzig Jahre praktische und klinische Psychotherapie. J. F. Lehmanns., München: 1973. S. 163–182
9. *Eberlein, G.*: Gesund durch Autogenes Training. Rowohlt Taschenbuch Verlag, Reinbek bei Hamburg: 1981
10. *Garcia, J.*: Muttersprache – Arbeitssprache. Pädagogik und Schule in Ost und West, 2/79. S. 42–46
11. *Garcia, J.*: Das Autogene Training ist keine Meditation. Therapiewoche, 31/ 11, (1981), S. 1876–1881
12. *Hoffmann, B.*: Autogenes Training und Psychoanalyse. Ein Bericht über die Arbeit einer französischen Forschergruppe. Prax. Psychother. und Psychosom., 26/2, 1981. S. 61–66
13. *Jencks, B.*: Einführung in die Hypnose. In: H. Binder (Hrsg.), Zwanzig Jahre praktische und klinische Psychotherapie. J. F. Lehmanns, München: 1973, S. 13–17
14. *Kammerer, Th.* In: Le Training Autogène, J. H. Schultz. Bearbeitung von R. Durand de Bousingen. Vorwort S. VI. Paris: Presses Universitaires de France 1974
15. *Kleinsorge, H.*: Gezieltes Gruppentraining bei Organfunktionsstörungen. Zschr. Psychother. med. Psychol., 4, (1954), S. 184–193
16. *Kleinsorge, H.*: Möglichkeiten und Grenzen des autogenen Trainings. Wien. med. Wschr., 122/33–35, (1972), S. 471–476
17. *Krapf, G.*: Autogenes Training aus der Praxis. J. F. Lehmanns., München: 1976, S. 16
18. *Langen, D.*: Die Entwicklung zur modernen Hypnotherapie. Dtsch. Med. Wschr., 89/34, (1964), S. 1592–1595
19. *Langen, D.*: Der gegenwärtige Stand des autogenen Trainings. Forschr. Med. 95/ 32, (1977), S. 1965–1968
20. *Langen, D.*: Übungsheft für das autogene Training von J. H. Schultz. 19. Aufl., bearbeitet von D. Langen. G. Thieme, Stuttgart: 1980, S. 35
21. *Langen, D.*: Autogenes Training für jeden. 2. Aufl. Gräfe und Unzer, München: 1982. S. 60
22. *Langen, D.* und *J. Garcia*: Autogenes Training: Quo vadis? Fortschr. Med. 97/ 8, (1979), S. 321–324
23. *Lauterbach, W.*: Psychotherapie in der Sowjetunion. Urban & Schwarzenberg, München: 1978, S. 64
24. *Lindemann, H.*: Das Autogene Training als Hilfe in extremen Situationen. In: H. Binder (Hrsg.), Zwanzig Jahre praktische und klinische Psychotherapie. J. F. Lehmanns., München: 1973, S. 150–162

25. *Lohmann, R.*: Autogenes Training. In: Deutscher Ärztekalender 1981. Urban & Schwarzenberg, München: 1981, S. 316–323
26. *Luthe, W.*: Autogenic Therapy, Band IV, V, VI. Grune & Stratton, New York/ London: 1970
27. *Mensen, H.*: Autogenes Training. Med. Klin., 71/46, (1976), S. 1996–2005
28. *Müller-Hegemann, D.*: Einige Modifikationen des autogenen Trainings. Nervenarzt, 27/6, (1956), S. 266–270
29. *Müller-Hegemann, D.*: Autogene Psychotherapie. Rowohlt Verlag, Reinbek bei Hamburg: 1981, S. 18
30. *Polzien, P.*: Die Gesamtumschaltung in den autogenen Zustand – physiologische und klinische Befunde. In: F. Dittmar (Hrsg.), Aktuelle Psychosomatik. Banaschewski, München-Gräfelfing: 1975. S. 73–81
31. *Rosa, K. R.*: Das ist Autogenes Training. Kindler, München: 1973, S. 57
32. *Schaetzing, E.*: Autogene Meditationen. Heilkunst, 92/4, (1979), S. 221–222
33. *Schultz, J. H.*: Das autogene Training (Konzentrative Selbstentspannung) G. Thieme, Leipzig: 1937. S. 288, 227, 52, 147, 178, 13, 294, 296
34. *Schultz, J. H.*: Sigmund Freud. In: K. Kolle (Hrsg.), Große Nervenärzte, Band I. G. Thieme Verlag, Stuttgart: 1970, S. 99–114
35. *Schultz, J. H.*: Bedenklicher Mißbrauch des autogenen Trainings. Med. Welt, 22, (1961), S. 1214–1217
36. *Schultz, J. H.*: Die Bedeutung der organismischen Verfahren in der Psychiatrie. Ärztl. Prax., XV/9, (1963), S. 525–526
37. *Schultz, J. H.*: Wie entstand das autogene Training? Med. Klin., 61/1, (1966), S. 29–31
38. *Schultz, J. H.*: Fehler in der Anwendung des autogenen Trainings. Landarzt, 44/ 1, (1968), S. 14–17
39. *Schultz, J. H.*: Das autogene Training. G. Thieme, Stuttgart: 1970, S. 1, S. 277
40. *Schultz, J. H.*: Le Training Autogène. Französische Bearbeitung von R. Durand de Bousingen. Paris: Presses Universitaires de France 1974
41. *Schultz, J. H.* und *W. Luthe*: Autogenic Methods. In: W. Luthe (Hrsg.), Autogenic Therapy. Grune & Stratton, New York/London: 1969
42. *Stauber, M.*: Autogenes Training in der Schule – ein Versuch mit einer 8. Gymnasialklasse. Med. Mschr., 26/11, (1972), S. 523–525
43. *Sviadosh, A. M.*: Clinical and Non-Clinical Applications of Autogenic Training in Soviet Psychotherapy. In: What is Psychotherapy? Proc. 9th Int. Congr. Psychother., Oslo 1973. Ed. T.-E. Mogstad u. F. Magnussen. S. Karger, Basel/München: 1975. S. 114–115
44. *Thomas, K.*: Praxis der Selbsthypnose des Autogenen Trainings. Thieme, Stuttgart: 1972 3. Aufl.
45. *Thomas, K.*: Meditation in Forschung und Erfahrung, in weltweiter Beobachtung und praktischer Anleitung. Steinkopf/Thieme, Stuttgart: 1973. S. 249 ff.
46. *Wiesenhütter, E.*: Lehrbuch der Entspannung. Hippokrates, Stuttgart: 1979, S. 129

Sachverzeichnis